U0906639

权威·前沿·原创

皮书系列为

“十二五”国家重点图书出版规划项目

中国社会科学院创新工程学术出版资助项目

全球政治与安全报告（2015）

ANNUAL REPORT ON INTERNATIONAL POLITICS AND SECURITY (2015)

中国社会科学院世界经济与政治研究所
主　编／李慎明　张宇燕
副主编／李东燕

社会科学文献出版社
SOCIAL SCIENCES ACADEMIC PRESS (CHINA)

图书在版编目（CIP）数据

全球政治与安全报告．2015／李慎明，张宇燕主编．—北京：社会科学文献出版社，2015.1

（国际形势黄皮书）

ISBN 978－7－5097－6913－3

Ⅰ．①全…　Ⅱ．①李…　②张…　Ⅲ．①国际政治－研究报告－2015　②国家安全－研究报告－世界－2015　Ⅳ．①D5　②D815.5

中国版本图书馆 CIP 数据核字（2014）第 291826 号

国际形势黄皮书

全球政治与安全报告（2015）

主　　编／李慎明　张宇燕

副 主 编／李东燕

出 版 人／谢寿光

项目统筹／邓泳红

责任编辑／周映希

出　　版／社会科学文献出版社·皮书出版分社（010）59367127

地址：北京市北三环中路甲29号院华龙大厦　邮编：100029

网址：www.ssap.com.cn

发　　行／市场营销中心（010）59367081　59367090

读者服务中心（010）59367028

印　　装／北京季蜂印刷有限公司

规　　格／开 本：787mm×1092mm　1/16

印 张：27.75　字 数：421 千字

版　　次／2015 年 1 月第 1 版　2015 年 1 月第 1 次印刷

书　　号／ISBN 978－7－5097－6913－3

定　　价／69.00 元

皮书序列号／B－2002－014

本书如有破损、缺页、装订错误，请与本社读者服务中心联系更换

版权所有 翻印必究

国际形势黄皮书编委会

主　编　李慎明　张宇燕

副主编　李东燕

编审组　李慎明　张宇燕　李东燕　袁正清　薛　力
　　　　　徐　进　王　新　李春姬

主要编纂者简介

李慎明 第十二届全国人大常委会委员，第十二届全国人大内务司法委员会副主任委员。中国社会科学院原副院长、党组副书记，世界社会主义研究中心主任，研究员、博士生导师。中央马克思主义理论研究和建设工程咨询委员会委员、首席专家。全国哲学社会科学评审委员会国际问题组组长，国务院学位委员会第六届学科评议组政治组成员。中国政治学会会长、全国党的建设研究会副会长、中国中共文献研究会副会长、中共党史研究会副会长、中国科学社会主义学会副会长、中国国际战略学会顾问等。1978 年任《解放军报》记者。1983 年任中共中央办公厅、中央军委办公厅王震同志处秘书。1994 年任军事医学科学院副院长。1997 年被授予少将军衔。主要研究方向：党的建设、民主政治、国际战略。主要著作有《对习近平总书记所讲社会主义的体悟——科学社会主义理论与实践、机遇与挑战》《忧患百姓忧患党——毛泽东关于党不变质思想探寻》《居安思危——苏共亡党二十年的思考》《全球化背景下的中国国际战略》《全球化背景下的中国大党建》《王震传》（合著，上、下册），六集 DVD 党内教育参考片《苏联亡党亡国 20 年祭——俄罗斯人在诉说》总撰稿（2013 年 9 月 2 日，中央党的群众路线教育实践活动领导小组办公室向全党县处以上领导班子干部和领导干部发出《关于组织观看党内教育参考片〈苏联亡党亡国 20 年祭——俄罗斯人在诉说〉》的通知)，数部作品获国家有关奖项。

张宇燕 经济学博士，中国社会科学院世界经济与政治研究所研究员、所长。中国世界经济学会会长，中国国际关系学会副会长，中华美国学会副会长。曾先后就读于北京大学和中国社会科学院研究生院。主要研究领域包括国际政治经济学、制度经济学等。著有《经济发展与制度选择》(1992)、《国际经济政治学》(2008)、《美国经济论集》(2008)等。

李东燕 中国社会科学院世界经济与政治研究所研究员，博士生导师，创新工程项目首席研究员。专业为国际政治，主要研究领域为联合国、全球安全与全球治理，研究成果包括《秘书长对联合国变革的影响：安南与潘基文之比较》(2008)、《如何评价联合国价值与价值整合》(2010)、《从国际责任的认定与特征看中国的国际责任》(2011)、《中国参与联合国维和建和的前景与路径分析》(2012)、《全球安全治理与中国的选择》(2013)等。

摘　要

《全球政治与安全报告（2015）》为“国际形势黄皮书”系列年度报告之一。报告旨在对本年度国际政治及安全形势的总体情况和变化进行回顾与分析，并提出一定的预测及对策建议。

在世界格局与国际安全部分，本书对中、俄、美三国之间的合作与冲突进行了深度分析，揭示了影响中美、俄美及中俄关系的主要因素及变化趋势。在这一部分中，还包括中国周边安全形势、全球重大武装冲突及全球军事形势等内容。本年度报告特别增加了对美国、英国、法国、德国、日本、中国、俄罗斯、印度、巴西等 9 国实力和影响力现状的考察。在全球问题与全球治理部分，网络安全、全球能源政治、恐怖主义、国际移民等当前最受关注的热点问题仍然是本书的关注对象。在国际会议与国际组织部分，本年度报告对 2014 年举行的核安全峰会、上海亚信峰会、北京 APEC 会议以及联合国在和平与安全领域的情况进行了回顾与评析。作为本年度的焦点问题，乌克兰危机、克里米亚问题、苏格兰公投、西非埃博拉疫情以及西亚北非局势是本书聚焦重点。此外，本书也对一年来国际关系研究动向及全球右翼思潮做了专门的梳理和讨论。

作者通过事实梳理、数据分析、政策分析，阐释了本年度国际关系及全球安全形势发展的基本特点，并在此基础上提出了具有启示意义的前瞻性结论。本书兼知识性、理论性、战略性和对策性之特点，可供国际问题研究者、外交决策者以及对国际问题感兴趣的广大读者阅读。

目 录

Ⅴ Ⅰ 总论

Ⅴ Ⅱ 世界格局与国际安全

Ⅴ Ⅲ 全球问题与全球治理

Y Ⅳ　国际会议与国际组织

Y Ⅴ　2014 年全球热点聚焦

Y Ⅵ　国际关系研究与当代政治思潮

Y Ⅶ　特稿

皮书数据库阅读使用指南

总 论

Introduction

Y.1

2013～2014年全球政治与安全形势：分析与展望

《全球政治与安全报告》课题组*

摘 要：2014年度全球政治与安全形势的焦点主要是乌克兰危机、中东北非动荡和亚太局势。乌克兰危机、ISIS崛起以及阿富汗争端等国内或区域争端，无不因大国之间的权力争夺与博弈而对当前国际政治经济格局的演变带来深远的影响。在大国关系层面，相比中俄关系的频繁协作与互动，俄美关系因乌克兰危机而更加针锋相对，俄欧关系在谨慎和彼此试探中保持着距离；中美新型大国伙伴关系则面临东海、南海等诸多挑战。中国周边安全局势仍然紧张但可控，面对复杂多变

* 本文参考了本书各分报告，执笔人为郎平，并由李慎明、张宇燕修改定稿。郎平，中国社科院世界经济与政治研究所副研究员。

的地区和国际环境，中国外交更加灵活务实，在首脑外交、周边外交以及区域合作等方面提出了创新性的理念和思路。

关键词：国际形势　国际安全热点　乌克兰危机　大国关系　中国外交

从国际关系的视角来看，2014 年是一个动荡的年份。乌克兰危机将俄罗斯与美国之间的对抗推至新高点，“新冷战”似乎呼之欲出；ISIS 异军突起令中东北非地区更加动荡；东海和南海的紧张局势仍然未见缓和。在这一年里，地区热点不断升温，大国之间的冲突和博弈也得到了全面展现，对国际政治经济格局带来深远的影响。尽管如此，国际社会必须依靠合作才能更好地应对各种安全的威胁。

一　冲突热点与安全局势

2013 ~2014 年度，全球重大武装冲突从数量上看与上一年度变化不大，① 冲突发生的国家或地区包括亚洲的阿富汗、巴基斯坦，中东的叙利亚、伊拉克、也门和巴勒斯坦，南美洲的哥伦比亚，非洲的索马里、中非、南苏丹、马里和尼日利亚，以及欧洲的乌克兰。这些冲突大多持续多年，但一些新的冲突热点出现，尤其是乌克兰危机和伊拉克局势，使当前的国际秩序和国际反恐斗争都面临严峻的挑战。

（一）乌克兰危机

乌克兰危机始于 2013 年底，经历了政权更迭、克里米亚入俄、大选与

---

① 根据瑞典乌普萨拉大学和平与冲突研究系冲突数据库（UCDP）的统计，2013 年，全球共有 33 场重大武装冲突，比 2012 年增加 1 场，其中有 24 场国内冲突，9 场国际化的国内冲突。http：//www. pcr. uu. se/research/UCDP/。

内战三个发展阶段，目前仍然未能得到最终解决。无论是“联邦制”还是“芬兰模式”，乌克兰的最终走向均需兼顾各方的利益诉求。它虽然是一场内部冲突，但是却折射出当前大国间的冲突和博弈：美俄斗争、美欧分歧、俄乌冲突以及俄欧矛盾。它既是地缘政治战略的冲突和势力范围的争夺，也是能源政治的博弈。

随着冬季的到来，围绕乌克兰危机的紧张对峙开始有所缓和。2014 年 9 月 5 日，乌克兰政府军与东部武装在白俄罗斯首都明斯克签署停火协议；10 月 12 日，俄罗斯总统普京下令开始从乌克兰边境撤兵。然而，在乌克兰问题没有得到最终解决、各方利益没有达成一致的情况下，这份和平无疑是脆弱的。10 月 17 日，乌克兰亲俄分离分子与乌克兰政府军围绕顿涅茨克机场的争夺战再次升级。俄罗斯总统普京表示，明斯克协议是乌克兰危机解决的方针，但显然乌克兰内战各方均没有完全履行明斯克协议。在亚欧峰会上，俄罗斯与乌克兰两国首脑进行了多次会谈，均未能取得实质性的进展，而两国间的天然气供气谈判也不可避免地成为两国政治博弈的附属品。

乌克兰危机对国际政治经济格局的影响是深远的。首先，它打破了俄罗斯在 2015 年建立欧亚联盟的设想，俄罗斯一直希望能够在欧亚建立一个超越国界的政治经济联合体，将欧亚经济共同体延伸至政治安全领域，而乌克兰的政治诉求却是以加入欧盟为发展目标。乌克兰危机之后，俄罗斯必然更加重视与中亚五国的合作；其次，它在很大程度上推动了大国关系向多极化演变，一方面，俄罗斯与美国的地缘战略对抗公开化，另一方面，欧盟并没有在此次冲突中跟在美国的后面亦步亦趋，而是表现出了温和的第三方立场，同时也给中国与俄罗斯的合作提供了战略空间；最后，在能源政治领域，以美国为首的西方国家加大了对俄罗斯的经济制裁，对俄罗斯的能源工业采取了一系列反制措施，大幅打压了俄罗斯的能源政治空间，也令俄罗斯低迷的经济形势雪上加霜，因此欧洲市场对于俄罗斯而言更加重要。

（二）ISIS 异军突起

自“阿拉伯之春”爆发以来，西亚北非的局势持续数年处于动荡之中，而在叙利亚乱局中快速崛起的极端恐怖组织 ISIS（伊拉克和沙姆伊斯兰国）却令伊拉克内战的走向出现了始料未及的变数。它的出现不仅恶化了本已动荡不堪的地区安全局势，而且给美国的对外政策以及全球反恐斗争带来了新的问题和挑战。

从 2014 年 4 月初开始，ISIS 大举入侵伊拉克，并且在短短数月内迅速攻占了伊拉克北部和西部的多个重镇，伊拉克政府军措手不及，节节败退。6 月 29 日，已经占领叙利亚东北部大片领土和伊拉克多个重镇的 ISIS 宣布建国，其最终目标是建立一个实行严格伊斯兰教法、地域辽阔的伊斯兰王国，实现对全世界穆斯林的宗教统治。由于其严酷残忍的手段，ISIS 遭到了几乎所有中东国家和国际社会的一致谴责。在美军数十轮的空袭以及伊拉克政府军和库尔德民兵武装的配合下，ISIS 的攻势受到明显遏制。8 月 18 日，伊拉克政府军夺回摩苏尔大坝被视为伊拉克战局的转折点；9 月中旬以来，ISIS 大举围攻叙利亚库尔德人聚居地科巴尼镇，久攻不下反而陷入泥沼。但是，这还远不能说明 ISIS 已陷败局。

伊拉克战局的突变使得已从伊拉克战场撤军的美国政府被再度拖入泥潭，奥巴马政府在犹豫观望之后，在 6 月决定向伊拉克派出一支 170 余人的部队，直到“伊拉克局势不再需要他们。”从 8 月开始，美军开始对 ISIS 武装实施空袭，在其他军队的配合下，取得了明显的效果。但是，伊拉克的局势在近期内很难看到缓和的迹象，这也就意味着奥巴马政府将重心转向亚太的外交政策不得不重新调整。对当前美国主导下的国际秩序来说，伊拉克和叙利亚局势已经成为继乌克兰危机和东海问题之后的第三大挑战，因此，重新走到台前介入中东事务、保持对该地区的主导权和影响力是奥巴马政府不得不完成的任务。但是，美国在现阶段对海外派兵异常谨慎，对于伊拉克局势的军事干预仅限于空中打击，能否最终打败 ISIS 武装还面临很大的不确定性，这不仅有赖于伊拉克国内的政治生态，也取决于中东其他国家以及国际社会的合作力度。

ISIS 成立于 2013 年 4 月，是叙利亚反政府武装中最主要的“圣战”组织之一，曾是“基地”组织的一个分支，行事作风极端残忍和血腥。这样一个甚至被“基地”组织所不容的恐怖主义组织居然在伊拉克大肆攻城略地，无疑是美国发动伊拉克战争的恶劣后果之一，古巴比伦文明不再，战火纷飞的焦土反而成为恐怖主义肆虐的温床，而埃及、叙利亚、利比亚等国家亦未能幸免。2014 年 8 月，美国前国务卿希拉里在《大西洋月报》的专访中对奥巴马政府的外交政策提出了尖锐的批评，认为其缺乏应对极端武装威胁的有组织原则是造成当前局势难以控制的原因。值得一提的是，叙利亚的另一个神秘极端组织“呼罗珊集团”（Khorasan Group）进入美国的视野，其已经成为叙利亚境内最想对美国本土或海外设施发动恐怖袭击的组织，危险程度在美国政府看来甚至已经超过了 ISIS。由此看来，过去几年曾经处于蛰伏期的恐怖主义活动以中东地区为中心再掀波澜，它们借助当前网络手段和军事手段，挑起民族和教派矛盾，以“去中心化”等新的组织形式和手段实施具有明确政治目的的恐怖行动，甚至提出了建立宗教国家的目标，对当前国际社会的反恐斗争和合作提出了新的挑战，而中东北非地区的动荡局势也更加复杂多变，短期内难见缓和的曙光。

（三）阿富汗战争

在原有的冲突热点中，阿富汗战争以及南亚的安全局势同样引人瞩目。2014 年 9 月，阿富汗总统选举终于尘埃落定，加尼当选为新总统，顺利完成了 2002 年以来首次重大的权力交接。但是，新政府虽然得以建立，阿富汗政局仍然很脆弱，面临着若干重要的挑战。9 月 30 日，阿富汗新政府与美国签署了拖延数月的《双边安全协议》。根据原计划，北约将于 2014 年 12 月 31 日前撤出驻阿作战部队，根据该协议，美国今后可以继续维持在阿富汗的驻军。据报道，北约驻阿士兵当前约为 4.1 万人。[①] 协议签署之后，阿富汗新政府与美国之间的关系大为缓和，但随着驻阿美军的逐渐减少及最终撤军，阿富汗的稳定和重建将使新政府面临严峻的考验。

① 《阿富汗与美国签安全协议》，新华网，2014 年 10 月 1 日电。

阿富汗塔利班是阿富汗局势走向的另一大关键因素。塔利班对美军撤军方案以及协议的签署进行了强烈谴责，认为这是对阿富汗主权、宗教和人权的侵犯，并威胁将不断实施暴力袭击，直到最后一批外国军队撤离阿富汗。[①] 事实也的确如此，9 月下旬，塔利班分子趁阿富汗出现安全和政治真空，在阿富汗多个省份发动大规模攻势，仅在一周的时间内，阿富汗东部加兹尼省就有大约100 名军警和平民丧生，12 人遭塔利班分子杀害。[②] 进入10月，塔利班对政府安全部队、外国军方车队以及警察局发起了多次袭击，阿富汗局势动荡不安。

阿富汗局势的稳定对于恐怖主义泛滥的南亚来说至关重要，同时也与该地区尤其是邻国巴基斯坦的局势有着紧密的关系。在过去的几个月中，巴基斯坦国内政局极为动荡，各派武装分子发动的暴力袭击造成了极大的人员伤亡，巴基斯坦军方对极端武装分子实施了严厉的军事打击，不过成效不大。巴基斯坦塔利班与政府的对话虽然并未中断，但由于各方分歧难以调和，始终难以摆脱冲突 – 停火 – 和谈 – 冲突的恶性循环。10 月 4 日，巴基斯坦塔利班宣布效忠 ISIS，声称将建立一个全球性的“伊斯兰哈里发”，ISIS 的示范效应以及不同恐怖主义组织之间日益加深的横向联系将会使得巴基斯坦以及国际反恐形势都更加严峻。

二　大国关系与国际格局

2014 年同样是冷战结束后大国关系最为跌宕起伏的一年。俄美关系因乌克兰危机而更加针锋相对，俄欧关系在谨慎和彼此试探中保持着距离；中美新型大国伙伴关系因东海、南海以及网络安全问题屡屡受挫；中俄关系则在两国领导人的频繁会晤之下实现了战略互动与协作，为本年度动荡的大国关系增添了一抹暖色。在此背景下，美国相对实力下降，世界的多力量中心

① 《美军打算从阿富汗脱身》，《人民日报》2014 年 5 月 29 日。

② 《阿富汗政治真空，塔利班趁机发动大规模攻势》，中新网，2014 年 9 月 29 日电。

化趋势更加明显，具有不同目标的区域合作组织的发展成为常态，也成为大国间博弈与互动的主要平台。

（一）俄美、俄欧关系

近年来，俄美关系虽然在核裁军、叙利亚、斯诺登、北约东扩等一系列问题上不断交锋，但是对俄美关系回暖的期待在奥巴马开启第二任期和普京重返权力巅峰之后一度被寄予厚望。但是，自2013年下半年开始，关于俄罗斯与美国将再现“新冷战”的舆论就与日俱增，而这种担忧随着乌克兰危机的展开和深化似乎变成了现实。在2014年9月的北约峰会上，北约将俄罗斯重新界定为对手，彻底终结了此前20年来俄罗斯与北约之间的伙伴关系。欧美对俄罗斯发动了新的经济制裁，俄罗斯则采取了反制措施，通过加强与中国等金砖国家以及强化欧亚联盟的做法进行回击。如果说俄罗斯与美国再度回到了冷战的轨道上来，那么所谓的“新冷战”新在何处？

与冷战时期相比，俄美的对抗还是有很多不同以往的特征。首先，俄罗斯如今是“单挑”北约，不再有与北约对抗的阵营。即便是俄罗斯主导的欧亚联盟，其他成员国也没有动力和意愿去蹚这趟浑水，哈萨克斯坦总统纳扎尔巴耶夫甚至宣称可以选择从欧亚联盟退出。其次，俄美如今的对抗并不是全球性的全面对抗，而是局限于俄欧交界的乌克兰和波罗的海国家，在阿富汗、伊朗、朝鲜等其他很多问题上，美国还需要俄罗斯的支持与合作。对于北约而言，打击ISIS极端恐怖主义远比遏制俄罗斯更加重要和紧迫。当今时代的国际背景决定了大国之间的关系是冲突与合作并存，任何一方都无力单独应对全球问题的挑战。这也决定了无论再如何激烈交锋，各方均会保持克制，恪守底线，俄美之间的关系不会恶化到全面对抗的冷战时代。10月9日，20国集团财长和央行行长会议在华盛顿举行，会议讨论了取消对俄罗斯的经济制裁，并确认普京将参加11月在澳大利亚举行的G20峰会。由此可以判断，因乌克兰危机而导致的俄美对峙已临近拐点。

与美国相比，紧密的经济联系和能源需求使得欧洲在处理与俄罗斯的关系问题上保持了相对克制和温和的态度。在对俄制裁的问题上，欧盟并没有与美国利益捆绑，而是实施了有限制裁，既照顾到美国盟友的利益也表明了立场，但同时为与俄罗斯的对话留出了空间，以避免对俄罗斯的制裁伤及自身的利益。由于欧美不同的利益诉求，欧盟尤其是德国在俄美关系中扮演着“夹心饼干”的角色。2014 年 8 月 22 日，《费加罗报》刊登了对法国经济学资深记者让·米歇尔·卡特赫布湾的采访，他认为西方对俄罗斯的制裁是一个战略错误，而美国的最终目的就是让德国远离俄罗斯。[①] 尽管俄罗斯试图与欧盟修复关系，但在结束制裁的谈判桌上还要经历艰难的讨价还价。10 月 21 日，波兰外长在出席欧盟成员国外长会议后表示，欧盟减轻对俄制裁的前提是俄罗斯改变在乌克兰问题上的立场；俄罗斯外交部长谢尔盖·拉夫诺夫（Sergei Lavrov）则表示，俄罗斯不可能接受欧盟方面提出的结束制裁措施的条件。[②] 11 月 17 日，欧盟成员国外长会议评估了乌克兰当前局势，呼吁将乌克兰东部武装人员列为制裁对象。

（二）中美关系

自从 2013 年中美两国首脑会晤呼吁建立新型大国关系以来，中美关系在本年度继续保持了既是竞争对手又是合作伙伴的态势。作为对手，中美两国的竞争是全方位的，有学者将中美之争概括为“经济上比效率，政治上谋求在亚洲的影响力，安全上追求最大限度的安全感，最重要的则是两国的发展模式之争”。[③] 作为合作伙伴，中美两国在一系列地区和国际事务中有着广泛的共同利益，中美两国互为对方的利益攸关方，共同利益和合作空间随着时间的推移不断扩大和增长。

2014 年，中美关系的竞争面主要表现为两国在东海钓鱼岛问题、南海划界问题以及网络安全问题上的冲突。东海和南海问题并非中美两国之间的直接对抗，但是在中国划定东海防空识别区以及中菲、中越的南海主权争端

① 《〈费加罗报〉：让德国远离俄罗斯，是美国的所有目的》，澎湃新闻网，2014 年 10 月 14 日。

② 《欧盟称除非俄改变态度　否则不会减轻对俄制裁》，中国新闻网，2014 年 10 月 21 日。

③ 张帆：《贾庆国：中美关系的竞争与未来》，财新网，2014 年 10 月 13 日。

中，美国官方虽然声明不持有立场，但其部分解禁对越南武器销售、派遣军机在南海抵近侦察、联合军演等做法无不是在宣示美国在亚太的影响力和主导权。相比之下，网络安全问题是中美两国之间直接的外交冲突，2014 年 5 月，美国司法部以网络间谍为名对中国五名军官的诉讼，令两国关系蒙上了一层阴影，中美网络工作小组被迫暂停，中国互联网新闻研究中心也随即发表了《美国全球监听行动纪录》报告，对美国的指责予以事实上的回击。网络安全作为一个新兴的安全议题引发了中美两国之间的诸多摩擦，这也是两国当今战略态势的竞争关系所决定的，在目前尚未存在网络空间行为准则的情况下，中美两国应尽快达成共识，明确彼此底线，避免网络安全问题的负面效应继续扩大。

尽管冲突不断，中美之间合作领域的拓展是两国关系良性健康发展的重要保证。中国受邀参加环太平洋军事演习以及中美第六轮战略与经济对话是本年度的亮点，军事交流以及战略对话是中美两大国间增进互信、走出“战略互疑”困境的一个必要途径。中国此次受邀参加全球规模最大的多国海上联合军事演习，中方派出了四艘舰船，是仅次于美国的第二大参演力量，这不仅显示出中美两国建立战略互信的努力，同时也符合中国在亚太地区的实力位置。可以说，中美两国在军事层面的交流和沟通是建立新型大国关系的必要步骤，对两国关系的整体稳定有着极其重要的战略意义。

在冷战结束 20 余年之后，中美关系目前进入了一种既竞争又合作的新常态，良性的竞争有助于两国的发展，而恶性的竞争则会将两国关系引入对抗，落入“修昔底德陷阱”。中美关系之所以被认为是一组成熟的双边关系，就在于两国政府清醒地认识到恶性竞争是损人不利己的选择，应当加以避免。中国的崛起以及美国的战略收缩必将引发中美两国在多方面的竞争与冲突，这是难以避免的；冲突并不可怕，重要的是将冲突控制在局部的范围内加以对话解决，而不是任其扩散升级以致影响中美关系的大局。

（三）中俄关系

如果说任何一组双边关系都同时包含了冲突与合作的两面，那么当今的中俄关系则是合作的一面显著超越了冲突层面。2014 年见证了中俄两国关系的重大突破：中俄签署了《中俄关于全面战略协作伙伴关系新阶段的联合声明》，将两国的政治关系推至新高点；中国石油天然气集团公司和俄罗斯天然气工业股份公司在上海签署了《中俄东线供气购销合同》，这份令世界瞠目的 4000 亿美元的巨额订单是中俄能源合作的重要里程碑；中俄在东海举行了迄今规模最大的“海上联合－2014”军事演习，两国元首联袂出席启动仪式，这在中俄军演史乃至世界军演史上都前所未有。10 月 13 日，中俄两国总理共同签署了《第十九次会晤联合公报》，双方一致认为，两国关系已经进入一个新的发展阶段，将携手推动中俄务实合作升级，充实中俄全面战略伙伴关系的内涵。

中俄关系的不断升温源于两国不断增多的利益聚合点，与当前的国际和地区战略环境紧密相关。俄罗斯由于乌克兰危机被西方国家孤立，国内低迷的经济形势由于西方国家严厉的经济制裁而雪上加霜，俄罗斯融入亚太的紧迫性和重要性明显增加。由于乌克兰的“变节”，俄罗斯建立“欧亚联盟”的构想严重受阻，那么拓展和深化与中国的关系就成为摆脱当前经济和政治安全困境的一个有效出口。对于中国而言，东海和南海皆不太平，美国不断施压，俄罗斯作为中国最大的邻国，确保中俄关系的稳定同样是外交领域的重中之重。在这样的国际背景下，中俄两国相互借力，共同应对外来挑战，并且在经济、政治、军事、信息技术和能源等方面展开了广泛的合作。中俄两国元首和高层官员之间频繁的会晤与互动不仅是两国关系日趋紧密的表现，更是中俄关系迈向新高度的推动力。由于共同的利益诉求和成熟的制度化保障，当前的中俄关系已经具备长期性和高度的战略稳定性。

尽管当前的中俄关系被认为处在两国历史上最好的时期，两国关系中仍然存在一些深层次的结构性障碍，难以在短期内克服。首先，俄罗斯的经济发展遇到了很大的困难，经济增长停滞，而中国的改革开放也到了攻坚的艰难时刻，中俄两国扩大和深化经济合作的目标未必能够落到实处；其次，中俄两国都希望能够加强在中亚的影响力，两国在上合组织以及区域合作的规划路径上有不同的考虑，中国提出了构建“丝绸之路经济带”的设想，而俄罗斯更加倚重欧亚经济联盟；两国在“上合组织”的定位上也有分歧，中国试图将合作的领域扩大至经济领域，俄罗斯则将其定位于安全合作的平台；最后，中俄两国都不属于彼此的核心利益对象，对中国而言，与美国、欧盟和亚洲其他邻国的利益攸关程度更高，俄罗斯的战略重点则是独联体国家和欧盟，例如乌克兰的走势、北约东扩以及俄德关系。因此，两国在对方核心利益方面发挥的作用十分有限，不会且不可能出现联手抗美的情况。

三　中国周边环境与外交

近几年来，随着中国的迅速崛起，中国周边安全环境正在经历复杂而深刻的变化。2014 年，中国相对周边国家的实力优势继续扩大，而中美差距则进一步缩小，中国在周边面临的主要冲突依然是东海钓鱼岛问题、南海领土和海洋权益争端、朝鲜核问题以及南亚的动荡局势。在复杂多变的地区安全环境下，中国政府切实贯彻了习近平主席在周边外交工作会议上提出的“亲、诚、惠、容”的外交新理念，通过开展元首外交，大力推动区域安全合作，致力于打造周边命运共同体。

（一）中国周边安全新动向

2014 年，中国周边安全环境继续保持了“冲突加剧但仍然可控”的基本态势。美国继续推进在亚太对中国的战略遏制，中日关系处于历史冰点，短期内难见拐点；朝鲜政局扑朔迷离，半岛局势僵化难解；中国提出了南海问题的“双轨”思路，南海问题成当今大国利益博弈的主战场之一。

第一，美国在亚太地区进一步强化了对中国的战略挤压和战略围堵，“再平衡”战略对中国的遏制更加明显。在外交层面，美国总统及部长先后造访日本、韩国、澳大利亚以及印度等亚洲盟友及周边国家，在经济、军事和外交等多方面积极拉拢这些国家，致力于巩固在亚太地区的影响力和主导权；在军事层面，美国国防部 3 月发布的《四年防务评估报告》指出，“中国日后将通过‘反介入/区域拒止（A2/AD）’战略以及网络、太空领域的

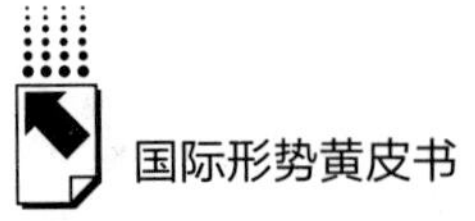

新技术不断向美国发起挑战”，为此，美国应加强在亚太地区的军事部署，尤其是将空间和网络战斗力集中到该地区。相比战略遏制的一面，美国在亚太地区与中国的接触显得明显不足，虽然在军事合作领域有了一些新的进展，但在台湾军售、美舰机对华大范围、高频度抵近侦查以及对华武器禁运等问题上的立场没有丝毫的退步和改善。尤其是在南海问题上，美国负责亚太事务的助理国务卿丹尼尔·拉塞尔在 2014 年 2 月的众议院关于东亚海洋争端的听证会上，改变“不持立场”的传统外交辞令，明确指责中国违反国际法和妨碍国际航行自由，这种明确“选边站”的做法无疑使南海局势更加复杂化。

第二，在东北亚，日本安倍政府始终坚持孤立和遏制中国的政策，钓鱼岛争端迟迟难以缓和，中日关系仍然处于历史的最低点。在过去一年中，安倍在政治上坚持参拜靖国神社，否认殖民历史；在军事上决意修改宪法，突破集体自卫权的限制，日本海上自卫队军舰无视中方警告，在公海干扰中国海军正常演习；在外交上，安倍政府大力推行“价值观外交”和“地球外交”，四处游说，希望打造反华的多边关系网。因此，在大多数时间里，中日两国处于严重的对立状态，恶劣的政治关系不可避免地波及两国的经济合作。值得一提的是，中日两国关系在 8 月以来出现了一些积极的转暖迹象，外长会晤和财长会议的恢复加强了高层官员之间的互动，为两国进一步加强争端的协商和沟通制造了良好的氛围。但是，冰冻三尺非一日之寒，如果日本政府不能改变现有的对华政策，中日两国关系的前景并不乐观。

第三，朝鲜核问题仍然处于僵局，朝鲜距离核武化的门槛越来越近，它不仅拒绝讨论弃核问题，而且试图谋求以“拥核国”的地位得到国际认可。2014 年初，朝鲜半岛局势曾经一度有所缓和，朝鲜政府改变了“通美封南”做法，主动寻求改善南北关系和修复中朝关系，并表示愿无条件回归六方会谈。但从 2 月开始，半岛局势再度紧张，朝鲜进行了多次中短程导弹试射以抗议美韩军演及奥巴马访韩，南北关系也因为无人机事件再度回到冰点。从近期的形势看，朝鲜政局扑朔迷离，未来政策走向有很大的不确定性，不排除朝鲜再次进行导弹试射和第四次核试验的可能，朝鲜很有可能向核武器小型化和实用化以及制造氢弹的危险方向发展。

第四，南海问题也非常棘手。在美国的支持和日本的鼓噪下，菲律宾和越南的立场十分强硬，不断挑衅，制造事端，两国一方面试图将南海问题强行塞入东盟峰会议题，迫使东盟在南海问题上“选边站队”，另一方面甚至扬言将与南海海洋领土争端提交到国际法庭。进入7月，美国率先提出了“冻结南海争端”的倡议，菲律宾则趁机在会上拼凑出一个解决南海问题的“三步走”方案：第一步，短期内在南海暂停加剧紧张局势的活动；第二步，中期内全面、有效执行《南海各方行为宣言》并尽早完成“南海行为准则”的制定；第三步，根据国际法通过解决机制最终解决争端。作为回应，中国外交部长王毅在2014年8月的中国－东盟外长会上正式提出以“双轨思路”处理南海问题，即有关争议由直接当事国通过友好协商谈判寻求和平解决，而南海的和平与稳定则由中国与东盟国家共同维护。随着美国、日本等国对南海问题的不断干预，南海问题上的国家间博弈将会更加激烈。

（二）中国外交新动向

面临复杂多变的周边与国际安全环境，2014年的中国外交更加创新，更加务实。中国国家主席习近平的“点穴式”外交访问，以点带面扩大了中国的影响力；更加重视周边外交，提出了“一带一路”建设；积极推动和融入区域合作机制，核安全观的提出以及亚信论坛的主办都充分展示了中国负责任大国的形象。

首先，中国灵活务实的“元首外交”开展得有声有色，以点带面的“点穴式”外交访问是一大亮点。2014年2月，习近平在春节期间再赴俄罗斯，出席在索契举行的第22届冬奥会开幕式，在43个小时的访问时间里共出席了12场双、多边活动，因短、平、快的特征而被称作“点穴式”的访问，开创了中国国家元首出席境外大型国际体育赛事的先河，而体育与外交相互结合、多边与双边相互促进的访问形式，可谓中国外交实践又一创新之举。3月，习近平开启任内首次欧洲之行，这是中国国家元首自中荷建交以来首次访问荷兰、8年来首次访问德国、27年来首次访问比利时，同时还是首次访问欧盟总部。此后，习近平在7月、8月还分别专程访问了韩国、蒙古，特别是对某一国单独进行国事访问，在中国领导人出访的安排中也并不多见。在就任国家主席以来的18个月中，习近平共出访10次，足迹覆盖29个国家，出访期间签订合作协议60多项。中国的元首外交不仅推动了国家元首之间沟通和信任的建立，更有效地提升了中国的国际形象和影响力。

其次，周边外交在中国外交中的重要性明显提升。周边地区的繁荣和稳定是中国的经济发展和国家安全的重要基础和前提。2013年10月，中国召开了建国以来首次周边外交工作座谈会，确立了今后5～10年中国周边外交的战略目标、基本方针和总体布局，习近平主席也在原有“睦邻、安邻、富邻”政策基础上提出了“亲、诚、惠、荣”的新理念。作为对新外交理念的具体支撑，2014年4月，在博鳌亚洲论坛的开幕大会上，李克强总理以“共同开创亚洲发展的新未来”为题发表演讲，全面阐述了中国的亚洲合作政策，并特别强调要推进“丝绸之路经济带”和“21世纪海上丝绸之路”的战略目标。作为周边外交的顶层设计，“一路一带”是中国外交统筹国内和国际的联结点。作为一个开放性的合作框架，“一路一带”有助于拓展中国与相关国家既有的双边和多边合作机制，为上海合作组织、欧亚经济联盟、中国－东盟（10＋1）合作机制注入新的内涵和活力。

最后，中国更加积极地参与全球治理，在区域与全球制度平台上表现得异常活跃。2014年3月，习近平出席在荷兰海牙召开的第三届核安全峰会，在国际场合首次阐述了中国的“核安全观”，提出了“发展和安全并重、权利和义务并重、自主和协作并重、治标和治本并重”的四大原则，希望国际社会加深彼此间合作，实现核安全持久发展。① 在全球面临核扩散危险、中国核安全政策透明度被质疑的背景下，“核安全观”的提出引发外界的极大关注。5月，亚洲相互协作与信任措施会议（简称“亚信”）第四次领导人峰会在上海举行，中国正式接任亚信主席国，习近平在会议上发表了题为

① 杜尚泽、丁大伟：《习近平出席第三届核安全峰会并发表重要讲话　首次阐述中国核安全观　推动实现持久核安全》，《人民日报》2014年3月25日。

“积极树立亚洲安全观，共创安全合作新局面”的主旨讲话，全面阐述了中国所提出的“共同、综合、合作、可持续的亚洲安全观”。11月，北京还举办了亚太经合组织2014年峰会，主题是“共建面向未来的亚太伙伴关系”。中国积极参与和负责任的态度向国际社会表明，中国不仅是一个可信赖的经济合作伙伴，更会在政治和安全领域的全球治理中承担更多的国际责任，为地区和全球的稳定与繁荣做出更多的贡献。

结　语

本年度全球政治与安全形势的焦点是乌克兰危机、中东北非动荡以及东海和南海问题，大国关系围绕这些新旧热点而进一步展开碰撞和博弈。但无论是新的热点还是原有热点的新动态，它们均非无源之水，其产生、发展以及缓和或激化的进程都是冷战后国际权力格局演变的结果。即使美国与俄罗斯的关系因乌克兰危机而激烈对峙，但在当前全球化的格局下，全面对抗的冷战时代不会再出现。美俄关系如此，中美关系亦然，传统安全领域的对抗不会影响非传统安全领域国家间合作的大局。在希望与失望、挑战与机遇并存的时代，国家间的相互依赖程度前所未有，国家间的冲突和争端也急需创新性的路径和思考。中国在未来一段时期面临的主要挑战是如何建构新型的东亚安全体系以及全球治理中的制度变革和规则制定，中国应以更加耐心、更加灵活的态度应对周边的挑战，同时更加积极地参与全球问题治理，展示一个新兴大国的雍容气度和负责任形象。

世界格局与国际安全

Great Power Relations and International Security

Y.2

大国冲突与合作（2014年）

王鸣鸣*

摘　要：2014年乌克兰危机使俄美关系雪上加霜。除了裁军问题以外，美国与俄罗斯的矛盾冲突主要通过俄欧关系表现出来。中美关系在过去一年麻烦不断，但双边矛盾的主要诱因是中国与东南周边国家的划界纠纷，两国直接冲突并不显著。中国参加美国主导的环太平洋军演是本年度两国关系的亮点，具有十分积极的意义。在乌克兰危机的背景下，中俄关系上了一个新台阶。两国领导人密切互动，增进了信任，许多过去久拖不决的合作项目取得实质性进展，但中俄关系长期存在的隐忧并未消除。2014年，中美、俄美矛盾比往年突出，但分歧甚至冲突的爆发点都在中俄各自的周边。中美俄都有

* 王鸣鸣，中国社会科学院世界经济与政治研究所研究员，主要研究领域为外交政策分析。

愿望通过着眼全球战略合作和管控局部危机来缓解矛盾，逐渐建立正常良好的国家关系。

关键词：俄美关系　乌克兰危机　中美关系　联合军演　中俄关系　三边关系

回顾2014年全球形势，一个突出的现象是大国之间麻烦不断。原本就在走下坡路的俄美关系由于乌克兰危机而加速下滑；中国东南海岛礁争端让中美建立“新型大国关系”进程受阻，战略互疑未见缓解；特殊的国际背景让中俄关系进展显著，但隐忧仍存。究其原因，虽然当前大国关系已不再互不相容、彼此对立，但由于力量和利益格局的演变使彼此分歧更加明显或增多；一些原本就脆弱的关系经不住突发事件的考验，在危机面前下滑不止；有的大国关系本身就缺乏信任基础，存在彼此战略设计和意图上的深层次冲突。

一　俄美关系跌入谷底

在2014年的大国关系中，俄美关系的持续紧张最为引人注目和令人不安。其引人注目之处在于俄美对立很容易让人联想起冷战时期的苏美争霸，令人不安的地方则是乌克兰问题内外矛盾交织的复杂性也许会让俄美对立长期化。俄美关系在全球事务中的地位虽与冷战时期的苏美关系不可同日而语，但其对全球大国之间的战略态势和世界政治经济形势的影响仍然深刻且意义重大。

（一）乌克兰危机与俄美关系恶化

2013年，俄美关系由于美国“棱镜门”爆料人斯诺登受到俄政治庇护、俄罗斯不满美国插手其内政和两国在叙利亚危机中的分歧降至冷战后的低点。这三个因素虽然破坏性很大，但它们彼此孤立且具有时效性，双方都对2014年关系能够改善怀有期待。美国领导人对俄罗斯在叙利亚问题上“化武换和平”方案骨子里还是满意的，普京在接受斯诺登庇护时也不忘加上要其保证“不做损害美国利益的事情”。俄罗斯总统新闻发言人佩斯科夫2013年9月5日表示，目前俄美关系并非处于最好时期，两国关系需要新的“重启”，美国总统奥巴马将是“重启”美俄关系的发动者。然而，一切有关2014年俄美关系回暖的期待都在乌克兰的枪炮声中破灭了。

2014年2月，乌克兰国内亲欧美民众不满时任政府的疏欧亲俄政策，举行抗议示威活动，示威者与警方发生激烈冲突，数百人伤亡。乌克兰总统亚努科维奇被罢免，新一届亲欧盟政府上台。克里米亚和乌克兰东部俄罗斯族聚居地区提出分离诉求，得到俄罗斯政府支持。3月16日，乌克兰克里米亚共和国举行全民公投，近97%的公民赞成克里米亚入俄。3月21日，俄罗斯总统普京签署了经联邦议会批准的克里米亚入俄条约，克里米亚入俄的法律程序全部完成。联合国大会3月21日投票表决维护“乌克兰的领土完整”决议草案，获100个国家支持通过。此后，危机转移到乌克兰东部俄语区的顿涅茨克州和卢甘斯克州，两州通过公投宣布成立独立“主权国家”，导致乌政府军与东部分离力量持续激战。7月17日，马来西亚航空公司MH17航班在乌东部反对派控制地区被导弹击落，机上297人全部遇难。9月5日，乌克兰政府、乌东部民间武装、俄罗斯以及欧洲安全与合作组织的代表在白俄罗斯首都明斯克举行谈判并最终签署了包括停火、停火监督、交换俘虏等多方面内容的停火协议，但双方冲突和人员伤亡仍在持续。

奥巴马政府起初并没有重视乌克兰事态的发展，乌克兰，甚至俄罗斯都不是美国总统外交政策的重点。亚太“再平衡”、伊朗核问题、叙利亚和伊拉克局势、从阿富汗撤军等都显然更为重要。乌克兰危机爆发伊始，美国在明确表示不会军事介入的同时，对俄罗斯持续施压。从3月17日开始至9月中旬，美欧一共出台了六轮对俄罗斯的制裁，涉及冻结俄相关人员在欧美的个人财产和停止向他们发放签证，名单范围一次比一次扩大，至9月底已达119人；[①] 限制俄罗斯银行、能源和国防企业在欧美的业务，被制裁企业的名单也越来越长；冻结俄罗斯国防技术企业在美资产、停止帮助俄开发北极油田等措施也越来越多。欧美制裁的重点初期放在针对与普京总统关系密切的企业家个人资产和去西方旅行上，后来则主要是限制俄罗斯军工、能源企业在国外的融资行为和技术引进。俄罗斯则对美欧日等国采取了一系列反制裁措施，主要是禁止进口农牧渔类产品，并可能会限制进口欧美国家的汽车和服装制品、禁止欧美航空公司航班飞越俄领空。在政治上，美欧国家取消欧盟－俄罗斯峰会；将俄罗斯暂时排除出八国集团，独自召开七国峰会。俄罗斯一方面对这种孤立表示不屑，另一方面加快与中国和其他金砖国家的交往与合作步伐。

由于金融危机的影响，俄罗斯经济增长率从上个十年的年均7%骤降至2013年的1.3%。2014年，乌克兰危机所引发的西方制裁，更令其经济雪上加霜。俄罗斯最大国有银行预计2014年经济增速为零。自2011年以来，卢布对美元的汇率下跌了22%。俄罗斯经济发展部长阿列克谢·乌柳卡耶夫认为，俄罗斯经济将在2016～2017年受到西方制裁的主要负面影响，而不是2014年和2015年。[②] 西方最担忧的是俄罗斯停止向欧洲供应石油和天然气。欧洲的天然气需求有30%由俄罗斯满足，在德国这一比例为40%。[③] 与此同时，俄罗斯财政支出的50%和出口收入的70%均来自原油和天然气出口。[④] 至2014年10月，俄罗斯尚未使用对欧盟国家实施油气供应制裁的手段。

---

① 〔俄〕梅津采夫：《俄对制裁的最佳回应是加强与上合组织合作》，俄罗斯新闻网，2014年9月18日，http://2006.rusnews.cn/guojiyaowen/guoji_sco/20140918/44164793.html。

② 《西方对俄制裁最负面影响2年后将显现》，新浪财经，2014年9月20日，http://finance.sina.com.cn/world/ozjj/20140920/210720369648.shtml。

③ 《欧洲约30%天然气需求靠俄罗斯供应》，中国石油化工网，2014年8月27日，http://oil.chinairn.com/news/20140827/17030837.shtml。

④ 《俄罗斯能源布局调整提速》，新华网，2014年6月27日，http://news.xinhuanet.com/world/2014-06/27/c_126681539.htm。

从俄美双边经济联系程度看，2013 年全年，俄罗斯国内生产总值为 21090.2 亿美元，美俄贸易额只占俄全年国内生产总值的不足 2%，为 600 亿美元。[①] 2013 年，美国是俄罗斯第十大贸易伙伴，双边商品贸易结构为：俄向美出口矿产品（主要是能源产品）占比 36.9%，金属及金属制品 26.8%，化工产品 22.4%；俄自美进口汽车、机械及交通设备占比 65.8%，化工产品 16.1%，食品及农产品 10.2%。[②] 这些贸易产品中，绝大多数并非不可代替。可见，俄美轮番经济制裁即使进一步扩大，对双方经济的损害都不会太大，受损害最大的还是欧盟。

（二）俄美关系实质所在

2014 年伊始，美国总统奥巴马宣布“繁忙的日程安排”使他无法参加在俄罗斯索契主办的冬奥会开幕式，果然预示了两国关系全年的低开低走，直至倒退到所谓“濒临”冷战的状态。虽然乌克兰危机是俄美关系全年矛盾的最主要原因，但就两国自身而言，还有着危机以外的深层次诱因。

俄美之间的差异有目共睹，例如西方“普世价值”与俄罗斯“特殊道路”的分歧。但是，从现实主义视角来看，俄美矛盾的最主要原因在于俄罗斯的强国梦与双方在经济科技发展水平上的巨大差距。也就是说，俄罗斯在全球经济科技竞争中的落后使两国力量对比的天平完全向美国倾斜。

2008 年金融海啸之后，美国经济并没有一直衰落下去，虽然复苏缓慢但势头明显。与美国经济形成鲜明对照的是，自 2008 年国际金融危机后俄罗斯经济便处于下降通道中。更为实质的是，俄罗斯国内生产总值仅相当于美国的 1/8，全球排名第九，居巴西和印度之后（见表 1）。

---

① 张日：《美国经济底气足》，中国商务新闻网，2014 年 9 月 17 日，http：//epaper.comnews.cn/news-1081266.html。

② 《2013 年俄罗斯与美国商品贸易结构》，环球网，2014 年 2 月 27 日，http：//china.huanqiu.com/News/mofcom/2014-02/4865323.html。

表1 2009~2013年俄罗斯与美国GDP与增长率对比

单位：万亿美元（以现有价格计算），%

年份		2009	2010	2011	2012	2013
俄罗斯	数　量	1.22	1.53	1.91	2.02	2.10
	增长率	-7.8	4.5	4.3	3.4	1.3
美国	数　量	14.42	14.99	15.53	16.25	16.80
	增长率	-2.8	2.5	1.8	2.8	1.9

资料来源：世界银行数据库，http://data.worldbank.org/。

对于俄罗斯经济的发展前景，国际货币基金组织、世界银行和经济合作与发展组织等机构均持悲观态度，主要原因是俄罗斯在经济发展过程中“三化”十分明显：经济原材料化；出口原材料化；投资原材料化。1990年，俄工业中能源和原材料比重为33.5%；2011年上升到66.4%。① 机械制造、电子及其他高科技领域的产值只占俄国内生产总值的7%~8%。②

在俄罗斯经济强项的能源领域，美国也是后来居上。根据国际能源署（IEA）和美国能源信息署（EIA）的数据，美国在2013年油气当量产量已经超过俄罗斯和沙特阿拉伯，成为世界第一。③ 受页岩油气开发热潮影响，美国原油产量持续快速增长，2013年创25年来最高水平，20年来首次超过进口量。④ 至2013年，美国石油对外依存度为33%，⑤ 而8年前是66.3%；⑥ 美国天然气和原油进口量已经分别从最高峰的2007年和2005年

① 陆南泉等：《俄罗斯经济是否患有“荷兰病”》，《欧亚经济》2014年第二期，http://euroasia.cass.cn/news/730191.htm。

② 《俄总理：制裁占俄经济损失5%　结构性问题明显》，中国新闻网，2014年9月22日，http://finance.chinanews.com/cj/2014/09-22/6615104.shtml。

③ 《2013年美国有望成为全球最大油气生产国》，中国新闻网，2013年10月5日，http://news.xinhuanet.com/fortune/2013-10/05/c_125485247.htm。

④ 《美国原油产量18年来首超进口量》，环球网，2013年11月15日，http://china.huanqiu.com/News/mofcom/2013-11/4566267.html。

⑤ EIA, “How dependent is the United States on foreign oil?”, http://www.eia.gov/tools/faqs/faq.cfm?id=32&.

⑥ IEA, http://www.eia.gov/oog/info/twip/twiparch/081029/twipprint.html.

下降了37.4%[①]和23.7%。[②] 2014年8月，美国向韩国交付40年来第一船从本土出口的原油，并已计划从2017年起向日本出口天然气。[③] 美国原油供应的这一变化已引发俄罗斯对于自身石油出口的担忧。俄罗斯科学院能源研究所表示，俄罗斯可能成为全球市场的一大输家，因为俄罗斯超过40%的预算资金来自油气相关税收。该机构预计，2015年后，俄罗斯石油出口可能下降25%～30%，使其国内生产总值（GDP）减少逾1000亿美元。[④]

俄美这种经济实力的加速失衡和依存度的低下使俄美关系出现下面几个特点。第一，俄美在对方对外议事日程中的重要性都在下降，两国相互关注度正在降低，并经常表现出意料之外的“戏剧性”事件，如频繁发生的最高领导人互不出席在对方领土上举行的会议、领导人之间不时地龃龉[⑤]和“斯诺登事件”等。第二，在美国看来，俄唯一能构成威胁的就是核力量，想与俄谈判的也就是核裁军问题；而俄则认为与美保持战略平衡是维系其大国地位的重要手段。“华盛顿官员显然不在意一个事实，即裁军现在与俄罗斯的衰落联系在一起；而美国越在裁军方面施压，俄罗斯人就越怀疑这一点。”[⑥] 第三，美国对普京政府的施压，包括此次乌克兰事件对俄罗斯的制裁，反而激起俄罗斯领导人和民众的对抗情绪。在俄罗斯媒体评论文字中经常可以看到“美国在具有重要影响的国际问题上不能严肃对待他国的意见”，“美国对待我们像对待一个小国，一个无足轻重的国家，这不能令人

---

① IEA, “US Natural Gas Imports,” http://www.eia.gov/dnav/ng/hist/n9100us2a.htm.

② IEA, “US Imports of Crude Oil,” http://www.eia.gov/dnav/pet/hist/LeafHandler.ashx?n=PET&s.

③ 路透社：《焦点：美国40年来首次出口原油 但在亚洲有伊朗原油拦路》，2014年7月28日，http://cn.reuters.com/article/CNAnalysesNews/idCNKBS0FX09820140728。

④ 王秉淳：《后来居上：美国正超越俄罗斯成为世界最大油气生产国》，2013年10月3日，http://wallstreetcn.com/node/58731。

⑤ 比如奥巴马曾公开说普京“一只脚还停留在过去”，就像坐在教室后面“无聊的孩子”。Office of the Press Secretary, White House, “Remarks by the President in a Press Conference,” http://www.whitehouse.gov/。

⑥ 路透社：《外媒：奥巴马缺席索契冬奥会或将冻结美俄关系》，2014年1月21日，新华网，http://www.chinanews.com/gj/2014/01-21/5759762.shtml。

容忍”[①] 一类的文字。俄罗斯的民调也一再显示，普京因其强硬反美而备受支持，美国则是俄罗斯最主要的敌人之一。第四，美国的压力、俄罗斯的危机感和大国心态让俄罗斯对外政策具备了更多与美国“角逐”的色彩。

俄罗斯前总统叶利钦使用的“冷和平”一词，很好地说明了当前的俄美关系本质。叶利钦说，北约东扩使“欧洲正在再次分裂成两个对立的集团”，“尚未摆脱冷战后遗症的欧洲包藏着沉沦于冷和平深渊的危险。”表面上看，美俄之间结束了“冷战”时期的对抗与遏制，但实际上，俄美关系已失去过去的对等与均衡，美国的傲慢与俄罗斯的愤怒让两国关系随时有突然恶化的风险。

（三）欧盟与俄美关系

由于俄罗斯地区大国的性质和俄欧的密切关系，以及美国全球战略收缩和影响力的下降，俄美关系越来越多地通过俄欧关系表现出来。一方面，俄罗斯与欧盟发生矛盾和冲突，美国总会站在欧盟一边；另一方面，作为北约盟主，美国仍然是安全提供者的角色，俄欧安全纠纷也就是俄美的纠纷。因此，俄美矛盾与俄欧矛盾交织，俄美之间无论是裁军、意识形态、能源政治等分歧都主要表现在欧洲。反过来，由于美国基于意识形态因素对俄罗斯战略意图和目标的不信任，欧盟国家建立与俄罗斯较密切的关系，如乌克兰危机以前的俄德关系，又会引起美国的警惕，加重俄美的战略互疑。

欧盟与俄罗斯大致同时出现在冷战后国际舞台上，彼此关系曾呈现逐渐走近的态势。在贸易金融方面，欧盟国家与俄罗斯的关系都比美俄间紧密得多。经过20多年的磨合，双方已经建立了密切的人员交往、互补的经贸关系和基本正常的政治与安全对话机制。与欧盟合作，共建和平、稳定的欧洲地缘环境同样是俄罗斯经济发展的需要。俄罗斯的复兴需要以欧盟为主的西方向其提供资金、技术和市场。2013年，俄罗斯与欧盟贸易接近其总国际

① “Another Cold Spell for U. S. – Russia Relations,” Interview, http://www.cfr.org/russian-federation/another-cold-spell-us-russia-relations/p31214.

贸易量的50%，相当于全年895亿美元，约占2012年俄罗斯GDP的7.3%，是整个俄美双边贸易额的14倍多。[①] 总的来看，相对于美国领头的北约来说，欧盟在俄罗斯眼里是股温和的力量，欧盟东扩在一定程度上可以接受。“与欧盟结盟”，也曾是几年之前俄罗斯自己的口号。2009年，普京总统亲自推动了“瓦尔代”国际辩论俱乐部并以“与欧盟结盟”作为议题。那次会议上俄罗斯向欧盟所表达的是非常积极的合作意向。普京在出席2013年9月的“瓦尔代”会议时也曾表示，选择优先利益和盟友的权利是乌克兰人民和乌克兰领导人拥有的国家主权。[②]

但乌克兰危机和克里米亚入俄使得俄欧关系发生逆转，经历着前所未有的严峻考验。欧盟东扩到了乌克兰后必然会与俄罗斯发生碰撞。欧盟苦心发展与乌克兰、摩尔多瓦等苏联加盟国家关系许多年，目的就是将全欧洲统一在欧盟一面旗帜下，不能接受无果而终。同样，普京政府将俄罗斯的复兴梦想放在建立“欧亚联盟”上，从而可以挟“联盟”以成“一极”。这个计划若没有同为斯拉夫民族的乌克兰加入就会大打折扣。欧盟认为自己对于欧洲和平、稳定与繁荣负有责任，不能容忍俄罗斯武力干预任何一个欧洲国家的内部事务，特别是当这种内部事务有利于欧盟的事业前途时。难怪美国学者奥伦斯坦断言：“一直避免与俄罗斯发生冲突并努力缓和矛盾的德国，似乎比以往任何时候都更坚决地要把乌克兰置于自己的经济庇护之下。”[③]

过去几年，由于欧洲一体化进程所出现的离心倾向和奥巴马政府对美国全球战略的收缩性调整让美欧关系渐行渐远。自2003年伊拉克战争开始，欧盟一些国家如法国、德国公开反对美国的单边主义，这些国家被美国前国防部长拉姆斯菲尔德划归为“旧欧洲”。2009年《里斯本条约》的实施更

---

① 《揭秘欧美对付俄罗斯经济武器　外贸制裁和削减投资》，新浪财经，2014年3月5日，http://finance.sina.com.cn/world/20140305/021018404486.shtml。

② 《普京：乌克兰有选择优先利益和盟友的权利》，中国广播网，2013年9月20日，http://news.cnr.cn/gjxw/list/201309/t20130920_513642089.shtml。

③ 《美媒：为迎接“俄德欧洲”做好准备》，新华网，2014年3月13日，http://news.xinhuanet.com/world/2014-03/13/c_126260483.htm。

是欧盟增强外交一致性及对外影响力的尝试。欧盟委员会主席巴罗佐指出，新条约会让欧盟在对外事务中加强凝聚力，“有了新条约，欧洲就有了主导全球化的条件和工具”。[①] 2014 年初，美国政府被揭对欧洲领导人和民众进行监听及情报收集，更是令欧盟恼火，促使欧盟国家要表明自身外交的独立性和与美国的不同之处。然而乌克兰危机将美欧又绑在了一起，他们共同担心的是在欧洲东部又形成一个新的、与西方对峙的俄罗斯阵营。由于欧盟有限的军事力量和松散机制，使得美国为首的北约又被推到了前台，让形势发展成为俄罗斯和美国之间的博弈。

二　中美关系经历考验

2013 年，由于习奥“庄园会晤”的友好气氛，中美关系成为两国外交的重点。2014 年是中美建交和邓小平访问美国 35 周年，“习奥会”的余温和两国已经建立起来的众多对话管道让人们对这一年两国关系有了更多良好期盼。然而，正如“庄园会晤”式的中美首脑密切交流未能如许多预测所说的在 2014 年再现一样，中美关系也未能由于习奥的历史性会晤和“新型大国关系”的提出而有更多改善。

（一）两国之间麻烦不断

2014 年中美高层的首次互动在中国传统马年元宵节和西方情人节的共同气氛中开始，2 月 14 日，克里开始担任国务卿以来的第二次中国之行。在一天半的访问中，双方明确中美 2014 年八项合作重点，发布了一份共同声明。但这并非两国关系向好的开端。

中美在这一年度的麻烦主要是间接地通过中日钓鱼岛和中菲、中越南海主权问题表现出来。2014 年 4 月 21 日，在中日钓鱼岛争端成为东亚热点的

① 《巴罗佐称欧盟新条约是“大欧洲条约”》，新华网，2007 年 10 月 24 日，http：//news.xinhuanet.com/newscenter/2007－10/24/content_ 6931554.htm。

背景下，美国总统奥巴马访日前接受日本《读卖新闻》专访时表示，钓鱼岛适用于《日美安保条约》。这也是美国总统首次对此做出明确表态。4月23日抵日后，奥巴马与日本首相安倍晋三举行联合记者会，再次就中国钓鱼岛及其附属岛屿表态：《日美安保条约》第五条适用于钓鱼岛，包括钓鱼岛在内的日本管理下的所有区域。同时，奥巴马也强调美国在钓鱼岛的主权问题上没有立场。与此同时，在中菲就黄岩岛、仁爱礁归属，菲方抓扣中国船民等事纠纷不断的背景下，美国与菲律宾签署为期10年的加强防务合作协议并在有争议海域进行两国联合军演。对于中国越南在西沙群岛海域主权问题上的矛盾和分歧，美国指责中国“挑衅”并表态支持中国所反对的提起“国际仲裁和国际法律诉讼”。2014年9月底，美国宣布部分取消持续了30年的对越南的杀伤性武器禁售政策。

中美直接矛盾主要表现在以下三个方面。第一，关于中国划定东海防空识别区。6月8日，美国国防部长哈格尔与中国国防部长常万全在美中防长北京媒体会上面对面交锋。哈格尔认为，中国无权单方面在未经协商的情况下宣布划设东海防空识别区。他表示，在日中发生争执之时，美国将保护日本。第二，网络安全问题。2014年5月，美国司法部以“网络窃密”罪名起诉解放军5名军官，再次掀起中美之间就网络安全问题的激烈对抗。中方决定终止中美网络工作组活动。第三，发生美军机在中国南海抵近侦察，中国军机接近美军机事件。美方向中国提出交涉并公布录像资料，中方强调，如果美国真想修复受损的双边关系，就应该减少直至停止对中国的抵近侦察活动。

中美建设性交流与合作主要体现在中国参加环太平洋军演以及中美第六轮战略与经济对话。6月26日，“环太平洋－2014”开始，中国首次与美国、日本、菲律宾、澳大利亚等22个国家一同演习。中国所派舰队规模仅次于东道主美国。中国此次参演，对中美两军关系在某种程度上具有“破冰”意义。7月9日，中美第六轮战略与经济对话在北京举行。对话在战略、经济、人文三方面取得了300余项合作成果，使双方加深了对彼此战略意图和政策的了解。

回顾2014年中美关系，两国最重要的分歧来自中国与第三方（主要是日本、菲律宾和越南）的领海和岛礁纠纷。可以看出，中美2014年的矛盾症结在于中国周边而非两国以往的贸易、汇率、意识形态等因素。也就是说，两国的亚太安全战略在协调和互容方面一直是有矛盾的，有时甚至是对抗性的。俄罗斯科学院美国与加拿大研究所副所长帕维尔·佐洛塔廖夫在接受媒体采访时指出，2013年中美试探了各自在亚太地区可活动的界限。2014年还会继续试探下去。这将让中美关系一直处于随时可能发生军事冲突的边缘。①

（二）“再平衡”与战略互疑

在政治和军事领域，中国的影响力主要还是在亚太地区。中美在经济领域和全球性问题方面不但没有根本性矛盾，反而有许多共同利益。因此，中美之间的矛盾与博弈主要在政治军事领域，重点在亚太地区，这就离不开美国近年来一再强调的亚太“再平衡”战略和与此直接相关的美国全球战略调整。

2009年，奥巴马上台执政时，美国正在进行伊拉克和阿富汗战争，并且被1929年以来最严重的经济危机所困扰，国内民众厌战情绪蔓延，经济发展面临困境。面对这种情况，奥巴马政府制订从伊拉克和阿富汗的撤军计划，并最终于2011年底将驻伊美军全部撤出。此后，美国政府进行以收缩为特征的对外战略转型，基本改变了后冷战时期前三任总统的外交和军事战略思路和原则。

亚太“再平衡”是奥巴马战略调整的重要一环。亚洲拥有世界人口的60%，占全球GDP约35%。② 亚太地区的经济发展速度、市场容量、地理位置和与美国的联系远超其他地区。2013年，美国与亚洲国家的货

① 《俄媒：2014年中美将处于危险的军事冲突边缘》，环球网，2013年12月31日，http：//mil. huanqiu. com/observation/2013－12/4711448. html。

② 《图表：1700～2050年亚洲占全球GDP的比重》，《华尔街日报（中文版）》2012年4月15日，http：//wallstreetcn. com/node/13228。

物贸易总额近 1.6 万亿美元，超过其与北美洲的 1.1 万亿美元和欧盟 0.65 万亿美元。①

早在 20 世纪 90 年代，克林顿执政时期美国就曾有“太平洋共同体”（New Pacific Community）构想，以及为此而设计的经济一体化、政治民主化、安全集体化的亚太战略，②“9·11”恐怖袭击以及其后的阿富汗、伊拉克战争使美国的注意力和资源向中东集中，对亚太地区的关注度下降，全球战略失衡。2005 和 2007 年，美国国务卿连续两次缺席东盟地区论坛并且不愿意应邀举办美国 - 东盟首脑峰会。

在美国从伊拉克撤军的同时，美国总统、国务卿、国防部长同时发声，“重返亚洲”“重返亚太”“亚洲转向”和亚太战略“再平衡”等提法渐次出现。其实，美国所谓“重返”或“再平衡”，本质上还是全球范围的“再平衡”，就是将部署在中东的军事、外交、经济资源转移一部分到东亚。

与中东北非地区相比，亚太地区国家内部政治社会基本稳定，美国并没有以反恐或政权更替的名义军事介入任何国家内政。但本地区的安全难题长期存在，朝核问题、台海问题、东南海问题等都是冷战的遗产，久拖无解且不时升温。美国在亚太的军事同盟体系为双边“轮辐”型，与欧洲的集体安全相比，在这种体系下，美国不仅要提供安全还要进行监管，以防盟友的行为将自己拖入不利境地。所以，冷战以来美国在亚洲长期驻扎重兵。至今亚太地区还有美军约 33 万名官兵、180 艘舰船以及 2000 多架战机，是美国在世界上部署的最大的作战司令部。③

美国的“再平衡”战略的内核主要还不是调兵布阵，而是注意力和舆论的投入。具体来看，“再平衡”名下的军力调整计划是到 2020 年将美国 10% 的海空军战斗装备从大西洋转移到太平洋，使两地之比从 5∶5 调整为

---

① United States Census, “U. S. Trade in Goods by Country,” http://www.census.gov/foreign - trade/balance.

② 金波：《克林顿政府的新亚太战略》，《国际关系学院学报》2000 年第 1 期。

③《美媒：美防长坚称“重返亚洲”战略不动摇》，新华网，2014 年 3 月 31 日，http://news.xinhuanet.com/world/2014 - 03/31/c_ 126334332.htm。

4∶6。然而，在亚太地区安排美国60%的潜艇和至少6个航母编队的决策、确认钓鱼岛属于日美共同防务范围、美军重返菲律宾、美国军舰访问越南均发生于小布什执政时期的2006年，① 与奥巴马政府出台的“再平衡”战略无关。所以，奥巴马政府高调宣传亚太“再平衡”其实是虚多实少。目的首先是给中国看，想借此影响中国对周边的政策；其次是给盟友和国内反对派看，让他们认为美国是在调整全球重心而非一味收缩力量。2013年以来，奥巴马政府逐渐调低亚太“再平衡”调门：克里在国会听证会上说，他“深信扩大军事存在还不是十分必要”，美国在这一地区的军事力量“比包括中国在内的世界上任何其他国家都要强得多”。②

不可否认，美国亚太“再平衡”的一个重要目标是中国。奥巴马政府虽一再表示和平崛起的中国符合美国利益，美国无意遏制中国。但中国经济军事实力迅速增强本身就让美国产生所谓“战略焦虑”，担心崛起的中国打破本地区由美国军力维持的“平衡”。因此，中美战略互疑的根源就在于：美国对中国力量壮大后潜在的扩张动向和意图忧心忡忡；中国因认为美国“再平衡”战略剑指自己而戒心重重。

（三）摩擦背后希望仍在

2014年，美国在涉及中国核心利益的领土问题上站在日本、菲律宾甚至越南一边指责中国。美国一直将中国在东南海的行动说成对“现状”的破坏，但中国与美国对“现状”（status quo）的解释是不同的。正如卡尔·艾肯巴里（Karl Eikenberry）所说，长期以来，亚太地区的特征是以中国为主导国。的确，在过去2000年中的1800年间，中国一直是该地区的大国。与之相反，美国的地区主导权只有短短60年。华盛顿所说的现状在北京看来是一种历史反常现象。然而，破坏稳定（de-stabilizing）与重建稳定（re-

① 《美国公布反恐战争后的首次〈四年防务评估报告〉》，《解放日报》2006年2月5日，http://old.jfdaily.com/gb/node2/node142/node152/userobject1ai1213089.html。

② Elizabeth C. Economy, "John Kerry on China and the Pivot," February 28, 2013, http://thediplomat.com/2013/02/john-kerry-on-china-and-the-pivot.

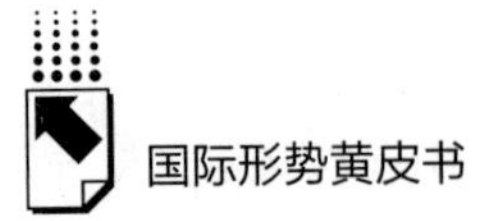

stabilizing）的差异在于旁观者怎么看。①

2014年，面对防空识别区、东南海领土纠纷和“网络窃密”问题，中美国领导人在批评对方时毫不客气，从“有话好好说”发展到“有话直接说”。这一方面反映两国麻烦和矛盾不断，另一方面也说明双方从猜疑和暗中较劲，开始转向坦率交换立场。从积极意义上看，这种将各自底线摆在明处的做法，其实有利于两国关系中的危机管控。

特别应该指出的是，本年度中国首次参加环太平洋军演对中美建立新型大国关系有着战略性意义。这是全球规模最大的多国海上联合军演，始于1971年，原本是针对苏联在太平洋的军事行动的。最初，美国只邀请中国一艘军舰参加，而2014年中国实际参演四艘舰船，成为仅次于美国的第二大参演力量。说明中美建立战略互信努力初现成效，同时也真正符合中国在太平洋周边的实际地位。演习前，中国向美国防部长开放了中国首艘航母“辽宁号”，中国总参谋长房峰辉访美也没有受中美政治外交摩擦的影响。中美军方2014年的合作、沟通和交流开创了两国军队交往的历史新纪元，有助于降低中美直接敌对和冲突的可能性。因此，新型大国关系并不像一些人认为的那样仅仅停留在口头上，而是通过双方的努力，实实在在地启动了中美战略互信关系的进程。中国人大新闻发言人傅莹2014年9月指出：“中国与美国政治、文化差异很大，经济发展水平的差距也很大，在对国际事务的政治思维上有很多不同之处。同时，中美现在是全球最重要的合作伙伴，我们之间合作之广泛超越了过去的任何时期。”② 她将中美关系定义为“合作伙伴”，说明中国官方即使在中美麻烦不断的时期，对两国关系的方向和性质的把握也还是正面与积极的。

中美军事领域的合作并不意味着两国关系正在走出这一轮摩擦和矛盾多

① 〔美〕艾米·莱盖特：《美国害怕什么样的中国?》，孙西辉/编译，http：//www.shekebao.com.cn/shekebao/2012skb/hwdt/u1ai7819.html。

② 《〈美国蓝皮书（2014）〉发布》，2014年8月15日，《社科院专刊》总第260期，http：//cass.cssn.cn/yaowen/201408/t20140815_1293235.html。

发期，因为触发这一轮“多发期”的战略因素是深刻和长远的。当中国加速崛起与美国全球控制力下降同时发生，中美关系可能已进入一个合作与摩擦并存、共识与分歧缠绕的“新常态”，过去那种以高层互访为契机，靠政策和舆论调控就能实现的“蜜月”可能难以再现。

据美国“全球语言检测机构”（Global Language Monitor）分析测算，“中国崛起”是21世纪最受瞩目的新闻事件，关注度超过伊拉克战争和“9·11”事件。[①] 中国20世纪70年代开始的对外开放在美国得到广泛赞誉，但20年后的“中国崛起”却引发美国人的极大关注和担心。美国皮尤研究中心2014年6月对3337名美国成年人的调查，51%的美国人认为与中国建立更为紧密的经济关系更加重要，同时有41%的人认为对中国强硬更为重要。而在2012年，前者的比例为42%，后者为49%。[②] 说明美国民众现在比两年前更为重视中美关系。

9月8日，首次前来北京访问的美国总统国家安全事务助理苏珊·赖斯在与杨洁篪国务委员会谈时表示，尽管大家共同面对的全球性议题很多，但奥巴马总统特地派她来北京，因为他“优先看待美中关系”。赖斯的此番话应属真诚。当美国对伊斯兰国家武装的空袭逐步加强、在乌克兰东部去留问题上与俄罗斯的较量继续升级、面对阿富汗安全局势不见好转的时刻，她却来到北京，凸显了中美关系在美方心目中的战略全局意义。赖斯是为奥巴马11月来华出席亚太经合组织领导人非正式会议并访华做铺垫的。这将是2014年内奥巴马最重要的一次出访，也是中美首脑继2013年“庄园会晤”之后第一次正式讨论两国关系的现状和前景。美方期待此访在气候变化、经贸、朝核等攸关奥巴马政府执政业绩和外交遗产的重要问题上取得具体成果，同时为奥巴马剩余任期的中美关系制定新基调。在同中国领导人的会见会谈中，赖斯重申了美方“坚定致力于加强美中合作，推进新型大国关系

---

① 《美媒体监测机构：中国崛起成10年来最受关注新闻》，新浪新闻，2009年12月11日，http：//news. sina. com. cn/c/2009－12－11/162719241350. shtml。

② “全球语言检测机构”（Global Language Monitor），http：//www. pewresearch. org/fact－tank/2014/07/09/americans－especially－young－adults－back－strong－economic－ties/。

建设”的态度。有理由相信，两国领导人此次会晤将成为2014年中美关系实现“U”形回升的一个标志。

三 中俄合作迈上新台阶

中俄关系是当今世界上最稳定的一组大国关系。2014年，两国领导人高频度互动、签署两国关系迈入新阶段的联合声明、能源合作获得历史性突破、两国东海军演世人瞩目，都说明中俄战略协作伙伴关系有坚实的基础，有完善的制度和机制保障，不仅符合中俄双方利益，也是维护国际战略平衡和地区和平稳定的重要因素，成为实践新型大国关系的一个榜样。

（一）中俄关系不断升温

截至2014年10月，与中美两国元首仅在海牙核峰会上见面一次形成鲜明对照的是习近平与普京的会面已达4次。2014年新春伊始，习近平主席专程出席了索契冬奥会开幕式，连续两年把俄罗斯作为首访国。5月，普京应习近平之邀参加上海亚信峰会并观摩两国海军演习；7月，两国元首在巴西金砖国家峰会期间举行会谈；9月，习近平主席赴杜尚别参加上合组织元首理事会并与俄罗斯总统普京会面。两国领导人这种超乎寻常的频繁互动，既说明两国共同利益的增多，更是乌克兰危机引发西方制裁和孤立俄罗斯政策的结果。

政治上，2014年5月，普京总统访华期间，两国签署《中俄关于全面战略协作伙伴关系新阶段的联合声明》。声明指出：在双方共同坚定努力下，中俄关系已提升至全面战略协作伙伴关系新阶段。双方都认为，全方位的中俄战略协作伙伴关系，不仅具有双边意义，也具有全球意义。对中国来说，俄罗斯既是大国又是中国的最大邻国，因此，发展对俄关系，不是权宜之计，而是长远国策。从俄罗斯角度看，普京再次执政后，强调俄中两国在世界重大问题上的务实合作和观点一致，中国在俄罗斯外交中的地位不断上升。联合声明的签署是继2001年《中俄睦邻友好合作条约》之后两国关系史上的一个重要里程碑，标志着双方关系进入一个新阶段。联合声明作为指导21世纪中俄关系的纲领性文件，概括了中俄关系的主要原则、精神和成果，将会在指导中俄关系未来发展中发挥重要作用。

在经贸关系上，2013年，中俄贸易额达892亿美元，再创历史新高。中国连续4年成为俄罗斯第一大贸易伙伴国，中国对俄直接投资超过40亿美元，成为俄罗斯第四大投资来源地。2014年5月21日，中国石油天然气集团公司和俄罗斯天然气工业股份公司在上海签署了《中俄东线供气购销合同》。根据双方商定，从2018年起，俄罗斯开始通过中俄天然气管道东线向中国供气，输气量逐年增长，最终达到每年380亿立方米，累计30年，约合4000亿美元。可以说，该项合同签署是中俄能源合作领域具有里程碑意义的突破。从2004年中俄双方开始研讨天然气合作计划，历经10年沟通与磨合，这份让世界瞠目的天然气“世纪大单”在中国国家主席习近平和俄罗斯总统普京的共同见证下得以签署。

在军事合作方面，2014年5月，中俄举行迄今规模最大的“海上联合－2014”军事演习。两国元首联袂出席演习启动仪式，这在中俄军演史乃至世界军演史上都前所未有。俄罗斯“瓦良格”号导弹巡洋舰等6艘军舰和中方的主战舰船参演，于5月20日至26日连续7天在中国东海北部海空域举行。此次演习有三个“首次”：一是首次将参演的舰艇全部进行混编；二是首次组织水面舰艇编队互为条件进行超视距攻防演练；三是首次组织潜艇与水面舰艇编队进行自主对抗。军演之后，中国和俄罗斯军事技术合作再次活跃，最主要内容是俄罗斯向中国供应最先进的S－400“凯旋”导弹系统。该项目谈判已历时三年半，2014年获得突破。S－400是俄罗斯国土防空军第三代地对空导弹系统，用于从超低空到高空、近距离到超远程的全空域对抗多目标空袭，是目前世界上唯一一种可以发射多种型号导弹的防空系统，可构建起一套多层次的高效防空网。2014年7月，俄罗斯总统办公厅主任谢尔盖·伊万诺夫在对中国进行工作访问期间表示，中国可能成为第一个从俄罗斯进口S－400导弹系统的国家。

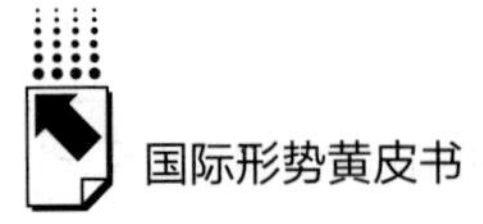

（二）“欧亚同盟”与“融入亚太”

历史上，俄罗斯一直是一个欧洲国家，政治经济中心和人口分布主要在欧洲部分，国际互动也主要是与西方国家。同时，俄罗斯国土的亚洲部分占总面积的2/3，生活着近3000万人口，而且蕴藏着极为丰富的自然资源。这种独特的地理位置，让俄罗斯对欧洲和对亚洲的政策都具有周边外交的特性，都对生存和发展至关重要。苏联解体后，俄罗斯恢复了十月革命前“双头鹰”图案的国徽，也是为显示俄罗斯的这种独特性。在对外战略选择上，过去20多年，俄政府也在逐渐加大其对亚洲的权力资源投入，以获得更大的外交空间和更多的经济利益。

俄罗斯的亚洲战略有两个支点：“融入亚太”和“欧亚联盟”。

“融入亚太”战略主要目标是分享亚太地区经济繁荣的成果，发展远东地区经济和获取东亚地缘格局中的重要地位。自2008年国际金融危机爆发以来，随着亚太地区政治、经济地位的迅速上升尤其是中国的强势崛起，俄罗斯对亚太地区的关注与投入越发引人注目，被称为俄罗斯的亚太“再平衡”战略。迄今为止，俄罗斯已经参加APEC会议、金砖国家会议、“东盟10+1”、东亚峰会、东盟安全论坛、朝鲜半岛“六方会谈”等亚太地区大部分涉及政治、军事、经济层面的各项机制。远东开发是俄罗斯融入亚太战略的一个落脚点。远东联邦区是俄最大的经济区，占全俄国土面积的36.4%，但仅有人口626万。2009年9月23日，中俄元首正式批准《中国东北地区同俄罗斯远东及东西伯利亚地区合作规划纲要（2009～2018）》，它包括中俄两国边境地区205个主要合作方案。2012年5月，普京签署命令，在俄政府中设立远东发展部，该部设在紧邻中国的远东城市哈巴罗夫斯克。2014年5月，在上海亚信峰会上，双方领导人共同出席中俄两国共同建设东北亚地区最大海港扎鲁比诺港的签字仪式。此外，中俄达成天然气“世纪合同”的另一个意义也在于远东开发，中方天然气预付款将被俄方用来开发远东地区的中俄合作项目，解决中俄远东开发合作中长期困扰俄方的资金短缺问题。

2011 年 10 月，在即将重任俄罗斯总统之际，普京总理明确提出了“欧亚联盟”的构想：通过超国家联合体模式，在多极世界中发挥重要作用，起到欧洲与亚太之间的纽带作用。11 月，白俄罗斯、哈萨克斯坦和俄罗斯三国总统签署了一项协议，确定未来整合的路线图，并建立欧亚委员会和欧亚经济空间。2014 年 5 月 29 日，俄罗斯、哈萨克斯坦和白俄罗斯签署了成立欧亚经济联盟条约，从 2015 年 1 月 1 日起正式启动。

俄罗斯重新建国以后曾一度对外致力于融入西方，成为欧洲大家庭的一员，对内实行“休克疗法”和全面私有化。当时，获取西方援助、维持政治稳定和经济复苏是俄罗斯的主要任务。在国际上，俄罗斯东欧传统势力范围丧失殆尽，独联体国家离心倾向严重，北约东扩毫不手软。普京上台以后，随着经济实力的恢复，政治局势得到稳定，俄罗斯开始思考自身在国际关系中的地位。通过构建俄罗斯主导的“欧亚联盟”确立对独联体国家的控制权，逐渐成为俄罗斯决策层的共识。作为独联体内的斯拉夫国家，俄罗斯认为乌克兰在“欧亚联盟”中的地位举足轻重，如果乌克兰脱俄入欧，那么俄罗斯的欧亚战略就难以实现。这也就是为什么俄罗斯在获得克里米亚之后依然对乌克兰与欧盟签署联系国协议耿耿于怀的原因所在。

俄罗斯是中国最大的邻国，两国有 4300 公里的边界线。中国西部也与“欧亚联盟”的一些国家相邻。对中国而言，中俄关系是中国周边外交的重中之重，而俄罗斯的“融入亚太”和“欧亚联盟”战略为中俄关系的发展注入了动力，总体来看是正面的。当前，国际形势的焦点问题之一是乌克兰危机，它不仅与俄罗斯的“欧亚联盟”战略直接相关，也会对其“融入亚太”战略起到某种作用。

（三）机遇与隐忧

2013 年以来，中俄两国关系的密切程度不断加深，2014 年的乌克兰危机客观上又使两国关系提升到一个新的水平。国际形势的大环境和两国各自利益的趋同，为两国关系今后的进一步巩固和发展打下了良好基础。

在能源方面，俄罗斯是目前世界上第一大能源出口国，中国是第二大石油消费国和第一大石油进口国。这是中俄双方能源合作的基础性条件。中国对油气资源的旺盛需求、俄欧关系的恶化、美国油气开采技术革命和俄罗斯对能源出口收入的依赖，成为中俄深化能源合作的推动力量。这不仅可以减少中国从局势动荡的波斯湾进口石油，也有利于稳固俄罗斯在与欧盟国家油气供应谈判中的地位，形成双赢局面。

在军事上，中俄都面临以美国为首的西方国家的压力，虽然未必在具体问题上联合抗压，但两国关系的姿态本身就能够让美国和欧盟有所顾忌。中俄战略协作伙伴关系的深化和在东亚海域的年度军事演习并不针对任何第三方，时局之下，两国能感受到彼此亲近所带来的安慰和信心。

在政治上，中国在克里米亚问题上所持态度让俄罗斯感到中国对中俄政治关系的重视，让两国领导人走得更近。这样，在今后西方国家对两国在人权、制度、舆论自由等方面施压时，两国领导人更易于协调立场、彼此支持或理解，共同应对意识形态方面的挑战。

在金融领域，欧盟和美国自 2014 年 8 月 1 日起实施的新一轮制裁，俄罗斯每年上百亿美元的海外融资市场被关闭。为获得新的来源，俄四大主要银行均已在中国香港发行债券，俄外贸银行还宣布将考虑发行人民币债券。就单个国家而言，中国是俄最大贸易伙伴，美国的制裁促使俄多家企业着手用其他货币替代美元进行资金交易，而人民币是其中首选。据报道，2014 年 1 ~ 8 月，莫斯科交易所的人民币交易量增长 4 倍。①

尽管中俄合作前景广阔，两国关系正处于历史最好时期。但两国多方面合作的障碍和关系中的隐忧并没有因高层互动或乌克兰危机而消除，有些不利因素是深层次和结构性的，非一年或几年就能改变。

第一，俄罗斯出现经济增长放缓甚至停滞的问题不利于两国合作的深化。2014 年前 7 个月，俄国内生产总值仅增长 0.8%，创下 2008 年国际金

---

① 《中俄贸易联系加深　人民币交易激增》，《中国日报》2014 年 9 月 25 日，http：//caijing.chinadaily.com.cn/2014 - 09/25/content_ 18661863.htm。

融危机后新低。[①] 尤其值得关注的是，俄罗斯总理梅德韦杰夫表示，俄罗斯经济下降诸因素中，制裁原因仅占5%，[②] 主要原因是20世纪就已形成的过度依靠资源出口的经济结构性问题。中俄合作的基础是互利互惠，需要双方的共同投入。俄经济的这种状况使双边合作基础受到削弱，更何况中国目前也面临经济减速、改革攻坚、政府支出加大的状况。

第二，在中亚方面，两国更在意自己的项目。俄罗斯关心的是欧亚经济联盟，中国则着力打造“丝绸之路经济带”。而中国“丝绸之路经济带”的着眼点在于整个欧亚大陆的经济合作，如果没有俄罗斯的参与和支持，该设想的前景就会大打折扣。比较“丝绸之路经济带”与俄罗斯的“欧亚联盟”，俄罗斯的方案不包括中国，而中国的方案包括俄罗斯。这一方面反映俄罗斯对中国在前独联体范围内发挥作用戒心十足，另一方面也说明中国的丝绸之路经济带没有俄罗斯的参与难以实现。中俄在中亚的这种不对称地位和态势预示着双方在中亚地区的合作不会一帆风顺。

第三，上海合作组织对于中俄两国来说都十分重要，但俄罗斯更看中该组织的安全、反恐等作用。俄罗斯除了“上合组织”，还有欧亚经济共同体和集体安全条约组织。这两个组织是俄罗斯主导的，是俄控制中亚最主要的机制。“上合组织”是中国在中亚唯一的多边机制，希望它既发挥安全作用，又具有贸易、金融、能源合作的功能。而俄罗斯主导的欧亚经济联盟与上合组织成员重叠，中国非前者成员，会面临高关税与非关税壁垒，“上合组织”经济一体化进程可能会被边缘化。中国提出“丝绸之路经济带”设想，实际上是为拓展或者说不满意“上合组织”的经济功能可能被取代所采取的措施。由此看来，中俄在“上合组织”经济一体化问题上的分歧不容忽视。

第四，两国在对方核心利益方面能发挥的作用十分有限。中国最关注国

---

① 《俄总理：制裁占俄经济损失5%　结构性问题明显》，中国新闻网，2014年9月22日，http：//finance. chinanews. com/cj/2014/09 -22/6615104。

② 《俄总理：制裁占俄经济损失5%　结构性问题明显》，中国新闻网，2014年9月22日，http：//finance. chinanews. com/cj/2014/09 -22/6615104。

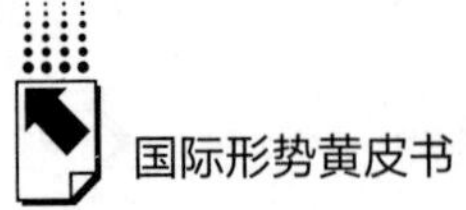

内经济的持续稳定发展和扩大在亚太地区的影响力。美国、欧洲和亚洲其他国家，在上述两个方面对中国的重要性远远超过俄罗斯。同时，俄罗斯目前最在意原独联体国家一体化进程、乌克兰与欧盟能走多近、俄德关系会坏到什么程度等，然而对这些问题，中国既没有什么利益，也帮不上什么忙。

结　语

2014 年是第一次世界大战爆发 100 周年，也是冷战后全球大国关系最为跌宕起伏的一年。面对跌入低谷的俄美关系，有人害怕乌克兰成为又一个引发大国战争的塞尔维亚，更多人担心“新冷战”时代到来；中美新型大国关系尚未起步就开始倒退，更多出现的是中国与美国盟友之间的对抗；中俄之间的密切往来成为本年度唯一的大国合作、互助，彼此鼓励和支持的亮点，但仍然不能改变各自独立面对挑战、压力和不确定性的现实。

针对当前俄美与中美两对冲突与中俄合作的大国关系特点，我们应该知道冲突的范围与缓解之道在哪里。首先，中俄都是地区性大国，而对手美国则是全球性大国。其次，中俄与美国本年度最突出的矛盾都出现在各自周边（乌克兰危机和东南海纠纷），而且都事关各自难以妥协的某一类核心利益。再次，两对冲突都通过美国的地区盟友与美国相连。这样，俄美、中美冲突在范围上是局部而非全局的。缓解之道在于：虽然周边范围的核心利益难以妥协，还可以在事关全局的其他核心利益中进行合作；以及通过中俄与美国地区盟友关系的改善和美国对自己盟友的疏导与管控求解。

那么，中俄合作能够共同抗美吗？首先，在这个美国“一家独大”的世界，中俄尚不具备在全球性平台上挑战美国地位的实力；其次，中俄都与美国在冲突以外的诸多领域彼此需要，而这些需要远超过中俄合作抗美的动力；再次，中美矛盾与俄美矛盾还有深层次差异，俄罗斯与西方有着悠长密切的民族联系和相似的文化传承与意识形态，这是中美关系所不具备的；最后，在全球实力结构上，中国离美国最近，俄罗斯离中美都较远，三方存在着权力竞争上的结构性矛盾。因此，中俄联合抗美既不现实也不可能。

令人欣慰的是，第一次世界大战已经远去百年，决策者的思维也已今非昔比。我们看到，普京在乌克兰东部一直努力避免冲突演变为战争；奥巴马对俄制裁也是慎之又慎、小步试探；中美在摩擦高峰时期两国海军仍能在军演中圆满配合，说明大国都清醒地意识到管控分歧的必要性。借用查尔斯·狄更斯在观察爆发大革命之前法国的话形容当前的大国关系："这是最好的时代，这是最坏的时代；这是希望之春，这是失望之冬。"为了世界和平与人类福祉，我们期待最好的时代能够战胜最坏的时代、希望之春已经越过失望之冬。

参考文献

李兴、刘军等：《俄美博弈的国内政治分析》，时事出版社，2011。

金灿荣、米兰：《打铁还需自身硬：大危机时代和中国式突围》，现代出版社，2013。

王奇：《中俄战略伙伴对话：现状、问题、建议》，中央编译出版社，2014。

鞠杨：《全球博弈：中美关系改变世界》，中国发展出版社，2014。

http：//news. xinhuanet. com/.

http：//www. chinanews. com/.

http：//www. people - press. org/.

http：//pewresearch. org/.

http：//www. eia. gov/.

http：//www. census. gov/foreign - trade/balance/.

http：//www. cfr. org/.

http：//www. ft. com/.

http：//www. whitehouse. gov/.

http：//www. defense. gov/.

http：//www. state. gov/.

Y.3

世界主要国家实力与影响力（2014年）

杨 原*

摘 要：随着以“金砖国家”为代表的新兴经济体崛起，自冷战结束以来的传统国际格局正面临新的调整。与此同时，中国目前也处于崛起的关键时期。准确评估当前中国以及世界其他主要国家的实力和影响力，对于正确把握国际格局变化趋势、恰当规划我国外交战略具有重要意义。本报告考察了2013～2014年美国、英国、法国、德国、日本、中国、俄罗斯、印度、巴西等9个国家的实力和影响力现状。考察结果显示，“一超多强”的态势尚未发生根本性的改变，美国目前依然是无可争议的“唯一超级大国”。未来能否由“一超”变“两超”关键取决于中国的发展。从综合实力的构成要素看，传统西方大国的优势在科技，新兴大国的优势在资源。中国综合国力的进一步提升，基础是经济持续稳定发展，难点是科技水平的飞跃，核心是国际政治动员力的提高。

关键词：国际影响力 国际政治动员力 综合国力 中国崛起

近年来，随着以“金砖国家”为代表的新兴经济体的崛起，特别是中

* 杨原，中国社会科学院世界经济与政治研究所国际政治理论研究室助理研究员，主要研究领域为国际关系理论。

国经济的高速发展，以及受金融危机的影响，自苏联解体以来所形成的以美国为“唯一超级大国”、以西方大国为主导的传统国际力量对比正面临前所未有的挑战，大国间的战略关系和各国对外战略也正随之面临重组。就中国而言，目前正处于崛起的关键时期，“比历史上任何时期都更接近中华民族伟大复兴的目标”,[①] “既面临着重要发展机遇，也面临着前所未有的困难和挑战”。[②] 在这个重要的历史节点上，我们有必要明确当前的国际格局究竟发生了（和正在发生着）什么变化，以及中国目前在国际力量排序中究竟处于什么样的位置。显然，准确评估当前中国以及世界其他主要国家的实力和影响力，对于正确把握国际格局走势、恰当规划我国外交战略具有重要意义。

有鉴于此，本报告考察了2013～2014年美国、英国、法国、德国、日本5个西方大国和中国、俄罗斯、印度、巴西4个新兴经济体共计9个大国的实力和影响力现状。考察结果显示，就国际格局的基本性质而言，“一超多强”的态势尚未发生根本性的改变，美国目前依然是无可争议的“唯一超级大国”。未来能否由“一超”变“两超”关键取决于中国的发展。从综合实力的构成要素看，传统西方大国的优势在科技，新兴大国的优势在资源。中国综合国力的进一步提升，基础是经济持续稳定发展，难点是科技水平的飞跃，核心是国际政治动员力的提高。

一　研究背景与方法

（一）“国力评估”的研究现状

学界目前对国家力量的评估及相关研究成果已经十分丰富，其中一个最

① 习近平：《承前启后　继往开来　继续朝着中华民族伟大复兴目标奋勇前进》，新华网，2012年11月30日，http：//www. gz. xinhuanet. com/2012－11/30/c_ 113854379. htm。

② 习近平：《在同各界优秀青年代表座谈时的讲话（全文）》，中央政府门户网站，2013年5月5日，http：//www. gov. cn/ldhd/2013－05/05/content_ 2395892. htm。

具共识性的意见就是，国家力量的构成是多元的，单一因素无法准确反映和衡量一国国力的大小。正因如此，中国学者普遍接受和使用“综合国力”这一概念。[①] 但在究竟应当包括哪些衡量要素这一问题上，研究者之间尚远未达成共识。

黄硕风认为，综合国力的基本构成要素是政治、经济、科技、国防、文教、外交、资源7种“力”。[②] 王诵芬认为，综合国力的构成要素包括自然条件、人口、经济、科教文、军事、政治、政府、外交、国民精神9种要素。[③] 在中国现代国际关系研究所综合国力课题组的研究中，考察了经济、军事、科技教育、资源、政治、社会、国际影响力等方面的因素。[④] 王玲则将综合国力的测度划分为科技力、人力资本、资本资源、信息力、自然资源、政府调控力、军事力、外交力和经济力9个大项。[⑤] 贾海涛则认为，对综合国力的衡量应当包括基本资源、军事、经济、文化力量和软实力5个正面因素，以及自然和社会灾难1个负面因素。[⑥]

国外的研究中，迈克尔·波特（Michael E. Porter）认为，构成现代国力的主要资源包括技术、人力资本、资本资源、信息基础设施、自然资源5类。[⑦] 兰德公司2005年的国家实力测量报告，则将国内社会政治状况、国

---

① 事实上，与其他绝大部分政治学术语都是西方的“舶来品”不同，“综合国力”一词有着浓郁的“中国特色”，是政治学中少见的先有中文表述后被译为英语的术语之一，其英文表述常被直译为 Comprehensive National Power，或 Overall National Strength 等。而在国际关系英文文献中，通常表述为 National Power，甚至直接表述为 Power。

② 黄硕风：《综合国力论》，中国社会科学出版社，1992，第109~111页。黄硕风：《综合国力新论：兼论新中国综合国力》，中国社会科学出版社，1999，第12~13页。黄硕风：《大国较量：世界主要国家综合国力国际比较》，世界知识出版社，2006，第26~27页。

③ 王诵芬：《世界主要国家综合国力比较研究》，海南出版社，1996，第29~30页。

④ 中国现代国际关系研究所综合国力课题组：《世界主要国家综合国力评估》，《国际资料信息》2000年第7期，第1~7页。

⑤ 王玲：《世界主要大国综合国力比较》，《2006年：全球政治与安全报告》，社会科学文献出版社，2006。

⑥ 贾海涛：《中国综合国力评估及世界排名：理论、现实及测评公式》，《南京理工大学学报(社会科学版)》2012年第5期，第14页。

⑦ 〔美〕迈克尔·波特：《国家竞争优势》，李明轩、邱如美译，华夏出版社，2003，第72页，转引自王玲《关于综合国力的测度》，《世界经济与政治》2006年第6期，第46页。

际政治环境、人口、经济、农业、能量、技术、环境资源和质量 8 个指标作为国家实力的塑造因素。[①] 美国丹佛大学弗雷德里克·帕迪世界未来研究中心提出的“世界未来”（International Futures）模型自称目前所有评估模型中最精致最全面的，其评估的指标包括了 11 个大项，分别是农业、经济、教育、能量、环境、社会政治环境、健康、基础设施、国际政治、人口和人类发展水平。[②]

不仅在国力测量的基本要素上存在分歧，而且在每个要素应当包含哪些具体的测量指标、每个指标应当如何操作化和量化、量化得到的数据应当如何计算得出最终的综合国力分值等问题上，研究者们同样各持己见。目前综合国力评估的专门性研究呈现出的两个总体趋势是，一方面，指标设置日益繁复，各种综合国力评估体系所设置的具体测量指标往往动辄几十甚至数百个；另一方面，综合国力分值的算法日益复杂，各种“公式”层出不穷，所运用的数学和统计学技术日益尖端。[③] 如一位学者所说，“综合国力的测量，其本身是一个非常复杂的数学问题……涉及微积分、混沌学、系统论、协同学、耗散结构论、模糊数学等诸多复杂的数学技术”。[④] 这种看法颇具代表性。

然而，由于在基本指标的选取以及测量的基本原则上存在分歧，因此虽然研究成果众多，但人们依然很难对目前世界各国综合国力的精确分值甚至相对位次达成共识。更严重的是，指标数量的增多以及测量方法的复杂化并未能有效增加测量的准确度。例如，2014 年的一篇尝试运用主成分分析法、模糊评价法等高级统计方法来计算各主要国家综合国力的论文，其得出的结

---

① Gregory F. Treverton, Seth G. Jones, “Measuring National Power,” Rand National Security Research Division, 2005, http://www.rand.org/content/dam/rand/pubs/conf_proceedings/2005/RAND_CF215.pdf.

② 《“世界未来”（International Futures）模型》，http://pardee.du.edu/。

③ 国内近年来有关综合国力计算方法的专门性探讨，可参见相关成果，如张曼清《应用常微分方程建立数学模型分析综合国力》，《长春工程学院学报（自然科学版）》2007 年第 1 期，第 86 ~ 88 页；邢秀梅：《具时滞综合国力模型的 Hopf 分支分析》，《伊犁师范学院学报（自然科学版）》2007 年第 3 期，第 1 ~ 4 页。等。

④ 李方：《中国综合国力论》，安徽科学技术出版社，2002，第 33 页。

论中，加拿大的综合国力居然排在了中国、英国和俄罗斯之前。①

由于综合国力测量的复杂性，少数学者主张放弃追求繁复的测量指标和类似物理学公式的计算方法，而选择用常识和主观感受来判断国力的相对大小。② 例如肯尼斯·华尔兹（Kenneth N. Waltz）就认为，国家各方面能力的综合情况不同，很难衡量和比较，但人们对于某一时期哪些国家能够被视为“大国”往往具有一致的观点。③ 理查德·梅里特（Richard L. Merritt）等学者也认为，即使将指标增加到无穷多，也不可能得到完全精确的国力分值。④ 阎学通也主张通过常识和相对简单的少数关键指标对大国的实力地位做出判断，他认为指标赋值的复杂程度和细化程度与衡量结果的准确性和客观性没有必然的联系。⑤

测量准确性低而测量难度大，直接导致现有“国力评估”的方法和结果实用性差。许多学者在研究实战中，当需要对“国家实力”进行量化时，往往倾向于自起炉灶，选择非常有限的指标，用非常简单的计算方法得出自己的量化数据。例如，米尔斯海默（John J. Mearsheimer）在衡量1960年前后大国的潜在权力时，只选择了能源消耗量、钢铁产量两个指标和国民生产总值这一个指标。⑥ 兰德尔·施维勒（Randall L. Schweller）为确定二战前国际体系是否一度处于三极结构而对当时的主要国家实力进行了衡量，他也仅选择了军事人员数量、军费开支、能源消耗、钢铁产量、城市人口、总人

---

① 程毛林、陈瑶：《基于主成分分析法和模糊评价法的综合国力评价方法研究》，《统计与管理》2014年第4期，第67~69页。

② 有关综合国力测算中“常识化方法”和“数量化方法”的分野，见宋伟《国际结构的分析与预测：现有方法与实证的反思》，《世界经济与政治》2011年第8期，第102~110页。

③ 〔美〕肯尼斯·华尔兹：《国际政治理论》，信强译，苏长和校，上海人民出版社，2003，第175页。

④ Richard L. Merritt and Dana A. Zinnes, “Alternative Indexes of National Power,” in Richard J. Stoll and Michael D. Ward eds., *Power in World Politics* (Boulder and London: Lynne Rienner Publishers, 1989), pp. 11–28. 转引自秦亚青《霸权体系与国际冲突——美国在国际武装冲突中的支持行为》，上海人民出版社，1999，第203页。

⑤ 阎学通：《中国崛起的实力地位》，《国际政治科学》2005年第2期，第1~25页。

⑥ John J. Mearsheimer, *The Tragedy of Great Power Politics* (New York: W. W. Norton & Company, 2001), p. 67.

口6个指标。[①] 权力转移理论中“权力”是自变量，奥根斯基（A. F. K. Organski）量化“权力”的公式同样十分简约：国家实力 =（GNP × 税收课征效率）+（所受对外援助 × 税收课征效率）。[②] 秦亚青、孙学峰在各自研究中均采取了另一种同样非常简单的实力量化公式：大国相对实力 =（相对军费开支 + 相对 GNP）/2。[③]

（二）本文研究方法

鉴于现有国力评估存在的上述问题，本文对2014年世界各主要国家国力的考察将遵循以下方法和思路。

首先，考虑到国力评估无论在基本构成要素上，还是在具体指标的设置上都远未形成共识，穷尽所有的指标既无可能，而且缺乏理论依据的指标设置还有可能导致评估结果的偏差，因此本文将只考察影响和反映一国国力的少数核心要素（包括实力维度的资源禀赋、经济水平、军事能力、科技水平和影响力维度的政治动员力、经济影响力和文化吸引力），对每个要素的考察也将只选取少数最能反映该领域国家力量发展水平的关键性指标。

其次，考虑到目前尚缺乏公认合理的国力计算公式，又缺乏判定各指标所占权重的科学依据，而对权重的设置、计算的具体流程稍作改变计算结果就可能发生很大的变化，在学界尚未找到公认科学合理的国力算法的情况下，[④] 对原始数据的任何处理和计算都会存在争议，并且盲目的量化和计算有可能产生更大的误差，因此，本文将不尝试提出任何“计算公式”，不对

---

① Randall L. Schweller, *Deadly Imbalances: Tripolarity and Hitler's Strategy of World Conquest* (New York: Columbia University Press, 1998), pp. 27 - 31.

② A. F. K. Organski and Jacek Kugler, *The War Ledger* (Chicago: The University of Chicago Press, 1980), p. 86.

③ 其中，相对军费开支是当年该大国军费开支与所有大国军费开支总和的比值，相对 GNP 是当年该国 GNP 与所有大国 GNP 之和的比值。秦亚青：《霸权体系与国际冲突——美国在国际武装冲突中的支持行为》，上海人民出版社，1999，第234～235页。孙学峰：《战略选择与大国崛起成败》，《中国崛起及其战略》，北京大学出版社，2005，第43页。

④ 由于“综合国力”这个概念本身所固有的许多难点，我们有可能永远找不到这样一种算法。

各指标所得到的数据进行加总或其他任何数学运算，因而也不会得出各国国力的“分值”及“排名”，而只是展示和描述各指标的原始数据，并就各项原始数据本身做出排名。① 事实上，当我们对一些关键性指标的原始数据有了了解和比较之后，就完全能够对各国国力的相对位置产生大致（但却不一定不准确）的认识。

最后，本文的评估将明确区分国家的“实力”和“影响力”。无论是英语中的“power”一词，还是汉语概念“综合国力”中的“国力”一词，都包含了“实力”和“影响力”（或者说“权力”）两重含义。然而，现有的很多关于综合国力的研究和测量，都未能自觉地区分这两个概念，因而其测量的基本思路、指标体系和最终结果都将“实力”和“影响力”混淆在了一起。② 国家实力是指一个国家所拥有的用以开展各种行动的“资本”和“潜力”，包括资源禀赋、经济发展水平、军事能力以及科技水平四个基本要素。国家的影响力是指让其他国家做有利于本国的事的能力。实力是获取影响力的基础，但两者并不完全一致。国家影响力大致包括政治动员力、经济影响力和文化吸引力三个主要维度。本报告将分别对其做出考察和评估。

二　国家实力

（一）资源禀赋

资源禀赋是指一个国家所拥有的各种物质资源的数量和潜力，是一个国家赖以存在、发展以及开展一切活动的物质基础。它决定了一个国家的物质实力所能达到的上限。能够影响和反映一国资源禀赋多寡的指标有很多，但最核心的两个指标无疑是领土面积和人口数量。在许多学者看来，随着二战

① 至于所选指标能在多大程度上反映一国的国力，各个指标在国力中的权重分别是多少，各指标的相互关系是怎样的，是否还存在其他指标，本报告不持观点。

② 参见贾海涛、唐姗《综合国力理论的演变与中国化》，《学术研究》2013 年第 6 期，第24 ~ 25 页。

后殖民体系的瓦解，甚至只有那些领土和人口达到一个“洲”的规模的“洲级国家”，才能被视为真正意义上的一流大国（great power）。而二战前一些依靠海外殖民地成为世界大国的老牌国家，在资源禀赋这个维度上则只能被视为“中等国家”（middle power）或者主要国家（major power）。①

表 1　领土和人口

单位：百万平方千米，亿人

领土			人口			去除老龄化后人口		
排序	国　家	实际面积	排序	国　家	2013 年实际人口数	排序	国　家	2013 年折算后人口数
1	俄罗斯	17.1	1	中　国	13.574	1	中　国	12.35
2	美　国	9.63	2	印　度	12.765	2	印　度	12.00
3	中　国	9.6	3	美　国	3.162	3	美　国	2.72
4	巴　西	8.51	4	巴　西	1.955	4	巴　西	1.82
5	印　度	3.29	5	俄罗斯	1.435	5	俄罗斯	1.25
6	法　国	0.55	6	日　本	1.273	6	日　本	0.95
7	日　本	0.38	7	德　国	0.806	7	德　国	0.64
8	德　国	0.36	8	英　国	0.641	8	英　国	0.54
9	英　国	0.24	9	法　国	0.639	9	法　国	0.53

资料来源：领土面积数据见李少军《综合国力比较（2009 年）》，《全球政治与安全报告（2010）》，社会科学文献出版社，2009，第 262 页。人口总数及 65 岁以上人口比例数据见 *2013 World Population Data Sheet*，http：//www. prb. org/pdf13/2013 – population – data – sheet_ eng. pdf。“去除老龄化后人口”是指总人口数 ×（1 – 65 岁以上人口百分比）。

表 1 给出了 9 国的领土和人口排名。对于领土面积，我们可以以“一百万平方千米”为界将 9 国分为两大类，高于这一标准的有俄、美、中、巴、印 5 国；相比之下，法、日、德、英 4 国的面积远不足这一标准，其领土规

① 〔英〕巴里·布赞：《人、国家与恐惧——后冷战时代的国际安全研究议程》，闫健、李剑译，中央编译出版社，2009，第 159 ~ 160 页。时殷弘：《现代国际体系史的一大理解范式和根本主题》，《国际政治与国家方略》，北京大学出版社，2006，第 73 ~ 74 页。John Herz，“The Rise and Demise of the Territorial State，” *World Politics*，Vol. 9，No. 4，1957，pp. 485 – 489. Robert Jervis，“Cooperation under the Security Dilemma，” *World Politics*，Vol. 30，No. 2，1978，p. 172。

模大致仅相当于前一类国家一个省（州）级行政单位的面积。辽阔的领土疆域能够为一国提供重要的战略纵深和战略缓冲，同时它也是承载更多的自然和人力资源的前提。在这一点上，包括中国在内的5个超级领土大国，相比其他4国而言无疑更具有先天的物质优势。

对于人口数量，我们可以以“超过10亿”和“低于10亿超过1亿”为标准，将9国的人口规模划分为三个等级。中国和印度是目前世界上仅有的两个人口超过10亿的国家。在剩下的7国中，美、巴、俄、日4国的人口超过了1亿，而德、英、法3国的人口则在1亿以下。值得注意的是，如果考虑到人口老龄化这一因素，那么日本最富有人力资源潜力的人口数量就降到了1亿以下。人口数量是人力资源的基础，决定着一国的劳动力水平、军队规模和国内市场需求等一系列影响国力的重要因素。从这个意义上讲，中国在这个单项上无疑占据着最大的优势。但同时因为人口规模过大，相应的一些负面因素也随之被放大，中印等国在享受“人口红利”的同时，也长期承受着由庞大人口所带来的资源、环境方面的巨大压力。

表2　石油和天然气

2013年石油探明储量			2013年天然气探明储量		
排序	国　家	储量（亿吨）	排序	国　家	储量（万亿立方米）
1	俄罗斯	127	1	俄罗斯	31.3
2	美　国	54	2	美　国	9.3
3	中　国	25	3	中　国	3.3
4	巴　西	23	4	印　度	1.4
5	印　度	8	5	巴　西	0.5
6	英　国	4	6	英　国	0.2
7	法　国	—	7	德　国	0.05
7	德　国	—	8	法　国	—
7	日　本	—	8	日　本	—

资料来源：《BP世界能源统计报告2014》，http：//www.bp.com/content/dam/bp/pdf/Energy－economics/statistical－review－2014/BP－statistical－review－of－world－energy－2014－full－report.pdf。德国2013年天然气探明储量低于0.05万亿立方米，这里以0.05亿立方米计算。

除了领土和人口这两个资源禀赋的最基本要素外，在工业化时代，一国所拥有的能源毫无疑问也是该国资源禀赋中至关重要的组成部分。表2给出了当前石油和天然气这两种世界最主要的能源在9国的探明储量及其排名。由表2可见，俄罗斯是这9国中当之无愧的能源超级大国，其他8国这两种能源的储量都与俄罗斯不在同一个等级。俄罗斯的这种能源优势也是其在国内经济发展和国际战略空间均面临巨大压力的情况下依然能够保持其国际影响力的重要原因。美、中、巴、印4国的能源处于中间水平，而英、法、德、日4国则是明显的能源匮乏国家。

综合表1和表2可以看出，9国在领土、人口和能源这三个资源禀赋的主要维度的等级具有明显的一致性。俄、美、中、巴、印5国既是领土过百万平方千米的领土大国，也是人口过亿的人力资源大国，同时也恰好是9国中能源储量最丰富的国家。相比之下，英、德、法、日这4个老牌西方资本主义大国，在“资源禀赋”这个大的国家实力维度上明显处于劣势地位。就中国而言，综合其在领土、人口和能源三方面的表现，可以认为其大致处于9国中较为靠前的位置。

（二）经济水平

作为国家实力不可或缺的核心构成要素，一国的经济发展水平不仅决定了该国民众的生存和生产水平，也决定了该国军事、科技、文化等其他领域发展水平的上限，同时，持续良好的经济发展状态以及强大的经济实力也是一国获得和发挥国际影响力的重要来源。决定和反映一国经济水平的指标有很多，这里无法穷尽，但国内生产总值（GDP）和人均国内生产总值无疑是其中两个最主要也最常被选择的关键指标。

如表3所示，9个国家的GDP都达到了“万亿美元”的水平。其中，美国的GDP依然遥遥领先，中国紧随其后，大约为美国的1/2。如果中国经济能够保持7%以上的年增长率，中国将在2015年内成为世界上第二个经济超过“十万亿美元”水平的国家，从而在经济规模上达到与美国相同的等级。作为宏观经济的重要指标，GDP不仅能够反映一国国民经济的整体发展水平和财富水平，而且能够反映一国的市场规模乃至整体经济实力。规模可观的 GDP 是一国国际影响力的重要来源。从这个指标来看，中国的总体经济实力已经处于相当靠前的水平。

表 3　经济发展水平

2013 年 GDP			2013 年人均 GDP			2014 年竞争力指数		
排序	国　家	数值（十亿美元）	排序	国　家	数值（美元）	排序	国　家	指数
1	美　国	16800	1	美　国	53143	1	美　国	100
2	中　国	9240.27	2	德　国	45085	2	德　国	85.782
3	日　本	4901.53	3	法　国	41421	3	英　国	79.814
4	德　国	3634.82	4	英　国	39351	4	日　本	73.761
5	法　国	2734.95	5	日　本	38492	5	中　国	73.258
6	英　国	2522.26	6	俄罗斯	14612	6	法　国	67.941
7	巴　西	2245.67	7	巴　西	11208	7	俄罗斯	57.997
8	俄罗斯	2096.78	8	中　国	6870	8	印　度	53.919
9	印　度	1876.80	9	印　度	1499	9	巴　西	46.778

资料来源：各国 GDP 和人均 GDP 数据均见世界银行数据库，分别为 http：//data.worldbank.org.cn/indicator/NY.GDP.MKTP.CD 和 http：//data.worldbank.org.cn/indicator/NY.GDP.PCAP.CD。竞争力数据见 IMD World Competitiveness Ranking 2014，http：//www.imd.org/uupload/IMD.WebSite/wcc/WCYR。

但在人均 GDP 这个指标上，中国的劣势依然很明显，在 9 国中排名第 8，仅排在印度前面。而且排名前 7 位的国家人均 GDP 均在一万美元以上，中国仅为 6870 美元。与 GDP 反映一国整体经济实力不同，人均 GDP 主要反映的是一国国内的社会发展（发达）程度和人民生活水平。在这个指标上，俄、巴、中、印这些新兴经济体与发达国家的差距依然十分明显。

除了 GDP 和人均 GDP 两项指标外，“国家竞争力指数”是另一项被广泛引用的反映一国经济实力的评估性指标，该指标的数据由瑞士洛桑国际管理学院（International Institute for Management Development，IMD）每年定期发布。其评估的对象包括一国的经济表现、政府效率、商务效率和基础设施 4 个大的方面，总共涵盖了超过 300 个具体指标，核心测量的是一国所具有的为企业创造和保持有利于其提高市场竞争力的环境的能力。[①] 由于企业是从事经济活动的最重要的主体，因此这项指标在很大程度上也反映了一国经济未来的发展潜力。由表3可见，占据这一指标排名前列的依然主要是传统发达国家，中国在9国中排名第5，居于中等水平。

综合上述三个指标来看，美国依然拥有无可争议的最强经济实力。美、日、德、法、英5个传统发达国家在经济发展水平上依然占据优势，特别在人均GDP和竞争力指数两个指标上，发达国家依然足够“发达”。相比较而言，俄罗斯、巴西和印度这三个“金砖国家”在这三个指标上均居末位，与发达国家还存在差距。就中国而言，经济总量世界第二是最突出的亮点，但同时人均GDP排名靠后，竞争力指数居中。这反映了目前中国经济规模和经济质量以及社会发展水平尚不均衡。当然，上述指标均是静态指标，反映的只是2013～2014年这个时间段各国的经济状况。从动态来看，经济增长的较高速度是新兴经济体的最大优势。表4给出了过去5年9国的经济年增长率。

表4　2009～2013年各国经济年增长率

单位：%

国　家	2009年	2010年	2011年	2012年	2013年
中　国	9.2	10.4	9.3	7.7	7.7
印　度	8.5	10.3	6.6	4.7	5.0
巴　西	-0.3	7.5	2.7	1.0	2.5
美　国	-2.8	2.5	1.8	2.8	1.9
英　国	-5.2	1.7	1.1	0.3	1.7
日　本	-5.5	4.7	-0.5	1.4	1.5
俄罗斯	-7.8	4.5	4.3	3.4	1.3
德　国	-5.1	4.0	3.3	0.7	0.4
法　国	-3.1	1.7	2.0	0.0	0.2

注：国家排序根据2013年经济增长率降序排列。

资料来源：世界银行数据库，http：//data. worldbank. org. cn/indicator。

① http：//www. imd. org/wcc/research－methodology/.

（三）军事能力

一国的军事能力有两个功能：一是自卫，即摄制其他国家可能的军事入侵以及当遭到他国入侵时予以抵抗；二是获得影响力，即通过武力威胁或实施武力获得他国的服从。在缺乏最高权威的国际社会，一国军事实力的强弱无疑对该国的国家安全和国家利益具有最直接的决定性作用。正因如此，在一些经典国际关系理论中，军事实力曾长期被视为一国国家实力的最重要的要素。[①] 虽然军事实力非常重要，但却很难找到一种能够完全准确地衡量一国军事实力的方法。这主要是因为军事实力与经济、科技等其他国家实力不同，它包含很多主观性的因素，如指挥者的指挥艺术和谋略智慧、军事人员的作战经验等。这些因素对一国真实的作战能力和军事实力有着十分显著的影响，然而我们却很难用一套统一的可操作化的标准对其做出可横向比较的测量。

因此，目前测量国家军事实力通常采取的办法几乎都是只测量其客观的可观察的那一部分。在可观察的指标中，最直观的一项指标就是一国的军费开支，它在很大程度上反映了一国发展军事力量的能力和意愿。[②] 如表 5 所示，2013 年军费开支最高的国家依然是美国，达到 6402 亿美元，而其他 8 国当年军费开支全部相加才仅 4975 亿美元，只占美国一国军费开支的 78%，美国超乎其类的军事实力由此可见一斑。中国军费开支目前已达世界第二，这与中国经济的持续高速增长以及中国政府近年来对国防建设的重视密切相关。

一国军事实力的另外一个重要组成部分是核武器。由于核禁忌和核威慑

---

① Hans J. Morgenthau, *Politics among Nations: Struggle for Power and Peace* (New York: Alfred A. Knopf, 1948). Kenneth N. Waltz, *Theory of International Politics* (Reading, Massachusetts: Addison-Wesley Publishing Company, 1979). John J. Mearsheimer, *The Tragedy of Great Power Politics* (New York: W. W. Norton & Company, 2001).

② 另一项直观的指标是一国的军队规模。但在现代化战争条件下，特别是信息时代和高精尖武器日新月异的战争环境下，士兵人数对战争结果的影响早已显著下降。因此本文不考察这项指标。

的存在，核武器作为一种非常规武器，无法在战场上被直接使用，但它的威慑力却是其他任何武器无法比拟的。同时，合法拥有核武器也是一个大国国际地位的重要来源。如表5所示，目前在这9个国家中，拥有核武器的依然是《不扩散核武器条约》所规定的那5个国家，它们同时也是联合国安理会的5个常任理事国，其中俄罗斯和美国依然拥有世界上最大的核武库。

表5　军费开支和核武器

单位：亿美元，枚

2013年军费开支			核武器数量		
排序	国　家	金额	排序	国　家	数量
1	美　国	6402	1	俄罗斯	8500
2	中　国	1143	2	美　国	7700
3	俄罗斯	878	3	法　国	300
4	法　国	612	4	中　国	240
5	英　国	579	5	英　国	225
6	德　国	488	6	印　度	110
7	日　本	486	7	日　本	0
8	印　度	474	7	德　国	0
9	巴　西	315	7	巴　西	0

资料来源：中国军费开支见中国官方公布的数据，http：//news. xinhuanet. com/cankao/2013－03/05/c_ 132209671. htm。其他各国军费开支数据见斯德哥尔摩国际和平研究所数据库，http：//www. sipri. org/research/armaments/milex/milex_ database。核武器数据见维基百科“List of countries by level of military equipment”词条，http：//en. wikipedia. org/wiki/List_ of_ countries_ by_ level_ of_ military_ equipment。

当然，相较于核武器，一国的常规武器装备水平更直接地影响着一国的实际军事作战能力。表6和表7展示了9个国家陆、海、空几种代表性武器装备的数量。陆军方面，拥有主战坦克最多的国家是俄罗斯，数量达到22710辆，这在一定程度上反映了俄罗斯强大的陆军实力。中、美两国排在第二、三位，数量也很可观。空军和海军方面，美国仅在武器数量上就拥有绝对的优势。美国目前战斗机数量达到3318架，几乎相当于排名第二和第三的俄罗斯和中国战斗机数量的总和。美国的航空母舰、核潜艇和常规动力舰艇数量同样也是各国中最多的，特别是航母和核潜艇，数量均超过了其他 9 国的总和。美国在空军和海军方面突出的实力优势，与其自身所处的特殊的地理位置密切相关，同时也是其多年来推行的军事战略的一种直观体现。

综合表 5 至表 7 的数据来看，美国目前依然是世界上无可争议的唯一军事超级大国，其在军事领域的优势地位短期内无可动摇。俄罗斯在核武器数量和部分领域的常规武器数量上接近或者达到与美国相当的水平，考虑到俄罗斯所拥有的作战经验，其整体军事实力应当位居世界第二的水平。但考虑到其武器装备的老化和陈旧问题，以及其偏低的军费开支水平（不足美国的 14%），目前的美俄军事实力已不再是一个级别。就中国而言，世界第二高的军费开支水平固然反映了中国国防力量增长的事实，但仅仅这一个指标的排名显然不能代表中国整体军事实力在各国中的名次。就本文所选的这几项武器装备来看，在数量上中国大致可以排在第三位。但这仅仅是数量上的排名，如果考虑到武器装备的质量和性能，特别是再考虑到军队的实战经验等主观性因素，中国目前实际的军事实力有可能还要打些折扣。

表 6　主战坦克和战斗机

单位：辆，架

主战坦克数量			战斗机数量		
排序	国　家	数量	排序	国　家	数量
1	俄罗斯	22710	1	美　国	3318
2	中　国	9000	2	俄罗斯	1900
3	美　国	8725	3	中　国	1500
4	印　度	5978	4	印　度	1080
5	德　国	2500	5	德　国	423
6	日　本	902	6	日　本	374
7	巴　西	581	7	法　国	306
8	法　国	406	8	巴　西	223
9	英　国	384	9	英　国	222

资料来源：维基百科 “List of countries by level of military equipment” 词条，http://en.wikipedia.org/wiki/List_of_countries_by_level_of_military_equipment。

表 7　舰艇

单位：艘

航空母舰			核潜艇			其他常规动力舰艇		
排序	国　家	数量	排序	国　家	数量	排序	国家	数量
1	美　国	10	1	美　国	71	1	美　国	114
2	印　度	2	2	俄罗斯	33	2	俄罗斯	111
3	俄罗斯	1	3	英　国	11	3	中　国	93
3	中　国	1	4	法　国	10	4	日　本	86
3	法　国	1	5	中　国	8	5	印　度	62
3	巴　西	1	6	印　度	2	6	法　国	38
7	日　本	0	7	日　本	0	7	德　国	24
7	英　国	0	7	巴　西	0	8	英　国	23
7	德　国	0	7	德　国	0	9	巴　西	21

注：其他常规动力舰艇包括巡洋舰、驱逐舰、护卫舰、轻巡洋舰和潜艇。

资料来源：维基百科“List of countries by level of military equipment”词条，http://en.wikipedia.org/wiki/List_ of_ countries_ by_ level_ of_ military_ equipment。

（四）科技水平

科学技术是推动一国经济、军事、社会各领域发展的重要动力。特别是在当今这个科技进步日新月异的时代，科技实力在一国国家实力中的重要性也与日俱增。另外，一国的科技水平也直接受到该国经济、政治、社会、教育、文化等多领域发展程度的影响，科技实力的强弱本身就是一国综合国力高低的重要体现。准确衡量一国的科技水平存在不小的难度，这不仅是因为科技涵盖的领域非常广泛，更主要是因为在科技和学术界内部，对科技人才和科研成果的评价方法本身就是一项庞大的课题，存在不少争议。这里无法穷尽所有可能的指标，仅从“投入”和“产出”两个大的方面对 9 国科技发展水平做出粗线条的勾勒。

“投入”方面我们选取了“研发投入占 GDP 比重”和“每百万人从事研发人员数量”这两个指标。前一个指标更多地反映了一个国家对科技研发的重视程度和投入程度，后一个指标则在一定程度上反映了科技研究作为一项事业在一个国家中的繁荣程度以及该国社会对这项事业的重视程度。由表8可见，在研发投入的比重上，日本的比重最高，占到GDP的3.39%。德、美、法三个传统发达国家的比重也很高，均在2%以上。中国排名超过了英国，居第五位。巴、俄、印三国的投入比重最少。在每百万人从事研发人员的数量上，日本和德国同样排在前两位。事实上，排在前五位的全部是传统西方发达国家，中国仅排名第七。

表8　科技水平

单位：%，个

2011~2012年研发投入占GDP比重			2010~2012年每百万人从事研发的人员数量			2010~2013年诺贝尔奖获奖人数		
排序	国　家	比重	排序	国　家	人数	排序	国　家	人数
1	日　本	3.39	1	日　本	5158	1	美　国	23
2	德　国	2.92	2	德　国	4139	2	英　国	7
3	美　国	2.79	3	英　国	4024	3	日　本	3
4	法　国	2.26	4	美　国	3979	4	法　国	2
5	中　国	1.98	5	法　国	3918	5	德　国	1
6	英　国	1.72	6	俄罗斯	3096	5	俄罗斯	1
7	巴　西	1.21	7	中　国	1020	7	中　国	0
8	俄罗斯	1.12	8	巴　西	710	7	巴　西	0
9	印　度	0.81	9	印　度	160	7	印　度	0

注：各国所选数据为该数据库所包含的最近一年的数据。诺贝尔奖获得者相关资料，见维基百科“诺贝尔奖得主列表”词条，http://zh.wikipedia.org。这里只统计物理学、化学、生理学或医学、经济学4项诺贝尔奖的获奖人数。

资料来源：研发投入占GDP比重的数据，见联合国教科文组织数据库，http://data.uis.unesco.org/Index.aspx?queryid=74。研发人员相对数量数据，见世界银行数据库，http://data.worldbank.org.cn/indicator/SP.POP.SCIE.RD.P6。

衡量科研“产出”的指标有很多，这里我们只选择了一项反映一国基础科学领域最尖端创新能力的指标，即一国在过去4年中诺贝尔科学类奖项的获奖人数。基础科学研究是所有科学技术进步的基础，能够获得诺贝尔奖的基础科学研究成果，几乎全都是那些能够推动所在学科整体知识进步的重大创新性成果。因此，这项指标的确能够在很大程度上衡量出一国科技的最高水平在国际上所处的位置。由表 8 可见，美国依然是当今世界上不容置疑的唯一科技超级大国，其雄厚的基础科学创新能力使其即使在短短的 4 年时间内，就已有多达 23 人获得诺奖，这一数字远远超过了其他 8 国同期获奖人数的总和。获奖第二多的是英国，获奖人数恰好是其余 7 国获奖人数之和。三个发展中国家中、巴、印迄今尚无人获得过诺贝尔科学奖。

综合上述三个指标的数据来看，目前在科技发展水平方面，西方发达国家依然拥有明显的优势。这种优势可以一直追溯到工业革命时期，自那时起西方国家就已经在科学技术领域占据着绝对的优势，并一直延续到今天。从这个角度看，如果说中国等新兴国家的崛起对西方国家的传统地位构成了挑战，那么这种挑战也主要集中在经济领域。而在科技领域，这种挑战目前尚不明显。由于科学技术水平，特别是基础科学理论的原创水平的提高有赖于较长时期的人才培养和知识积累，因此甚至在未来较长的一段时期内，西方发达国家在科技上的这种领先地位还将继续保持。就中国自身而言，进一步加大科研投入力度，加强科技人才的培养和基础科学创新能力的提高，是一项紧迫而重要的战略任务。

三　国家影响力

（一）政治动员力

政治动员力是指一国通过动用自己在政治领域的各种资源影响他国行动的能力。对大国而言，政治动员力集中体现了其在国际政治舞台上的领导地位。我们可以从战略友好关系以及国际规则制定权这两个方面对一国所拥有的这种影响力进行大略的观察。

首先，我们可以用与本国有军售关系的国家的数量来衡量战略友好关系。军事装备是事关国家安全的重要战略资产，因此国家间的军备贸易属于高敏感的政治领域问题，与纯粹只涉及经济领域问题的一般商品贸易有很大的不同。从这个意义上讲，一国所拥有的有军售关系的国家的多少，能够在一定程度上反映该国在较高级政治层面上的战略合作范围大小。由表 9 可见，2013 年美国有军售关系的国家数量最多，其次是德、法、英三个欧洲大国。中国排在第五位。由此可见，至少在军售关系这个维度上，相较美国和欧洲大国而言，中国在战略友好关系上依然处于劣势。

表 9　战略友好关系和国际规则制定权

单位：个，%

2013 年有军售关系国家数量			2013 年世界银行投票权			2013 年国际货币基金组织投票权		
排序	国　家	数量	排序	国　家	比重	排序	国　家	比重
1	美　国	222	1	美　国	15	1	美　国	16.75
2	德　国	202	2	日　本	8.12	2	日　本	6.23
3	法　国	177	3	中　国	5.24	3	德　国	5.81
4	英　国	173	4	德　国	4.55	4	法　国	4.29
5	中　国	120	5	法　国	4.05	4	英　国	4.29
6	俄罗斯	118	5	英　国	4.05	6	中　国	3.81
7	巴　西	104	7	印　度	3.05	7	俄罗斯	2.39
8	印　度	91	8	俄罗斯	2.27	8	印　度	2.34
9	日　本	73	9	巴　西	1.69	9	巴　西	1.72

资料来源：有军售关系国家数量见联合国商品贸易数据库，http：//comtrade. un. org/db/dqBasicQuery. aspx。联合国安理会成员数据见 http：//www. un. org/zh/sc/members/elected. shtml。“有军售关系的国家”是指向某国出口或进口军事装备的国家。世界银行投票权数据见 http：//siteresources. worldbank. org/BODINT/Resources/278027 – 1215524804501/IBRDCountryVotingTable. pdf。国际货币基金组织投票权数据见 http：//www. imf. org/external/np/sec/memdir/eds. aspx。

当然，这还仅仅是看军售关系这一个指标。如果再考虑另一个同样能够反映一国战略友好关系的指标“盟国数量”，中国的劣势将更为明显。正式盟友的存在，能够使一国在与其他国家发生矛盾和冲突时更有保障地获得外部的支持和帮助。事实上，冷战时期美苏争霸和冷战后美国的单极霸权，无不有赖于各自所建立的同盟体系。目前，美国在全球范围内拥有数十个有正式同盟条约的盟国，英、法、德三国则是北约的重要成员，日本拥有美日同盟的支撑，就连俄罗斯至今也依然维持着独联体这一重要战略缓冲和“后院”。与这些国家相比，中国由于长期奉行“不结盟”政策，因此目前十分缺乏这种高质量的战略关系资源。战略友好关系就是国家的“人脉”，而中国目前在关键时刻能“用得上”的人脉还很少。

其次，我们用各国在联合国安理会、世界银行和国际货币基金组织的权限来考察9国在国际规则制定权上的相对位置。目前，美、俄、中、英、法5国依然是仅有的5个联合国安理会常任理事国，其他4国则仅作为非常任理事国。再如表9所示，世界银行的国际货币基金组织的投票权排名靠前的国家，主要是5个传统西方发达国家，新兴国家的权限普遍偏低。当然其中有一个例外，那就是作为新兴经济体的中国目前在世界银行的投票权排在了第三位，仅次于美国和日本。总体来看，由西方大国主导国际规则的格局尚未发生根本性的改变。

由上述指标来看，美国依然拥有最大的政治动员力，西方发达国家在规则的制定上总体占有优势。就中国自身而言，受经济实力的迅速增强，目前在经济规则的制定权上已经开始占据一席之地。但受以往总体外交战略的影响，中国在战略友好关系上存在较为明显的劣势，如果不尽快做出调整，这种劣势将会日益妨碍中国国际政治动员力的提升。

（二）经济影响力

一国在经济方面的实力和资源同样也能对他国产生重要的影响，这种影响力主要源于其他国家在经济上对该国的需求，例如需要该国的资金、需要该国巨大的国内市场、需要该国廉价而优质的商品，等等。一个国家满足这些方面需要的能力，就是该国的经济影响力。相应的，我们可以从本国对外直接投资、贸易进口额和贸易出口额三个指标来观察9国目前的经济影响力大小。[①]

如表10所示，2013年本国对外直接投资最多的国家是美国，并且遥遥领先于排名第二位的日本，中国则位居第三。美、日、中三国对外直接投资

---

① 另一个可以参考的指标是一国每年对外援助的额度。但遗憾的是，本文所考察的9国中，中、俄、印、巴四国不属于OECD成员，缺乏系统的有可比性的数据，所以该指标未被选择。

额度都达到了“千亿”的规模。法国和巴西2013年对外直接投资额为负值，说明这两个国家当年在国外直接投资的金额少于当年在国外撤资的金额。贸易进口额反映了一国对国际商品贸易市场的需求程度，在这个指标上，对国际市场需求贡献最大的国家也是美国，中国紧随其后，德国排名第三。贸易出口额反映了一国的商品生产能力以及在国际市场的受需要程度。2013年这个指标排在第一位的是中国，达到24025亿美元。美、德两国分列二、三位。

表10　本国对外直接投资和贸易进出口额

2013年本国对外直接投资			2013年贸易进口额			2013年贸易出口额		
排序	国家	数值（百万美元）	排序	国家	数值（十亿美元）	排序	国家	数值（十亿美元）
1	美　国	338302	1	美　国	2856	1	中　国	2402.5
2	日　本	135749	2	中　国	2217.7	2	美　国	2352
3	中　国	101000	3	德　国	1635.7	3	德　国	1853.8
4	俄罗斯	94907	4	日　本	833.3	4	英　国	781.9
5	德　国	57550	5	英　国	832.3	5	法　国	738.4
5	英　国	19440	5	法　国	793.1	5	日　本	735.2
7	印　度	1679	7	印　度	525.5	7	俄罗斯	587.1
8	法　国	-2555	8	俄罗斯	461.3	8	印　度	469.2
9	巴　西	-3496	9	巴　西	336.9	9	巴　西	291.9

注：美国、日本2013年贸易进出口比例数据缺失，用2012年数据代替。

资料来源：对外直接投资数据见联合国贸易与发展大会数据库，http://unctadstat.unctad.org/wds/TableViewer/tableView.aspx。贸易进出口额数据根据世界银行数据库的进出口额占本国GDP比例及GDP数据计算得出，见http://data.worldbank.org.cn/indicator。

在表10所反映的这三个指标的数据中，最大的亮点无疑是中国。美国作为当今世界上经济实力最强的国家（参见表3），德、英、法、日作为老牌发达国家，它们在表10中排名靠前实属正常。而在其他新兴国家排名普遍垫底的情况下，中国却在这三个指标上均名列前茅。其中，2013年中国的贸易出口额更是位居世界第一。事实上，这是在本文考察各国实力和影响力所选取的所有指标中，除人口和经济年增长率外，中国仅有的一个排名第一的指标。这很好地反映了目前中国在国际经济舞台上的活跃态势以及越来越大的经济影响力。

（三）文化吸引力

谈到文化吸引力，很多人都会马上将其与“软权力”（soft power）联系在一起。约瑟夫·奈（Joseph S. Nye, Jr.）对“软权力”的定义：“软权力是通过吸引让他国做出本国期待的行为的能力。”① 同时他认为，形成软权力的一种重要资源就是“能吸引他国民众的文化”。② 由此看来，文化与软权力的确有着非常紧密的关系。也正因如此，在许多媒体和文献的表述中，“软权力”与“文化软权力”常常作为同一个概念而被不加区分地混同使用。③ 无论如何，文化吸引力的确是一国国际影响力的重要组成部分。

为衡量各国的“文化吸引力”，笔者选取了“图书报纸出口额”、“摄影和电影作品出口额”以及“年入境游客人次”三个指标。④ 这三个指标能够在一定程度上反映国际社会对一国文化的接受程度和关注程度。如表 11 所示，2013 年中国在这三个指标上的排名分别是第四、第四和第三。“图书报纸出口额”排在中国前面的依次是美、德、英三国，“摄影和电影作品出口额”排在中国前面的依次是日、美、德三国，“年入境游客人次”排在中国

---

① Joseph S. Nye, Jr., “Public Diplomacy and Soft Power”, *The Annals of the American Academy of Political and Social Science*, Vol. 616, 2008, pp. 94 - 109.

② Joseph S. Nye, Jr., *Soft Power: The Means to Success in World Politics*, New York: Public Affairs, 2004, p. 6.

③ 需要指出的是，这种将“文化软权力”等同于“软权力”的做法是不准确的。因为即使是依据奈自己的理论，“软权力”的来源也不止“文化”一种，还包括了在本国国内和国外一致践行的政治价值观以及被他国民众视为合法和具有道德权威的对外政策这两类属于“政治”范畴的资源。Joseph S. Nye, Jr., *Soft Power: The Means to Success in World Politics*, New York: Public Affairs, 2004, p. 6.

④ 阎学通、钟臻等学者此前已经对“文化吸引力”的定量衡量做出过尝试，为我们的研究提供了很好的借鉴。但他们的衡量指标都包括了“与其有相同文化的国家的数量”一项，都假定该数量越大，一国的文化吸引力越大。笔者认为用这一指标衡量文化吸引力值得商榷。本文舍弃了“与其有相同文化的国家的数量”这一指标。相关文献出处见阎学通、徐进《中美软实力比较》，《现代国际关系》2008 年第 1 期，第 27 页；钟臻、吴文兵《中印软实力比较研究（2000 ~ 2010）》，《国际政治科学》2012 年第 1 期，第 11 页。

前面的依次是法国和美国。从这三个指标来看，中国的文化影响力在整体上应当还落后于以美国为代表的西方大国。从相对位置上看，中国的文化影响力在9国中应当大致位于中等略前的位置。

表11　图书报纸、摄影和电影作品出口额及入境游客人次

单位：百万美元，千人

2013年图书报纸出口额			2013年摄影和电影作品出口额			2013年入境游客		
排序	国　家	数额	排序	国　家	数额	排序	国　家	人次
1	美　国	5582.1	1	日　本	4504.6	1	法　国	83013
2	德　国	5542.6	2	美　国	2560.6	2	美　国	66969
3	英　国	4201.8	3	德　国	1549.5	3	中　国	57725
4	中　国	3699.5	4	中　国	1217.8	4	英　国	31084
5	法　国	2055.6	5	英　国	821.2	5	德　国	30411
5	日　本	512.7	5	法　国	472.6	5	俄罗斯	28177
7	俄罗斯	469.2	7	巴　西	62.1	7	日　本	8358
8	印　度	349.1	8	印　度	25.2	8	印　度	6578
9	巴　西	37.5	9	俄罗斯	6.3	9	巴　西	5677

资料来源：图书报纸、摄影和电影作品出口额见联合国商品贸易数据库，http://comtrade.un.org/db/dqBasicQuery.aspx。入境游客数量见联合国数据库，http://data.un.org/DocumentData.aspx?id=355。

结　语

本文所选择的基本上只是横截面的指标和数据，因此主要反映的是各国静态的实力和影响力。但通过对各指标的描述和分析，我们依然能够对当前世界主要国家实力和影响力的相对位置和基本态势做出大致的评估。

就国际格局的基本性质而言，“一超多强”的态势尚未发生根本性的改变，美国目前依然是无可争议的“唯一超级大国”。从数据上看，美国的经济、军事和科技实力以及它的政治动员力、经济影响力和文化吸引力均居世界第一位。其“唯一超级大国”的地位在未来5～10年内仍难改变。考虑到目前其他西方发达国家的发展速度有限，而除中国外其他金砖国家总体实力基数偏低，因此未来国际格局能否由“一超”变为“两超”，关键取决于中国。10年之后，美国将依然是一个超级大国，但中国有可能成为另一个超级大国，核心的决定因素在于中国经济能否保持较合理的发展速度，同时也取决于中国的外交战略能否有效地提升中国的政治动员力。

从综合实力的构成要素看，传统西方大国的优势在科技，新兴大国的优势在资源。根据评估结果，本文所选取的3个衡量科技水平的指标中，5个传统西方大国美、日、德、法、英基本都位居前列，而俄、中、巴、印4个“金砖国家”则排名靠后。与之形成对比的是“资源禀赋”排名，除美国在几项指标中排名靠前外，各指标前5位的其他4个国家全部是“金砖国家”，日、英、德、法4个传统西方大国则排在末位。总之，传统大国和新兴大国分别拥有各自的优势领域，各自的优势同时也是对方的劣势。对于包括中国在内的新兴大国而言，其之所以能在冷战后较短的时间内成为有影响力的新兴经济体，在很大程度上得益于其丰富的自然和人力资源禀赋。但新兴大国要想全面超越传统西方大国的优势地位，则需要提高自身实力要素的短板，加大科技方面的投入。

就中国自身而言，综合国力要想得到进一步提升，基础是经济持续稳定发展，难点是科技水平的飞跃，核心是国际动员力的提高。目前中国各实力要素中最突出的无疑是经济实力，相应的，经济影响力也是目前中国发挥和获得国际影响力的最主要实现方式。未来中国经济在保持现有增长速度的同时，还应注重产业结构的调整，实现由“人力资源依赖型”增长向“高科技依赖型”增长的飞跃，而这则对目前中国相对较为薄弱的科技实力发展提出了挑战。除了科技实力外，国际政治动员力是中国综合国力的另一个短板。特别是在战略友好关系上，中国与美国等西方大国相比还存在较为明显的劣势。中国要想在国际舞台发挥更大的影响力，获得更大的国际支持，需要调整外交战略，通过积极提供国际公共物品、主动向中小国家让利等方式提高自身的国际政治动员能力。

参考文献

Gregory F. Treverton, Seth G. Jones, "Measuring National Power", Rand National Security Research Division, 2005, http://www.rand.org/content/dam/rand/pubs/conf.

2013 World Population Data Sheet, http://www.prb.org/pdf13/2013-population-data-sheet.

《BP世界能源统计报告2014》，http://www.bp.com/content/dam/bp/pdf/Energy-economics。

黄硕风：《大国较量：世界主要国家综合国力国际比较》，世界知识出版社，2006。

王诵芬：《世界主要国家综合国力比较研究》，海南出版社，1996。

王玲：《世界主要大国综合国力比较》，《2006年：全球政治与安全报告》，社会科学文献出版社，2006。

贾海涛：《中国综合国力评估及世界排名：理论、现实及测评公式》，《南京理工大学学报（社会科学版）》2012年第5期。

〔美〕迈克尔·波特：《国家竞争优势》，李明轩、邱如美译，华夏出版社，2003。

Y.4 全球重大武装冲突与军事形势评估（2013～2014年）

徐 进*

摘 要： 在2013～2014年度，全球重大武装冲突的数量与上一年度相比基本持平，冲突仍然集中在中东、南亚和非洲东北部。令世人瞩目的战争和武装冲突包括阿富汗战争、乌克兰内战、叙利亚内战、伊拉克、利比亚、巴基斯坦、尼日利亚等国的国内冲突。在世界军事形势方面，2013年全球军费开支比2012年略有下降，但亚洲大洋洲地区的军费开支持续增加。美国、中国、俄罗斯、沙特和法国的军费开支位居世界前五位。

关键词： 武装冲突 叙利亚战争 乌克兰内战 军费开支 武器装备

一 全球重大武装冲突

2013～2014年度的重大武装冲突数量与上一年度相比变化较小。根据瑞典乌普萨拉大学和平与冲突研究系冲突数据库（UCDP）的统计，在2013年，全球有33场重大武装冲突，比2012年增加1场。在这些冲突中，有24

* 徐进，中国社会科学院世界经济与政治研究所副研究员，主要研究领域为国际关系理论和国际安全问题。

场国内冲突，9 场国际化的国内冲突。[①] 德国海德堡国际冲突研究所（HIIK）的年度报告（*Conflict Barometer 2012*）认为，在 2013 年，全球正在进行的有限战争有 25 场，与上年持平；正在进行的战争有 20 场，比上年增加 1 场。[②] 系统和平中心（Center for Systemic Peace）主任马歇尔（Monty G. Marshall）汇编的冲突报告（*Major Episodes of Political Violence 1946 - 2013*）指出，到 2013 年 6 月仍在继续的冲突有 24 场，冲突程度大大减弱乃至停止的有 8 场，还有 11 场冲突存在重燃战火的危险。[③]

综合看来，2013 ~2014 年度全球重大武装冲突发生的国家或地区包括：亚洲的阿富汗、巴基斯坦、泰国、菲律宾和缅甸；中东的叙利亚、伊拉克、也门和巴勒斯坦；南美洲的哥伦比亚；非洲的索马里、中非、南苏丹、马里和尼日利亚；欧洲的乌克兰。具体情况参见表 1。

表 1　2013 ~2014 年度全球重大武装冲突

亚洲	中东	美洲	非洲	欧洲
阿富汗（塔利班） 巴基斯坦（派系冲突） 泰国（分离主义势力） 菲律宾（分离主义势力） 缅甸（少数民族武装）	伊拉克（反政府武装） 叙利亚（反政府武装） 也门（反政府武装） 巴以冲突	哥伦比亚（反政府武装）	索马里（反政府武装） 南苏丹（反政府武装） 中非（派系冲突） 马里（反政府武装） 尼日利亚（反政府武装）	乌克兰（分离主义势力）

2013 ~2014 年度的国际安全形势继续保持局部动荡的态势。在西亚北非地区，叙利亚内战双方继续保持僵持和胶着状态，尚看不出哪一方占据绝对优势。在伊拉克，一个名为“伊拉克和大叙利亚伊斯兰国”（以下简称

① 瑞典乌普萨拉大学和平与冲突研究系冲突数据库（UCDP），http：//www. pcr. uu. se/research/UCDP/。

② Heidelberg Institute for International Conflict Research at The Department of Political Science, University of Heidelberg, *Conflict Barometer 2013*, http：//www. hiik. de/en/konfliktbarometer/pdf/ConflictBarometer_ 2013. pdf.

③ “Major Episodes of Political Violence 1946 - 2013”，更新于 2013 年 3 月 27 日，http：//www. systemicpeace. org/warlist。

ISIS）的极端组织异军突起，在战场上一度所向披靡，占据了大片领土，对伊中央政府形成重大威胁。巴以冲突在平静数年之后于今年（2014 年）夏天再度爆发，以军对加沙地带发动“防务之刃”军事行动，重挫哈马斯组织，并造成严重人道主义危机。

在非洲，前几年的中东变局导致大量极端分子和武器涌入北非马格里布地区，“伊斯兰马格里布基地组织”的声势日盛。尼日利亚的“博科圣地”组织和南苏丹的反政府武装仍在威胁着各自国家的安全。中非临时政府无法控制国内教派仇杀，致使数千人丧生、近百万平民无家可归。在亚洲，阿富汗塔利班十分活跃，今年底美军大部撤离后可能再度发动大规模袭击。在欧洲，乌克兰危机导致该国东部数州要求“脱乌入俄”，并成立自治政府和民兵武装。乌政府军随后与东部民兵武装爆发激战，这场冲突因背后有俄罗斯、欧盟和美国的介入而变得异常复杂。

（一）阿富汗战争

自 2014 年 1 月以来，阿富汗境内发生多起重大恐怖袭击活动。1 月 17 日，塔利班武装在喀布尔一家外国人经常出入的饭店实施暴力袭击，造成 21 人死亡，其中 13 人为外国人。这是近年来西方平民在阿富汗伤亡最惨重的一次。① 7 月 15 日，塔利班武装分子又在阿富汗的帕克提卡省制造恐怖袭击，造成至少 89 人死亡、40 余人受伤，有 20 多家商铺遭到损毁。② 阿富汗政府军与塔利班武装的正面较量亦时有发生。4 月 28～29 日，双方在帕克提卡省交火，49 名塔利班成员和 5 名阿军士兵在冲突中死亡。③

目前，在驻阿联军即将完全撤出的情况下，联军与塔利班之间的矛盾似乎已不是主要矛盾，双方之间的冲突日益减少。这一点可以从表 2 的统计数字中看出。2014 年前 8 个月，驻阿联军一共死亡 65 人，预计全年死亡人数将会大大少于上年。9 月 4 日，北约宣布了在阿富汗撤军后未来的非战斗任

① 《喀布尔餐馆血案惊世界》，《环球时报》2014 年 1 月 20 日。

② 《阿富汗汽车炸弹袭击致 89 人亡》，《人民日报》2014 年 7 月 15 日。

③ 《阿军队与塔利班交火 54 人死亡》，《人民日报》2014 年 4 月 30 日。

务计划：一是短期内由北约及其他参与方共同向阿安全部队提供培训、咨询和协助等非战斗任务协助；二是中期内（即2017年前）向阿安全部队提供资金援助；三是长期内按照2010年北约峰会上签署的协议构建北约－阿富汗持久伙伴关系。①

表2　阿富汗战争联军死亡人数

单位：人

年份	1月	2月	3月	4月	5月	6月	7月	8月	9月	10月	11月	12月	总计
2001	0	0	0	0	0	0	0	0	0	3	5	4	12
2002	10	13	15	10	1	3	0	3	1	5	1	8	70
2003	4	7	12	2	3	7	2	4	2	6	8	1	58
2004	11	2	3	3	9	5	2	4	4	8	7	2	60
2005	2	3	6	19	4	29	2	33	12	10	7	4	131
2006	1	17	13	5	17	22	19	29	38	17	9	4	191
2007	2	18	10	20	25	24	29	34	24	15	22	9	232
2008	14	7	20	14	23	46	30	46	37	19	12	27	295
2009	25	25	28	14	27	38	76	77	70	74	32	35	521
2010	43	53	39	34	51	103	88	79	57	65	58	41	711
2011	32	38	39	51	56	66	53	82	53	42	27	27	566
2012	34	24	39	39	45	39	46	52	27	24	17	14	402
2013	8	1	16	16	26	27	14	13	13	10	4	13	161
2014	7	10	3	9	4	12	9	5	6				65

注：2014年数据截止到9月30日。

资料来源：http：//icasualties. org/OEF/ByMonth. aspx。

近一年来，阿富汗与美国关于《双边安全协议》的谈判和美国撤军成为阿富汗问题的焦点，而阿总统大选又增加了阿富汗问题的不确定性。就前者而言，驻阿美军的司法豁免权是否存在是影响阿政府是否同意《双边安全协定》的关键问题。美国坚持要求阿政府授予留守美军司法豁免权，但阿政府出于维护国家主权的考虑，并未同意。奥巴马希望通过《双边安全协议》为驻留美军争取更多的治外权利，并实现美军的体面撤离；卡尔扎

① 记者周珺、夏晓：《北约宣布在阿富汗撤军后非战斗任务计划》，新华网，英国纽波特2014年9月4日电，http：//news. xinhuanet. com/2014－09/05/c_ 1112368242. htm。

伊则希望通过此举一方面在自己最后的任期内最大限度地向外界展示自己独立于美国的意志，抓住最后的时机消除自己的傀儡印象，为自己所在的政治势力争取更多的民意支持。另一方面，也是为了摆脱责任，最大可能地把签署《双边安全协议》的风险留给继任者。

《双边安全协议》的谈判又影响到美国的撤军计划。一方面，该协议的结果直接影响着美军在阿富汗的战略部署；另一方面，美国政府又试图用撤军来向卡尔扎伊政府施压，迫使其尽早签订这一协议。为此，美国不断放出各种撤军消息。2014 年 5 月 27 日，奥巴马总统宣布今年底前将驻阿美军作战部队由目前的 3.2 万人减少至 9800 人左右，明年将只有 4900 人左右驻扎在喀布尔和巴格拉姆空军基地。① 到 2016 年底，驻阿美军将不到 1000 人，一方面用于保护美国大使馆的安全，另一方面用于训练阿富汗军队并支援其反恐行动。不过，这项计划得以实现的先决条件是阿富汗同意与美方签订《双边安全协议》。阿富汗塔利班随即强烈谴责了美国的这项撤军方案，称这是对阿富汗主权、宗教和人权的侵犯，并威胁将不断实施暴力袭击，直到最后一批外国军队撤离阿富汗。② 面对美国的施压，卡尔扎伊表示美军可以在今年年底就离开阿富汗，阿富汗政府军有能力保卫自己的国家并维持国内秩序。

最后，阿富汗大选也是影响阿富汗局势走向的一个重要因素。一方面，现任总统卡尔扎伊频频与美国政府唱反调，抨击美国的政策。特别是在阿美《双边安全协议》问题上，卡尔扎伊已明确表示在其任期内这一协议不会生效，并坦言两国之间缺乏信任。因此，美阿关系在卡尔扎伊任内难有显著改善；另一方面，总统大选的胶着也增加了阿富汗局势的不确定性。阿富汗总统选举于 2014 年 4 月 5 日举行，由于没有候选人在第一轮投票中获得半数以上选票，得票领先的加尼和阿卜杜拉进入第二轮角逐，但阿卜杜拉随后声称大选存在舞弊，并表示要抵制大选，其支持者也称要另立政府。经过反复

---

① 《美军打算从阿富汗脱身》，《人民日报》2014 年 5 月 29 日。

② 《美军打算从阿富汗脱身》，《人民日报》2014 年 5 月 29 日。

沟通，双方同意在联合国的监督下，对全部选票进行核查。9 月 21 日，阿富汗独立选举委员会宣布加尼当选总统。同日，加尼与阿卜杜拉达成分权协议，由后者出任新设立的“政府长官”一职，行使相关职权，而内阁依旧由总统领导。分权协议的签署，也让美国吃下了一颗定心丸，因为加尼和阿卜杜拉均赞成与美国签署安全协议。①

总之，随着美国收缩战略和亚太再平衡战略的进一步推进，美国将大量减少驻阿美军的数量，而这又将对阿富汗局势造成重大影响。阿富汗政府及其武装力量能否独立实现阿富汗的稳定和重建，值得拭目以待。对于地区安全而言，美国的撤军究竟是减缓了周边国家的安全压力，还是增加了地区动荡与冲突的机率，这都还需要继续观察。但是，一旦塔利班在阿富汗坐大，其必然会对地区安全带来重大冲击。因此，美国走后，一个围绕阿富汗安全问题的周边国家协调机制似乎是必不可少的。

（二）叙利亚内战

自 2013 年 10 月以来，叙利亚内战形势呈现高度胶着状态，政府军和反政府武装互有攻守，但无人能取得绝对优势。尽管叙政府军在 2013 年 11 月收复大马士革南部郊区重镇霍杰拉、在 2014 年 3 月夺回重要军事据点耶布鲁德，但就叙利亚内战全局而言，政府军掌握人口聚居的大中城市、反对派武装则在乡村和沙漠地区拥有优势的局面并未得到彻底改变，政府军和反对派武装在战场上仍处于僵持状态。另外，由于战争而带来的伤亡和难民人数仍在增加，据报道，从 2011 年 3 月到今年 4 月，已有 19.1369 万人死于叙利亚内战。②

政治解决叙利亚问题的进程没有实质性进展。由于叙利亚政府认为反恐是应该优先讨论的议题，而反对派却坚持要首先讨论建立过渡机构，因此，

① 《阿富汗政权平衡过渡现转机》，《人民日报》2014 年 9 月 22 日。

② 《联合国：截至今年 4 月叙利亚冲突致超 19 万人死亡》，中新网，2014 年 8 月 22 日，http：//news. sina. com. cn/w/2014 - 08 - 22/182330729736. shtml。

2014 年 2 月中旬在日内瓦召开的第二轮叙利亚和谈以失败告终。[①] 这表明目前通过和谈政治解决叙利亚问题的国内条件仍不成熟。5 月 13 日，联合国 – 阿盟叙利亚危机联合特使卜拉希米宣布辞职，这被认为是联合国在协调和解决叙利亚乱局上遭受的又一挫折。据分析，卜拉希米辞职的主要原因有三个，一是某些大国缺乏认真解决危机的态度，造成两轮日内瓦会议均无果而终；二是乌克兰危机吸引了国际社会更多的注意力；三是卜拉希米本人对调停工作不抱太大的希望。[②] 2014 年，解决叙利亚危机的唯一亮点是化学武器处理问题取得实质性进展。2014 年 6 月 23 日，最后一批化武原料从该国运出。2014 年 9 月 4 日，禁止化学武器组织代表宣布，叙利亚政府此前申报的化学武器原材料库存已经销毁 96%。

自 2013 年下半年以来，叙利亚反对派方面出现三个变化。

首先，叙境外主要反对派力量“叙利亚反对派和革命力量全国联盟”（简称“全国联盟”）于 2013 年 11 月 12 日在土耳其靠近叙边境的加济安泰普市成立“临时政府”。次日，叙最大的库尔德人政党——“库尔德民主联盟党”也宣布将在叙东北部地区建立“过渡政府”。[③] 2014 年 5 月 5 日，美国承认“全国联盟”驻美办公室升格为外交使团。[④]

其次，以“伊斯兰国”“胜利阵线”“伊斯兰阵线”和“圣战军”为代表的极端组织逐渐壮大，成为一支不同于世俗的反对派武装力量。与世俗武装相比，虽然后者人数众多，但它们有现实的政治与利益要求，战争目标也是有限的。但宗教极端分子却要通过极端行动——参加“圣战”来“殉道”。因此与这些组织的战斗不仅格外艰苦，而且没有任何谈判的希望。这些极端组织既与叙政府军作战，又与世俗反对派武装争夺地盘，甚至它们之间也相互攻击。同时，它们还不断地将其恐怖活动向境外扩散。比如，崛起

① 《第二轮叙利亚和谈无果而终》，《人民日报》2014 年 2 月 16 日。

② 记者刘阳：《卜拉希米辞职对叙利亚危机意味着什么?》，新华网，大马士革 2014 年 5 月 14 日电，http：//news. xinhuanet. com/world/2014 –05/15/c_ 1110711367. htm。

③ 《叙反对派建临时政府》，《人民日报》2013 年 11 月 14 日。

④ 《叙利亚局势更趋复杂》，《人民日报》2014 年 5 月 7 日。

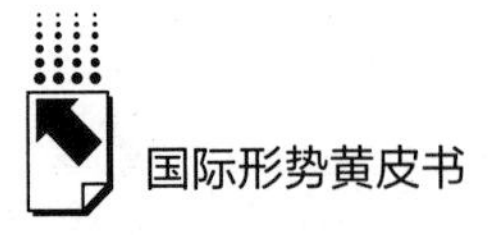

于叙利亚战场的极端组织“伊拉克和大叙利亚伊斯兰国”（ISIS）在伊拉克大肆攻城略地，成为伊拉克和美国共同的心头大患。

再次，已有不少欧洲穆斯林青年远赴叙利亚参加“圣战”，而当前这些参战青年开始逐渐“回流”欧洲，增加了欧洲的不稳定因素。为此，比利时、荷兰、英国、法国等欧洲九国于2014年5月在布鲁塞尔召开会议，探讨针对本国公民前往叙利亚参加内战的应对措施。①

诞生于西欧的“民族国家”模式在第一次世界大战期间开始在中东地区被强制应用，《赛克斯－皮科协定》和阿拉伯大起义基本上确定了中东地区以民族国家为主的政权组织模式，但它却一直没能取代原有的以部族和宗教为主的社会组织模式，这两者之间的张力似乎成了叙利亚乃至多数中东国家动荡不安的根本症结。另外，从地区政治角度来看，叙利亚是中东地区强国伊朗的重要盟友，同时还是连接伊朗与黎巴嫩真主党的什叶派联盟的中枢；从世界政治角度来看，叙利亚则是俄罗斯在中东地区为数不多的支点国家，同时它还是俄罗斯进出地中海的重要基地。因此俄罗斯和伊朗绝不会轻易让叙利亚倒向西方和逊尼派阵营。再加上叙利亚本国固有的部族和教派矛盾以及中东地区伊斯兰极端势力的趁势崛起，都将使叙利亚乱局在短期内难以平息。

（三）巴以冲突

2014年7月8日，以色列军队对加沙地带发起名为“护刃行动”的大规模军事打击。此次巴以冲突再起的外部原因是哈马斯和法塔赫在4月23日达成一份和解协议，双方同意在未来五周内组建联合政府，并在联合政府成立后6个月内举行全国大选。② 同时，哈马斯决定吸收3000名来自巴民族权力机构的安全人员进驻加沙地带，并加入其安全部队。针对巴勒斯坦两派历史性的和解，以色列称不会与一个由“意在消灭以色列的恐怖组

① 《叙利亚战事殃及欧洲稳定》，《人民日报》2014年4月26日。

② 《哈马斯推动巴内部和解》，《人民日报》2014年5月6日。

织”——哈马斯支持的巴勒斯坦政府和谈，并中止了与巴方的和平谈判。巴以局势再次走向紧张。

而从巴以双方的国内政治来说，双方政府亦有借冲突来巩固自己地位的打算。在哈马斯一方，哈马斯治下的加沙地带在以色列的持续打击和封锁下，经济困难、民生凋敝，哈马斯需要利用战争来转移矛盾焦点，强化其在加沙地带的统治地位。在与法塔赫组成联合政府后，哈马斯需要借战自重，通过“抗以”来提高其在联合政府中的地位。在以色列一方，右翼的内塔尼亚胡内阁的结构比较脆弱，如果内塔尼亚胡在哈马斯问题上示弱，就将招致国内反对派，特别是极右翼势力的批评，其执政地位也将面临挑战。

国际上普遍认为此次巴以冲突的导火索是6月初的三名以色列少年被害事件。此事件一经公开，以色列国内群情激愤，举国要求严惩凶手。不久之后，以色列在约旦河西岸的抓捕行动再次引起了哈马斯的强烈不满，后来又有一名巴勒斯坦少年被以色列极端分子杀害并焚尸，这使得原来紧张的局势变得更加严峻，战争一触即发。

7月7日以色列召开安全内阁会议，决定加大对加沙地带的打击力度，同时要求国防军做好扩大军事行动规模的准备。次日凌晨，以色列对加沙地带发起代号为“护刃行动”的军事行动。以军此次主要的作战目的在于削弱哈马斯的力量，特别是其对以色列境内发动火箭弹袭击的能力。因此，在战争爆发之初，以色列战机即迅速对加沙地带北部和中部的多个哈马斯训练营和火箭弹发射基地实施了轰炸。而哈马斯则向以境内发射数枚火箭弹作为反击。随着以军轰炸行动的不断升级，大批无辜的巴勒斯坦平民的生命财产遭到严重侵害。9日，巴勒斯坦总统阿巴斯抨击“以色列针对加沙地带的军事行动是向全体巴勒斯坦人民开战”。[①] 13日，以色列不顾国际社会的谴责与呼吁，又对加沙地带发动了地面进攻。

在战火纷飞的同时，各种国际协调活动相继展开。进入8月中旬以后，本轮冲突渐趋减弱。8月11日，巴以同意在加沙地带实施72小时临时停

① 《以暴易暴，巴以冲突再度升级》，《人民日报》2014年7月11日。

火，巴以谈判代表在开罗就停火恢复谈判。13 日，双方同意将加沙地带临时停火再延长五天。巴勒斯坦代表团负责人阿扎姆·艾哈迈德表示，巴以双方在埃及提出的协议框架下对开放口岸、扩大加沙沿海捕鱼区、加沙重建等诸多问题进行了谈判，双方需要更多时间就存在分歧的问题进行谈判。①

本轮冲突给加沙地带造成严重的人道主义危机。据统计，自冲突爆发以来，“有近 1900 名巴勒斯坦人死亡，其中 73% 的受害者是平民，包括至少 429 名儿童。以色列方面也有 3 名平民与 64 名军人死亡。”②

（四）伊拉克内战

2014 年伊拉克安全局势的突变再次引发国际社会的高度关注。崛起于叙利亚乱局的极端恐怖组织——“伊拉克和叙利亚伊斯兰国”（ISIS 或“伊拉克和黎凡特伊斯兰国”）大举进入伊拉克。自 4 月起，该组织相继攻陷伊拉克重镇费卢杰、拉马迪、摩苏尔和提克里克等地，兵锋直指伊首都巴格达。相对于 ISIS 的迅猛攻势，伊拉克政府军节节败退，伊拉克国内上下陷入紧张不安之中。6 月 29 日，已经占领伊拉克北部和西部以及叙利亚东北部大片领土的 ISIS 宣布建国，该组织首领巴格达迪成为最高政治和宗教领导人——“哈里发”，他要求全世界的穆斯林都要向其效忠。ISIS 意图建立起一个地域辽阔的“伊斯兰国”，并厉行伊斯兰教法，实行严格的宗教统治。在统治手段上，ISIS 也在诸多恐怖组织中表现得最为极端和残忍，特别是对于不愿改变信仰的非穆斯林，其后果往往是惨遭杀戮，这也导致了严重的人道主义危机。ISIS 的行径不仅在其占领区内不得人心，同时也受到国际社会强烈的谴责。由于它目标和手段的极端性，ISIS 迅速遭到几乎所有中东国家的反对，伊朗、沙特、以色列、土耳其以及叙利亚等这些彼此间有着重大矛盾和冲突的地区强国都相继表达了对 ISIS 崛起的担忧与反对，但目前这些国家还没有一致行动的打算。

---

① 《巴以加沙地带临时停火延长 5 天》，《人民日报》2014 年 8 月 15 日。

② 《72 小时停火结束　巴以冲突持续》，《人民日报》2014 年 8 月 9 日。

面对ISIS的攻击，伊拉克政府的前景一度令人担忧。一方面，政府军反击乏力；另一方面，伊拉克政局又发生动荡。2014年是伊拉克的大选年，伊拉克总理马利基谋求连任，但他在任期内的政策偏重什叶派，逊尼派和库尔德人受到打压。由于他未能较好地实现国内的民族与教派和解，因此不仅国内的逊尼派和库尔德人都对他不满，而且美国对他也有弃用之意。8月11日，伊拉克总统马苏姆授权阿巴迪为总理并组阁，马利基对此表示拒绝。但相持三天之后，在各种压力下马利基宣布辞去总理一职。伊拉克新政府能否迅速完成组建以对抗ISIS的入侵，能否领导伊拉克人民实现和解？在目前的形势下这都还难下结论。

完成从伊拉克的撤军可谓奥巴马政府最大的一笔外交遗产，但ISIS的入侵显然使美国难以完全脱身。奥巴马政府在犹豫与观望之后最终决定军事援助伊拉克政府，对ISIS实施空袭。经过美军数十轮的空袭，以及伊拉克政府军和库尔德民兵武装的配合，ISIS的攻势明显遭到了遏制，但美军有限的军事介入却难以将其根除。9月10日，美国总统奥巴马宣布加大对ISIS的打击力度，并请求国会授权向叙利亚反对派提供更多的武器。美国还将与各国合作以求切断ISIS的资金来源和阻止境外武装分子进入该地区。[①] 由于美国陆军不会重返伊拉克战场，因此美国将主要展开空中打击行动，其面临的军事风险并不大，但伊拉克国内政治生态将会牵制美国打击ISIS的成效。另外，埃及、土耳其等地区强国能在多大程度上配合美国空军的打击行动也是一个问题。

（五）利比亚武装冲突

2014年5月至今，利比亚进入卡扎菲政权倒台之后最为混乱的一个时期。5月中旬利世俗派武装领导人物哈利法·哈夫塔尔将军不满宗教势力主导利比亚政权，先后发兵进攻班加西的伊斯兰武装和首都的黎波里的宗教势力的主要阵地——国民议会。利比亚乱局由此变得愈演愈烈。

---

① 《美国重拳打击极端组织“伊斯兰国”》，《人民日报》2014年9月12日。

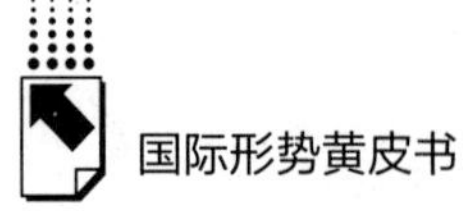

首先在政局方面，利比亚出现了两个议会、两个政府分庭并峙的局面。6 月 25 日，在托卜鲁克利比亚举行了国民代表大会的选举，但在的黎波里的国民议会却不向由世俗派主导的国民代表大会移交权力，并且还公开宣称解除国民代表大会任命的临时政府总理阿卜杜拉·萨尼的职务，同时任命奥马尔·哈希为总理。对于国民议会的这一行动，萨尼表示反对，并坚持履行总理职务。其次，在战局方面，7 月中旬来自利比亚米苏拉塔地区的民兵武装集合了多个有宗教背景的民兵武装向支持世俗势力的津坦民兵武装发起了“利比亚黎明”行动，与其在的黎波里国际机场爆发激烈冲突，并在 8 月 23 日击败津坦民兵，占领了已是废墟的国际机场。与此同时，利国民议会当天深夜宣布国民议会是捍卫 2014 年革命成果的“唯一合法代表”。①但是，就在米苏拉塔民兵武装在庆祝胜利之际，它宣称在过去的一周内曾两度遭到不明身份的空军部队的空袭，损失较大，其发言人指控埃及和阿联酋策动了空袭。② 而在 7 月底，民兵武装夺下了利比亚特种部队在班加西的总部。与利比亚国内武装冲突同时进行的还有各国驻利使馆的迅速关闭以及驻利人员的大撤退，这似乎是 2011 年利比亚大规模内战时的情境再现。

卡扎菲政权的倒台并没有给利比亚人民带来想象中的发展与稳定，相反利比亚的国内安全形势正日趋恶化。一方面，这是利比亚国内地区、部族以及世俗势力和宗教势力之间相互对立的结果；另一方面，此次武装冲突高潮的到来也是西亚北非地区的世俗势力（以埃及、沙特和阿联酋为主）与宗教势力（以“穆斯林兄弟会”为主）斗争的衍生品。当然，归根结底，这些动荡与冲突似乎都可以被认为是伊斯兰教与现代性、传统组织模式与现代国家模式在相互调适中出现的必然现象，只是这些根本性的问题在以前的强人政治时代被遮盖了。

---

① 《利比亚出现两个政府并立局面》，新华网，开罗 2014 年 8 月 25 日电，http：//news. china. com. cn/live/2014 -08/26/content_ 28387988. htm。

② 《利比亚一民兵联盟夺取的黎波里机场控制权》，中新网，2014 年 8 月 24 日电，http：//news. ifeng. com/a/20140824/41707766_ 0. shtm。

（六）乌克兰内战

2014年乌克兰成为影响世界政治形势走向的最敏感的一根神经。2013年11月底，乌克兰前总统亚努克维奇宣布延长签署与欧盟的联系国协议的日期，并延长俄罗斯租用塞瓦斯托波尔军港的期限，由此即引发了长达三个多月的抗议示威活动，亚努克维奇在压力下被迫辞职并远走俄罗斯，但乌克兰国内局势却并没有因此而得到明显改善。一方面，新的政治结构和政治体系还在重构中；另一方面，国内郁积已久的民族与地域矛盾借此开始走向总爆发，不满和抗议在俄罗斯人较多的东部与南部迅速蔓延。3月上旬，克里米亚地区通过举行公投加入俄罗斯。此事使乌东部的卢甘斯克州和顿涅斯克州的亲俄独立分子备受鼓舞，纷纷组成民兵武装与乌政府对抗。此后，乌克兰局势的重心从民众对政府的抗议活动转向政府与东部亲俄分离势力的军事斗争，在此过程中，西方国家与俄罗斯分别支持对立的双方并展开地缘政治博弈，乌克兰局势由此具备了世界政治效应。

虽然乌政府军在人数和装备上拥有优势，但东部民兵组织的军事实力和战斗力也不容小觑，毕竟乌克兰的工业区都集中在东部地区，同时它背后还有俄罗斯的支持。因此，双方在战场上往往处于胶着状态，即便政府军不断地在向东推进，但由于俄罗斯的原因，它也不敢对东部民兵组织实施摧毁性打击。在政府军8月初对乌分离势力的中心——顿涅斯克市和卢甘斯克市发动猛烈进攻后不久，就有消息称俄军占领了乌东部重镇新亚速斯克市。此外，8月中旬，俄罗斯还派出约280辆大卡车组成的车队驶向俄乌边境，以此向乌克兰政府施压。① 此外，乌克兰东部民兵武装也有着“不俗”的表现，有报道称他们已经多次包围数千人的乌克兰政府军。②

战场之外的大国博弈也愈演愈烈。美国及其欧洲盟友对俄罗斯实施了多

① 《俄庞大车队驶向乌克兰》，《环球时报》2014年8月14日。

② 《俄乌元首在白俄终于握手》，《环球时报》2014年8月27日。

次制裁，特别是在7月马航MH17客机在乌克兰上空被击毁之后，美国和欧盟又对俄罗斯发起了更为严厉的制裁，涉及武器贸易、石油科技和银行金融三个领域。[①] 9月4日，北约峰会在英国威尔士举行，会议拟定成立一支4000人的快速反应部队，矛头主要指向俄罗斯。[②]

在内战进行的同时，有关国家的谈判也在举行。8月14日，俄、德、法、乌四国外长在柏林举行会晤，尽管在停火问题上未能达成协议，但在人道主义援助方面取得了较好的成果。8月26日俄罗斯总统普京与乌克兰总统波罗申科在白俄罗斯首都明斯克举行首次会晤，双方在会上交换了意见。9月5日，乌克兰问题联络三方小组（乌克兰、俄罗斯、欧安组织）与东部民间武装代表签署停火协议。这或许是乌克兰局势由战乱到和平的一个重大转折，但未来形势也不容乐观，因为停火协议并未涉及最关键的乌东南两州（顿涅茨克州和卢甘斯克州）的地位问题。[③]

乌克兰乱局给乌克兰人民带来了深重的灾难，从4月1日起到8月底，乌东部已有2000多人丧生，5000多人受伤。[④] 该国面临的经济损失更为严重。乌克兰局势的不断恶化一方面固然是其国内大量的历史问题所致，另一方面也是乌政府自独立后在建构现代政治制度和国家模式上失败的结果。东西方大国的地缘政治博弈也是这场乱局升级的一个重要的外部因素——作为东西方文明的过渡带、俄罗斯与北约的缓冲带以及欧盟与俄罗斯的连接部，任何乌克兰的内政变化都会关系到俄罗斯与西方联盟的地缘政治利益。

(七)尼日利亚国内的反恐斗争

近年来，被称为“尼日利亚的塔利班”的“博科圣地”组织极为活跃，逐渐成为影响该国乃至该地区安全形势的主要因素。根据尼官方发布的数

---

① 《新制裁筹码绷紧欧俄关系》，《人民日报》2014年8月1日。
② 《北约拟正式推出战备行动计划》，《人民日报》2014年9月5日。
③ 《俄乌停火协议在第三国敲定》，《国际先驱导报》2014年9月12日。
④ 《俄乌元首在白俄终于握手》，《环球时报》2014年8月27日。

据，自2009年以来，“博科圣地”制造的暴力活动已造成至少5000余人死亡，数十万人流离失所，在尼东北部及与周边国家接壤地区造成严重的人道主义危机。①

2014年尼日利亚国内恐怖袭击事件频发、国家安全形势恶化，特别是“博科圣地”组织实施的一系列恐怖主义活动，引发了国际社会的强烈关注。2014年2月24日夜，“博科圣地”分子袭击了约贝州的一所大学，打死29名大学生，并火烧多处职工宿舍。② 4月14日，“博科圣地”分子绑架了博尔诺州的200余名女中学生，并以此要挟尼日利亚政府。此事件一出，便立即引发了国际社会的高度关注和强烈谴责。8月以来，“博科圣地”在尼东北部频繁实施针对当地政府和军事基地的武装袭击。

为了应对“博科圣地”的威胁，尼日利亚安全峰会于5月17日在法国首都巴黎召开。尼日利亚、喀麦隆、贝宁、乍得和尼日尔等西非国家总统纷纷率代表团与会。法国总统奥朗德、美国、英国与欧盟的相关代表也出席了会议。5月22日，联合国安理会决议认定“博科圣地”为恐怖组织，并将对其实施制裁。9月6日，在博尔诺州卡武里地区对极端组织“博科圣地”武装分子实施清剿行动，击毙50余名“博科圣地”武装分子并缴获一批武器弹药，一名政府军军官和两名士兵在战斗中受伤。

“博科圣地”在尼日利亚以及西非地区的迅速坐大决非是个孤立现象。一方面，它与极端伊斯兰主义的全球蔓延以及“基地”组织在国际社会的反恐高压下被迫南移有关；另一方面，它也是近年来尼日利亚经济社会发展失衡、社会公平正义缺失、部族宗教矛盾加剧的结果——尼日利亚南北方的宗教和贫富矛盾也由此被放大。因此，要完全消灭“博科圣地”及其恐怖暴力活动，不仅需要国际社会特别是西非国家之间的通力合作，而且需要尼日利亚政府实施一系列切实的社会和经济改革措施。

---

① 《恐怖事件频发，非洲面临严峻考验》，《人民日报》2014年5月14日。

② 《尼日利亚安全形势持续恶化》，《人民日报》2014年4月17日。

（八）巴基斯坦国内的武装冲突

如表 3 显示，2013 年巴基斯坦共有 5379 人死于恐怖暴力活动，其中 1702 名恐怖分子被击毙，676 名政府军官兵阵亡，3001 名平民死亡。2013 年的总死亡人数少于 2011 年的 6211 人。从今年前 7 个月的数据来看，2014 年巴基斯坦的安全形势可能与上年大体类似，主要包括以下四个方面。

表 3　巴基斯坦死于恐怖暴力的人数

单位：人

年份	平民	政府军	恐怖分子	总计
2006	608	325	538	1471
2007	1523	597	1479	3599
2008	2155	654	3906	6715
2009	2324	991	8389	11704
2010	1796	469	5170	7435
2011	2738	765	2800	6303
2012	3007	732	2472	6211
2013	3001	676	1702	5379
2014	1116	389	1580	3085

注：2014 年数据截至 8 月 10 日。

资料来源：http：//www. satp. org/satporgtp/countries/pakistan/database/casualties. htm。

首先是巴基斯坦各派武装分子发动的暴力袭击。2014 年 1 月 20 日巴基斯坦北部城市拉瓦尔品第发生针对安全部队的自杀式袭击，导致包括 6 名安全人员在内的至少 27 人伤亡。①

其次，巴基斯坦军方在今年 4 月后对这些武装分子持续实施了相当严厉的打击。2014 年 4 月 24 日，巴基斯坦空军出动战斗机对开伯尔部落地区实施空袭，击毙至少 37 名武装分子②。巴军方还在 6 月中旬对巴西北部的部

① 《巴基斯坦自杀性袭击致 27 人伤亡》，《人民日报》2014 年 1 月 21 日。

② 《巴基斯坦军方击毙 37 名武装分子》，《人民日报》2014 年 4 月 25 日。

落地区的武装分子展开“利剑行动”，其战果颇为显著。

再次，美巴关系再次因美军无人机空袭事件受损。2013 年 11 月 1 日，美军动用无人机对巴基斯坦北瓦济里斯坦部落地区实施空袭，巴基斯坦塔利班首领哈基穆拉·马哈苏德在空袭中身亡，这一事件对美巴关系造成了一定的负面影响。对于美巴关系的再度紧张，美国政府也予以承认。

最后，巴基斯坦塔利班组织与政府的和平对话尽管在不断进行，但并无实质性进展。在马哈苏德身亡后不久，巴基斯坦塔利班即迅速推选法兹鲁拉为新领导。其与巴政府的关系又在冲突－停火－和谈－冲突的循环中继续。2 月 6 日，双方在停止一切“暴力行为”、推动和平进程这两个方面达成共识，并同意在巴宪法的框架下举行和谈。但不久之后，塔利班发动的袭击中断了和谈，双方再次爆发冲突。4 月 23 日，巴政府与塔利班又在伊斯兰堡举行会谈，这是自巴塔宣布结束停火以来双方首次举行的会谈。然后，该组织在和谈中要求政府撤军释囚，并在全国范围内推行伊斯兰教法，这一要求显然是政府所不能接受的。另外，巴基斯坦军方与民选政府之间在和谈问题上的分歧也使得和谈难有重大进展。

二　世界主要国家的军费与军备建设

根据斯德哥尔摩国际和平研究所（SIPRI）公布的数据，2013 年全球军费开支总额约为 1.747 万亿美元，同比 2012 年下降 1.9%。其中北美、西欧、中欧和大洋洲国家军费支出下降，其他地区军费增长。2013 年全球军费开支前 15 个国家从高到低分别是美国、中国、俄罗斯、沙特、法国、英国、德国、日本、印度、韩国、意大利、巴西、澳大利亚、土耳其、阿联酋，这些国家军费开支总和为 1.408 万亿美元。英国自 2011 年以来军费开支排名第六位，系二战以来首次跌出前五名。2013 年美国军费开支减少 7.4%，主要是由于减少了在阿富汗和伊拉克的海外军事行动。

表 4　近三年世界主要国家军费开支（2011～2013 年）

单位：亿美元

年份	美国	中国	俄罗斯	法国	英国	日本	德国	沙特	印度
2011	7113.38	1472.68	702.38	646.33	602.84	604.52	481.64	485.31	486.34
2012	6847.8	1677.12	810.79	600.58	585	595.64	464.88	564.98	472.14
2013	6402.21	1884.6	878.37	612.28	578.91	486.04	487.9	669.96	473.98

资料来源：Trends in World Military Expenditure, 2013, http://books.sipri.org/product。

表 5　2013 年全球各地区军费开支情况

单位：十亿美元，%

地　区	军　费	增长率
非洲	44.9	8.3
北非	18.7	9.6
黑非洲	26.2	7.3
美洲	734	-6.8
中美洲	9.6	6
北美洲	657	-7.8
南美洲	67.4	1.6
亚洲和大洋洲	407.5	3.6
中亚和南亚	63.7	1.2
东亚	282	4.7
大洋洲	25.9	-3.2
东南亚	35.9	5.0
欧洲	410.5	-0.7
东欧	98.5	5.3
西欧和中欧	312	-2.4
中东	150	4.0
总　计	1746.9	-1.9

资料来源：Trends in World Military Expenditure, 2013, http://books.sipri.org/product。

（一）美国的军费与军备发展动向

根据斯德哥尔摩国际和平研究所的统计，美国在 2013 年的军费开支为

6400亿美元，比2012年减少7.8%，占GDP的3.8%，仍然高居世界第一，超过排名其后14个国家的军费总和，占世界各国军费总和的36.6%。①

2014年3月4日，美国国防部发布《四年防务评估报告》（以下简称《报告》）。《报告》制定了面向2020年的美国防务战略，其基本目标是要保持美国的全球领导地位、维持美国的军事优势。该战略有三大目标：保卫美国本土、塑造全球安全环境、投送力量并取得决定性胜利。②《报告》指出了美国防战略的几个重点，其中包括继续推进亚太再平衡战略，以应对中国国力的不断提高；打击恐怖主义，使其远离美国本土和海外目标机构；继续对核心尖端军事技术的投入；重估伙伴关系，巩固传统联盟，发展新型关系。为此，美在经费下降的情况下，仍要坚持发展具有比较优势的军事能力，如加强反导系统研发布置，提高升级核武器运载系统，加强开展网络战、空间战、空海一体战的能力等。

在当前国际格局东升西降的战略背景下，美国国防战略的根本核心仍是如何在不断变化的战略对比态势下，在防务经费不断削减的情况下，组织调动有限资源（手段）最有效地捍卫国家安全利益（目的），维持美治下的全球霸权。2013年11月，美国国防部长哈格尔提出六个优先防务重点。一是继续专注于防务机制改革，即改革和重建防务机制。二是重新评估军力规划建设指导思想。三是做好应对由于削减军费所带来的军事准备不足的长期挑战。四是保证对空间战、网络战、特种作战等新兴军事能力建设和情报、监视、侦察的经费保障。五是对各军种和作战体系要素进行平衡。六是继续完善军队人事和补偿政策。③

为维护其军事霸权，美始终加强对高精尖技术的投入和对新装备的研发。2013年11月，美国福特级航空母舰正式下水。该舰全长约333米，排

---

① *Trends in World Military Expenditure*, *2013*, http://books.sipri.org/product_info?c_product_id=476.

② 美国防部2014版《四年防务评估报告》，http://www.cetin.net.cn/cetin2/servlet/cetin/action/HtmlDocumentAction。

③ "Secretary of Defense Speech", http://www.defense.gov/speeches/speech.aspx?speechid=1814。

水量逾9万吨，被誉为“世界最强战舰”。[①] 2013年10月，美新一代驱逐舰朱姆沃尔特级驱逐舰下水（DDG－1000驱逐舰）。该舰隐身性能良好，监视能力高超，动力和电力系统强劲，攻击力凶狠。[②] 2013年11月，SR－72双发无人侦察机被美高调宣传。它是高超音速情报、监视、侦察和打击平台，一旦研发成功，通过改进、改型可成为中型轰炸机，完成一小时打遍全球的目标。[③] 2014年8月，F－35 JSF飞行试验项目在武器分离、软件兼容性和飞行小时等方面均取得了新的突破，证实了该项目日益成熟。[④]

美不断深化与亚太盟友的军事合作，频繁举行军事演习，增加重返亚太的筹码。2013年3月，美韩举行“关键决断”的联合军演，加强了对朝鲜的监视和威慑；2014年1月，美日“利刃”军演启动；2014年2月美泰为首的“金色眼镜蛇”多国军演在泰国举行；2014年4月，美韩举行最大规模的“超级雷霆”军演；2014年5月，美菲在南海争议地区举行“肩并肩”联合军演，剑指南海。

（二）中国的军费与军备发展动向

2014年中国国防费预算约为8082.3亿元，比上年增长12.2%。[⑤] 2014年3月15日，深化国防和军队改革领导小组第一次全体会议召开，会议提出要坚持用强军目标审视改革、以强军目标引领改革、围绕强军目标推进改革。[⑥] 中国军费增长率与一个正常的高速发展中的国家变化中的综合

---

① 《2013年世界主要兵器装备盘点》，http：//sd. people. com. cn/n/2014/0121/c172839－20439273. html。

② 《2013年世界主要兵器装备盘点》，http：//sd. people. com. cn/n/2014/0121/c172839－20439273－2. html。

③ 《2013年世界主要兵器装备盘点》，http：//sd. people. com. cn/n/2014/0121/c172839－20439273－4. html。

④ 《洛·马公布F－35飞行试验项目2014年8月最新进展》，http：//www. dsti. net/Information/News/90140。

⑤ 《今年国防费预算8082.3亿》，http：//news. sina. com. cn/o/2014－03－06/031929633678. shtml。

⑥ 《习近平：以强军目标引领国防和军队改革》，http：//news. xinhuanet. com/mil/2014－03/15/c_ 119785243. htm。

国力地位相符，综合国力的增强和国家安全利益覆盖面的不断延伸需要与之匹配的国家安全手段来捍卫。同时，中国的军费总量占 GDP 与发达国家相比仍不算很高。推进军队改革，全面提升军队现代化水平，打赢现代化条件下的局部战争，捍卫国家安全是2014 年中国推进国防建设的重点。

随着中国国力增强和安全利益的延伸，近年来人民解放军越发重视与外军的联合演习。2013 年 7 月中俄举行海上联合演习，2013 年 10 月举行“机动－5 号”演习，2013 年 11 月中美举行救灾演习。特别是 2014 年 6 月的“环太军演”系中国首次参加，而且中方派出了除东道主美国之外最大的参演舰队。[①] 参加美国主导的多国军演，尽管主要参加的是非传统安全领域的项目，但仍彰显了中国日益自信的战略态度，也是一次观摩和学习美国等海军强国作战训练的机会，有利于中国打造中美新型军事关系，释放了中国军队的善意姿态，减少外界对中国军事发展的误解和担忧，缓和与周边国家的紧张关系。2014 年 8 月，“和平使命－2014”上海合作组织成员国武装力量在内蒙古自治区举行联合反恐军事演习。此次军演深刻反映了中国和其他“上合组织”成员国面对的共同威胁，既打击“三股势力”，维护国内和周边地区和平稳定，也深化了“上合组织”成员国的军事合作程度，强化了组织的机制化建设。

中国加强了对来自近海空间入侵的防范。2013 年 11 月 23 日，中国国防部宣布划设东海防空识别区。美国、加拿大、日本等国家长久以来就已划设防空识别区，美日等侦察机长期贴近中国领海线实施监控，中国宣布划设防空识别区既符合国际惯例，也没有违背联合国宪章等国际法的原则，有利于实施对进入该空域航空器的识别和处置，保卫领空安全，体现中国维护国家主权和领土完整的坚定决心和意志。

随着美国加快部署反导系统的研发和装备，中国被迫相应提高了战略应

① 《中国派四先进战舰参加环太军演彰显自信》，http：//news. xinhuanet. com/world/2014－06/08/c_ 126591411. htm。

对措施，提高了核威慑能力和核反击能力。《中国军事与安全态势发展报告》提及，解放军第二炮兵已经列装东风－31A 型洲际导弹，并正在发展东风－41 型洲际导弹。在美国不断强化导弹防御系统的背景下，中国发展带有分导式多弹头的第三代核武器是大势所趋。[①] 中国海军将继续拓展在太平洋和印度洋的作战部署范围。2013 年 11 月，中国首艘航母“辽宁”号首次跨区域部署至南海，开展了有关训练。中国将继续研发核动力弹道导弹潜艇，增强海军核威慑力量，继续加强核动力攻击潜艇建设。

（三）俄罗斯的军费与军备发展动向

根据斯德哥尔摩国际和平研究所的统计数据，2013 年俄罗斯军费开支为 878 亿美元，位列世界第三，较 2012 年增长 4.8%，占 GDP 的 4.1%。俄将继续拨款约 7050 亿美元用于新式武器的研发部署和对老式武器的更新换代，目标将是在 2020 年以前对 70% 的装备进行现代化升级。[②] 2013 年，俄第五代新型歼击机 T－50 的研发工作接近尾声，T－50 使用了隐形技术、结构材料、人工智能、电子元器件等领域的先进技术，使俄罗斯军事航空工业提升到了一个新的技术水平。[③] T－50 的装备，目标直指美国的最先进战斗机，其战斗性能与 F－22 不分上下，大国间高科技军备竞争进入了一个新的阶段。

俄罗斯继续优先发展战略导弹部队，保持对美战略平衡，应对美反导系统研发和部署。2013 年 11 月，俄总统宣布战略导弹部队 2014 年将再装备 22 枚陆基洲际弹道导弹。到 2020 年，俄军将获得 400 多枚现代化陆基和海基洲际弹道导弹、能装备 28 个团的 S－400 防空导弹系统、装备 38 个营的“勇士”防空导弹系统和装备 10 个旅的“伊斯坎德尔”战役战术导

---

① 《中国东风 41 洲际导弹获证实　研发单位曝光》，http://news.xinhuanet.com/mil/2014－08/01/c_126821995.htm。

② *Trends In World Military Expenditure, 2013*, http://books.sipri.org/product_info?c_product_id=476.

③ 《T－50 战斗机将只装备俄空军　能携带超远空空导弹》，http://mil.news.sina.com.cn/2013－07－10/1727730996.html。

弹系统。[①] 近年来，美国加强了对反导系统的研发和部署，对俄造成了巨大的战略压力，意图打破确保相互威慑和摧毁的平衡。俄必须要大力提高导弹的突破性和生存性能，才能确保对美战略平衡。另外，俄罗斯还加强了对全电飞机的研发，计划利用约十年的时间，集合国内的工业企业、研究所、飞机制造商的力量，发展全电飞机。

（四）日本的军费与军备发展动向

2013 年，日本军费开支为 486 亿美元，位列世界第八。[②] 日本研究机构作过计算，认为日本军事投放的存量仅次于美国，排在世界第二。[③] 根据日本防卫省文件，在从 2014 年 4 月开始的财年中，防卫省财政预算将达到 491 亿美元，同比增长了 3%。这将是 20 年来日本国防预算增长最多的一年，其中包括增强波音 E－767 性能、购买 P－1 海上巡逻机、“初雪”级导弹驱逐舰、“千早”级潜艇救援舰、“全球鹰”无人机和 F－35A 战斗机，并将在东京的防卫省总部永久性部署“爱国者 3 型”导弹拦截装置。[④]

在美国重返亚太的战略大背景以及中日领土、历史争端不断持续发酵情况下，日本意图加强防卫力量的建设，特别是将发展海军力量建设作为提高军队战斗力的重要任务，凸显了日本在领土问题上与中国持续对峙的意志，同时加强对其南部岛屿链的管控。根据日本 2014 年版《防卫白皮书》，日本认为其周边安全环境越发严峻，需要加强防卫能力，同时与日美安保体制相协调。2014 年 7 月 1 日，日内阁通过了修改宪法解释、解禁集体自卫权的内阁决议案，提出“武力行使三条件”，日本战后以防卫为主的安保政策

---

① 《俄罗斯 2014 年将增加 22 枚洲际弹道导弹》，http：//news. xinhuanet. com/2013 －11/27/c_ 118322984. htm

② *Trends In World Military Expenditure, 2013*, http：//books. sipri. org/product_ info? c_ product_ id =476.

③ 《各国军费盘点：美国约为中国 4 倍　日本人均军费高》，http：//news. china. com. cn/2014lianghui/2014 －03/07/content_ 31701334. htm。

④ 《日本 2014 年大幅提升军费重在加强岛屿监控能力》，http：//mil. huanqiu. com/world/2013 －09/4316923. html。

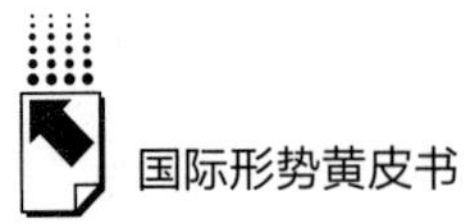

将发生重大变化。日本的“武力行使三条件”内容较抽象、延伸拓展空间很大，在武力使用的程度和范围上不符合宪法第九条的精神。此举将给亚太安全形势带来消极的影响。

（五）中国周边地区国家的军费与军备发展动向

根据斯德哥尔摩国际和平研究所统计，2013 年亚洲大洋洲地区军费增长 3.6%，总量约 4070 亿美元。亚洲大洋洲地区是 1988 年以来唯一军费一直增长的地区。亚洲大洋洲地区不同国家军费开支情况极不平衡，其中大洋洲地区（主要是澳大利亚）的军费开支下降，中亚、南亚和东亚地区的军费开支增长。印度尼西亚、菲律宾和越南三国军费开支的增长导致东南亚地区军费开支增长 5%。[①]

印度 2013 年军费开支为 474 亿美元，位列世界第九，占 GDP 的比例为 2.5%。近年来，印度大规模购入现代化武器，已成为世界上最大的武器进口国。根据斯德哥尔摩国际和平研究所 2013 年发布的报告，在 2008 年到 2012 年期间，印度的武器进口量约占全球武器进口总量的 12%。[②] 为提高军队战斗力，印度一是积极加强与军事强国的合作，其中印俄军事关系尤其重要，双方联合设计和研发武器的比重在上升；二是放宽了外资在军事研发中的限制，极大地为军事研发注入活力；三是提高国防开支，确保将国防建设放在国家战略的首位。

根据斯德哥尔摩国际和平研究所统计，2013 年澳大利亚军费开支为 240 亿美元，同比下降 3.6%，世界排名第 13。澳政府希望在 2014 ~ 2015 财年获得 292 亿澳元（约合 271 亿美元）的防务经费，较上一年度提升 6%。而在未来 10 年内，该国国防开支占 GDP 的比例将逐渐从目前的 1.6% 提升至超过 2%。[③] 大

---

① *Trends In World Military Expenditure*, *2013*, http://books.sipri.org/product_info?c_product_id=476.

② 《2014 印度防务展开幕　最大武器进口国或将受制于预算削减》，http://gb.cri.cn/42071/2014/02/06/7211s4412720.htm。

③ 《澳大利亚军费进入上升通道》，http://qnck.cyol.com/html/2014-06/04/nw.D110000qnck_20140604_3-18.htm

力提高空军战斗力是其近期的国防建设重点之一，根据澳方 2013 年 5 月公布的国防新蓝图，其将购置的空军设备包括：100 架 F－35 战斗机，十多架 EA－18G 攻击机，建立一支 RQ－4“全球鹰”侦察无人机机群，8 架新型反潜机。

近年来，越南不断持续加强国防能力建设，提高军事研发水平。越南重点加强军事科学和技术研发项目，对研发能力和与其相关能力的关注源于对提升军事能力的要求，也与该国欲克服依赖外国武器装备及服务进口的战略弱点的意图相关。① 由于自身国防研发能力薄弱，与军事科技强国的合作是越南对外军事合作的一个重点，其中最重要的是与俄罗斯的军事合作。同时，积极寻找潜在的军事合作伙伴。比如，继续谋求与美国接触，寻找深化两国军事关系的可能。2014 年 8 月美参联会主席 40 多年来首次访问越南。② 越南是美国执行“再平衡”战略中可以争取的对象，因此美国不断释放对越军售解禁的条件信息。一旦美国对越军售解禁，越军装备水平或将有所提高。

根据斯德哥尔摩国际和平研究所数据，2013 年菲律宾军费开支比 2012 年增长 17%，是世界上军费增长率最高的国家之一。菲 2015 年国防预算将增加至 26 亿美元，与 2014 年相比增加了 29%。国防预算约占政府总支出的 4.4%，占国民生产总值的 0.8%。菲律宾军队已经有了很多采购目标。短期的采购目标包括 C－130 运输机、近距离空中支援飞机、通用直升机、远程巡逻机、大口径火炮、护卫舰、登陆平台对接船和海上巡逻舰。长期的采购目标包括潜艇和多用途作战飞机。③

结　语

2013 ~2014 年度的全球重大武装冲突数量与上一年度相比基本持平，主要冲突集中在中东、南亚和非洲等地。崛起于叙利亚内战的极端组织 ISIS 在伊拉

① 《越南 2014 年将增强其军事研发能力》，http：//www. dsti. net/Information/News/86547。

② 《越南与捷克签署协议支持国防贸易》，http：//www. dsti. net/Information/News/90062。

③ 《菲律宾将大幅增加的国防预算》，http：//www. dsti. net/Information/News/89730。

克声势不小，连续攻城拔寨，同时还杀害西方人士，这激起了国际社会的愤怒，目前美国及其盟国正在加大对其的打击力度以及援助伊拉克政府的力度。叙利亚内战双方处于战略僵持状态，双方互有攻守，政治解决前景不明朗。

2013 年亚洲大洋洲地区军费约 4070 亿美元，并且自 1988 年以来一直呈增长趋势，其中印度尼西亚、菲律宾和越南三国军费开支的增长是拉高东南亚地区军事开支增长的三驾马车。2013 年全球军费开支前五名是美国、中国、俄罗斯、沙特、法国。2014 年版美国《四年防务评估报告》要求继续推进亚太再平衡战略，但是中东和乌克兰危机对这一战略的执行力度到底有多大影响尚有待观察。中国军费开支稳居世界第二，并在缩小与第一名的差距和拉大与第三名的距离。中国军队的装备正在快速缩小与世界先进水平的差距，并在稳步发展远程作战能力。

中国经济发展的溢出效应必将带来其军事能力的提高，中国将会继续坚持不懈地推进长远的军事现代化这个战略目标，以便应对未来不确定的国际安全形势，捍卫领土和主权权益，全面提升打赢现代化条件下局部战争的能力。

参考文献

瑞典乌普萨拉大学和平与冲突研究系冲突数据库（UCDP），http：//www. pcr. uu. se/research/UCDP/。

美国防部 2014 版《四年防务评估报告》，http：//www. cetin. net. cn/cetin2/servlet/cetin/。

Heidelberg Institute for International Conflict Research at The Department of Political. Science, University of Heidelberg, *Conflict Barometer 2013*, http：//www. hiik. de/konfliktbarometer.

Major Episodes of Political Violence 1946 – 2013, http：//www. systemicpeace. org/warlist. htm.

South Asia Terrorism Portal, http：//www. satp. org.

Fatalities by Year and Month, http：//icasualties. org.

Trends In World Military Expenditure, 2013, http：//books. sipri. org/product.

Y.5

中国周边安全形势评估（2013～2014年）

王　雷*

摘　要：过去一年，中国周边安全形势主要面临四大挑战：一是美国强化“再平衡”战略致中美关系麻烦不断；二是在钓鱼岛、参拜靖国神社等问题上，安倍奉行对华对抗、遏制与孤立政策，致使中日关系严重恶化；三是大国干涉致海洋领土争端日益复杂和棘手；四是地区热点、敏感难点问题频繁爆发削弱了中国周边环境的稳定性。虽然周边环境总体保持相对稳定，冲突并没有代替合作成为主流趋势，但是新时期中国维护周边和平稳定的难度在加大。

关键词：周边安全　再平衡　战略遏制　南海问题　朝鲜半岛

当前，中国周边安全形势正在经历复杂而深刻的变化。从安全结构上看，亚太地区的权力分布变化和相关国家之间的权力转移趋势正在加速转变。随着中国实力的迅速攀升，中美之间的实力差距在缩小，中国相对其他周边国家的实力优势在扩大。根据国际货币基金组织的最新数据统计，到2014年底，中国国内生产总值达到美国的57.2%。2008年这个数值仅为30.7%。按照目前中美两国实际的经济增长率进行推算，明年（2015年）

---

* 王雷，中国社会科学院世界经济与政治研究所助理研究员，主要研究中国外交战略、周边安全等问题。

中国经济规模将达到美国的六成。另外，从中日、中印之间的经济实力对比来看，2010 年中国经济总量超过日本后，双方的差距正在迅速拉大，2014 年中国国内生产总值预计会超过 10 万亿美元，日本同期大概在 5 万亿美元左右，不到四年的时间，中日经济总量之比已从 1∶1 变为 2∶1。同样，2010 年中印之间的经济总量之比大约为 3∶1，但是 2014 年已变为 5∶1（见图 1）。尽管近两年，随着金融危机持续发酵和国内经济结构调整，中国主动将经济增长速度调低至 7.5% 左右，但是相对其他国家，中国的增长势头更为显著（见图 2）。因此，在未来可见的时期内，上述权力分布变化和权力转移趋势仍将持续。

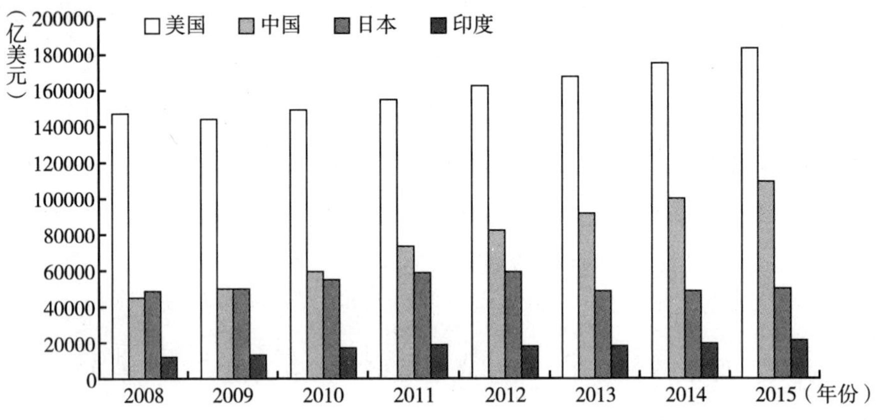

图 1　2008 ~ 2015 中、美、日、印四国国内生产总值数据比较

资料来源：参见 IMF“World Economic Outlook Database”, April, 2014。

从安全观念上看，尽管中国始终坚持和平发展，对外奉行互信、互利，平等、协作的安全观念，但是在亚太地区，特别是中国周边地区，霸权主义、冷战思维、“中国威胁论”仍然很有市场。应该看到，随着中国实力的迅速提升，国家利益的向外扩展，尤其是中国维护自身权益力度的增强，使一些周边国家在认知和解读中国对外政策和行为方面出现了明显的曲解与误判。一些国家和人士认为：中国在外交上已经抛弃“韬光养晦”的外交策略，变得日益强硬、富有攻击性；在经济上，中国与周边日

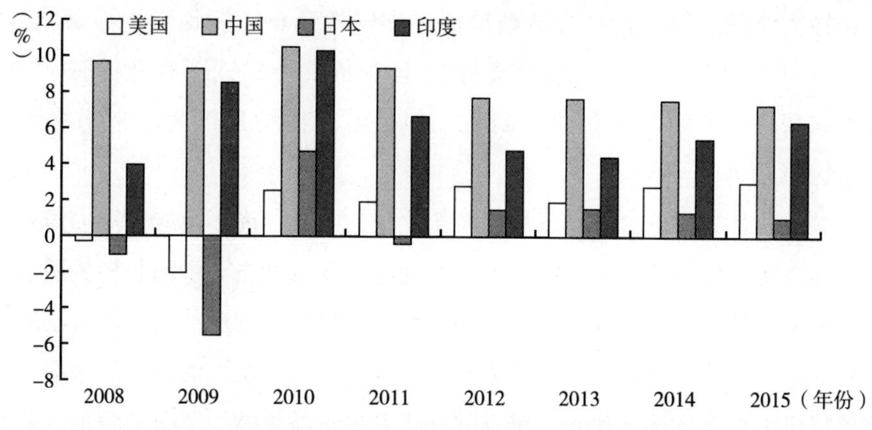

图2　2008～2015中、美、日、印四国经济增长率比较

资料来源：参见IMF“World Economic Outlook Database”，April，2014。

益紧密的经济联系被解释为试图运用经济优势加强对周边国家的控制，企图在亚洲构建自己主导的经济秩序和金融秩序；在军事上，中国正常的军事现代化进程也被理解为试图打破战略平衡，威胁其他国家的安全与利益，甚至认为中国谋求将美国赶出亚洲，确立自己在西太平洋的霸权。同样，周边一些小国也对中国未来的发展取向抱有很大的担忧和疑虑。它们担心日益强大的中国很可能重新建立朝贡体系，届时自己很可能再次受到中央大国的控制与支配。

与上述种种解释和判断相对应，一年来，周边国家针对地区形势的迅速变化，特别是中国的急剧崛起做出了一系列的过度反应。比如，美国在亚太地区推行“再平衡”战略对中国的指向性更为明显，除伙同盟国不断加大针对中国的战略防范和围堵外，还在中国周边不断强化军事存在，维持对华高频度海空抵近侦查，积极涉入中国与周边国家的海洋领土争端，企图加大对中国的军事威慑和外交牵制。在东北亚方向，日本借中日领土争端大肆炒作“中国威胁论”，一方面不断加强针对中国的军备扩充，另一方面正寻求通过“价值观外交”“多边制衡”等方式加大对中国的战略遏制与外交孤立。印度虽然奉行大国平衡外交，但是在安全领域显著加强了与美国、日本的对话与合作。受边界争端问题和地缘结构性因素的影响，印度在战略层面对中国的竞争、制衡意识显著增强。在东南亚方向，一些国家在南海问题上不断挑衅，试图强化非法占领。虽然东盟国家不愿与中国进行对抗，但仍希望借助外部大国来平衡中国的地区影响力。

显然，各方对地区安全形势的新变化缺乏准备，尚不适应。周边国家的一系列过度反应不仅损害了中国的国家利益，而且冲击了中国与相关国家的双边关系。针对这些消极的做法，中国也被迫做出了回应，表明了自己的态度和立场。过去一年，以中美亚太竞争、中日地区对抗、海洋领土争端、朝鲜核危机为代表的地区热点、难点问题正变得日益敏感、复杂和棘手。随着各方在互动中硬碰硬局面的不断增多，中国周边安全形势也由此呈现持续紧张化的特点，虽然冲突并没有代替合作成为主流趋势，但是新时期中国面临维护周边和平稳定的巨大挑战。

一　美国强化再平衡致中美关系麻烦不断

近一年来，美国在亚太地区推行再平衡战略始终面临减速的压力。从其国内层面来看，主要制约因素是经济复苏速度放缓、财政赤字问题以及国防预算削减。从国际层面来看，主要是深陷中东乱局，难以撤出。比如巴以冲突、叙利亚内战、伊拉克乱局以及乌克兰危机都牵扯美国投入不少的资源和精力。但是，即使面临上述的不利局面，美国依然竭力避免亚太再平衡战略受到影响和干扰。不难发现，过去一年，以美国总统奥巴马、国务卿克里、国防部长哈格尔为首的一批高官频繁对亚洲进行访问，显然是要传达两个信号，一是高调回应外界的质疑，向盟友和伙伴表明美国重返亚太的决心和一贯性；二是为长远战略做打算，逐步增加在亚太地区的战略存在和全方位影响。当前，美国推进再平衡战略明显具有两个新特点，一是注重实效，对中国进行战略遏制的指向性更为明显；二是侧重技巧，在保持压力的同时，继续与中国进行各种对话和接触，但是拒绝做出实质性让步。

（一）“再平衡”战略对中国遏制的指向更为明显

首先，在战略层面，美国目前遵循的总体原则是，在亚太地区之外奉行战略收缩，在亚太地区之内强化战略存在，尤其是要集中精力和资源应对中国的急剧崛起。过去一年，美国显著加强了针对中国的战略挤压和战略围堵。目前来看，主要做法就是继续深化同盟和伙伴关系，重点是推进日本、澳大利亚、印度等国在再平衡战略中发挥更大的作用。今年4月，美国总统奥巴马亲自访问日本，与日本首相安倍晋三共同发表了《日美首脑会谈共同声明》。在声明中，日本表示对奥巴马政府重视亚洲的“再平衡”政策表示支持。美国则强调《美日安保条约》第五条适用于“钓鱼岛防卫”，同时表示支持日本从行使单独自卫权走向行使集体自卫权。当前，日美同盟已由“单向依赖美国体制向可以行使集体自卫权的双向义务体制”转变。显然，日本在领土争端和中日对抗中需要美国的支持，美国也迫切需要日本配合其推行亚太再平衡战略。《日美首脑会谈共同声明》的出台表明了美日两国谋求通过同盟机制升级来主导亚太地区及国际事务的真实意图。[①]

同样，今年8月，美国国防部长哈格尔和国务卿克里访问澳大利亚，在美澳年度“2+2”部长级会谈中，美国与澳大利亚正式签署一份为期25年的军力部署协定。根据这份协议，美军驻达尔文基地的人数增加了一倍，未来将有2500名美军在澳大利亚轮驻。[②] 显然，继与菲律宾签署军事协议后，美国向澳大利亚部署更多军力，无非是要通过军事震慑来遏制中国在南海的主权声索行动。尽管美澳两国用了不少和平、合作之类的外交话语对此进行掩饰，但是，遏制中国无疑是美国战略动作的核心内容。与此相对，美国也在积极引导印度进行安全合作。尽管新德里一直奉行大国平衡外交，对于加入遏制中国同盟的态度一直比较谨慎。但是在美国看来，印度的地缘安全环境可以促使其倒向制衡或者对抗中国的一方，即便不会结成正式的同盟，印

① 吕耀东：《日美同盟“现代化”的战略意图》，《当代世界》2014年第6期，第25～26页。

② 《澳美签署军力部署协议以扩大美军事存在》，新华网，http：//news. xinhuanet. com/world/2014－08/12/c_ 1112046838. htm。

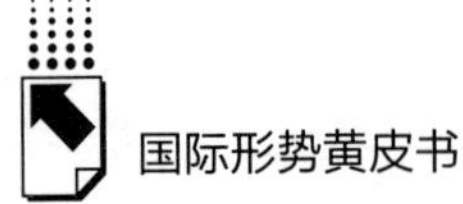

度对于与别国共同对付中国的立场仍然是可塑的。目前来看，美国积极拉拢印度的主要策略有：一是在经济方面，试图推进美印双边投资协议，支持并制订印度加入跨太平洋伙伴关系的计划；二是在军事方面，帮助印度提升军力，支撑印度与中国的地区竞争对手，如日本、越南等国发展安全关系。2014 年 8 月美国国防部长哈格尔对印度进行了访问，同意向印度提供军事技术转让，两国在防务研发、生产、演习等领域达成多项共识。值得注意的是，过去三年，印度已是美国最大的军火买家；三是在外交方面，美国希望继续加强与印度的对话和协商，支持印度申请成为联合国常任理事国，谋求与印度一起构筑制衡、牵制中国崛起的准同盟关系。

其次，在军事层面，最新的变化是，今年 3 月美国国防部发布了新版的《四年防务评估报告》。报告预测，中国日后将通过“反介入/区域拒止（A2/AD）”战略以及网络、太空领域的新技术不断向美国发起挑战。作为应对，新版防务评估强调，虽然美国正在全面缩减国防费用，但为了牵制中国还是要把战略重点放在“亚太再平衡”战略上。为此，美军应该进一步增强在该地区的军事存在，主要措施就是争取到 2020 年将美国海军战斗力的 60% 部署到亚太地区。同时强调，在美国空军增加向亚太地区的军事部署后，还会将空间和网络战斗力集中到该地区。① 作为对新版《四年防务评估报告》的直接回应，2014 年 8 月，美国海军又公布了指导未来 5 年具体行动的纲领性文件——《2015 ~2019 财年规划》。该规划立足于再平衡战略和空海一体战，强调三大基本原则：作战优先、在前方作战以及时刻准备好作战。其主要内容包括：计划在 2020 年前将前沿部署的海军舰艇数量增加至 120 艘，其中亚太地区要占 60%；按照“亚太再平衡”战略的要求，将美国海军最具战斗力的作战平台集中部署在西太平洋地区。计划 2016 年将“福特”号新型航母部署到太平洋，使得太平洋航母战斗群的数量从 5 艘增加到 6 艘，同时向关岛增加部署一艘攻击核潜艇，使其数量从 3 艘增加至 4

① Department of Defense, United States of America, Quadrennial Defense Review Report, March, 2014, http://www.Defense.gov/pubs/2014_Quadrennial_Defense_Review.pdf.

艘；循序增加进驻新加坡的濒海战斗舰的数量，扩充以太平洋地区为母港的驱逐舰和两栖舰的数量，包括部署最新型的导弹驱逐舰、联合高速运输舰、“海神”反潜巡逻机、“咆哮者”电子战飞机及F-35C联合攻击机。此外，该计划还强调要提升美国在澳大利亚的两栖运输能力，发展高速部署海军陆战队的手段。计划2018财年在太平洋地区建立第5个两栖戒备大队。① 显然，作为美国军事战略的行动指南，这些报告大肆渲染“中国军事威胁论”，显露了美国强化对中国进行军事威慑的真实意图。

（二）再平衡战略与中国接触的一面明显不足

当然，美国也不希望中美两国彻底陷入对立和冲突。尽管在安全和军事上，美国希望对中国不断增强的实力进行遏制和打压，但是在经济上，还希望分享中国发展带来的巨大机遇。由于目前美国有巨额对华贸易逆差同时自身经济复苏缓慢，美国的真实想法还是希望通过扩大对华出口和促进服务业、金融业进入中国等措施来充分获得利益。因此，为了避免在安全和军事领域过分刺激中国，美国在经济领域也试图和中国展现出友好、合作的氛围。2014年7月，中美两国举行了第六次中美战略与经济对话。就经济对话来讲，双方就年内确定投资协定的基本框架达成了共识，确认在应对气候变化对策方面进行广泛的合作并发挥主导作用。但是，即使在经济合作层面，美国依然对中国指责过多，要求过多，自己却很少让步。比如，即使自2010年以来人民币汇率已升幅14%，美国仍然指责中国政府干预汇率，要求人民币继续升值，而经济学的研究已经表明，两种汇率之间难以确定最佳平衡点。为了单方面扩大对华出口，美国要求中国加快金融、资本市场改革，开放金融服务业，减低对美国进口商品征收的关税；为了强化经济竞争力，美国还指责中国国有企业不正当竞争，要求中国保护知识产权；除此之外，美国仍在积极推进TPP，试图削弱中国在亚太地区的经济影响力。反

① “Chief of Naval Operations, CNO's Navigation Plan 2015 - 2019”, http: //www. navy. mil/cno/docs/140818_ CNO_ Navigation_ Plan. pdf.

之，对于中国希望美国放开对华高技术出口限制，保护中国投资者在美国公平、开放的投资环境的需要和实际利益，美国却很少给予认真考虑和切实回应。

同样，在战略安全对话中，虽然中美两国就缓和关系、控制分歧取得了一定的共识。但是，在围绕中国与周边国家的领土争端问题上，美国显然支持中国的对立方，不仅没有缓和矛盾，反而诱使日本、越南和菲律宾一再冒险和挑衅，进而将中美直接推向了对抗和对立的前沿。在网络安全问题上，尽管美国自己的所作所为不是很光彩，但是仍然热衷于污蔑“中国从事网络间谍活动”“发动针对美国的网络攻击”。在人权问题上，美国继续出台《中国人权报告》，在新疆、西藏、香港问题上对中国横加指责，干涉中国内政。近一年来，虽然中美两军在交流与合作方面也取得了一些进展，比如美国邀请中国参加 2014 环太平洋多国联合军演、中美两军就公海海域海空军事安全行为准则展开正式磋商，两军中高层人员互访、交流、对话的机会不断增多，但是在最根本的三个问题上（美国向中国台湾地区出售武器，美舰机对华大范围、高频度抵近侦查，美国对华武器禁运歧视性政策和法律），美国始终没有拿出足够诚意进行对话和协商，反而一错再错，为两军改善关系、增加互信设置障碍，损害中国国家利益。

受上述两方面因素影响，中美关系过去一年可以说是起伏不定，麻烦不断。虽然再平衡战略对中国来讲，既有遏制的一面，也有接触的一面，但目前来看，是遏制有余，接触不足。显然，中美两国探索新型大国关系的道路并不顺畅。2013 年习近平主席和奥巴马总统举行首脑会晤后，各界一度对中美关系“重启”期望很高。但在实际操作中，美国始终对中方核心利益和重大关切缺乏应有的尊重。从某种程度来讲，美国并不担心中美关系磕磕碰碰，只要两国之间的对抗和竞争可控，只要能够维持正常经济合作，继续获取利益，那么美国也不愿意花太多心思去提升中美关系的质量，毕竟在美国眼中，中国现在是威胁其霸权地位的头号对手。因此，在现实中，美国倾向于不断给中国崛起设置各种障碍和麻烦。值得注意的是，过去一年，美国在亚太地区最担心的是日韩关系的冷淡。显然，朝鲜的威胁并非重要理由，美国真正担心的还是中国利用日韩对立，加强在朝鲜半岛的影响力，破坏美国在东北亚构建围堵、遏制中国的军事同盟。

二　安倍奉行对华遏制与中日关系严重对立

（一）安倍政府试图对中国进行遏制与孤立

安倍晋三再度执政以来，日本对华政策日益呈现强硬姿态。安倍在延续前任政府对华防范、牵制政策的同时，其对华政策“对抗”色彩越发浓厚。[①] 尤其是在中日关系因领土争端降至冰点的情况下，安培在对华问题上顽固奉行遏制与对抗的政策导致中日关系陷入邦交正常化以来最不正常的局面。

1. 在政治层面

安倍本人否认侵略历史，参拜靖国神社，严重损害中日政治互信的根基。2013 年 12 月 26 日，日本首相安倍晋三在其二次执政一周年之际，悍然参拜供奉有甲级战犯亡灵的靖国神社。从性质和动机上看，安倍此次参拜比战后日本历次首相参拜更为恶劣。第一，此次参拜不仅强调公职身份，而且扬言要向“亡灵汇报内阁工作”，把靖国神社当成了“精神述职和表达政治决心”的地方。第二，以往日本首相参拜靖国神社之后，至少口头上还表达对二战期间给亚洲受害国民众造成侵略伤害的反思，但此次安倍参拜后，除了一味替自己辩护外，丝毫不提对二战受害国民众的歉意。种种迹象表明，安倍政府试图从国家政治的角度全面洗去靖国神社的争议性，漂白二战前和二战期间日本战犯的战争责任，安倍参拜靖国神社行为所展示的日本极端右翼思想和由此可能引发的日本军国主义复辟的危险值得国际社会高度关注。[②]

---

① 黄大慧：《改善日本对华民意基础任重道远》，《现代国际关系》2014 年第 1 期，第 19 页。

② 朱峰：《安倍参拜靖国神社与中日关系》，《现代国际关系》2014 年第 1 期，第 6 页。

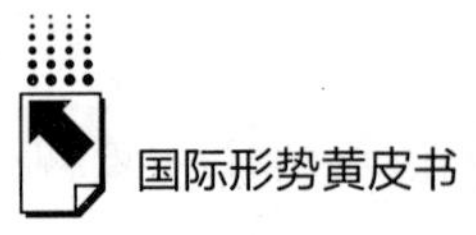

2. 在军事层面

在美国重返亚太的背景下，日本解除了武器出口禁令，设立了“国家安全保障会议机制”，强行通过《特定秘密保护法》，推出新版《国家安全保障战略》，修改关于集体自卫权的宪法解释等。[①] 种种迹象表明，安倍政府正在加快日本向“正常国家”“军事大国”转变的步伐。2014 年安倍在元旦讲话中宣称，“夺回强大日本的战斗才刚开始”。安倍的所谓“强大日本”实质上是要打造军事上强大的日本。依据新版《防卫计划大纲》和《中期防卫力量整备计划》，日本的防卫重心已从北方转移至西南诸岛，未来 5 年军费开支将增加 5%，将大规模采购无人侦察机、鱼鹰运输机、水陆两栖战车、F－35 隐形战机等先进武器。[②] 除此之外，2014 年 7 月，日本政府决定修改宪法解释，允许行使集体自卫权，此举不仅象征日本专守防卫的安保政策发生重要转变，而且表明了日本希望“摆脱战后体制”束缚，成为可以正常发展并使用武力的军事大国的真实意图。令人担忧的是，为了应对中国崛起，日本的安保战略已经切换到“应对中国模式”。过去一年，日本海上自卫队军舰无视中方警告，在公海干扰中国海军正常演习。除此之外，日本还联合美国不断进行针对中国的联合军演，比如，夺取远离本土的离岛控制权，调动导弹部队封锁宫古岛附近的国际公海通道，甚至还扬言击落在有争议领土上空的中国军机。显然，中国由此面临的安全形势空前严峻。

3. 在外交战略层面

过去一年安倍政府主要还是在打两张牌：一个是所谓的“价值观外交”，即主张以所谓的“自由、民主共同价值观念”为牵引，在包括东盟、印度及澳大利亚在内的亚太地区构筑广泛的双边、多边关系网。从目的上看，安倍政府推行“价值观外交”一是要借助于各国经济增长的动力，促

① 林宏宇：《当前中日关系与中国东海防空识别区》，《现代国际关系》2014 年第 1 期，第 9 页。

② National Defense Program Guidelines and the Mid-Term Defense Program, Ministry of Defence, Japan, Dec. 17, 2013, http://www.mod.go.jp/e/d_act/d_policy/national.html.

进日本经济实现复苏，以此作为维持日本增长潜力、强化地区战略地位的重要手段，二是借用凸显重视东盟、印度、澳大利亚的姿态，配合美国重返亚太的战略，意图打造对华战略包围网，对中国崛起进行牵制。[①] 另一个就是所谓的“地球仪外交”。不难发现，安倍上任以来已经走访49个国家，是历任日本首相里最多的一位。日本媒体认为，该战略的出台意味着日本外交不再局限于周边国家，而是要像转动地球仪一样俯瞰整个世界，将日本的触角伸向地球的每个角落。[②] 具有讽刺意味的是，在安倍执政的近两年里，大搞“远交近疏”外交。一方面与自己地理位置最近、联系最紧密的三个邻国都搞不好关系；另一方面却始终忙于在中亚、东南亚、南亚、非洲、中南美、欧洲不遗余力地进行外交公关，鼓吹“中国威胁论”，诋毁中国形象，损害中国利益。

（二）中日关系的现状、症结与发展前景

受安倍政府上述对华政策的影响，过去一年，中日关系几乎在每一个领域都处于严重的对立或恶化状态。从政治上看，两国就领土争端、历史问题相互指责，争吵不断，高层往来、人员交流基本陷入停滞状态；从经济上看，日本对中国经济的投资水平在降低，受中日关系以及经济结构调整因素的影响，日本将生产基地转移至东南亚等地的趋势正在扩大。除此之外，中日在金融层面也展开较量。比较典型的是，中国希望对亚洲银行的表决权分配制度进行改革，希望通过增资解决亚行资本不公平问题。而日本则对此表示反对，担心中国的增资将增大影响力。因此，中国也打算另起炉灶成立亚洲基础设施银行。[③] 另外，中日双边金融合作也陷入停滞状态。两国此前就日本购买中国国债达成共识，但在过去两年多的时间内仍未能实现，与此同

① 邱静：《两次安培内阁的“价值观外交”》，《外交评论》2014年第3期，第68、81页。

② 《安倍的地球仪：银弹外交及武器输出》，联合早报网，http：//www. zaobao. com/wencui/politic/story20140905 -385605。

③ 《日本对中国主导建立亚投行表示担忧》，日本经济新闻，http：//cn. nikkei. com/politicsaeconomy/politicsasociety/10311 -20140725. html。

时，受政治因素影响，中日韩自贸区谈判也很难进行下去。

毫无疑问，中日两国和则两利，斗则两害。日本对中国崛起不适应，对其地位下降有危机感是可以理解的，两国存在一些分歧和矛盾也是正常的，但关键是双方要求同存异，通过对话和平等协商妥善处理争端，以对历史和未来高度负责的态度，共同维护好中日关系、维护亚洲稳定和发展的大局。事实上，日本依托美日同盟遏制中国的意图很难如愿，因为即使是盟国美国，也不希望日本完全摆脱战后国际秩序的束缚。同样，日本右翼势力参拜靖国神社，开历史倒车，不仅伤害了亚洲人民的感情，而且引发了国际社会的普遍谴责。日本要在亚洲经营反华同盟、孤立中国也不可能成功，东盟一些国家虽愿借助于日本获得一些好处，但是并不希望追随日本对抗中国。[①]即使是考虑经济因素，中国现在也远比日本更重要。

当前，尽管安倍政府依然秉持顽固立场，但是中方从大局着眼，还是表现了希望改善中日关系的诚意。2014 年 7 月习近平主席接待了来访的日本前首相福田康夫。8 月 10 日中日外长事隔两年多首次进行会谈。9 月 3 日习近平主席在纪念中国人民抗日战争暨世界反法西斯战争胜利 69 周年座谈会上表示，“中国政府和人民将一如既往致力于发展中日关系，愿意在中日四个政治文件的基础上推动中日关系长期稳定健康发展”。9 月 16 日，中、日、韩三国事隔两年半再次召开财长会议，9 月 26 日中日重启了海洋事务高级别磋商。显然，经过长期的对抗和僵局，中日关系正出现了一丝转机，但是接下来往哪走，取决于日本的选择。如果安倍政府继续挟持民意，否认侵略历史，激进修改宪法，对华奉行对抗，那么当前的僵局则无法化解，对立很可能要长期持续下去。

三　外部势力介入致南海问题日益复杂和棘手

过去一年，菲律宾继续在南海问题上扮演侵犯中国权益的“急先锋”。

---

① 吴宇桢：《“地球仪外交”成效几何》，《文汇报》2014 年 7 月 28 日第 4 版。

2014年2月5日，菲律宾总统阿基诺三世接受《纽约时报》专访，将中国与二次大战的纳粹德国相提并论，呼吁西方在中菲领土争议上更多支持菲律宾。随后的2014年2月25日，菲律宾又将中国领土黄岩岛划入西部军区管辖，扬言必要时要“采取军事行动”。2014年3月30日，菲律宾向国际仲裁法庭提交长达4000页的诉状，指控中国在南海的九段线违反《联合国海洋法公约》，将自己完全装扮为一个“受害者”。[①] 4月28日，菲律宾与美国签署长达10年的加强防务合作协定，根据这项新的协议，菲律宾将允许美国军队使用菲军事基地，允许美军增加在菲律宾的轮换部署。[②] 进入6月，菲律宾先是与越南在非法侵占的中国岛礁南子岛上搞运动会，随后又借纪念116周年独立日之机，在非法占有的8个南沙岛礁上举行所谓的“升国旗仪式”。除此之外，为了强化占领事实，菲军方还计划重修中业岛机场，向其增加部署两艘巡逻船和两架海上侦察机，在马欢岛上修建海洋监视与侦察系统基站，以及组建旅级规模的“卡拉延群岛特遣队”。

与菲律宾一样，越南也在南海问题上不断挑衅，制造事端。2014年5月2日，中国企业所属“981”钻井平台在中国西沙群岛毗连区内开展钻探活动。[③] 越南方面悍然出动包括武装船只在内的大批船只，非法强力干扰中方作业，冲撞在现场执行护航安全保卫任务的中国政府公务船，还向该海域派出“蛙人”等水下特工，大量布放渔网、漂浮物等障碍物。不仅如此，越南方面还纵容国内进行反华游行示威。5月中旬，数千越南不法分子对包括中国在内的多国在越企业进行打砸抢烧，残酷杀害4名并打伤300多名中国在越公民，造成了中方重大的人员伤亡和财产损失。对此，中国不得不进行严正交涉并加强维权行动。虽然中国多次声明，西沙群岛是中国固有领土，不存在任何争议，要求越南停止挑衅。但越南却一意孤行，在错误的道

① 《滥用国际法律程序的图谋不可得逞》，《人民日报》2014年4月1日第6版。

② 李金明：《中菲南海争议的几个问题及其变化趋势》，《现代国际关系》2014年第6期，第43页。

③ 10年来，中国企业一直在有关海域进行勘探活动，包括地震勘探及井场调查作业等。此次“981”平台钻探作业是勘探进程的例行延续，完全在中国主权和管辖权范围内进行。

路上越走越远，不仅在国际上到处歪曲事实，混淆视听，扬言和菲律宾一起将与中国的海洋领土争端提交到国际法庭，而且试图将南海问题强行塞入东盟峰会议题，迫使东盟在南海问题上“选边站队”。①

事实证明，破坏南海地区和平与稳定的不是中国，菲律宾、越南的上述挑衅行为违背了《南海各方行为宣言》，这些国家不断采取让南海争议复杂化和扩大化的行动，是南海问题不断被激化、局势变得日益紧张的根本原因。当然，越南和菲律宾的立场之所以会如此强硬，如此不计后果地对中国进行挑衅和冒险，也与外部势力的介入和纵容存在密切关系。不难发现，过去一年，美国、日本、澳大利亚等国对南海问题的卷入已经越来越深，一些国家的政策甚至从“密切关注”转变为了“直接干预”。这也使得南海问题逐渐呈现大国博弈与海洋领土争端联动的复杂局面。具体来讲包括以下几方面因素。

1. 美国的立场转向“选边站”

2014 年 2 月，美国负责亚太事务的助理国务卿丹尼尔·拉塞尔在众议院关于东亚海洋争端的听证会上表示：“中国在南海基于九段线的领土要求缺乏明确性，不符合国际法，已经在邻国间带来不确定、不安全和不稳定。”拉塞尔强调，“为了与美国长期坚持的航行自由计划保持一致，美国应反对妨碍对海洋合法利用的主权要求”。② 拉塞尔的证词表明，美国在南海问题上做了如下选边：一是指责中国的领土要求不符合国际法，但是，对其他国家的领土要求是否符合国际法未做表态；二是强调中国在南海的主权要求妨碍美国长期追求的目标——国际航行自由。受此影响，美国随后在南海问题上对中国采取了更加强硬的立场。比如，指责中国“限制菲律宾进入黄岩岛；对菲律宾在仁爱礁的长期存在施加压力；对接近其他国家陆地和远离中国有领土要求的岛屿的地区封锁供水；在南海有争议的地区设立行政

① 《南海问题考验东盟》，《人民日报》（海外版），2014 年 5 月 12 日第 1 版。

② Assistant Secretary Russel's Congressional Testimony on Maritime Disputes in East Asia，http：//www. cfr. org/territorial - disputes/assistant - secretary - russels - congressional - testimony - maritime - disputes - east - asia/p32343/.

和军事区域”。[①]

2. 内外势力遥相呼应，对中国共同施压

2014 年 7 月，美国国务院高官富克斯、拉塞尔先后对南海问题提出所谓的“冻结”提议，即南海主权声索方“冻结”在有争议岛礁改变现状的行为，包括各方不填海造地、施工建设、设立据点，各方不夺取另一方在 2002 年《南海各方行为宣言》签署前已经占领的岛礁，各方不采取针对他国的单边行动，以便为“南海行为准则”协商创造有利条件。[②] 8 月 9 日，美国国务卿克里在东盟地区安全论坛上对此进行正式表态，强调“美国和东盟有共同的责任确保全球重要海路和港口的海上安全，呼吁各国‘冻结南海争端’”。同样，乘着美国“自愿冻结论”的“东风”，菲律宾也在会上拼凑出一个解决南海问题的“三步走”的方案：第一步，短期内，在南海暂停加剧紧张局势的活动；第二步，中期内，全面、有效执行《南海各方行为宣言》并尽早完成“南海行为准则”的制定；第三步，根据国际法通过解决机制最终解决争端。[③]

3. 中国提出“双轨思路”进行应对

表面上看，“冻结”提议和“三步走”方案貌似公允，似乎很和平，但是实际上却难掩其欺骗性和虚伪性。20 世纪 70 年代起，一些国家相继非法侵占中国南沙群岛部分岛礁。近年来，个别国家更是通过修建工程、增加军备等方式强化非法占领，不断侵犯中国领土主权和海洋权益。然而，长期以来，美方从未要求这些国家“冻结”其挑衅行为。说到底，美国所谓的“冻结”无非是要中国停止主权声索，不要改变越南、菲律宾等国侵占中国岛礁和海域的现状，这实质上是要绑住中国的手脚，对美国的盟友网开一面。[④] 而对“三步走”方案来讲，具有讽刺意义的是，菲律宾不仅自己没有

① 周琪：《美国的南海政策缘何趋于强硬》，《当代世界》2014 年第 7 期，第 32 页。

② 《美国提出南海三不建议　强硬“向北京叫阵”》，新华网，http：//news. xinhuanet. com/world/20126747294. htm。

③ 贾秀东：《菲律宾在南海问题上又栽跟头》，《人民日报》（海外版）2014 年 8 月 11 日。

④ 《美国南海“冻结”提议，到底想冻结谁》，《新华每日电讯》2014 年 8 月 11 日第 8 版。

做到前两步，反而直接就跳到了第三步。作为回应，2014 年 8 月 9 日，中国外交部长王毅在中国 - 东盟（10 +1）外长会上正式提出以“双轨思路”处理南海问题。即有关争议由直接当事国通过友好协商谈判寻求和平解决，而南海的和平与稳定则由中国与东盟国家共同维护。[①]

4. 日本积极干涉南海争端

自 2012 年 12 月上台以来，安倍几乎到访了所有的东盟国家。在这期间，日本不仅对东盟各国加大资金攻势，抛出一系列巨额的援助计划，而且在南海领土争议问题上对中国大肆攻击，不断鼓吹“中国威胁论”。具体来看，日本的主要做法有：一是大力推销所谓“价值观外交”，强调要和同为民主国家的东盟成员一起阻击中国的“地缘战略扩张”；二是加强对菲律宾和越南的军事援助，向菲律宾提供海上巡逻舰，提议日本和越南、菲律宾签署防务合作协议，妄图在美日同盟框架下打造针对中国的“次同盟体系”，拼凑日本认为可以拼凑的一切反华力量来制衡中国；三是将东海问题和南海问题挂钩，提议建立日本主导的东亚海上安全论坛，发动对中国所谓“利用海上领土争议进行海洋战略势力扩张”的舆论谴责，想方设法离间东盟国家和中国的关系。

毫无疑问，随着美国、日本等国在各种场合加大干预南海事务的力度，南海问题正日益成为各大国战略博弈的新战场，同样，也正是因为大国的不断干预，新时期中国应对南海问题正变得日益复杂、敏感和棘手。

四　其他热点问题对中国周边安全的冲击和影响

（一）朝核问题与半岛安全形势

随着朝鲜发动新一轮导弹试射和核试验，朝核问题实质上已经进入新的

---

① 《中国首提“双轨思路”处理南海问题》，http：//www. dfdaily. com/html/51/2014/8/10/1174606. shtml。

发展阶段，并且呈现新的特征。首先，从能力上看，由于远程导弹和核技术取得突破，朝鲜距离核能力武器化的门槛越来越近；其次，从意图上看，随着将“拥核”写入宪法，提出“经济与核并举”的新路线，朝鲜正试图抛弃半岛无核化原则，谋求国际社会认可其“拥核国”的地位；再次，从战略上看，朝鲜已经放弃模糊战略，拒绝讨论“弃核”问题，试图在拥核道路上孤注一掷，迫使国际社会逐渐适应与有核的朝鲜打交道；最后，在推进核计划上，朝鲜没有止步于仅仅有核，而是向两个更危险的方向迈进，一是核武器的小型化和实用化，二是积累并检验铀弹制造技术，为氢弹研制做准备。显然，随着朝鲜拥核野心的不断膨胀，国际社会解决朝核问题正变得刻不容缓。

从实际情况来看，相关各方在新的阶段已经进行三轮较量。第一轮大体从2012年初到2013年5月，主要特征是朝鲜接连试射远程火箭并进行第三次核试验，宣布不再进行半岛无核化对话，国际社会则拒绝承认朝鲜“拥核”，对其实施更严厉的制裁。由于双方均不让步，局势陷入高度紧张与对抗状态。显然，这轮较量没有分出胜负，各方需要寻找新的办法打破僵局。从2013年5月起到2014年初，双方又展开了第二轮较量，由于前期挑衅没有达到预期效果，朝鲜对外政策立场出现缓和。除寻求修复中朝关系外，还表示愿无条件回归六方会谈，并在2014年初改变“通美封南”做法，主动寻求改善南北关系。与此相对，南北关系出现一定程度缓和。朝韩就重启开城工业园区达成一致，时隔七年再次举行高层会谈，并举办了离散家属团聚活动。此外，美韩两国也表现出相对克制，一方面军演强度有所下降，另一方面在重启六方会谈问题上，美韩也表现出了适当降低门槛的意向，即只要朝鲜中止导弹与核试验，允许国际原子能机构核查团进入朝鲜，便可考虑重启六方会谈。但是，从2014年2月起，半岛局势再次变得扑朔迷离。一方面朝鲜进行了多次中短程导弹试射，抗议美韩不断进行的联合军演，并表示不排除开展“新型核试验”的可能，朝韩围绕“无人机事件”以及朴槿惠政府“统一政策构想”的相互攻击也不断升级，甚至出现了海上交火的严重事件。[①] 但另一方

① 张琏瑰：《当前朝韩关系三题》，《世界知识》2014年第16期，第30～31页。

面，在仁川亚运会期间，朝鲜又突然派出高级代表团访问韩国，表示同意重启高层会谈。

也许维持目前的僵局是朝鲜以外的五方所乐见的，但对朝鲜来讲，它很难长期忍受这种局面——挑衅毫无收获，对抗成本高昂，处境更为孤立。所以，一旦时机成熟，准备工作就绪，朝鲜很可能再次进行核试验。从这个意义上讲，朝核问题目前所处的僵局能维持多久，会向哪个方向发展，仍很难讲。目前来看，朝核问题和朝鲜半岛局势仍面临以下严峻挑战。第一，短期内恢复六方会谈比较困难。朝美设定的对话门槛都很高，朝鲜希望美国先解除制裁，签订和平协定，实现关系正常化，美国则要求朝鲜先做出弃核的具体行动。事实上，朝美都很难接受对方的前提条件。第二，如果朝鲜觉得对话没有前景，安全又没有保证，那么很可能再次进行导弹试射和第四次核试验。这种情况下，国际社会可能要面对一个更具核野心以及可观核实力的朝鲜，半岛局势可能因此再度升级甚至爆发冲突；第三，由于长期受到经济制裁和外交孤立，朝鲜内部情况也令人担忧，如果金正恩不能有效控制局面，那么半岛的和平稳定恐将面临新的考验。第四，如果各方对话得不到及时恢复，那么在目前半岛局势持续紧张、军事高度对峙的情况下，不能排除存在擦枪走火的风险。

（二）阿富汗、巴基斯坦安全局势缺乏稳定

今年4月，阿富汗开始举行总统选举，由于没有候选人在第一轮获得半数以上选票，票数领先的阿卜杜拉和加尼不得不进入第二轮角逐。但是，6月第二轮投票后，两名候选人却因计票结果产生分歧，导致总统选举迟迟没有结果。最后，经过一场国际审查以及美国背后的积极斡旋，两名候选人签署权力分享协议，结束了为期三个月的选举纷争，加尼当选为新任阿富汗总统，而阿卜杜拉则有可能出任“政府长官”。

目前来看，阿富汗未来政局恐将面对联合执政的严峻挑战。虽然加尼和阿卜杜拉相识多年，曾在不同岗位一起为卡尔扎伊阿富汗政府效力，但两人之间的关系长期处于“紧张”状态。事实上，早在选举阶段，两人各自所

属的阵营就相互攻击，指责对手舞弊。由于在政治资源方面势均力敌，且支持他们的一些军事势力也有意创建一个平行政府，所以双方均拒绝分享权力。虽然这次在美国的斡旋和压力下，两人暂时做出了妥协，但是，一旦遇到分歧，双方难以调和，那么政府内部争执不休的情形可能会成为常态。

其次，新政府面临一系列难以处理的问题。第一，虽然阿富汗中央领导人是通过“民主选举”产生的，但是许多地方领导人很大程度上还是各派政治力量平衡、博弈的产物。这也意味着，阿富汗的民主权威、政令畅通，不可避免地要受到各派地方力量的干扰。第二，阿富汗连年战乱、经济发展异常缓慢，高度依赖国际援助和外国投资。此次选举出现的动荡和不确定性对阿富汗经济恢复造成很大影响。[①] 目前，该国失业率在上升，新政府资金短缺，融资困难，面临着改善和发展国内经济的严峻挑战。第三，阿富汗国内不同民族之间关系一直不佳。占据人口大多数的普实图族与北方的塔吉克族、乌孜别克族以及哈扎尔人、俾路支人之间存在重大的文化和族群差异，能否处理好部族关系和民族团结也是新政府面临的一大考验。

再次，一个拒绝和谈的塔利班始终是阿富汗政府的心病。事实上，早在大选期间，塔利班武装就不断发动恐怖袭击，破坏大选进程。同样，大选结果出台后，塔利班武装马上做出正式表态，拒绝承认大选结果。塔利班发言人表示，“让阿什拉夫·加尼出任总统并组建政府的方案永远不会被阿富汗人接受。美国人必须明白，我们的领土属于我们，所有决策和协议都必须由阿富汗人做出，而不是由美国国务卿或大使来决定。”由于北约部队将于2014年底撤出在阿富汗的大部分战斗人员，与此同时，塔利班近来大有卷土重来之势，阿富汗的安全形势不容乐观。如果失去控制，不排除存在成为下一个伊拉克的风险。

最后，阿富汗的动荡势必会引发周边地区的连锁反应。阿富汗地处亚欧大陆腹地，不仅是连接欧亚大陆和中东的要冲，而且是大国势力东进西出、

① 《阿富汗大选结果出炉，政权平稳过渡或现转机》，新华网，http://news.xinhuanet.com/world/2014-09/22/c_127015220.htm。

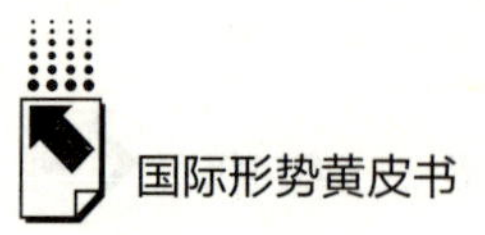

南下北上的必经之地，地缘战略位置非常重要。从目前的形势来看，国际社会已经对阿富汗的未来走向予以高度关注，一些国家为此进行的博弈日趋激烈和复杂。一方面，不少周边国家都想趁美军撤出之机填补地区权力真空，重新建立自身在阿富汗的影响力。但另一方面，美国人当然不愿意煮熟的鸭子再次飞走，而是希望在阿富汗、中南亚永久保留军事和战略的存在。由此可见，各种外部势力在阿富汗的竞争和博弈也很可能导致该国政局走势缺乏稳定。

同样，作为中国的近邻，巴基斯坦一年多来的安全形势也不容乐观。2013 年 5 月，谢里夫领导的穆斯林联盟在国民议会选举中以明显优势获胜，成为议会第一大党并成功组阁。但是，反对党对此结果一直予以抗议。在过去一年中，正义运动党、人民运动党不断指责穆斯林联盟涉嫌欺诈，要求重新调查上年大选是否存在舞弊。起初执政党原则上同意进行改革，但反对党价码越提越高，调查范围从几个席位蔓延至全部席位，进而要求谢里夫辞职，重新举行选举。由于执政党在议会占据多数席位，所以拒绝做出进一步妥协，双方由此陷入对抗僵局，直至演变为暴力冲突。进入 2014 年 8 月，反对党示威活动愈演愈烈，抗议者甚至冲击了总理府与巴基斯坦国家电视台，与警察发生严重冲突，造成 3 人死亡、约 500 人受伤。目前来看，由于国内局势持续紧张，军方已于 8 月 31 日发表声明，强调军方对国内政治危机及其暴力性变化表示严重关切，要求通过政治方式解决当前形势。巴基斯坦历史上多次出现由军方接管动荡政局的情况，如果各方仍旧无法达成妥协，小规模冲突演变为大规模冲突，那么军方可能会出面收拾残局，这显然是双方都不希望看到的结果。

除此之外，过去一年巴基斯坦的反恐形势也不容乐观。自谢里夫 2013 年上台以来，新政府一直表示希望与巴基斯坦塔利班（以下简称“巴塔”）进行谈判，为巴国内旷日持久的恐怖袭击寻找解决方案。虽然此前巴政府和巴塔举行了和谈，并一度达成了为期 40 天的停火协议，但和谈近期已陷入僵局。从巴塔内部来看，主战派和主和派矛盾尖锐，前头目马哈苏德 2013 年 11 月被打死后，接替他的法兹鲁拉无法有效掌控各派力量，且由于其本人也是强硬派，反对与政府进行和谈，所以短期内双方实现和解的希望比较渺茫。值得注意的是，近期巴基斯坦遭受的恐怖袭击呈上升之势，恐怖组织活动日益猖獗，甚至对巴基斯坦的海军基地发起攻击。在首都伊斯兰堡，法院、卡拉奇国际机场2014年以来也多次成为爆炸袭击的目标。① 总体来讲，多重因素相互交织导致巴基斯坦目前的安全局势十分复杂，巴政府在反恐方面面临巨大压力。

中亚安全形势与中国周边安全紧密相连。如果上述局势得不到有效控制，那么中国在该地区的经贸投资、能源合作、多边合作以及维护边境安全稳定势必受到较大冲击和影响。有证据表明，不少东突分子在阿富汗、巴基斯坦接受过恐怖组织训练，后又与“基地”组织沆瀣一气，组成“统一战线”，甚至被派遣到叙利亚、伊拉克参与作战。在中国境内，“三股势力”长期从事非法毒品、人口以及武器贸易，以“教育、培训穆斯林”为幌子分裂国家，不断制造恐怖袭击事件，危害中国边疆的安全与稳定。

五　总结与展望

总的来看，中国快速崛起引发的权力分布变动仍然是影响地区安全环境变化的最重要的结构性因素。过去一年，尽管中国经济增速有所放缓，但是中美两国之间的实力差距在缩小。与周边其他国家相比，中国经济发展速度更快，国力增长势头更强劲。在可见的未来，这种趋势仍将持续下去。因此，各国必然要面对这一客观进程带来的挑战，需要对此进行不断的适应和磨合。同样，美国加快推进“再平衡”战略无疑对中国周边安全形势造成了显著的冲击和影响，无论是中美关系还是中国与周边国家的关系，都需要新的调整和不断适应。受此影响，中国周边安全环境也变得日益复杂，充满变数。短期来看，一系列消极因素，如一些国家对中国崛起的过度反应，冷战思维、“中国威胁论”有所抬头，海洋领土争端加剧，民族对立情绪升

① 《巴基斯坦安全形势蒙阴影》，《人民日报》2014年6月10日第21版。

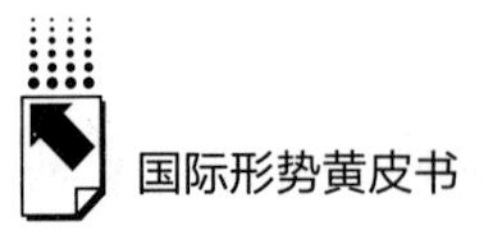

温，贸易摩擦显著增多，地区热点问题敏感多发，也在削弱中国周边环境的稳定性。

不过，应该看到，中国周边安全形势的大格局并没有发生根本逆转。和平、发展、合作仍然是主流趋势。中国与周边国家的矛盾、摩擦乃至冲突，尽管存在进一步激化的可能，但失控的风险较小。事实上，中国与周边国家在各个领域的相互依赖仍然是起作用的一种结构性因素。目前，亚太各方都十分清楚，解决相互间存在的分歧与矛盾，最现实、有效的方式还是对话与合作。如果任由摩擦、冲突发展到不可收拾的地步，各方都会付出无法承受的代价。过去一年的事实表明，无论是中美关系、中日关系还是中越、中印关系，摩擦发生后，各方都在努力控制局势，避免危机升级到对抗，从而破坏相互间合作的基本关系框架。

事实已经证明，以遏制中国为目标的“再平衡”不仅加剧了中美之间的摩擦与对立，而且增大了两国日后爆发冲突的潜在风险。应该看到，中美关系能否健康发展对于亚太乃至世界的和平稳定与否至关重要。太平洋足够宽阔，容得下中美两个大国进行合作。与其将有限的资源投入军事对抗，不如推动地区经济持续发展，实现长久繁荣，进而促进两国共同利益。对于中美关系来讲，当前最重要的还是加强协调，管控分歧。为此，美国需要显著减少“再平衡”战略对中国进行遏制的成分，同时有效增加其与中国进行接触、合作的一面。当然，中国也需要切实采取行动，有效降低外界对中国崛起的各种担忧和顾虑。建立新型大国关系并非坦途，难免存在波动与起伏。但只要中美能够尊重彼此的重大关切和核心利益，不断地累积互信、增加共识，相信两国会在未来的合作和竞争中找到一种稳定且彼此可以接受的平衡。

过去一年，中国军力快速增长引发了周边国家的一些顾虑。但与许多国家不同，中国军事现代化在20世纪90年代才刚刚起步。长期欠缺投入导致中国军备与世界先进水平差距很大，即使到今天，中国军队的现代化水平依然十分有限。中国现在的军费投入是理性的，有限的，始终不超过2%的水平，而且随着“补偿性”逐渐到位，今后军备增长速度会逐步放缓。西方国家或者个别周边国家炒作“中国军事威胁论”、军力发展不透明完全是没有根据的。中国并非现行国际秩序的挑战者，无意与他国争霸或进行军备竞赛。中国一直致力于全面建设小康社会，谋求和平发展。中国力量的增强和利益的扩展是这个进程的必然结果。周边国家面对这种态势实施遏制，损害中国核心利益，势必会导致中国做出强硬回应。

从未来的发展趋势看，随着各方对地区秩序转变逐渐适应，中国和周边国家的关系经过一段时间的波折应会恢复到正常轨道。不过，各方都需要对自身和对方重新审视，需要不断地通过对话调整互动方式，通过合作建立互信。中国需要进一步适应自己的大国身份和责任，周边国家也需要不断适应中国作为大国的和平发展。如果各方当前能够抓住机遇，相向而行，尽快就地区安全行为规范、合作机制达成共识，那么中国与周边国家的上述调整和磨合就会显著缩短。反之，则可能陷入长期的困扰与痛苦。显然，前者符合各方的利益。

参考文献

黄大慧：《改善日本对华民意基础任重道远》，《现代国际关系》2014 年第 1 期。

林宏宇：《当前中日关系与中国东海防空识别区》，《现代国际关系》2014 年第 1 期。

李金明：《中非南海争议的几个问题及其变化趋势》，《现代国际关系》2014 年第 6 期。

吕耀东：《日美同盟“现代化”的战略意图》，《当代世界》2014 年第 6 期。

邱静：《两次安培内阁的“价值观外交”》，《外交评论》2014 年第 3 期。

朱峰：《安倍参拜靖国神社与中日关系》，《现代国际关系》2014 年第 1 期。

张琏瑰：《当前朝韩关系三题》，《世界知识》2014 年第 16 期。

周琪：《美国的南海政策缘何趋于强硬》，《当代世界》2014 年第 7 期。

《巴基斯坦安全形势蒙阴影》，《人民日报》2014 年 6 月 10 日第 21 版。

《菲律宾在南海问题上又栽跟头》，《人民日报》（海外版）2014 年 8 月 11 日。

《滥用国际法律程序的图谋不可得逞》，《人民日报》（海外版）2014 年 4 月 1 日。

《美国南海“冻结”提议，到底想冻结谁》，《新华每日电讯》2014 年 8 月 11 日。

《南海问题考验东盟》，《人民日报》2014 年 5 月 12 日。

《“地球仪外交”成效几何》，《文汇报》2014 年 7 月 28 日。

《阿富汗大选结果出炉，政权平稳过渡或现转机》，新华网。

《澳美签署军力部署协议以扩大美军事存在》，新华网。

《安倍的地球仪：银弹外交及武器输出》，联合早报网。

《日本对中国主导建立亚投行表示担忧》，日本经济新闻。

IMF “World Economic Outlook Database,” April, 2014.

Department of Defense, United States of America, *Quadrennial Defense Review Report*, March, 2014.

National Defense Program Guidelines and the Mid-Term Defense Program, Ministry of Defence, Japan, Dec. 17, 2013.

全球问题与全球治理

Global Issues and Global Governance

Y.6 网络空间治理的国家间博弈

郎 平*

摘 要：2014 年是全球网络空间治理的一个重要节点。斯诺登事件继续发酵，美国监听丑闻导致美陷入孤立，美欧之间分歧加大；中美网络间谍案再度升温，两国关系受到较大干扰。网络空间治理的国家间冲突凸显网络空间规则的缺失，国际社会就网络空间规则的制定在不同平台和纬度上展开了博弈，中俄与美欧之间形成了“网络主权”与“全球公域”两种治理理念的对峙。从未来走势看，网络空间的国家间博弈将主要体现为中俄与美欧两种治理模式和治理理念的交锋；尽管网络战爆发的可能性不大，但作为威

* 郎平，中国社会科学院世界经济与政治研究所副研究员，研究领域为国际政治经济学、网络空间安全等。

慑力量的网络战能力建设却正在兴起，并将成为未来大国军力较量的一个重要内容；一般性的网络冲突正在给大国关系带来越来越大的影响，亟须制定相应的对策加以解决。

关键词：网络安全　网络空间治理　斯诺登事件　网络规则制定

网络与信息安全不仅关系到国家的经济繁荣，甚至关乎国家安全与社会稳定，目前，网络安全已经成为世界各国制定国家安全战略的重要组成部分。中国是世界上网民人数最多的国家，截至 2014 年 6 月，中国网民规模达 6.32 亿，比 2013 年底增加 1442 万人，互联网普及率达到 46.9%。[①] 习近平在 2014 年 2 月中央网络安全和信息化领导小组第一次会议上指出，没有网络安全就没有国家安全，没有信息化就没有现代化；网络安全和信息化是事关国家安全和国家发展、事关广大人民群众工作生活的重大战略问题，要从国际国内大势出发，总体布局，统筹各方，创新发展，努力把我国建设成为网络强国。因此，从国际关系的视角解读和分析世界主要国家和行为体在网络安全层面的冲突、维护网络安全的新举措以及准确把握网络空间治理未来的走势，对于确保我国的网络和信息安全有着重要的现实意义。

一　网络空间的国家间冲突

2014 年，从国际关系视角来看，围绕网络安全问题引发的国家间冲突有两条主线：一是斯诺登再度爆料引发的对网络监控问题的担忧；二是中美

① CNNIC：《第 34 次中国互联网发展状况报告》，中国互联网络信息中心网站，2014 年 7 月 21 日。

网络间谍案的再度激化。无论是哪一条线，美国都处于冲突的焦点，成为“众矢之的”，国家间的冲突主要表现为美国与其他国家的外交摩擦。目前，这些冲突仍然在不断深化之中，如果不能得到妥善解决，很可能会对国际关系带来更大的冲击。

（一）斯诺登事件与网络监控丑闻

2014 年，斯诺登事件不但没有随着时间而逐渐沉寂，反而再起波澜，在大国关系中激起层层涟漪。3 月，美国国家安全局前雇员爱德华·斯诺登再次向媒体揭露，美国针对中国进行了大规模网络进攻，攻击的目标包括商务部、外交部、银行和电信公司等。据《纽约时报》3 月 22 日报道，美国国家安全局有一个代号为“Shotgiant（射杀巨人）”的项目，全球第二大通信设备供应商华为成为该行动的目标之一。从 2007 年开始，美国国家安全局就侵入深圳华为公司的服务器，以查看其是否与中国政府有联系，同时监控华为高管的通信，并收集华为产品的信息。德国《明镜》周刊报道称，2009 年初，美国国安局启动了一项针对华为的大规模行动，一个特别小组成功渗透华为公司的计算机网络，获得了部分源代码，并复制了超过 1400 名客户资料和工程师使用的内部训练文件。①

对于美国监控行动的曝光，美国国家安全委员会发言人凯特琳·海登表示，美国国安局侵入国外网络只是为了实现合法的国家安全目标，“我们没有把搜集到的情报交给美国公司，以增强它们的国际竞争力或提高它们的利润”。对于监控华为的动机，国安局的解释是“我们的很多目标是通过华为产品进行通信的”，并且担心“中国会利用华为遍布世界各地的设施搞间谍活动”。据美国国安局的一份内部文件透露，“我们获取了如此之多的数据，以至于我们不知道如何处理它们”，但这项计划却可以对华为的技术加以利用，通过华为产品的源代码，当华为将设备卖给其他国家时，美国国安局可以进行监视，如果美国总统下令的话，还能进行网络攻击。此外，“射杀巨

---

① 《外媒：斯诺登曝美国大规模对华网络攻击内幕》，参考消息网，2014 年 3 月 24 日。

人”行动还包括通过华为的海底光缆潜入伊朗、阿富汗、巴基斯坦、肯尼亚、古巴等“重点目标”的网络。①《纽约时报》的报道称，虽然美国总统奥巴马和中国国家主席习近平已经就限制网络冲突展开对话，但这场虚拟世界的攻防战似乎愈演愈烈，美国对中国政府的数字冷战已经升级。②

同一时间，法国也被媒体爆出其对盟友和敌对国家进行网络间谍活动。2014 年 3 月 22 日，法国《世界报》报道称，加拿大通信安全局的一份文件显示，一场通过植入软件进行的大规模的窃取网络信息活动开始在 2009 年出现，它最初针对的是伊朗与核计划相关的几家机构，随后该植入软件还出现在加拿大、西班牙、希腊、挪威以及科特迪瓦和阿尔及利亚等国家。这份文件认为，由于这一国家搜集情报活动被用来针对法国的一些目标，唯一可进行如此行动的只有法国国外安全总局。因此，这份文件认为，“我们在一定程度上确信，这是一场得到国家支持且由法国情报部门进行的网络行动”。③

随后，美国再度爆出监控丑闻。4 月 28 日，据新加坡《联合早报》报道，知名网络黑客蒙赛格（Hector Xavier Monsegur）充当美国联邦调查局的线人，带头指挥了数百次网络袭击，入侵巴西、伊朗、巴基斯坦、叙利亚、土耳其等多国的政府网站。虽然目前并不清楚这些网络袭击是不是由联邦调查局下令发动的，不过法庭文件和相关访问显示，美国政府可能利用黑客来收集海外情报，“联邦调查局利用原本意在帮助叙利亚人民对抗阿萨德政权的黑客，使这些黑客在不知情的情况下，为美国政府开路，潜入叙利亚的系统”。④

进入 7 月，斯诺登再度发声。7 月 14 日，斯诺登提供的最新文件显示，英国情报机构研发了多种网络工具来操纵网络民意，包括操纵在线调查结果、创造虚假流量、过滤“极端”信息等，来进行网络欺骗和政治宣传。⑤ 8 月 7

---

① 《德媒：美国安局监控中国前国家领导人》，新华网，2014 年 3 月 24 日。

② 张旭：《美国媒体称美国国安局通过入侵华为总部服务器来获取情报》，《国际在线》2014 年 3 月 24 日。

③ 《法国被曝大搞网络袭击　针对伊核计划相关机构》，参考消息网，2014 年 3 月 23 日。

④ 《外媒：黑客当美国 FBI 线人，带头攻击多国政府网站》，中新网，2014 年 4 月 28 日。

⑤ Glenn Greenwald, “Hacking Online Polls and Other Ways British Spies Seek to Control the Internet,” *The Intercept*, 14 July 2014.

日，俄罗斯批准了对斯诺登长达3年的居留许可。8月13日，斯诺登在接受美国《连线》杂志采访时再次爆料了一个名为“怪兽头脑”的网络监控项目，这个网络战秘密武器能够检测并能解除网络攻击，同时它还能自动回击网络攻击，但是该恶意软件会殃及无辜的第三方国家。[①] 9月7日，斯诺登披露的一份报告称，美国情报机构为了保障美国未来的经济优势，制订了一份监控计划，中国、俄罗斯、伊朗和印度作为“挑战美国优势的核心国”均在其中。[②] 9月14日，德国《明镜》周刊披露，美国国家安全局和英国情报机构通过一个名为“藏宝图”的项目，几乎可以实时从德国运营商的网络上获得信息，直接进入用户终端，秘密获取德国电信公司和其他几家德国运营商的数据。9月15日，斯诺登从莫斯科实时连线参与《真相时刻》（The Moment of Truth）节目，在与新西兰民众对话中称，美国在新西兰搭建了监控项目的设备，其在新西兰的一些机构对新西兰进行情报搜集，再把结果告诉美国情报机构，帮助美国对全球进行监控，不过同时，新西兰同样也在美国的监控名单之中，[③] 但此种说法遭到了新西兰总理的否认。

（二）中美网络间谍案

2014年5月19日，美国司法部以网络窃密为由对五名中国军官提出起诉，并在联邦调查局网站上发布了“通缉令”，作为对2013年2月19日美国麦迪安（Mandiant）网络公司报告的回应。对美国而言，虽然“明知抓捕这五名军官是不可能的”，但此举更多的是为了威慑潜在的威胁，以宣示美国的强硬立场：“无论在何地，任何个人都不能利用21世纪的网络工具导致美国利益受损。”中国在第一时间向美方提出抗议，敦促美方立即纠正错误、撤销所谓起诉。

随后一周，中美交锋不断升级。中国政府宣布暂停中美网络安全小组的活动；政府采购计算机停用Windows 8系统，并且所有国外IT产品和服

① 《斯诺登再爆美网络监控项目》，光明网，2014年8月15日。
② 《斯诺登：美机密报告称中俄伊印为“挑战美国优势核心国”》，人民网，2014年9月8日。
③ 《斯诺登：新西兰助美全球监控　仍难逃美国监控黑手》，中新网，2014年9月15日电。

务都必须通过安全审查；5 月 26 日，中国互联网新闻研究中心发表了《美国全球监听行动纪录》报告，确认美国在中国进行了大范围的窃听。美国纽约州民主党资深参议员查尔斯·舒默（Charles Schumer）表示，“来自中国和其他国家的网络攻击，可能会在未来几年严重损害美国企业的利益，因此我们需要作出强硬回应”。他认为，美国应以中国违反了 WTO《与贸易有关的知识产权协定》中要求各国保护贸易机密的规定为由，对中国提起诉讼。①

9 月 17 日，中美网络冲突僵持数月后再起风波。美国参议院发布报告称，在 2012 至 2013 年的一年中，与中国军队有关联的网络黑客曾 20 次入侵为美国军方服务的私营运输公司的电脑系统，其中有 9 次成功入侵，有 2 次被运输司令部察觉。这次调查的主持者是参议院防务委员会主席卡尔列文（Carl Levin），涉及美国运输司令部的 79 家分包商，调查结果显示，所有这些入侵的源头都是中国政府，这种行为对美国军事行动的安全性形成了威胁。② 美国国防部在 2010 年提交给国会的一份报告中称，此次行动的动机在于，中国军事分析人员认为物流和兵力投射是现代战争中的潜在薄弱点。中国外交部回应称，美方应停止对中方不负责任的攻击和指责，停止对别国大规模、系统性网络攻击行为，多做有利于维护网络空间和平与安全的事。

二　网络空间治理的国家间博弈

网络安全问题引发的国家间冲突凸显了网络空间规则的缺失，网络空间亟须制定一份国际社会共同遵守的行为规范或准则。否则，网络空间就如同没有交通规则的道路一样，随时可能发生“交通事故”，造成国家间的关系紧张，并可能引发更严重的后果。由于网络空间具有超越传统国家边界、隐蔽性、军用和民用设施混淆、网络攻击门槛低等特点，网络空间对国家安全

① 《詹姆斯·波利提：舒默敦促奥巴马将中国告上 WTO》，《金融时报》2014 年 5 月 23 日。

② 《美国诬称遭中国军方攻击遭斥责：指责无根据》，环球网，2014 年 9 月 18 日。

的威胁可以大致划分为网络犯罪、网络恐怖主义、一般性网络冲突和网络战四个层面。其中，网络犯罪和网络恐怖主义是各国普遍面临的安全威胁，因而合作利益大于冲突利益；一般性网络冲突和网络战则更多地体现为国家间的利益冲突，是竞争性的关系，因而当前国际社会在网络空间治理方面的博弈主要在后两个层面上展开。

互联网起源于美国，美国政府长期以来掌控着互联网世界的管理权。20世纪90年代以前，互联网的存在只是为美国政府的科研和军事服务，直到1992年，互联网协会的成立标志着互联网开始真正向商用过渡。这个总部位于美国弗吉尼亚的行业性国际组织，下辖互联网工程指导委员会（IESG）、互联网架构委员会（IAB）和互联网工程任务组（IETF），掌管着互联网技术标准的研发和制定。互联网治理大权的另一个重要方面是域名系统的管理和地址资源的分配。作为互联网走向商业化的重要举措，美国国家科学基金会代表美国政府与NSI公司签订了协议，将互联网顶级域名系统的注册、协调与维护的职责交给了NSI，而互联网地址资源分配权力则交由IANA（互联网号码分配当局）来分配。由此可见，从90年代开始，互联网的治理权力名义上虽然交由非政府国际组织管理，但从根本上仍然具有强烈的美国色彩，被美国政府牢牢控制。

美国政府对互联网的绝对控制首先引发了技术专家们的不满。1998年1月28日，互联网协议发明大师Jon Postel秘密起草了一封邮件，将其发送给了8台根域名服务器的管理员（当时世界上共有12台），要求他们不再认定美国政府的电脑为主机，而认定他在南加州大学的计算机为主机。鉴于Postel在互联网行业举足轻重的地位，他的指示得到了这8名操作员的忠实执行。“政变”发生后，互联网世界被人为割裂，互联网的技术先驱们以实际行动向美国政府宣示了他们的愤怒和抗议。[①] 然而，在美国政府的压力下，这次行动被冠以“实验”的称谓仅持续了一个星期的时间就被迫终止，

① P. W. Singer and Allan Friedman, *Cybersecurity and Cyberwar: What Everyone Needs to Know*, NY: Oxford University Press, 2014.

而行动的始作俑者 Postel 也在 9 个月后不幸病逝于洛杉矶，享年 55 岁。1 月 30 日，美国商务部发布了《互联网域名和地址管理》绿皮书，宣称美国政府对互联网享有直接管理权，这一举措立刻引发了世界范围内的抗议，迫于压力，美国政府在 1998 年 6 月重新发布了互联网“白皮书”，决定成立一个由全球互联网专家组成的互联网名称与数字地址分配机构 ICANN，接管域名管理和 IP 地址分配的互联网治理权力。此时，美国商务部虽然不再直接参与机构的事务，但 ICANN 仍然由美国商务部下的“国家电信和信息办公室”负责管理。

正是在这样的背景下，1998 年 9 月 23 日，俄罗斯在联合国大会第一委员会上提出了缔结一项全球网络武器控制协定的决议草案。俄罗斯国防部长 Sergey Ivanov 表示，之所以提出这项名为“从国际安全角度看信息和电信领域的发展”的决议草案，俄罗斯的目标是希望建立一套能够避免信息技术“被用于与确保国际稳定和安全的目的不相符的国际法律制度”。[①] 对于这项提案，美国认为缔结这项协定完全没有必要，关于动能武器使用的国际法可以同样适用于网络空间，但认为应加强执法机构之间的国际合作。1999 年 1 月，这项草案被纳入联合国第 53/70 号决议，决议中有关缔结一项“国际计算机安全协定”的核心内容同时照顾到了俄罗斯和美国的立场，首次提出对信息和通信技术的军事潜力的关注，表达了对使用该技术与维护国际稳定与安全目标不一致的担忧；也提到了美国所关心的防范网络犯罪和网络恐怖主义；下一步的目标是邀请成员国向秘书长提交各自关于“国际原则”界定和发展的观点。自此之后，网络安全问题开始进入联合国大会的议程，在 2004 年之前，俄罗斯始终是孤军奋战，而美国对这项“不成气候”的提案也采取了默认的态度，并未给予过多的关注。

但是，这一现状并没有维持很久。2005 年 10 月 28 日，俄罗斯的决议草案首次被记录表决，美国是唯一投了否决票的国家，这也是这项草案在联

---

① Christopher Ford, “The Trouble with Cyber Arms Control,” *The New Atlantis-A Journal of Technology & Society*, Fall 2010, p. 65.

合国大会被提出以来首次被否决。与其说它是该议题在联合国框架内的一种倒退，不如说是大国间的交锋刚刚开始。从次年开始，中国、亚美尼亚、白俄罗斯、哈萨克斯坦、吉尔吉斯斯坦、缅甸、塔吉克斯坦、乌兹别克斯坦等国家纷纷加入发起国的行列，提案发起国达到 14 个。此后至 2009 年的五年中，俄罗斯决议草案的共同发起国迅速增加到 30 个。中俄与美国之间的最大分歧是国际人道主义法和国际法是否足以约束通信技术在国际关系中被“恶意”用于政治军事目的的行为，美国坚定地认为，现有的国际法足以胜任网络空间的行为规范，因此根本没有必要重新缔结一项网络战的新协定。

这一时期，互联网迅猛发展，越来越多的发展中国家开始意识到网络空间对于国家安全的重要性，希望通过缔结一项网络战的协定来约束美国的网络优势，确保国家安全。而美国此时是总统乔治·W. 布什的第二任期，美国先发制人战略与对多边主义的排斥使得其与联合国的关系降至冰点，对该决议草案的零容忍直接导致了美国对该决议草案的否决。由于中俄与美国的立场对立，第一个政府专家小组①的无功而返也几乎可以预见。有学者认为，因为“问题的复杂性”而未能达成一个哪怕是“留面子”的报告，在联合国的历史上也是很少见的。

然而，一系列事件的发生使得美国政府对网络安全议题的态度发生了悄然改变。2007 年 4 月，爱沙尼亚遭到不明来源的大规模网络攻击，整个经济和社会秩序完全瘫痪，这是首次出现针对整个国家发动的网络攻击。这次网络攻击共持续了 21 天，攻击者运用“僵尸网络”对爱沙尼亚的互联网系统发动了 DDOS 攻击②，给爱沙尼亚造成了严重的经济损失，尤其是银行业

---

① 专家小组由 15 个国家的专家组成，15 个国家包括美国、英国、德国、俄罗斯、中国、印度、南非、巴西、白俄罗斯、法国、约旦、马来西亚、马里、墨西哥、韩国。

② DDOS 是英文 Distributed Denial of Service 的缩写，意思是“分布式拒绝服务”。DDOS 和 DOS 虽然同样是拒绝服务攻击，但是 DDOS 攻击策略侧重于通过很多“僵尸主机”（被攻击者入侵过或可间接利用的主机）向受害主机发送大量看似合法的网络包，造成网络阻塞或服务器资源耗尽，最终导致拒绝服务，分布式拒绝服务攻击一旦被实施，攻击网络包就会犹如洪水般涌向受害主机，从而把合法用户的网络包淹没，导致合法用户无法正常访问服务器的网络资源，因此，拒绝服务攻击又被称之为“洪水式攻击”。

和为公共部门提供服务的公司。2008 年 7 月，格鲁吉亚同样遭受了一次大规模的网络攻击，大量标有“win + love + in + Russia”字样的数据包涌入格鲁吉亚政府网站导致其完全瘫痪了 24 个小时，总统萨卡什维利的照片也被换成了希特勒。美国“网际网络影响部门”（US Cyber Consequences Unit）对攻击进行追踪后发现，攻击者很可能是俄罗斯、乌克兰或拉脱维亚的平民。

奥巴马政府上台后对俄罗斯政策重启，与联合国关系也大为改善，美国对缔结一项网络安全协定的态度从反对转为支持。2009 年 10 月，联合国第一委员会关于网络安全的提案终于顺利通过；11 月，美国表示同意就网络战和网络安全问题与联合国裁军和国际安全委员会代表进行磋商。从 2010 年开始，随着美国的加入，提案发起国扩大到包括俄罗斯、中国、美国在内的 36 个国家，这意味着美、俄、中三个大国就在联合国框架内缔结协定达成了初步共识。约瑟夫·奈描述了美俄两国在网络安全问题上的对立和立场变化：“十多年来，俄罗斯一直寻求建立一个互联网监管的国际条约，禁止使用可以在战争中激活的恶意软件或电子元件，但是美国认为禁止网络攻击能力的措施会破坏国家的网络防御能力，并且反对国家互联网审查制度的合法化。尽管如此，美国开始与俄罗斯展开正式对话，甚至倡导缔结一个像日内瓦公约那样的国际法。”①

但是，共识的达成也意味着另一种博弈的开始。2012 年，中国、俄罗斯、塔吉克斯坦和乌兹别克斯坦向联合国大会提交了一份名为“信息安全国际行为准则”的草案，受到以美国为首的西方国家的强烈抵制。中俄主张，各国政府应该享有在本国境内与互联网有关的公共政策问题的决策权，因此国际社会应尊重国家的网络主权，采取以“政府主导”的治理模式，政府负有管理网络空间的国家职能，例如信息基础设施的安全和运营，管理网络空间的信息，并依法打击网络犯罪行为。西方国家则认为，网络空间是由人类创造出来的虚拟空间，属于“全球公域”；网络空间的主体应该是

① Joseph Nye, “Cyberpower,” paper, Cambridge, Mass: Harvard Belfer Center for Science and International Affairs, May 2010, p. 18.

“多利益攸关方”，包括国家、公司、非政府组织、学术团体以及个人，因此网络空间的治理不存在政府主导的问题，其他行为体应该和政府一样负有相等的责任和权利。①

在此背景下，政府专家小组的工作也开始取得进展。2010 年，第二个政府专家小组②终于达成一致，提交了一份名为“信息安全领域现存和潜在的威胁是 21 世纪最严峻的挑战”的报告。这份报告兼顾了各方的共同愿景，指出犯罪分子、恐怖主义分子以及国家都是网络安全威胁的来源，而潜在的受害者则包括个人、商业、国家基础设施和国家；报告特别提出，有些国家已经开始发展网络战能力，对国际和平与国家安全造成了显著的威胁。它还特别提出了网络空间指证问题的存在以及网络空间的两面性，互联网是中性的，取决于使用者的意图。2012 年，第三个政府专家小组成立，其主要任务是研究网络空间领域现有和潜在的威胁，并建议应对方法。2013 年 6 月，政府专家组提交的最新报告进一步强调了恶意使用通信技术的威胁，提出加强稳定和安全的合作措施，包括规范、增加透明度的自愿措施、各国之间的信心和信任，以及能力建设措施。③ 2013 年 12 月，联合国大会通过了 68/243 决议，决定成立由 20 名专家组成的第四个政府专家小组，在 2015 年向大会提交报告，其主要任务是讨论现有国际法能否适用于网络空间，美欧赞成将《联合国武装冲突法》适用于网络空间，但是中俄反对，认为这将导致网络空间的军事化。

2013 年，斯诺登“棱镜门”事件再度将美国置于风口浪尖，甚至招致了来自传统盟友的严厉指责。斯诺登事件如同一个导火索，引燃了国际社会对美国独霸互联网世界管理权的不满。2014 年 2 月，德国总理默克尔与法国总统奥朗德在巴黎会晤，倡议建设独立的欧洲互联网，取代当前由美国主导的互联网基础设施；④ 2 月 24 日，在第七届欧盟与巴西峰会上，欧盟和

---

① 鲁传颖：《试析当前网络空间全球治理困境》，《现代国际关系》2013 年第 11 期。

② 2009 年开始工作，新增加了爱沙尼亚和以色列。

③ 联合国：《从国际安全角度来看信息和电信领域的发展》，2013 年 6 月。

④ 德国《经济周刊》网站，2014 年 4 月 27 日。

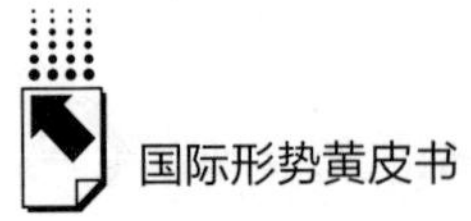

巴西决定加强互联网合作，共同铺设直接连接拉丁美洲和欧洲的海底光纤电缆，改变对美国海底电缆的依赖，避免互联网信息遭到美国监控。美国希望继续决定互联网游戏规则，把互联网看作尽可能不对数据进行跨境传输限制的电子商务平台；但欧洲却希望建设独立的欧洲互联网，夺回一些IT主权并减少对外国供应商的依赖，并计划在2014年底通过欧洲数据保护改革方案。6月4日，德国联邦最高检察官宣布对美国国安局窃听德国总理默克尔手机一事立案调查，称有足够证据显示美情报机构成员监控默克尔手机。

4月24日，俄罗斯总统普京在圣彼得堡的一个媒体论坛上表示，万维网是美国中央情报局的产物，目前仍然受到美国的控制。从斯诺登所披露的美国对网络的监控程度，可以看到美国正在从事一场信息对抗。为了保护自身的网上利益，俄罗斯需要抗拒“美国对网络的垄断”。[①] 普京的讲话再度引发人们关注万维网是否会从现在的模式分裂成不同部分的担忧。

7月2日，印度外交部传召美国驻印度外交官，就美国《华盛顿邮报》日前披露NSA监听印度政党及机构（包括印度人民党、埃及“穆兄会”、巴基斯坦人民党等）表示抗议。据报道，印度人民党是被美国国安局监控的全球6个政治组织之一；印度政府也出现在美国海外情报监控的193个外国政府名单中。印度外交部对外表示，如果被监控属实，将“完全不能接受”；印度人民党声称，这对国家之间的和谐关系是很大的损害。7月31日，印度外交部长斯瓦拉杰与来访的美国外长克里会面，再次表示美国对盟友的监控是“不可接受的”。[②]

随着斯诺登事件的后期效应持续放大，越来越多的国家意识到网络空间治理的重要性。迫于压力，2014年3月14日，美国商务部下属的国家电信和信息管理局（NTIA）宣布将放弃对ICANN的控制权，但明确拒绝由联合

---

① Ewen MacAskill, “Putin Calls Internet a ‘CIA Project’ Renewing Fears of Web Breakup,” *The Guardian*, April 24, 2014.

② 《印度外长会见克里，称美国对印监控“不可接受”》，中新网，2014年8月1日电。

国或其他政府间组织接管，只同意由 ICANN 管理层与全球“多利益攸关方”（multi-stakeholder）讨论接收问题。① 尽管如此，美国的“让步”远远不能平息国际社会对美国掌控互联网世界的担忧。4 月 23 日，全球互联网治理大会在巴西圣保罗举办，会议的主题是“互联网治理的未来——全球多利益相关方会议”，旨在建立新的互联网秩序。巴西总统罗塞夫在开幕式上表示，“这个符合我们期望的互联网，只有在尊重人权尤其是隐私权和自由表达权的基础上才能实现。人们在互联网之外本就拥有的权利，在互联网之内也应该得到保障”。在这次大会上，有超过 80 个国家第一次面对面地交流了各国网络空间治理的立场，共提交了 180 多项提案。以中俄为代表的发展中国家，希望推动互联网改革，强调政府应该享有在本国管理互联网事务的主权；俄罗斯认为斯诺登事件表明互联网世界“安全与控制完全缺失”，对美国“独掌”互联网编址系统提出了尖锐的批评；中国对言论和搜索自由表示了支持，但提出应在遵守本国法律的前提下进行。但是，西方国家却担心这会影响互联网的开放性，认为应维持现状。中、俄、西方国家在治理理念和模式上各执立场，会议最终形成了一份关于全球互联网治理的非强制性、建议性文件。

从进程来看，国际社会在制定网络空间行为准则的必要性方面已经达成共识，但对于达成一项什么样的条约仍有较大分歧。由于不同的治理理念和利益出发点，目前各国对于达成一个“全球网络空间协定”的真实态度并不明朗，可谓各有算盘和考量。美国是当今互联网世界的霸主，虽然在联合国大会第一委员会的立场发生了转变，但实际上它不会情愿放弃目前掌控的技术制高点的权力，不希望在“绑住”自身手脚的同时，却给其他国家追赶自己的机会，因此美国更希望维持现状。此外，中俄与美国在协定的诉求上也尖锐对立。俄罗斯在 2009 年再度提出禁止国家行为体使用任何类型的网络武器，应开展网络空间的“军备控制”，但在美国看来，俄罗斯的建议

① The NTIA，“NTIA Announces Intent to Transition Key Internet Domain Name Functions，” http：//www. ntia. doc. gov/press-release/ 2014 / ntia-announces-intent-transition-key-internet-domain-name-functions.

难以限制政府使用“爱国黑客”作为代理人发动网络攻击。美国则更希望通过协定约束网络间谍这种盗窃知识产权的行为和保护脆弱的关键基础设施，而中国和俄罗斯则担心西方国家借此推销其价值观，侵蚀本国的网络主权。不同的利益诉求和网络空间作为新生事物的“万事开头难”，决定了全球协定的达成前路漫漫。

三　新动向与新挑战

由于全球网络空间规则的制定仍然处于“提出规则”的初始阶段，而国家间的博弈则会集中在一般性网络冲突和网络战两条线上展开。从目前的形势判断，网络空间的国家间博弈将主要体现为中俄与美欧两种治理模式和治理理念的交锋；尽管网络战爆发的可能性不大，但作为威慑力量的网络战能力建设却正在兴起，并将成为未来大国军力较量的一个重要内容；一般性的网络冲突正在给大国关系带来越来越大的影响，应制定相应的对策加以解决。

（一）网络空间主导权之争加剧，两种治理模式碰撞，规则制定刚刚起步

目前，全球网络空间规则的制定仍然处于规范制定的初始阶段，全球规则的推动者主要是各国政府、企业和非政府组织，制度平台包括联合国、北约、欧盟等一些国际和地区组织，其中，联合国凭借其广泛的代表性而成为全球规范谈判和讨价还价的最重要平台。由于网络空间的特殊性，国际社会在近期内很难达成《1967 年外太空协定》或者《1923 年海牙航空战公约》这样的条约。在网络战层面，美国主张将《联合国人道主义法》[①] 适用于网络空间，网络战虽然也可以看作是一种类型的武

① 《人道主义法》是指出于人道原因而设法将武装冲突的影响限制在一定范围内的一系列规则的总称，它保护没有参与或不再参与敌对行动的人，并对作战的手段和方法加以限制，因此也被称作战争法或武装冲突法。

装冲突，但二者有很大差别，例如，网络攻击何时和如何被界定为战争行为？如何区分军用和民用设施？网络空间中军用和民用设施的界限并不清晰，网络既可能是民用也可能是军用，如果将该国际法应用到网络空间，根本难以实施。

为了抢占网络空间规则制定的主导权，2010 年，北约“卓越协同网络防卫中心”邀请了 20 名法律专家，历时三年，于 2013 年 3 月完成了《塔林手册：适用于网络战的国际法》。虽然这部手册并非北约官方文件或者政策，只是一个建议性指南，但它被认为是第一份公开出版的系统化的网络战国际法，被誉为网络战领域的“日内瓦公约”。塔林手册对网络战一些关键概念进行了界定，直指网络安全问题的核心。它规定一国政府不应在知晓的情形下，允许在本国领土上或在其政府控制下的网络设施被用来发动对其他国家有害的、不合法的攻击行为；国家对指向其来源或者违背其国际义务的网络攻击行动负有国际法责任；明确了使用武力的认定标准，例如，当网络攻击行动的规模和效果与使用武力的非网络行动相当时，网络行动就被认为是使用武力，培训和装备持有恶意软件的游击队组织也被看作使用武力，而政治和经济强制（coercion）不能等同于使用武力，资助黑客集团也不构成暴动的一部分。[①] 这份规则的制定固然有着强烈的北约色彩，但客观来看，它的出现会在一定程度上推动全球网络空间规则的制定。

从目前形势判断，如果没有难以预测的突发事件出现，全球网络安全规则的制定将会是长期而艰难的过程。但是，这并不意味着制定网络空间规则的进程将停步不前。按照通常的做法，制定规则应该首先从概念的界定开始，但它恰恰是现阶段网络空间规则制定的“绊脚石”。鉴于当前网络安全问题的日益凸显和对国家间关系的消极影响，尽快推动网络空间规则的制定已经成为各国的共识。在这种情况下，网络规则的讨论应避开当前的“障

① Michael N Schmitt, *Tallinn Manual on International Law Applicable to Cyber Warfare*, Cambridge: Cambridge University Press, 2013, pp. 29 - 30.

碍”，明确彼此的底线，从共识开始，率先就各方共同认可的原则、规则和程序初步达成一致。2013 年 10 月，首尔网络空间会议通过了《首尔原则》，规定《联合国宪章》在内的国际法准则也应适用于网络空间，这无疑是一个进步。

联合国大会的报告和决议中则采取了模糊和兼顾的做法。2010 年，第一委员会的决议草案不再要求对缔结网络军备条约首先进行概念界定，将“国际原则”的目标替换成了“国际概念”和“可能的措施”。[①] 2013 年，政府专家组向大会秘书长提交报告，在政府角色问题上，各国必须牵头做出这些努力，但私营部门和民间社会的适当参与会促进开展有效合作；有关现行国际法的适用性，报告虽然没有得出明确结论，只是表明这一问题对于减少国际和平、安全与稳定的风险而言至关重要，但也并不反对今后制定额外的准则；关于主权国家的原则问题，专家组认为由国家主权产生的国际准则和原则适用于国家开展与信息和通信技术有关的活动；各国应该对归咎于它们的国际违法行为履行国际义务。

这种做法尽管是无奈而为之，但对于推动网络空间规则的制定十分重要。寻求共识并不难，例如，僵尸网络对所有国家都具有同等的威胁，可以首先认定建立僵尸网络系统为非法；即使不能就如何界定“网络攻击”达成一致，但是可以从防范共同威胁开始，对各国共同承认的某一类型的攻击进行限制和制定行为规范。明确各国的底线在当前阶段尤为重要，即使不能明确什么样的行为是规范的，但必须要明确哪些行为是不被允许的。如果国家间能够承诺不对某些关键基础设施发动网络攻击，同样也是重要的进步。非正式规则的积极作用就在于，它有助于催生一种共同的责任概念，因此，即使协定不能达成，谈判和磋商也有助于制定某些行为准则，通过潜移默化来影响和塑造未来的行为。

---

① Tim Maurer, “Cyber Norm Emergency at the United Nations,” Science, Technology, and Public Policy Program Explorations in Cyber International Relations Project, Harvard Kennedy School, September 2011.

（二）网络武器研发和攻防能力建设投入持续增加，网络战的“硝烟”正在悄然升起

尽管目前对爆发大规模网络战的预期并不高，但是随着很多国家对网络武器研发和网络攻防能力建设的投入不断增加，网络武器的军备竞赛已经率先由美国和北约开始。2010 年，美国网军司令部的预算是 1.14 亿美元，到 2014 年已经增加了 3 倍，达到 4.47 亿美元。近年来，美国开始不断提升网络空间的攻击性，并在 2012 年后改变了作战策略，从侧重防御转向侧重进攻。斯诺登揭秘的资料显示，美国总统奥巴马在 2013 年秋天签署行政命令，指示军方可以在必要时发动网络攻击，不过最终要听命于总统的决定。2014 年 3 月，美国网络司令部原司令基思·亚历山大在国会作证时表示，他预计网络将成为一种高效的战争工具；其继任者迈克尔·罗杰斯在任职听证会上甚至表示，其首要任务是“提供所需的各种能力，以便在这一动态环境中运作，并向高层决策者和其他作战指挥官提供网络空间中的全套选项”；“利用网络武器让伊朗核计划放慢步伐是政府网络应用的转折点，但是新的推动力量却是来自已经存在的网络部队”。[①]

2014 年 3 月 26 日，美国国防部长哈格尔表示，今后一切冲突都少不了网络空间的参与，美军有必要继续提升在网络安全领域的能力以应对新形势，国防部将继续致力于扩大网络部队规模、提升美国在网络安全领域的能力，计划于 2016 年将网络司令部网络部队人数增至 6000 人。[②] 6 月，美国一位高级国防官员透露，经过数年策划，五角大楼的网络司令部终于开始进入实战，如跟踪、探测海外对手对美国关键计算机网络发动的袭击等。它将有 133 个网络小组，其中有 13 个“国家使命”网络小组，其任务是“进入坏人的头脑和网络”，一旦得到指令，这个小组能够封锁或对抗外国发动的网络攻击；27 个战斗使命组，其任务是在世界各地支援战斗指挥部，例如

① 《美军司令：网络可成为高效战争工具》，新华网，2014 年 3 月 21 日。

② 孙浩、穆东：《美防长说将继续扩编美军网络部队》，新华网，2014 年 3 月 28 日电。

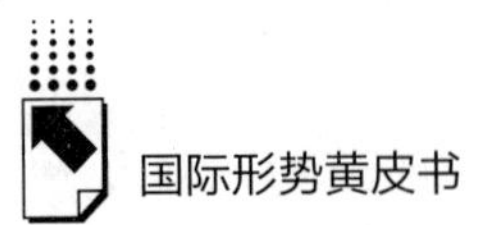

配合空袭干扰敌人的计算机防空系统；68 个协助进行部门网络防御的网络保护组，以及 25 个小组负责向国家使命组和战斗使命组提供支持。① 五角大楼将网络使命小组定位于应对突发的、传统防御手段无法应对的重大事故，其特征是具有能制止、封锁、中和及干扰严重事故的能力。

为了提高应对网络攻击的能力，美国与其盟国还加强了国际合作。2014 年 1 月，据日本《读卖新闻》报道，美国和日本两国政府将网络空间列为与陆海空和太空相提并论的“第五战场”，决定对美军和日本自卫队联合进行网络培训，日本将派自卫官参加美军的网络防御教育课程，以提高自卫队的网络防御能力，加强日美同盟关系。2 月，日美两国举行了首次网络防御工作小组会议，就具体的合作方案进行了讨论，预计从 2015 年开始实施。3 月 26 日，日本自卫队成立了由 90 人组成的“网络防卫队”，全天不间断地对自卫队的网络状况实施监视，并对病毒等情况进行分析，以应对针对防卫省以及自卫队的网络攻击。这支部队由约 90 名来自陆上、海上和航空自卫队的人员组成，接受防卫大臣直接领导，受自卫队指挥、控制、通信和计算机系统司令部指挥和监督。日本防卫省在 2014 财年为网络战相关活动拨款约两亿美元，目前，日本网络防卫队的主要任务是网络防御，日本政府还没有决定网络防卫队是否应具备反击的作战能力，譬如开发和植入病毒来对付攻击者。

2014 年 7 月，据英国《金融时报》报道，由于亲北约的智库、相关军事机构以及北约一直受到来自俄方的网络攻击和宣传攻势，北约正在计划发起反击。在乌克兰危机期间，俄罗斯开展的网络信息战富有成效，令北约深感不安和警醒，北约将制订计划对抗俄罗斯激进的宣传攻势。9 月 4 日，一场被称为冷战结束后最重要的北约峰会在英国威尔士举行，此次会议的主旨是“统一思想，一致对俄”，被德国媒体称为“这是新冷战的开始”。在此次会议上，北约国家领导人提出了以美国为首的“联合网络防务”（Joint

① Ellen Nakashima, “Pentagon Cyber Unit Wants to ‘get inside the bad guy’s head,” *The Washington Post*, June 19, 2014.

Cyber Defense），认为北大西洋公约同样适用于网络空间，对一个北约成员国的网络攻击可视为对所有缔约国的网络攻击。北约秘书长安诺斯·拉斯穆森进一步指出，“联合网络防务”是北约集体防御的核心任务，北约将会集体应对针对任何缔约国的网络攻击。但是，峰会并未对“网络攻击”给出明确的界定，也未能解决“查明攻击来源”这个集体网络防御的难题。美国国防信息系统局前局长哈里·拉多哥（Harry Raduege）上将认为，确定攻击的罪魁祸首或为攻击行为定性，是“非常复杂的事情，这与地面入侵和空中轰炸不一样……如果敌人在网络空间中作战，是很难辨认的”。[①] 此外，由于网络防务力量较强的国家未必愿意与较弱的国家分享网络威胁信息，北约如何在联合网络防务中实现信息共享是另一大挑战。

（三）一般性的网络冲突是大国间竞争与合作关系在网络空间的缩影，将给大国关系尤其是中美关系带来更加深远的影响

所谓一般性网络冲突，是指冲突烈度较低尚不至于引发国家间的军事对抗，但却上升到政府外交层面的摩擦，中国和美国之间因谷歌事件、华为事件、网络间谍案引发的冲突，美国与欧盟国家因“棱镜门”监听事件导致的冲突都属于此类。一般性网络冲突可以涉及网络安全的多个层面，冲突的解决更多是依靠冲突双方的外交磋商，如果不能达成一致，其中一方则可能诉诸其他多边途径。由于这些冲突的起因和情况皆有不同，因而需要冲突国家之间根据具体情况制定相应的对策。这些冲突的解决办法会经由反复的实践而最终沉淀为冲突各方遵守的国际惯例。

中美网络间谍案是中美两国既竞争又合作的大国关系在网络空间的折射。作为当今世界两个极具影响力的大国，中美关系无疑是当今世界最为重要也最为复杂的一对双边关系。随着中国的崛起和实力的迅速提升，中国需要深度分享全球的规则制定权，而美国作为现行国际规则制定的主导者，两

① Eric Chabrow, “NATO Declares Joint Cyber Defense: Leaders at Summit Call for Strengthening Cybersecurity,” http://www.bankinfosecurity.com/nato-declares-joint-cyber-defense-a-7284, accessed September 5, 2015.

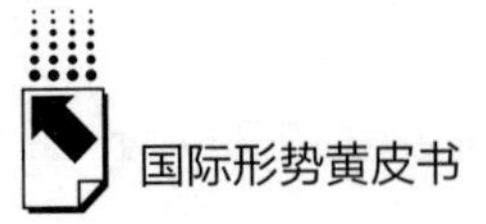

国必然会在各个层面发生利益的碰撞。那么，由于在网络空间治理的理念和模式上截然不同的立场和差异，中美两国如何处理和解决当前愈演愈烈的网络间谍案就显得尤为重要。中美网络间谍案既可以是网络间谍案件，也可以被看作知识产权盗窃的经济纠纷，如果不能得到妥善处理，那么很有可能会对中美双边关系带来更大的冲击。

从目前的形势判断，中美网络间谍案有两种可能的解决途径。第一，通过双边磋商，在中美网络工作组的框架内解决，或者通过更高级别双边会谈解决争端。美国中央情报局前局长 Michael Hayden 指出，正如冷战期间美苏两国情报部门不让冷战升级为“热战”的共识一样，中美两国虽然对对方网络盗窃商业机密非常不满，但是彼此应该达成一种共识，明确双方能够容忍的底线在哪里，避免形势失控。① 非正式的原则固然不能短时期内避免网络盗窃行为的出现，但却可以作为一种设定的准则，随着时间推移逐渐加深影响，最终培养一种负责任的意识。

第二，如果双边途径无法达成一致，就不得不求助于其他多边框架，例如援引世贸组织相关知识产权的条款。美国一些学者认为，中国在 2001 年加入世贸组织之后受益匪浅，对世贸组织的身份和形象极为重视，如果在《与贸易有关的知识产权协议》框架下对中国盗窃或者违反知识产权规定发起诉讼，一旦胜诉，就会对中国造成数十亿美元的损失。只有在中国很看重的框架内提起诉讼才能让中国无法回避网络间谍案的解决，同时，这也给中国政府提供了一个“指证”美国政府对中国发动网络攻击的机会，两国可以正面直接交锋，对中国政府来说也不是坏事。②

中美关系目前可以说“一半是火焰，一半是海水”。一方面，两国在多个经济领域的相互依存程度日益加深，最突出的特征是近来中国对美国的投资大幅增加。根据纽约荣鼎咨询公司（Rhodium Group）的统计，2013

① P. W. Singer and Allan Friedman, *Cybersecurity and Cyberwar: What Everyone Needs to Know*, NY: Oxford University Press, 2014.

② P. W. Singer and Allan Friedman, *Cybersecurity and Cyberwar: What Everyone Needs to Know*, NY: Oxford University Press, 2014.

年中国对美投资交易案达82起，总金额达140亿美元，是上年度的两倍；另一方面，两国在地缘政治领域的摩擦却愈演愈烈，尤其是东海钓鱼岛争端和南海争端使两国地缘政治关系更加紧张。美国咨询公司欧亚集团（Eurasia Group）董事长伊恩·布雷默（Ian Bremmer）表示："我们还没有处于竞争大于合作的临界点，但两国关系中具有零和特征的方面正在扩大。"① 体现在网络空间层面，中美两国在技术、政治外交和军事层面的冲突无疑令两国的分歧日益加剧。美国波特兰大学荣誉教授梅尔·格托夫曾经撰文称，新型中美关系需克服不同的国际责任和自我认知、冷战思维、概念界定歧义以及军力不平衡等五大障碍，而这些障碍同样适用于网络空间。中美两国应当着眼未来，从全局出发，尽可能寻求共识，增信释疑，在网络空间的竞争与合作中实现良性互动，也为两国关系走出安全困境寻找突破口。

结 语

当前网络空间的无序乱象既蕴含了美好的愿景，也揭示了日益紧张的利益冲突和碰撞。全球网络空间规则的制定仍然处于"提出规则"的初始阶段，在网络恐怖主义与网络犯罪层面以国家间合作为主，而一般性网络冲突和网络战则体现了国家间的竞争和博弈。鉴于美国多年来在互联网技术层面的主导地位，当前国家间的博弈主要表现为美欧与中俄在治理理念和模式上的冲突以及美国与欧盟在互联网主导权上的争夺，这是当前大国关系的一个缩影。虽然看不到炮火的硝烟，但它的输赢得失却与国家安全和利益紧密相关。2014年2月，中国中央网络安全和信息化领导小组成立，并且提出了从网络大国向网络强国迈进的目标。中国应当积极参与联合国以及其他国际组织的讨论，在打击网络恐怖主义和有组织网络犯罪方面积极开展国际合作，承担更多的国际责任；在网络战规则的制定以及双边的网络冲突中采取

① 杰夫·代尔、查尔斯·克洛弗：《中美关系前途难卜》，FT中文网，2014年7月15日。

更加积极、灵活的态度，用全面长远的眼光做好多方面的准备，在确保国家利益的前提下，推动全球网络空间规则的制定。

参考文献

〔美〕李侃如、彼得·辛格：《网络安全与美中关系》，美国布鲁金斯学会约翰·桑顿中国中心和“21世纪国防计划”，2012年2月。

蔡翠红：《网络空间的中美关系：竞争、冲突与合作》，《美国研究》2012年第3期。

郎平：《网络空间安全：一项新的全球议程》，《国际安全研究》2013年第1期。

李莽：《网络空间中的安全困境》，《亚非纵横》2013年第3期。

刘伟华：《中美在网络空间的竞争与合作》，《国际研究参考》2013年第5期。

鲁传颖：《奥巴马政府网络空间战略面临的挑战及其调整》，《现代国际关系》2014年第5期。

鲁传颖：《试析当前网络空间全球治理困境》，《现代国际关系》2013年第11期。

汪晓风：《中美关系中的网络安全问题》，《美国研究》2013年第3期。

弈文莉：《中美在网络空间的分歧与合作路径》，《现代国际关系》2012年第7期。

中国互联网络信息中心：《中国互联网络发展状况统计报告》，2014年7月。

Charles Hoskinson, “The Cyber Threat,” *Washington Examiner*, March 21, 2014.

Christopher Ford, “The Trouble with Cyber Arms Control,” *The New Atlantis-A Journal of Technology & Society*, Fall 2010.

James Stavridis, “Statement of Admiral Keith B. Stavridis, United States Navy Commander, United States European Command, Before the Senate Armed Services Committee,” United States Senate, Washington D. C., 19 March 2013.

John Arquilla and David F. Ronfeldt, “Cyberwar is Coming!,” *Comparative Strategy*, Vol. 12, No. 2, 1993, pp. 141 – 165.

Joseph Nye, “Cyberpower,” paper, Cambridge, Mass: Harvard Belfer Center for Science and International Affairs, May 2010.

MarthaFinnemore and Kathryn Sikkink, “International Norm Dynamics and Political Change,” *International Organization*, Vol. 52, No. 4, 1998.

Michael N Schmitt, *Tallinn Manual on International Law Applicable to Cyber Warfare*, Cambridge University Press, 2013.

P. W. Singer and Allan Friedman, *Cybersecurity and Cyberwar: What Everyone Needs to Know*,

Oxford University Press, 2014.

ScottBeidleman, "Defining and Detering Cyber War," *Strategy Research Project*, US Army War College, 2009.

Thomas Rid, "Cyberwar and Peace: Hacking Can Reduce Real-World Violence," *Foreign Affairs*, November/December, 2013.

Tim Maurer, "Cyber Norm Emergency at the United Nations," *Science, Technology, and Public Policy Program Explorations in Cyber International Relations Project*, Harvard Kennedy School, September 2011.

Y.7

全球能源政治（2013～2014年）

薛 力*

摘 要： 过去一年里，全球能源政治热点问题明显增加，按照地理板块论，最引人注目的事件发生在欧洲：几个大国的“乌克兰争夺战”很快影响到了全球能源供求关系，欧盟试图减轻对俄罗斯油气的依赖，俄罗斯则努力开拓东亚市场，中俄能源合作大步迈进。热点最多的则是亚洲，“伊拉克和大叙利亚伊斯兰国”迅速崛起冲击了伊拉克与叙利亚的石油生产与出口，“981 事件”不但影响到中国与越南关系，也影响到中国与东盟、中国与美国的关系。非洲的热点突出表现为南苏丹内战代替了南北冲突，以及利比亚安全局势明显恶化。美洲大陆，墨西哥的能源改革成为美洲大陆最为重要的能源政治事件。全球核电开发在进一步复苏，但伊朗核问题的解决却进展缓慢，主要亮点大概是进行了美伊双边谈判。

关键词： 全球能源 能源政治 能源合作 乌克兰危机“伊斯兰国”

在经历了相对平静的一年后，从 2013 年下半年起，全球能源政治领域波澜再起，最受关注的无疑是几大势力的“乌克兰争夺战”对全球能源供求关系的影响。在其他地区，与能源相关的热点问题出现得比较多的是亚

* 薛力，中国社科院世界经济与政治研究所副研究员，主要研究领域为中国对外战略、中国外交、能源政治、海洋问题（尤其是南海问题）。

洲，有伊拉克、伊朗、叙利亚与南海地区。非洲同样是一个能源热点频出的地区，最为引人注目的则很可能是利比亚与南苏丹。作为全球十大石油生产国，美洲的墨西哥能源领域的大动作也引人侧目。另一个不那么引人注目的事实则是全球核电开发进一步复苏，以及伊朗核问题的跌宕起伏。

一　欧洲地区能源政治："乌克兰争夺战"影响全球

过去一年里，乌克兰无疑是欧洲最为引人注目的国家，热点频出：大规模示威，总统出逃，克里米亚转入俄罗斯怀抱，马来西亚民航客机在东部上空被击落但国际调查迟迟无法进行，东部冲突持续且看不到终结的苗头。这些事件的背后是大国角力。西方甚至认定俄罗斯在 2014 年 8 月 28 日直接向乌克兰东部派兵以扭转反政府武装所处的不利局面。[①] 因此，角力双方间的鸿沟有扩大的趋势，西方的反应在扩展：3 月暂停俄罗斯的八国集团成员国资格；9 月初北约国家领导人在威尔士峰会上把俄罗斯确认为"对手"，这与 22 年前的情形正相反；[②] 对俄罗斯采取多轮制裁措施。因此，有人认为，以乌克兰危机为标志，俄罗斯与欧美之间以合作为基调的时期告终，俄罗斯与西方进入了"新冷战时期"。[③]

从能源政治的角度看，"乌克兰争夺战"导致的后果有以下几点。

欧盟顾及自己对俄罗斯的石油与天然气依赖，无法对俄罗斯实施严厉的制裁。欧盟希望美国大量出口页岩气，但没有获得美国的积极响应。美国希望加大对乌克兰的影响，却又觉得欧盟的利益更大，同时担心天然气大量出口影响美国的再工业化，因此在放宽天然气出口限制上没有采取实

---

① 方亮：《"困兽"普京应对西方制裁》，共识网，http：//www.21ccom.net/articles/world/qqgc/20140930114082_ 2.html。

② 任彦等：《北约与俄关系进入寒意深秋》，《环球时报》2014 年 9 月 18 日第 7 版。

③ 德米特里·特列宁：《冷战重来：乌克兰危机改写美俄关系》，FT 中文网，http：//www.ftchinese.com/story/001058123。

质性行动。

考虑到油气工业在俄罗斯经济中的重要地位，欧美还是采取了一些针对性措施，以便从短期与长期、战略与战术等方面影响俄罗斯的能源工业。①奥巴马 2014 年 9 月初访问爱沙尼亚时，就表示要通过压低油价来向普京施压。② 西方对俄罗斯最新一轮能源制裁措施在 2014 年 9 月 11 日公布。欧盟宣布在深水石油开发、北极石油勘探、俄罗斯页岩油项目上，不向俄罗斯提供有关钻探、试井、测井等服务。③ 美国公布将禁止美国能源企业未来与俄罗斯在北极地区、深海以及页岩层领域合作进行石油勘探。④ 此前俄罗斯石油公司刚宣布将在 2030 年前向北极地区投资 4000 亿美元，希望与埃克森美孚等公司合作。⑤

俄罗斯先是提高了出口乌克兰的天然气价格，继而在 2014 年 6 月切断了对乌克兰的天然气出口。⑥ 为了减少对欧洲市场的依赖，俄罗斯加快开发东部市场，代表性的事件是 5 月底与中国签署了 4000 亿美元的天然气供应大单，⑦ 同时，俄罗斯还尝试扩大日本、韩国等市场。当然，现在的能源市场是买方市场，而非卖方市场，⑧ 加上中国等市场的天然气进口量在相当时间里难以匹敌欧盟，因此，俄罗斯也不会轻易放弃欧洲市场。

---

① 胡森林、王亚莘：《对俄制裁影响全球能源版图》，FT 中文网，http：//www. ftchinese. com/story/0010577。

② 方亮：《“困兽”普京应对西方制裁》，共识网，http：//www. 21ccom. net/articles/world/qqgc/20140930114082。

③ 《欧盟宣布对俄新制裁将于 9 月 12 日生效》，环球网，http：//world. huanqiu. com/article/2014 －09/。

④ 《美国拟对俄实施新一轮能源制裁　或影响美国公司》，新华网，http：//news. xinhuanet. com/world/2014 －09/11/。

⑤ 《俄石油公司称 2030 年前将向北极投资 4000 亿美元》，新华网，http：//big5. xinhuanet. com/gate/big5/news. xinhuanet. com/world/2014 －09。

⑥ 克里斯蒂安·奥利弗、柯特妮·韦弗：《俄罗斯寻求对乌克兰天然气全面断供》，FT 中文网，http：//www. ftchinese. com/story/001058108。

⑦ 《中俄签 30 年天然气购销合同　总价值 4000 亿美元》，新华网，http：//news. xinhuanet. com/mil/2014 －05/22/。

⑧ 胡森林、王亚莘：《对俄制裁影响全球能源版图》，《金融时报》中文版，http：//www. ftchinese. com/story。

乌克兰在失去俄罗斯天然气后，试图通过“逆向流动”的方式从波兰、匈牙利、捷克等国家获得进口自俄罗斯的天然气，但俄罗斯为防止这种情况发生而削减了对这些国家的天然气出口。[①]

二 亚洲能源政治：ISIS崛起与南海油气争端

由于范围大、国家多、宗教种类繁多、经济发展水平参差不齐等原因，亚洲一直是全球矛盾多发地，能源政治热点也相对较多，尤其是在中东地区。在伊拉克、伊朗、叙利亚等案例中，我们选择剖析伊拉克是基于如下原因：伊拉克在全球能源版图中的地位、ISIS崛起对全球的重大影响、伊拉克形势与叙利亚形势密切相关。伊朗案例更多地与核能有关，本文将在核电章节讨论。而在东亚地区，南海作为另外一个与能源开发相关的热点地区，则出现了“981钻井平台事件”。

（一）伊拉克：ISIS崛起冲击伊拉克政局与能源生产

过去一年里，伊拉克形势中出人意料的一点是极端武装“伊拉克和大叙利亚伊斯兰国”（ISIS）的崛起。作为基地组织曾经的分支，ISIS在一些方面可谓“青出于蓝而胜于蓝”，主要特点如下。

政治野心大。首领巴格达迪开始时的目标是在伊拉克与大叙利亚地区建立伊斯兰国家，随着势力的膨胀，政治欲望也随之膨胀，表示要成立横跨三大洲的政教合一国家“伊斯兰国”，并自称“哈里发”。[②] 值得注意的是ISIS的行政治理能力。在其控制区内，安全有保证，电力、食物、汽油等供应比较稳定，生产能正常进行。对于逊尼派与其他顺从其统治的民族与教派，都能享受到上述好处。在饱经战乱的伊拉克，这些都为其赢得民意基础，当地

---

① 克里斯蒂安·奥利弗、柯特妮·韦弗：《俄罗斯寻求对乌克兰天然气全面断供》，《金融时报》中文版，http：//www. ftchinese. com/story/001058108。

② 《ISIS欲建立政教合一国家地跨三大洲包括中国西部》，http：//news. xinhuanet. com/mil/2014－07/02/。

民众相信 ISIS 是真心想要建立一个强大的伊斯兰国家。①

作战能力强。ISIS 多次打败伊拉克安全部队主力，2014 年初占领伊拉克西部重镇费卢杰后，迅速扩大地盘，在 6 月相继占领伊拉克第二大城市摩苏尔、石油重镇基尔库克、距离巴格达不远的萨拉赫丁省首府提克里特（萨达姆·侯赛因老家），逼近巴格达。② 9 月再次攻击距离巴格达 90 公里的萨拉赫丁省祖卢耶镇，③ 其扩展速度与势头让国际社会大为震惊。

手段极端。对于不服从自己统治者，ISIS 则展示出完全不同于对待逊尼派的一面。他们在辛贾尔山区对不服从其统治的雅兹迪人进行围剿与屠杀、把数百名雅兹迪妇女抢走充当性奴、集体枪决什叶派穆斯林与基督教徒、以杀害人质要挟法日等政府退出对 ISIS 的攻击行动、公布对英国与美国人质实施杀害过程的视频。这些做法，让世界震惊，成为美欧对 ISIS 发起打击行动的主要动力。其实，行为极端、立场不宽容一直是 ISIS 的特点，甚至连本·拉登都觉得其行为过于残忍，要求基地组织与之断绝关系。④

善于宣传与敛财。娴熟利用推特、脸书等网络手段，在社交网络上与青少年做非常"贴心"的互动，如介绍如何获得枪支与防弹衣，如何防止蚊虫叮咬，谈论自己支持的球队，发自己的酷照等。⑤ 还有，给来自其他国家的青年发工资，宣传"你不必做太多，就可以有一份收入"。这些很容易引起青少年的好奇心与好感。已经有来自美国、英国、澳大利亚、法国、中国等许多国家的青年加入 ISIS 的"事业"中。人员至少有 1.2 万。⑥

---

① 《媒体揭秘 ISIS 的"治国术"》，新华网，http：//news. xinhuanet. com/world/2014 -08/17/c_126880351. htm。

② 《反政府武装逼近巴格达　伊拉克总理秘密向美国申请空袭支援》，新华网，http：//news. xinhuanet. com/world/2014 -06/13。

③ 尚乐：《"伊斯兰国"武装进攻伊拉克北部城镇》，新华网，http：//news. xinhuanet. com/world/2014 -09/08/。

④ 《媒体揭秘 ISIS 的"治国术"》，新华网，http：//news. xinhuanet. com/world/2014 -08/17/c_126880351. htm。

⑤ 《媒体揭秘 ISIS 的"治国术"》，新华网，http：//news. xinhuanet. com/world/2014 -08/17/c_126880351. htm。

⑥ 《反政府武装逼近巴格达　伊拉克总理秘密向美国申请空袭支援》，新华网，http：//news. xinhuanet. com/world/2014 -06/13/c。

而通过抢夺银行、贩卖文物、占领油田并盗卖石油、争取“同道”的捐赠等，ISIS为扩展自己的“宏伟事业”奠定了雄厚的物质基础，身家已经达到23亿美元。①

因此，ISIS在两河流域的众多反政府武装中“脱颖而出”，在伊拉克与叙利亚的势力与影响迅速扩大，一度危及巴格达的安全。这促使美国不得不调整过去三年里“减少军事干预”的立场，采取多方面的措施打击ISIS：进行大规模空中袭击，从8月8日开始到10月1日单单美军就出动战机4100多架次；② 组建打击ISIS的国际联盟，到10月初已经有40多国表示将参加“反恐联盟”；联合国安理会也在9月底通过了美国起草的2178号决议，以阻止外国恐怖人员前往伊拉克与叙利亚；10月下旬派遣500人赴中东，其中200人派到伊拉克驻守一年。③

ISIS崛起的影响是多方面的，引发国际社会的行动是一方面，伊拉克总理马利基下台也与此部分相关。伊拉克通过南北两条管线出口石油，ISIS在伊拉克北部地区影响到了石油的生产与出口，如2014年3月伊拉克石油北部一条出口输油管线受到袭击，致使产量下降34万桶/日。④ 而ISIS对摩苏尔的占领更是明显影响了库尔德控制区的石油生产。

ISIS虽然一时风头甚健，并吸引不少欧美亚青年投身于其“事业”中，但其极端立场与做法也引起国际社会普遍反感，在伊拉克有重大经济利益的大国均对ISIS持警惕立场，美国能召集20多个国家商讨对付ISIS的方法与策略就是一个证明。从长远来看，ISIS难成气候。美国与西方国家的大规模空袭毁坏了ISIS大量目标。目前没有派遣地面部队是因为还没有必要。

---

① 孙源：《ISIS恐怖组织被指抢夺并贩卖文物敛财》，凤凰网，http：//art.ifeng.com/a/20140904/47676_0.shtml。

② 薛理泰：《华府低估伊斯兰国源于高估中国》，联合早报网，http：//www.zaobao.com/forum/views/world/story20141002。

③ 薛理泰：《华府低估伊斯兰国源于高估中国》，联合早报网，http：//www.zaobao.com/forum/views/world/story20141002－395708。

④《安理会通过2178号决议阻止外国恐怖人员往伊叙》，网易网，http：//news.163.com/14/0926/07/A7256B8400；《伊拉克石油生产复苏　腐败横行抑制出口》，凤凰网，http：//finance.ifeng.com/a/20140422/12171458_0.shtml。

鉴于2011年与2012年的迅速增产势头，伊拉克曾计划2013年石油产量达到370万桶/日，2014年350万桶/日。实际上，2013年的产量仅为314.1万桶/日，与2012年持平。从前8个月的情形看，2014年的目标没有可能实现，主要原因有三，除了ISIS的破坏外，还有官僚主义与能源法规缺失。[①] 国际能源署曾预测，伊拉克2035年石油产量有望达到800万桶/日。[②] 这一长远目标的实现，有赖于伊拉克能建立起比较有效的国家治理结构。从目前来看，这不是一个可以轻易实现的目标。

（二）南海油气争端："981事件"展示中国的进退之道

中国的能源消费持续高速增长，继2007年超过欧盟与2010年超过美国后，2013年超过了整个北美。[③] 而中国能源消费增长的势头还在继续。这对中国的外交行为不可避免地产生了影响。这在南海争端中也有所表现。

南海争端涉及南海周边的"六国七方"，从2009年以来不时成为国际政治热点。从能源政治的角度看，2014年引发普遍关注的是"981钻井平台事件"。中石油（CNPC）从5月初开始在中建岛以南17海里处进行钻探作业。中国在自己专属经济区的能源开发行为，却引发越南的激烈反应，东盟、美国、日本纷纷表态或明或暗指责中国改变南海现状、导致南海出现紧张局势。

中石油在完成预定的任务后，提早一个月于7月15日撤走了钻井平台。对中国来说，此举也有利于改善中越关系，消除国际压力，为8月在内比都召开的东盟地区论坛创造有利氛围，并有助于建设21世纪海上丝绸之路、打造中国东盟自贸区升级版。对越南来说，事件导致的国内动乱已经严重影

① 《伊拉克2014年产油目标难实现　两大原因阻碍产量提升》，新华网，http：//news.xinhuanet.com/energy/2013－04/07/c_ 124539321.htm。

② 《伊拉克石油生产复苏　腐败横行抑制出口》，凤凰网，http：//finance.ifeng.com/a/20140422/12171458_ 0.shtml。

③ 克里斯托夫·鲁尔：《2013年能源市场：消费增长、库存支撑》，《BP世界能源统计年鉴2014》（中文版），2014年6月，第1～2页。

响经济。中国是其最大贸易伙伴，继续与中国严重对抗并不符合其国家利益，因此，越南并没有对中国撤船事件抓住不放，而是在8月底派政治局委员黎鸿英访问北京，以便修复两国与两党关系。①

一个不争的事实是，在南沙海域，菲律宾、文莱、马来西亚、印度尼西亚与越南都进行了油气开发，中国迄今没有打一口井，采一寸气。中国这么做，主要是基于两个原因：顾全与东盟关系大局，自我克制；技术上缺少深海油气开采技术。但中国不能无限制克制下去。随着981钻井平台的建成，走向南沙是必然趋势。过去的经验证明，如果中国不采取适当行动，“搁置争议，共同开发”将难以落实。“以单边开放撬动共同开发”是必然选择，关键在于时间与地点的选择。笔者的研究体会是，首选南沙海域，次选西沙海域。此次“981事件”，战略上中国打破了“无法到中建岛以南进行油气开发”的局面，战术上中国在中建岛以南实行了实验性钻探，从而有力地捍卫了主权与主权权利。但也存在一些不足之处，如导致西沙问题被国际化，而中国一直认为西沙岛礁归属不存在争议。如果在南沙进行实验性钻探，则不存在这个问题。当然，在遥远的南沙海域进行实验性钻探，要求的条件更多。这凸显了中国大陆在南沙没有适当立足点之不足。

与“981事件”相比，一个比较少被关注的是中国在赤瓜礁等五个南沙岛礁进行的吹沙造地工程。② 尤其是赤瓜礁，从2012年开始动工，进入2014年后许多大型建筑设备进入，造地进展明显加快。到9月底，一个岛屿已经大致成型，英国广播公司甚至认为中国将在此建空军基地。③ 如果英国广播公司的说法属实，则中国在南沙的存在将大大强化，这有利于中国维护自己在南沙的正当权益，也有利于中国实施“以单边开发撬动共同开发”的政策。越南、菲律宾、马来西亚、中国台湾在南沙岛礁都建有机

① 杜尚泽：《习近平会见越共中央总书记特使黎鸿英》，人民网，http：//cpc. people. com. cn/BIG5/n/2014/0828/。

② 《中国南海5礁填海建机场　越菲马备战》，凤凰网，http：//phtv. ifeng. com/program/jqgcs/detail_ 2014_ 06/20/。

③ 《中国建设赤瓜礁是让菲越逼的　美不可能两肋插刀》，新华网，http：//news. xinhuanet. com/mil/2014 -09/11/。

场，越南、菲律宾与马来西亚还往南沙移民，中国的做法是对三国做法的一个回应。

三　墨西哥能源政策大调整或成美洲板块新亮点

美洲板块的隆起是2008年以来世界能源业的一个突出现象，主要表现为美国、加拿大、巴西、哥伦比亚、委内瑞拉、厄瓜多尔、秘鲁、特立尼达和多巴哥等国家油气产量和/或储量的增长。这导致了全球能源贸易流向的改变，并引发新的能源政治博弈。美国无疑是美洲板块的主力，但加拿大、哥伦比亚、厄瓜多尔、秘鲁、特立尼达和多巴哥石油或天然气的产量增幅也比较可观。比较尴尬的是委内瑞拉与墨西哥，产量处于下降通道中，这已经影响了委内瑞拉的外交能力，并导致墨西哥能源政策大调整。作为金砖国家之一的巴西，过去两年里经济低迷，大量盐下层石油的发现并没有变成石油产量的增长，世界杯的举办并没有给巴西增加色彩，反而暴露其在社会管理、基础设施建设、贫富差距等诸多方面的不足。值得一提的是2013年10月，全球最大海上油田里贝拉区块招标成功，由巴西国家石油公司、道达尔、壳牌、中石油、中海油组成的联合体中标，2018年日产量有望达到140万桶，[①] 这对于2013年日产量为211.4万桶的巴西石油业无疑是一个大喜讯。整体而言，从能源政治的角度，美洲板块值得重点关注的是美国与墨西哥。

但美国的变化主要体现在产量上，作为能源业北美板块隆起的主力，美国的石油产量从2009年起不断提高，并在2013年突破1000万桶/日，达到1000.3万桶/日。如果能保持过去两年里每年100万桶/日的增幅，美国2015年将超过沙特阿拉伯成为全球第一产油大国。美国石油产量的增长主要来自页岩油与致密油。页岩气革命更是成为美国能源独立提供了“底气”。自2009年超过俄罗斯后，天然气产量继续增长，2013年达到6876万

---

① 《国际能源署预测巴西将成为主要石油出口国》，新华网，http：//big5.xinhuanet.com/gate/big5/news.xinhuanet.com/world/2013－11/12/c_ 118114034.htm。

亿立方米。而2013年美国天然气消费量为7372万亿立方米，自给率为93.27%。因此，美国成为天然气净出口国板上钉钉。接下来的任务是修订法律以便大量出口天然气。这需要适当的时机与借口。如果乌克兰东部的冲突进一步恶化的话，乌克兰争夺战有可能成为一个恰当的借口，但到目前为止，还看不到这种可能性。因此，这里集中分析墨西哥能源政治。

而作为全球十大产油国之一的墨西哥，则面临着储量与产量连年下降的局面，石油储量从2001年的188亿桶降到2011年的117亿桶，产量从2004年的3840万桶/日下降到2013年的2875万桶/日。[①] 一个具有象征意义的景象是，在盛产石油的墨西哥湾，美属墨西哥湾非禁采区（即西部与中部）油井密布、灯火辉煌，墨属海域内油井稀疏、灯火阑珊。

这种现象与墨西哥的能源体制有关。1938年，墨西哥政府对17家外国能源公司在墨西哥的资产进行国有化，组建垄断全国石油与天然气生产、加工、销售业务的墨西哥国家石油公司（简称墨国油，PEMEX）。这一体制有不少弊端，但也为墨西哥经济做出了不少贡献：产量稳步增长至2004年，[②] 创造大量就业，提供政府预算收入的1/3。[③] 但在过去十多年里，这种体制的弊端日益明显，原油产量下降、汽油价格上涨、服务质量差、腐败现象严重。由于70%的收益上缴国家，公司没有能力进行新的投资，其后果之一是炼油能力不足，盛产石油的墨西哥，竟然有49%的汽油需要依赖进口，65%的石油化工产品来自国外。[④]

因此，对能源体制进行改革，逐步成为大部分墨西哥人的共识。一些小步骤改革已经在进行，如2002年墨国油宣布进行招标，鼓励私人企业参与坎佩切海域的钻探油井；2008年参众两院通过了《能源改革与石油委员会

---

① *BP Statistical Review of World Energy* 2014，p. 8.

② EIA，Country Analysis Brief Overview-Mexico，http：//www. eia. gov/countries/country-data. cfm.

③ 陈寅、钱泳文：《墨西哥总统签署能源改革法案》，新华网，http：//news. xinhuanet. com/fortune/2013－12/21/。

④ 谢玮、金倩：《能源改革法案落定：墨西哥如何破除“一桶油”垄断》，搜狐网，http：//business. sohu. com/20140902/n403982299. shtml。

法》，适当放宽对外国公司与本国私营企业的限制。[①] 但是，由于大规模的改革需要修改宪法，加上既得利益集团的抵制，改革总体进程非常缓慢。这给谋求重新上台执政的革命制度党提供了机会，其候选人培尼亚·涅托在总统竞选中提出了大规模能源改革主张并赢得了大选。为此，他于2012年12月1日上任后着手兑现竞选诺言，经过准备于2013年8月提出了旨在打破墨国油与墨西哥国家电力公司垄断地位的能源改革方案，此方案在12月13日前被国会参众两院通过。2014年8月，参议院通过了能源改革二级法案。至此，墨西哥能源改革真正进入实施阶段。

《能源改革法案》提议对宪法第25条、第27条、第28条进行修改。依据修改后的宪法条文，油气资源所有权依然属于国有，但允许私人及境外资本进入能源产业，以服务合同、产量分成等方式参与墨西哥能源开发。依据能源改革二级法案，23部法律进行修改或废除，墨国油将被分拆为上下游两个公司，外国公司与能源部而不是墨国油签署合作协议，从而可以与墨国油进行竞争。作为配套措施，将设立国家油气委员会（CNH）、能源监管委员会（CRE）、墨西哥石油基金（FMP）等机构。电力领域也进行了类似的政策调整。[②]

各方都看好墨西哥的能源改革，包括中国能源公司在内的许多国际能源公司都对参与墨西哥能源开发表现出浓厚兴趣。一般认为，能源改革将对墨西哥经济产生深远的影响：未来3年，墨西哥石油领域投资将翻一番，创造7万~10万个工作岗位，带动墨西哥经济实现3%~5%的增长。[③] 墨西哥出口石油中的90%流向美国，而美国的能源独立已经开始影响对墨西哥原油的吸纳，未来墨西哥增加的原油产量可能将流向亚洲，从而影响世界原油贸易。因此，过去一年里墨西哥进行的能源改革，被涅托总统形

---

① 蔡峰等：《墨西哥湾地区油气投资环境与法律法规》，《海洋地质动态》2010年第3期，第51页。

② 《墨西哥能源改革的主要内容》，环球网，http://china.huanqiu.com/News/mofcom/2014-08/5120363.html。

③ 《打破垄断，墨西哥能源改革迈出关键一步》，新华网，http://sg.xinhuanet.com/2014-08/12/c_126859461。

容为50年来最重要的改革之一，将帮助墨西哥成功应对在21世纪所面临的挑战。[①]

四　非洲能源政治：利比亚乱局与南苏丹内战

过去一年多里，非洲能源政治版图中一个明显的特点是，国与国之间的冲突被一个国家的内部冲突取代。如南北苏丹之间关系趋于缓和，没有发生大规模冲突，但南苏丹政府与反对派之间的冲突却扩展成了全国性的内战，百万人流离失所。与上年相比，利比亚的政治与安全形势变得不稳定。

（一）利比亚案例：石油减产、安全形势恶化的四大原因

石油工业是利比亚的经济命脉，石油出口收入占利比亚出口收入的95%，占财政收入的75%。[②] 2011年10月卡扎菲政府被推翻后，利比亚的安全形势虽然一直不佳，但政治形势总体向好，议会大选、组阁等在一年内完成并运作，2012年石油产量基本恢复到2010年的水平。但是，进入2013年后尤其是2014年以来，利比亚政治与安全形势日益恶化，世俗派与宗教势力之间的军事对抗导致大量平民伤亡，成千上万的人逃离家园。[③] 6月初临时政府组建一波三折，并且因为首都的黎波里形势不稳定而迁往东部的海边小城图卜鲁格办公。7月美国关闭驻利比亚大使馆。8月初，法国大使撤离了利比亚。[④] 的黎波里落入支持宗教势力的民兵武装“利比亚黎明”手中。推翻卡扎菲政权过程中各方“尽量不破坏油气设施”的共识

① 《墨西哥总统签署能源改革法案》，新华网，http://news.xinhuanet.com/world/2013-12/21/c_118652129.htm。

② 《动荡持续难平　利比亚石油生产再陷危局》，新华网，http://news.xinhuanet.com/energy/2013-10/01/。

③ 《联合国报告：卡扎菲下台3年　利比亚政治进程堪忧》，新华网，http://news.xinhuanet.com/world/2014-09/16/。

④ 《利比亚武装冲突持续　法国大使撤离利比亚》，新华网，http://news.xinhuanet.com/world/2014-08/03/。

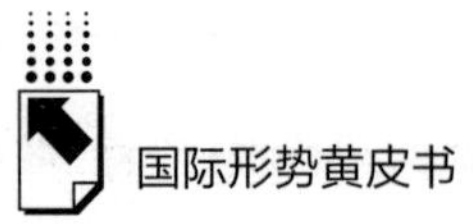

也不复存在。石油产量从2012年的150.9万桶/日下降到2013年的99.8万桶/日。[①] 利比亚形势在过去一年多里不断恶化的主要原因有以下几点。

第一，宗教派与世俗派的矛盾。世俗派的扎伊丹战胜穆斯林兄弟会候选人于2012年10月出任总理，但国民议会被“穆兄会”为代表的宗教势力控制。两派互不相让，都想压倒对方，随着世俗派的逐渐得势，宗教势力害怕彻底出局而展开激烈的抵抗与反扑，这成为一年来政局动荡的主要根源。[②] 2014年6月以来的形势恶化更与此密切相关。7月公布的新议会（国民代表大会）选举结果显示，200个席位大部分落入世俗派与真正的独立候选人手中。[③]

第二，东西部矛盾。东部的班加西认为自己在推翻卡扎菲的过程中功劳最大，但在过渡政府成立后，自己并没有获得应有的政治利益，油气收益补偿也没有体现，因此，拒绝放下武器听命于的黎波里，而是要求获得更大程度的自治，而且，宗教势力在班加西一带依然有较大实力，2014年9月中旬伊斯兰民兵武装已控制班加西80%的区域，并暗杀支持世俗派的利比亚前空军参谋长。[④]

第三，上述两个因素决定了过渡政府难以建立起有效的军队与警察队伍，无法提供稳定的社会秩序。且不说有效治理国家，首都的安全还要依赖民兵组织来提供。[⑤] 100多个民兵组织之间则为了利益“用枪说话”，包括首都在内经常成为他们火拼的战场。[⑥]

---

① *BP Statistical Review of World Energy* 2013, p. 8.

② 《利比亚缘何战火再起》，新华网，http：//news. xinhuanet. com/world/2014 - 07/29/c_1111847274. htm。

③ 陈向阳、张远：《利比亚公布国民代表大会选举最终结果》，新华网，http：//news. xinhuanet. com/world/2014 - 07/22/。

④ 《利比亚前空军参谋长遭暗杀》，新华网，http：//news. xinhuanet. com/2014 - 09/19/c_1112539626. htm

⑤ 《利比亚议长调民兵武装护卫首都》，新华网，http：//news. xinhuanet. com/world/2014 - 05/19/c_ 111076155。

⑥ 倪红梅、王雷：《安理会对利比亚安全局势深表关切》，新华网，http：//news. xinhuanet. com/world/2013 - 12/17。

第四，与大量石油美元收入、软弱的政府相伴随的必然是腐败与民众生活困难。工人大罢工、封锁石油出口港时提出的口号就是提高工资、消除腐败。①

上述问题的彻底解决需要相当长的时间，但形势总体上在朝有利于世俗派的方向发展。国际方面，9月17日，21个国家、地区和国际组织的代表在马德里举行“利比亚的稳定与发展”闭门国际会议，西班牙首相拉霍伊在会上表示，6月的国民代表大会选举具有明显的合法性，应推动组成一个能够团结全体利比亚公民的政府。②

国内方面，东部局势有可能好转。政治上，国民代表大会的总部将设在班加西，这对东部是个安慰。但由于班加西局势不稳，8月5日改在东部城市图卜鲁格召开首次会议，阿基拉·萨利赫·伊萨当选议长。如果新一届政府能在经济上更好地照顾到东部的利益，并在军事上给予世俗派代表哈夫塔尔更多的支持，则班加西的局势将逐步趋于稳定。

9月22日，新内阁在图卜鲁格组建。③ 新一届政府需要做的是调动国内世俗力量，并获得更多的国际支持，以便从宗教势力中夺回对首都的黎波里的控制权，然后逐步增加对其他地区的管理与控制，并保证油气生产的顺利进行。

（二）南苏丹：内战代替了南北之争

南苏丹2011年独立后，苏丹石油日产量从2010年的46.2万桶剧降到2011年的29.1万桶，2012年的10.3万桶，2013年才回升到12.2万桶。原苏丹的石油产量78%来自南苏丹地区，但南苏丹的石油日产量2012年为3.1万桶，2013年为9.9万桶。④ 可见南苏丹的石油生产远远没有恢复到满

① 《动荡持续难平　利比亚石油生产再陷危局》，新华网，http：//news.xinhuanet.com/energy/2013－10/01/c。

② 《联合国说利比亚问题要靠自身解决》，新华网，http：//news.xinhuanet.com/world/2014－09/18/。

③ 《利比亚国民代表大会通过新内阁名单》，新华网，http：//news.xinhuanet.com/world/2014－09/23/。

④ *BP Statistical Review of World Energy* 2014，p. 8.

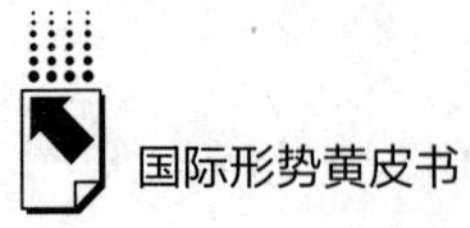

负荷的程度，但原因不再是南北苏丹之间的冲突，而是南苏丹政府与反对派之间的激烈冲突。

南苏丹人口为1100万，分属于众多的部落，人数最多的丁卡人也仅占总人口的15%，[①] 但丁卡人仅仅在首都朱巴等少数地方占多数，总统基尔也是丁卡人。南苏丹人的国家认同还没有建立起来，首先忠诚的是自己的部落。这对南苏丹的形势有直接的影响。2013年7月，来自北部琼莱州的副总统马沙尔被基尔总统罢免后南苏丹形势开始动荡。12月15日，总统卫队中丁卡人与努维尔人发生枪战，基尔与马沙尔互相指责对方应对此负责。随后几天继续发生冲突并导致数十人伤亡，19日联合国驻南苏丹特派团、一些油田也遭到攻击。[②] 安理会决定将特派团扩充至1.38万人，并调整维护部队的任务。中石油为此在2013年12月底撤出304名油田工人，南苏丹政府也加强了对油田与工人的保护。[③]

遗憾的是，在接下来的几个月里，冲突愈演愈烈，从权力斗争演变为种族仇恨，战火蔓延至半个国家，数百人死亡，数千人受伤，上百万民众流离失所。[④] 这已经是典型的内战。在联合国、美国、中国、非盟的共同努力下，双方于2014年1月与5月在亚的斯亚贝巴两次签署停火协议，但效果不明显。为此，南苏丹外长本杰明8月访问北京，寻求稳定局势的方法。9月11日，媒体报道中国向南苏丹空运700人的维和部队，以保护油田工人。9月底，中国国防部发言人证实，中国维和部队将携带用于自卫的轻武器、装甲运兵车和防弹衣、头盔等防护装备。[⑤] 由于这次派出的是成建制

① 邵杰：《南苏丹冲突满眼面临严峻考验》，新华网，http：//www. zj. xinhuanet. com/newscenter/rb/2013 –12/21/c。

② 邵杰：《南苏丹冲突满眼面临严峻考验》，新华网，http：//www. zj. xinhuanet. com/newscenter/rb/2013 –12/21/。

③ 邵杰：《因当地局势紧张　中石油从南苏丹最大油田撤出工人》，中国新闻网，http：//www. chinanews. com/gn/2013/12 –25/5664021. shtml。

④ 《南苏丹危急形势迫使和谈推进　未来形势仍不乐观》，新华网，http：//news. xinhuanet. com/world/2014 –05。

⑤ 《国防部就扩建岛礁与南海防识区等热点答问》，新华网，http：//news. xinhuanet. com/mil/2014 –09/26/。

的步兵营士兵，有联合国官员提到，这是中国首次在维和行动中派出作战部队。[①] 但中国国防部发言人对此予以否认，认为按照联合国的说法，步兵营属于安全部队，执行安全和保护任务，而不是传统意义上的作战任务。[②] 其实，南苏丹的财政收入98%来自石油出口，而中国是南苏丹油田的最大投资国。中国即使派出的是作战部队也说得过去，从中可以看出南苏丹形势严峻。

为了改善与苏丹的关系，总统基尔解除了对苏丹持强硬态度的马沙尔等人的职务。在过去一年里，南北苏丹的关系确实明显改善，但与马沙尔等反对派的冲突发展到目前的程度，大概是基尔所没有想到的。麻烦在于，双方冲突的原因在于对苏丹的态度，一旦基尔向马沙尔让步，又可能导致南北苏丹关系的恶化。因此，南苏丹实现稳定的条件还不具备。

五　全球核电开发：核电开发进一步复苏与伊核问题

核电成为政治问题主要是因为两个原因：核泄漏与核两用性。核泄漏对公众的影响较大，而核两用性导致的政治、军事、外交博弈，主要在政府之间进行。

（一）核泄漏与核电开发

对核泄漏的担心是公众反对核电的主要原因。切尔诺贝利事件中泄露的8吨多强辐射物，辐射量相当于400颗广岛原子弹。因此，严重的核泄漏事故通常会导致公众的剧烈反应，从而在相当时期与范围内影响核电的开发与

① 路透社："Chinese peacekeepers to support South Sudan"，中国日报网络版，http://www.chinadaily.com.cn/china/2014-09/11/content_18578542。

② 《国防部就扩建岛礁与南海防识区等热点答问》，新华网，http://news.xinhuanet.com/mil/2014-09/26/。

利用，如1979年三里岛事件（定位为核泄漏事故五级）导致美国在33年里没有再修建核电站。那么，2011年的福岛核泄漏事故（定位为七级事故）对日本与全球核电造成了什么样的影响呢？

根据国际原子能机构（IAEA）的统计，2011年底、2013年9月、2014年9月全球运行中的反应堆数量分别为435个、434个、437个，在建反应堆数量分别为65个、69个、70个。具体而言，2013年9月在建的69个反应堆分布于14个国家，中国28个（包括台湾地区的2个），俄罗斯10个，印度7个，韩国5个，美国3个，日本、巴基斯坦、阿联酋、乌克兰、斯洛文尼亚各2个，阿根廷等6国各1个。2014年9月在建的70个反应堆分布在15个国家：中国29个（包括台湾地区的2个），俄罗斯10个，印度6个，韩国与美国各5个，日本、巴基斯坦、阿联酋、乌克兰、斯洛文尼亚各2个，阿根廷等5国各1个。①

从上可知，三年来运行中与在建中的反应堆数量都呈增长之势头，福岛核泄漏并没有导致全球核电发展势头逆转。美国新增加了2个在建核电项目。亚洲依然是全球核电发展的重心所在，其中最为引人注目的是中国，占全球在建反应堆的42.85%，2013年与2014年投入运行的反应堆分别为3个与2个。② 国家能源局局长吴新雄2014年6月表示将适时启动核电项目。③ 报道称漳州核电站将在2015年动工。④ 内陆核电站有可能在“十三五”期间启动。

值得关注的是，中国的核电出口步骤在加速。继恰希玛核电站后，2013年11月，中国与巴基斯坦合作的新核电项目在卡拉奇启动。⑤ 2014年1月，

---

① IAEA, *Reactor Status Report—Under Construction Reactor*, http://www.iaea.org/PRIS/WorldStatistics/UnderConstructionReactorsByCountry.aspx.

② IAEA, *People's Republic of China*, http://www.iaea.org/PRIS/CountryStatistics/Country.

③ 《能源局：加快重大能源项目建设　适时启动核电项目》，新华网，http://news.xinhuanet.com/fortune/2014-06/30。

④ 《漳州核电站明年国庆开工　为闽南首座核电站》，新华网，http://www.fj.xinhuanet.com/news/2014-08/11。

⑤ 陈鹏：《巴基斯坦启动国内最大核电项目建设》，新华网，http://news.xinhuanet.com/world/2013-11/27/。

巴基斯坦表示将再向中国购买 3 个核电站，修建位置为中部的旁遮普省。[①] 中国核电出口兴趣远远不只巴基斯坦一个国家。2013 年 10 月 17 日，中广核与法国电力公司就在英国建设核电站签署投资合作兴趣函。2014 年 6 月，中广核英国办事处揭牌成立，推动中国核电“走出去”战略。[②] 阿根廷、巴西、南非、罗马尼亚、土耳其也对中国的核电技术感兴趣。[③]

日本的核电进展尤其值得关注。野田佳彦内阁曾经在 2012 年确定“2030 年零核电”的目标，但该政党在 2012 年底下台，重新上台的自民党总体上并不赞成日本“弃核”（小泉纯一郎是个例外）。2013 年 9 月最后两个核电机组停机检修，日本进入“零核时代”。30% 的电力缺口主要通过天然气发电来弥补，但在日元贬值的情况下大量进口天然气，明显影响了日本经济，一个迹象是，到 2014 年 1 月，日本已经出现 19 个月贸易赤字。[④] 这显然不利于安倍重振日本经济。为重启与发展核电，安倍内阁采取了以下几个措施。

第一，日本原子能规制委员会在 2013 年 7 月通过了核电站安全新标准，并接受了 12 个核电站重启申请。委员会经过审查，发现位于九州的川内核电站符合新标准，而且该核电站停运使得当地经济深受影响。因此，原子能规制委员会在 2014 年 9 月 10 日批准川内核电站重启。[⑤]

第二，日本政府 2014 年 2 月在《能源基本计划》草案中将核电定位为“重要的基本负荷电源”，明确在确保安全的情况下重启核电站。“基本负荷电源”即不受季节与时间限制都能稳定提供的电力。[⑥] 重启川内核电站就是

---

① 《巴基斯坦与中国进行洽谈　欲新建三座核电站》，环球网，http：//finance. huanqiu. com/view/2014 - 01/4777154. html。

② 《中广核英国办事处揭牌成立　推动中国核电“走出去”战略》，新华网，http：//news. xinhuanet. com/energy/2014 - 06/20/c_ 126648228. htm。

③ 杨漾：《中国核电出口仍然暗潮涌动》，网易网，http：//news. 163. com/14/0731/12/A2FVCU。

④ 《日本政府坚持重启核电站　以推动核电技术出口》，环球网，http：//world. huanqiu. com/regions/2014 - 02/。

⑤ 蓝建中：《日本正式批准重启川内核电站》，新华网，http：//news. xinhuanet. com/world/2014 - 09/10/c。

⑥ 《日本政府坚持重启核电站　以推动核电技术出口》，环球网，http：//world. huanqiu. com/regions/2014 - 02/。

落实这一政策的举措。

第三，核电出口是日本的支柱产业之一，这一政策也需要国内核电开发与应用的支撑。过去一年来日本这方面取得的进展主要有：安倍在2014年2月访问沙特时，双方就缔结核能协议，推进日本核电技术出口达成一致意见。[①] 4月，日本参院批准日本与土耳其及阿联酋的核能协议。[②] 2014年印度总理莫迪访问东京时，核电合作是主要议题之一，由于莫迪无法保证不再进行核试验，最后没能就此签署协议。但双方仍无意放弃核能合作。

第四，值得注意的是，2014年初进行的东京都知事选举被视作核电政策的"全民公投"，结果是安倍支持的舛添要一战胜了小泉纯一郎支持的前首相细川护熙。[③] 这说明，深受福岛核泄漏影响的东京都市民并没有成为彻底的反核者，而是依然认为，在一定条件下核电是可以接受的。

（二）核电两用性与国际政治博弈

核电的两用性对于核电的政治化影响巨大。朝核问题与伊核问题是核能政治的典型案例。在过去的一年里，朝核问题处于相对平静的状态，因此，这里主要分析伊朗核问题。

伊朗核问题在过去一年里取得了若干进展。①2013年10月，伊核问题六方与伊朗首次共同声明将在11月进行新一轮谈判。[④] 2013年11月24日凌晨，各方达成阶段性文件，伊朗在2014年1月20日至7月20日暂停部分敏感的核活动，西方国家相应减轻部分对伊制裁，在此期间各方努力达成

---

① 《日本与沙特缔结核能协议　推进日方核电技术出口》，人民网，http：//world.people.com.cn/n/2014/0220/c。

② 《日本参院批准日本与土耳其及阿联酋核能协议》，新华网，http：//news.xinhuanet.com/world/2014－04/18/。

③ 《日本政府坚持重启核电站　以推动核电技术出口》，环球网，http：//world.huanqiu.com/regions/2014－02。

④ 《伊朗核问题谈判各方首次达成共同声明》，新华网，http：//news.xinhuanet.com/world/2013－10/17/c。

一项全面解决伊核问题的协议。[①] 协议只是“有限”放松对伊制裁，未触及核心制裁措施，对伊石油禁运和金融制裁等措施仍将继续。[②] 一个典型例子是，美国在 2014 年 7 月同意向伊朗出口的飞机配件与发动机只适用于 1979 年前生产的机型。[③] 伊朗石油产量下降的势头并没有被扭转。[④] 由于 7 月 20 日未能按期达成全面协议，各方决定把谈判期限后延 4 个月。[⑤] ②为了推进谈判进程，从日内瓦会议开始，除了伊核六国与伊朗之间的多边会谈外，伊朗与六国之一之间的双边会谈也频繁进行，其中美伊之间的双边谈判尤其值得关注，9 月 4 日双边进行了最新一轮会谈。[⑥] 这体现奥巴马并没有放弃对伊朗的接触政策。③俄罗斯设计建设的布什尔核电站的运营权已经在 2013 年移交给伊朗。2014 年 6 月双方又签署协定，俄罗斯将帮助伊朗再建两座核电站。[⑦] 这说明，在发展核电方面伊朗能指望的主要是俄罗斯。

伊朗如果希望西方全面解除制裁，就需要在全部铀浓缩设施与库存的核查和监督内容上满足西方的要求。这个决定只能由最高领袖哈梅内伊做出，而他依然在鲁哈尼与保守派之间权衡，并没有下决心全力支持鲁哈尼。因此，伊朗核问题依然处于兜兜转转的境地。

国际社会已经建立起一套比较完整的体系，用于确保核能的和平利用。30 个核电使用国中，除了核武器拥有国外，都是按照这个体系的要求，建

---

① 刘美辰、施建国：《美伊就伊核问题在日内瓦举行新一轮会谈》，新华网，http：//news.xinhuanet. com/world/2014 -09/04/c_ 1112367550. htm。

② 王昭、刘美辰：《伊朗核问题六国外长力推达成阶段性文件》，中新网，http：//www.chinanews. com/gj/2013/11 -23/5539060。

③ 旭坛：《美国 35 年后首次向伊朗出口飞机零部件》，《中国航空报》2014 年 7 月 28 日第 A04 版。

④ 克里斯托夫・鲁尔：《2013 年能源市场：消费增长、库存支撑》，《BP 世界能源统计年鉴 2014》（中文版），2014，第 8 页。

⑤ 刘美辰、施建国：《美伊就伊核问题在日内瓦举行新一轮会谈》，新华网，http：//news.xinhuanet. com/world/2014 -09/04/c_ 1112367550. htm。

⑥ 刘美辰、施建国：《美伊就伊核问题在日内瓦举行新一轮会谈》，新华网，http：//news.xinhuanet. com/world/2014 -09/04/c_ 1112367550. htm。

⑦ 《俄罗斯将帮助伊朗再建两座核电站》，人民网，http：//world. people. com. cn/n/2014/0624/c1002 -2519421。

立起自己的核电站。伊朗核问题的核心在于，伊朗不想从技术上排除发展核武器的可能性，这是伊朗的政权性质决定的。因此，在可以预计的未来伊核问题很难实现突破。

结　语

回望过去一年，能源政治的热点多于前年。如果说墨西哥能源政策大调整、苏丹内战与利比亚乱局还有迹可循，由克里米亚变局引发的乌克兰争夺战、ISIS 的崛起、981 钻井平台事件则在大部分人的意料之外。981 事件虽然引人注目，但已经成为过去。ISIS 的崛起影响不小，但影响主要局限于伊拉克与叙利亚，过于凶残的特性限制了其政治前景。乌克兰争夺战涉及俄罗斯、欧盟与美国等全球几大势力，并间接影响到中国、印度、日本、韩国等主要经济体，一种观点认为俄罗斯与美欧陷入“新冷战”，这对俄罗斯的影响将大于对欧美的。吞下克里米亚后继续在乌克兰东部支持分裂势力的做法，超过了欧美所能接受的限度，他们的反制措施正在对俄罗斯造成日益明显的伤害。

墨西哥国家石油公司 76 年的独家垄断地位被打破，无疑有利于墨西哥油气资源的开发与利用。南苏丹内战对国家的政治、经济影响重大，说明这个新生国家的主要政治势力，还没有学会为了国家而妥协合作。利比亚乱局的主因是世俗派与宗教势力争夺政治经济利益。从目前形势看，形势有利于世俗派。

核能领域，全球核电开发进一步复苏，伊朗核问题难以取得大进展，这些都在我们上年的预料之中。[①]

展望未来一年，ISIS 的发展势头将因为全球多国合作加大对其打击力度而削弱。南海再次出现 981 事件类似情况的可能性不大。利比亚政局有

---

① 薛力：《2012～2013 年全球能源政治：形势与热点》，《全球政治与安全报告（2014）》，社会科学文献出版社，2014，第 126、137 页。

望好转，苏丹形势也有可能变好。由于乌克兰执意加入欧盟，乌克兰东部恢复和平的可能性小于50%，俄罗斯与欧美之间的对抗将继续，但不会大幅度升级。

参考文献

BP Statistical Review of World Energy 2014.

蔡峰等：《墨西哥湾地区油气投资环境与法律法规》，《海洋地质动态》2010 年第 3 期。

陈寅、钱泳文：《墨西哥总统签署能源改革法案》，新华网，http：//news. xinhuanet. com/fortune/2013 -12/21/c_ 118652129. htm。

陈鹏：《巴基斯坦启动国内最大核电项目建设》，新华网，http：//news. xinhuanet. com/world/2013 -11/27/c_ 118309758. htm。

陈向阳、张远：《利比亚公布国民代表大会选举最终结果》，新华网，http：//news. xinhuanet. com/world/2014 -07/22/c_ 1111726867. htm。

杜尚泽：《习近平会见越共中央总书记特使黎鸿英》，人民网，http：//cpc. people. com. cn/BIG5/n/2014/0828/c64094 -25553973. html。

〔俄〕德米特里·特列宁：《冷战重来：乌克兰危机改写美俄关系》，FT 中文网，http：//www. ftchinese. com/story/001058123。

《国防部就扩建岛礁与南海防识区等热点答问》，新华网，http：//news. xinhuanet. com/mil/2014 -09/26/c_ 127035838. htm？prolongation =2。

胡森林、王亚莘：《对俄制裁影响全球能源版图》，FT 中文网，http：//www. ftchinese. com/story/001057749？page =rest。

IAEA，*Reactor Status Report—Under Construction Reactor*，http：//www. iaea. org/PRIS/WorldStatistics/UnderConstructionReactorsByCountry. aspx.

〔英〕克里斯蒂安·奥利弗、柯特妮·韦弗：《俄罗斯寻求对乌克兰天然气全面断供》，FT 中文网，http：//www. ftchinese. com/story/001058108。

〔英〕克里斯托夫·鲁尔：《2013 年能源市场：消费增长、库存支撑》，《BP 世界能源统计年鉴 2014》（中文版），2014 年 6 月。

蓝建中：《日本正式批准重启川内核电站》，新华网，http：//news. xinhuanet. com/world/2014 -09/10/c_ 126972648. htm。

刘美辰、施建国：《美伊就伊核问题在日内瓦举行新一轮会谈》，新华网，http：//news. xinhuanet. com/world/2014 -09/04/c_ 1112367550. htm。

《媒体揭秘 ISIS 的“治国术”》，新华网，http：//news. xinhuanet. com/world/2014 - 08/17/c_ 126880351. htm。

《墨西哥能源改革的主要内容》，环球网，http：//china. huanqiu. com/News/mofcom/2014 - 08/5120363. html。

任彦等：《北约与俄关系进入寒意深秋》，《环球时报》2014 年 9 月 18 日。

邵杰：《南苏丹冲突满眼面临严峻考验》，新华网，http：//www. zj. xinhuanet. com/newscenter/rb/2013 - 12/21/c_ 118653658. htm。

旭坛：《美国 35 年后首次向伊朗出口飞机零部件》，《中国航空报》2014 年 7 月 28 日。

环球网：http：//www. huanqiu. com/。

人民网：http：//www. people. com. cn。

新华网：http：//www. xinhuanet. com。

中国日报网：http：//www. chinadaily. com. cn。

国际原子能机构网：http：//www. iaea. org/。

中新网：http：//www. chinanews. com/。

美国能源信息署网站：http：//www. iea. org/。

Y.8

全球恐怖主义与反恐怖斗争（2013～2014年）

邵 峰*

摘 要：2013年以来，全球恐怖主义发展迅猛，无论从数据统计还是从发展态势来看，国际反恐形势都趋于恶化，尤其表现在恐怖主义肆虐的地区持续扩大，“伊斯兰国”异军突起。全球恐怖主义发展和反恐斗争呈现出以下几个特点：国际社会反恐的焦点由基地组织转为ISIS；恐怖组织野心膨胀，试图建立宗教国家；美国再次用兵伊拉克左右为难；西方国家面临遭受境内恐怖袭击的重大现实威胁；中国面临的恐怖主义威胁也日趋严峻。

关键词：恐怖主义 全球反恐 伊斯兰国 呼罗珊

一 全球恐怖主义总体形势评估

2013年以来，全球恐怖主义发展迅猛、反恐形势恶化，恐怖主义事件数量上升，受影响的地区扩大，“伊斯兰国”的异军突起引起全球关注，国际反恐面临严峻挑战。

---

* 邵峰，中国社会科学院世界经济与政治研究所研究员，主要研究领域为国际反恐、核扩散问题和中国的对外战略。

（一）从美国权威报告看全球反恐形势

美国国务院2014年4月30号发布了《2013年国家反恐报告》。[①] 报告称，虽然基地组织遭到重创，但2013年全球恐怖威胁发展迅猛，恐怖袭击事件较2012年增加了近一半，更担心战乱中的叙利亚会成为恐怖分子的训练营。美国国务院近两年新采用的计算方式显示，2013年全球发生了大约9707起恐怖袭击，比上年增长43%，造成超过17800人死亡。报告显示，伊拉克、巴基斯坦、阿富汗、印度、菲律宾、泰国、尼日利亚、也门、叙利亚和索马里是全球遭受恐怖袭击次数最多的国家，其中伊拉克2013年发生2495次恐怖袭击，造成6378人死亡、14956人受伤，三项统计数字均居各国首位。塔利班是全球范围内发动恐怖袭击次数最多的组织，2013年制造641次恐袭，造成2340人死亡。美国还继续把古巴、伊朗、苏丹和叙利亚列为“支持恐怖主义国家”，对四国实施武器出口和销售禁令，拒绝向它们提供经济援助。

从恐怖袭击的手段来看，爆炸和武装袭击是恐怖分子最常使用的手段，高达57%的恐怖袭击通过爆炸实现，武装袭击占比为23%。与2012年相比，暗杀、攻击基础设施和绑架人质等手段所占比例均有所上升。从袭击目标分析，报告显示过半数的恐怖袭击把目标锁定为平民或警察，2013年全球有36个国家发生了以新闻媒体和记者为目标的恐怖事件，总数达167起，主要集中在叙利亚、巴基斯坦、伊拉克等国，手段包括暗杀、绑架和武装袭击等。

从危害性来看，自杀式恐怖袭击最致命。2013年全球发生510次自杀式恐怖袭击，造成逾3800人死亡、7700余人受伤，自杀式恐怖袭击明显比其他袭击手段更为“致命”。

关于中国的部分，报告中提到，2013年中国发生多起由中国政府定义

---

① U. S. Department of State, *Country Reports on Terrorism 2013*, http://www.state.gov/j/ct/rls/crt/2013/index.htm.

为恐怖袭击的事件。报告中特别指出，2013 年 10 月发生的天安门汽车爆炸案，美国无法获得独立信息来证明这起事件有“东突伊斯兰运动”的参与。美国认为中国政府并没有提供详细的证据，来让第三方予以证实，美国政府希望中国能够提供更多的信息。报告认为，中国与美国在反恐问题上的合作“仍然很边缘”，信息交流也很少。中国执法部门“不愿”与美国执法部门合作调查涉嫌恐怖主义的案件。

2013 年天安门恐袭事件后，一向自诩为“客观公正”的西方媒体曾不约而同地同情犯罪的恐怖分子，在他们的眼里，恐怖分子成了“值得同情的被压迫者”，BBC 在报道中为恐怖分子、嫌疑人等词打上引号，激起中国人民的愤怒。美国在其年度反恐报告中肆意歪曲事实、污蔑中国的反恐政策，再次暴露了美国在反恐问题上的双重标准及其对华政策的虚伪面目。在涉及中国国家安全的核心问题上做出如此表态，这充分显露了美国将中国视为主要对手甚至潜在敌人的本质。

利用新疆、西藏问题做文章，早已成为美国对华牵制的重要工具。美国公然为“东突”暴力恐怖活动翻案，也有将恐怖主义“祸水东引”的不可告人的企图。美国反恐报告中的此种表态，实质上将起到默许、纵容“东突”势力继续制造暴恐袭击的作用。最近一段时间，美国一些舆论有意炒作“国际极端势力开始指向中国”“中国将成为极端主义新的攻击目标”等，既是“幸灾乐祸”，某种程度上也试图起到引导国际暴恐势力赴华活动的目的。美国对反恐问题“夹带私货”，恐怕最终难逃“搬起石头砸自己脚”的结局。① 中国外交部发言人秦刚说，中方注意到美国国务院发布的有关报告，对该报告涉华不实之词表示不满。他要强调的是，中国是恐怖主义的受害者，一贯坚决反对任何形式的恐怖主义，反对任何人以任何名义实施或支持恐怖主义活动。他表示，在反恐问题上对别国说三道四、搞“双重标准”，无助于国际反恐合作。②

① 李岩：《美国反恐报告折射对华政策本质》，《中国国防报》2014 年 5 月 6 日。

② 《外交部：中方对美国国务院反恐报告涉华不实之词不满》，新华网，2014 年 5 月 1 日，http：//news. xinhuanet. com/world/2014 -05/01/c_ 1110500399. htm。

兰德公司发表的一篇报告梳理了“基地”和其他萨拉菲吉哈德组织的演进及其对美国政策的启示，报告供美国国防部办公室参考。① 兰德公司的统计显示，2010 年以来，“基地”和其他萨拉菲吉哈德组织的数量增长了 58%，战斗人数翻倍，“基地”分支发动的袭击翻了三倍。2014 年，崛起于叙利亚内战的“伊拉克和大叙利亚伊斯兰国”（ISIS）在伊拉克攻城略地，并宣布“建国”，称“伊斯兰国”（Islamic State）。②

美国《2013 年国家反恐报告》对全球恐怖主义发展的变化进行了分析。报告指出，2013 年全球反恐行动取得了卓越成效，重创“基地”组织核心，然而全球恐怖势力也因此而发生了新的变化。归纳起来，恐怖主义大致有以下几点发展趋势。

其一，“基地”组织仍是对美国及其盟国的重大威胁。“基地”组织的网络变得更加去中心化，分支组织的实务操作更具自主性，并越发关注本地与区域目标。“基地”组织领导层难以保证“基地”组织网络内部的沟通和向心力，对各附属组织的指令也没有被得到遵守。在中东和北非的激进、分散的基地组织分支正在增加，严重威胁到美国与盟友的利益。过去几年内，在也门、叙利亚、伊拉克、非洲西北部、索马里等地，出现了一些更为激进的“基地”附属组织及类似组织，其中叙利亚继续成为恐怖主义的主要战场。

其二，国际社会的反恐行动有效打击了恐怖组织的资金链，一些恐怖组

① Salafi（萨拉菲）一词在阿拉伯语里是“前辈”“先人”的意思，是伊斯兰教的一个极端主义教派，他们信奉没有删减或更改的伊斯兰教原初教义。该派别成立的极端主义武装组织，受到“基地”组织思想影响，坚持建立正统宗教国家、反以色列和反西方的立场，被联合国认定为恐怖组织。“Jihad”在阿拉伯语里是“斗争”的意思，又译作“圣战”，但容易引起歧义。“萨拉菲吉哈德团体”是指武装逊尼派伊斯兰主义的一股特殊力量。判断一个组织是否为萨拉菲吉哈德团体，有两个标准：第一，是否强调回归纯洁的伊斯兰；第二，是否相信暴力的吉哈德是一种个人义务（fard'ayn）。

② 兰德报告：《头号威胁：“萨拉菲吉哈德运动”的演化史》，澎湃新闻网，2014 年 8 月 7 日，http://www.thepaper.cn/newsDetail_forward_1260433。英文原版见 Seth G. Jones，“A Persistent Threat：The Evolution of al Qa'ida and Other Salafi Jihadists，” Jun. 3，2014，http://www.rand.org/pubs/research_reports/RR637.html。

织和极端势力因此转向以绑架人质索要赎金的方式来获取资金，2013 年遭恐怖组织绑架的人数接近 3 千。

其三，宗教派别冲突更多地成为恐怖袭击的主要原因，比如发生在叙利亚、黎巴嫩、巴基斯坦等地的武装冲突。叙利亚已成为冲突双方实施恐怖行动的一个主要战场，并将是未来一个长期的忧患。这场冲突已经吸引了数千名外国战士，他们主要来自北非、海湾地区、中亚和欧洲。

其四，以 2013 年 4 月 15 日波士顿袭击案为代表的“单独进攻者”，也对反恐行动提出严峻挑战。

其五，暴力极端分子加强了对新媒体平台和社交媒体的运用。

美国《2013 年国家反恐报告》所提到的若干趋势和变化，从目前的反恐形势看，基本上还是比较准确的，但这些总结都是建立在 2013 年的数据和事实的基础之上的，时间有些滞后。

（二）全球恐怖主义及反恐形势发展的新态势

从全球恐怖主义和反恐形势看，有如下四个比较大的发展态势需要引起高度重视。

1. 从地理范围看，恐怖主义肆虐的地区持续扩大

前几年，国际社会关注的反恐重点区域除伊拉克、阿富汗、巴基斯坦三国外，主要是也门和索马里。但是，自 2013 年开始，出现了一个非常明显的趋势，中东、北非长期政治动荡的后果开始显现，一些国家成为恐怖主义的肆虐之地，包括埃及、利比亚、马里、叙利亚及尼日利亚等国。

伊拉克和巴基斯坦反恐形势的严峻自不必说，阿富汗在美军准备撤离之际安全局势开始出现恶化，阿富汗塔利班颇有卷土重来的架势。在结束了阿富汗“史上历时最长的民主选举”后，前财长阿什拉夫·加尼出任本届总统。第一个挑战肯定是来自于安全方面，阿富汗新任总统加尼 2014 年 9 月 29 日举行就职仪式，但也许是为了给这位新总统一个下马威，阿富汗塔利班 25 日夜间在加兹尼省东部的阿尔吉斯坦地区抓捕并杀害了 12 名当地平民，而且还焚烧了至少 60 所的住宅。这只是阿富汗塔利班近期发

动的系列袭击活动的一个缩影。随着美国主导的北约部队陆续撤离阿富汗，加上此前阿富汗总统选举长期陷入僵局，2014 年夏季以来阿富汗局势有所恶化。

中东最重要的国家埃及在革命后局势一直处于动荡之中，恐怖组织的活动也处于活跃期。自 2013 年 7 月埃及军方解除穆尔西总统职务以来，极端分子以西奈半岛为主要基地，频繁发动针对军警的袭击，迄今已造成超过 500 人死亡，埃及国内安全局势恶化。与“基地”组织有关的“耶路撒冷支持者”（AnsarBaytal-Maqdis）组织宣布制造了大多数袭击事件。“耶路撒冷支持者”是埃及的一个极端组织，成立于 2011 年埃及局势出现动荡之后，在思想上受“基地”组织影响，但并非“基地”组织分支机构。该组织以埃及西奈半岛为据点，主要通过网络发布一些消息，曾对以色列和埃及境内目标发动一系列袭击，包括 2013 年试图暗杀埃及内政部长，以及在 2014 年 1 月用火箭弹击落了埃及一架军用直升机。2014 年 2 月该组织宣称对游客发动袭击。2014 年 4 月，美国将其列为恐怖组织。

沙特《中东报》网站有评论称，西亚北非地区政治局势动荡，“阿拉伯之春”来势汹涌，美国不考虑中东国家发展的实际情况，一味推行西方模式，打破了中东政治与战略平衡。美国等西方国家仅仅从自身利益考量，刻意引导中东变局，反而造成更大动荡，给中东地区留下一个又一个乱局，并使得该地区成为恐怖主义的重灾区。①

另外，东南亚的菲律宾、印尼甚至大洋洲的澳大利亚，也都面临严峻的恐怖主义威胁。菲律宾和印尼是因为国内的民族、宗教矛盾，而澳大利亚则是由于紧紧追随美国在中东的反恐政策而导致国际极端恐怖组织和国内宗教激进分子的仇视。

必须指出的是，自 2013 年开始，中国新疆“东突”暴恐活动密集，反恐形势严峻，令人有新疆“巴基斯坦化”的担忧。不仅如此，“东突”分子的黑手开始伸向内地大城市，出现了新疆的地区恐怖主义外溢到全国的

① 刘睿：《撒手与漠视，加剧利比亚动荡》，《人民日报》2014 年 7 月 22 日。

危险。

因此，从世界地图上看，过去所说的恐怖主义弧形地带变成了一个从整个北部非洲－中东地区－中亚（包括中国的新疆）和南亚－东南亚－澳大利亚连成一片的广袤地带。

2. 从恐怖主义的猖狂程度来看，“伊斯兰国”异军突起

一段时间以来，各大媒体关于中东的新闻报道中，频繁出现“ISIS”“ISIL”两个英文缩略词。“ISIL”译成中文的意思是“伊拉克和黎凡特伊斯兰国”，是西方政治家和媒体对该极端武装组织的译名。阿拉伯政治家和媒体使用的英文译名则是“ISIS”，意思是“伊拉克和沙姆伊斯兰国”，其中的“沙姆”一词在阿拉伯语中意思是“大叙利亚”，因此该组织也被称为“伊拉克和大叙利亚伊斯兰国”。西方媒体使用的“黎凡特”也是个地理概念，与阿拉伯文的“沙姆”意思相近，但“黎凡特”表示一个比伊拉克和叙利亚大得多的地区，泛指地中海东部地区的叙利亚、黎巴嫩、以色列、约旦、巴勒斯坦等国及部分土耳其南部地区。据称，西方政治家和媒体之所以偏向选择使用缩略词“ISIL”的原因是，“黎凡特”表示一个比伊拉克和叙利亚大得多的地区，将这个恐怖组织称作“ISIL”而非“ISIS”，这意味着它不仅仅是一项严重威胁，而且是一项大范围威胁，有其政治考量。[①] 目前，一般中文简称“伊斯兰国”，英文简称 ISIS 的情况比较多，也有的干脆就称 IS。

伊斯兰国（The Islamic State，IS），伊拉克和沙姆伊斯兰国（Islamic State of Iraq and al-Sham，ISIS），伊拉克和黎凡特伊斯兰国（Islamic State of Iraq and al-Levant，ISIL），三者是指同一个组织，是一个活跃在伊拉克和叙利亚的未被广泛认可的政治实体，也是一个极端的恐怖主义组织。该组织曾是“基地”组织的一个分支，2014 年 2 月，在历经了八个月的权力争斗之后，“基地”组织宣布该组织过于极端、残忍、野蛮，切断了与它的所有联

① 顾正龙：《“ISIL”还是“ISIS”，“伊斯兰国”到底叫啥?》，新华网，2014 年 9 月 26 日，http：//news. xinhuanet. com/mil/2014 －09/26/c_ 127036978. htm。

系，故该组织已经不被“基地”组织所承认。2011 年，“伊拉克伊斯兰国”组织的武装分子通过伊叙边境进入叙利亚，又在叙利亚组建了一支名为“胜利阵线”的激进组织。2013 年 4 月，巴格达迪宣布将“伊拉克伊斯兰国”和“胜利阵线”合并成一个组织“伊拉克和沙姆伊斯兰国”。不过，在叙利亚的原“胜利阵线”成员不同意“合并”的决议。2014 年 6 月 29 日，巴格达迪宣布将“伊拉克和沙姆”字样舍去，直称“伊斯兰国”（The Islamic State，简称 IS），巴格达迪改用本名“易卜拉欣”，自称“哈里发易卜拉欣”。

2014 年 6 月以来，“伊斯兰国”极端武装相继占领伊拉克北部、西部和东部大片地区。该组织武装从库尔德武装手中夺取了北部尼尼微省的辛贾尔镇和扎马尔镇等地，致使当地大约 20 万人流离失所。该组织随后又攻占了伊拉克最大的基督教城镇盖拉高什，导致成千上万民众逃亡。受困于辛贾尔山上包括伊拉克少数族群雅兹迪人在内的平民多达 4 万，极端组织还威胁要对雅兹迪人实行“种族屠杀”。

ISIS 的攻势不可阻挡，已经控制了叙利亚所有的油田及叙利亚和伊拉克之间的所有边境口岸，这标志着 ISIS 的势力在伊拉克、叙利亚连成一片。据估计，现在“伊斯兰国”的控制面积达到了 25 万平方公里，相当于英国的国土面积，人口达到了 1000 万以上，石油资源丰富，从实力上看已经是中东一个重要的“国家”。

在巨大的舆论压力下，奥巴马政府终于决定出手干预。美军自 2014 年 8 月 8 日开始空袭伊拉克境内的“伊斯兰国”目标。奥巴马 8 月 10 日发表讲话，宣布组建一个广泛的国际联盟，削弱并最终摧毁“伊斯兰国”。23 日，美军开始在叙利亚对“伊斯兰国”目标发动空袭，沙特、阿联酋、约旦、巴林和卡塔尔参加了空袭行动。

联合国也采取了行动。尽管美国总统奥巴马 9 月 24 日在联大发言时令人错愕地将埃博拉病毒、俄罗斯和“伊斯兰国（ISIS）”一起，并称为“当今世界三大威胁”，遭到俄罗斯代表的强烈驳斥，不过他所倡导的反 ISIS 阵线当天在联合国大会还是获得了空前支持，连俄罗斯也不计前嫌投下赞成票，安理会反恐峰会一致通过2178号决议，各国承诺采取行动打击全球恐怖主义，特别是防止在伊拉克和叙利亚的IS招募外国恐怖武装人员并获得资助和支持。

“伊斯兰国”的崛起有以下几方面的原因。

第一，这是美国战略留下的祸根。“9·11”事件后，美国企图借机“一箭数雕”，通过伊拉克战争彻底消除萨达姆政权的威胁，控制伊拉克，打造中东民主样板。但美军在伊拉克的军事行动久拖不决，导致局面混乱难以控制。

第二，这是伊拉克政府腐败埋下的种子。美国希望伊政府能成为“美国制造”的民主样板，但伊拉克现政府是非常腐败的政府。

第三，这是伊拉克宗派之争结下的恶果，什叶派和逊尼派的千年宿怨在萨达姆政权倒台之后急剧恶化。加剧局势的还有叙利亚战争，“伊斯兰国”是一个逊尼派伊斯兰极端武装，欲图建立一个伊斯兰国家，伊拉克危机正是因这个组织发动的攻势而产生的。①

第四，宗派认同感的泛滥是罪魁祸首。无论是西边的利比亚和突尼斯，还是东边的叙利亚和伊拉克，它们过去都是世俗的专制政权，其合法性并不源自宗教认同感。历史上，它们都得到过外部大国的支持。如今，整个地区，政府的组织结构完全崩溃，人民开始认同其更古老的身份——逊尼派、什叶派、库尔德人。旧的秩序寄托于极端的压制和超级大国的庇护，而极端的压制正在引发极端的反对运动，超级大国的庇护也无法延续下去。于是，宗派分歧严重、由少数族群统治的国家——伊拉克和叙利亚——成为最脆弱的国家。伊拉克战争是关键的触发器，美国的占领不必要地加剧了宗派认同感，而不是建立了一个全民族的认同感。②

3. 从对西方国家的威胁来看，“呼罗珊”渐露峥嵘

不过正当“伊斯兰国”肆虐伊拉克还未消停的时候，美国官员又对媒

---

① 张凤坡：《伊拉克危机的三大根源》，《科技日报》2014年6月24日。

② Fareed Zakaria, “An Enclave Strategy for Iraq,” *The Washington Post*, June 19, 2014, http://fareedzakaria.com/2014/06/20/an-enclave-strategy-for-iraq/.

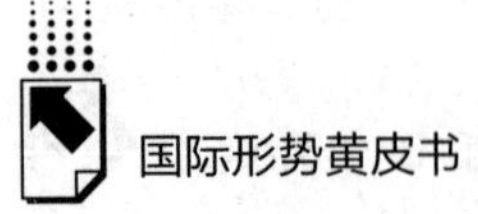

体透露一条重要消息称，美国政府认为“伊斯兰国”暂时并不会对美国本土造成威胁，相比之下，在叙利亚活动的神秘的极端组织“呼罗珊集团”（Khorasan）威胁更大。其名字取自一个古宗教王国的省份，由来自阿富汗和巴基斯坦的“基地”组织骨干成员组建。这一组织专门招募持有欧洲国家和美国护照的极端人员，派他们登上飞往美国的航班，执行袭击任务。

2014 年 9 月 23 日凌晨，美国和沙特阿拉伯、巴林等几个阿拉伯国家在叙利亚当地时间 23 日凌晨空袭了叙境内的极端组织“伊斯兰国”目标。这次空袭行动是美国总统奥巴马提出的打击“伊斯兰国”战略的一部分。值得注意的是，F－22 猛禽战斗机也投入了此次空袭。这是 F－22 自 2005 年正式服役以来，首次参与实战。尤其是 2013 年之后，叙利亚从俄罗斯获得了先进的防空装备，因此，必须使用 F－22 战机才可以突破叙利亚的俄式防空体系。美国总统奥巴马 23 日在白宫发表声明，表示美国将继续对叙利亚境内恐怖分子发动空袭。值得注意的是，奥巴马在讲话中首次提到神秘恐怖组织“呼罗珊”，美国司法部长霍尔德承认，对“呼罗珊”的空袭阻止了一起针对美国和盟国的恐怖袭击行动。美国中央情报局局长詹姆斯·克拉珀称该组织存在于伊拉克和叙利亚境内，目的是针对美国和西方国家实施恐怖活动。他警告称，就美国而言，“呼罗珊”组织可能与“伊斯兰国”同样危险。

更令西方国家担忧的是，“呼罗珊”组织成员进入叙利亚的主要任务不是与叙利亚政府军作战，而是招募持有欧洲国家和美国护照的极端人员，以求躲过美国安保网络拦截，让他们飞回美国发动袭击。而得益于叙利亚的冲突，一些生活在西方国家的极端分子大量拥入，使得“基地”组织下设分支在数量和实力上都重焕生机。据情报机构估计，已有数以百计的美国人和欧洲人身在叙利亚，参加各类极端武装组织。西方情报官员先前已经对极端组织内的西方“兵团”产生担忧。他们认为，不少西方极端人员的身份并未为被外界所知，因而在购买机票搭乘前往欧洲或美国城市的航班时，不会引起安全人员的过多警惕，却对美欧本土造成重大安全隐患。

当然，由于恐怖组织的特殊性和隐蔽性，关于“呼罗珊”“胜利阵线”“伊斯兰国”与“基地”组织之间的关系，从各方面掌握的资料来看，众说纷纭，纠缠不清，有时甚至互相矛盾。

二　本年度全球恐怖主义和反恐形势的特点

2013~2014年全球恐怖主义活动和反恐形势出现了一些新热点、新特点和新动向，引起国际社会的高度关注。

（一）国际社会反恐的焦点由“基地”组织转为“伊斯兰国”

2014年国际安全领域的一个最显著的特征就是国际社会反恐的焦点由“基地”组织转为“伊斯兰国”，其头目巴格达迪的名头也是越来越响，被称为本·拉登的接班人，大有取代“基地”领导人扎瓦赫里成为国际恐怖主义新“领袖”的趋势。2014年下半年以来，由于“伊斯兰国”在伊拉克和叙利亚境内大肆扩张地盘，并且以极为残忍的手段屠杀异教徒和西方人质，搞得内部处于民族教派纷争的伊拉克政府难以抵挡，美国和西方盟国不得不再次用兵伊拉克，对“伊斯兰国”的据点和武装人员进行空袭。于是，在国际媒体上，几乎每天都充斥着关于“伊斯兰国”和巴格达迪的报道，成为国际媒体的焦点。

“伊斯兰国”有上千名西方圣战者，欧美等西方国家担心“伊斯兰国”效仿“基地”袭击海外地区，但是它们目前更担心来自西方的“伊斯兰国”战士乔装返回西方后发动远甚于“基地”组织的恐怖攻击。美国前驻伊大使在电视节目中警告：“伊斯兰国”就是“基地”组织6.0版本，如果他们在夺占的领土站稳脚跟，他们掌握的局势会比“基地”组织在“9·11”事件前更强。①

① 《美组建百人特战部队追捕“伊斯兰国”头目》，《华商报》2014年8月20日。

“伊斯兰国”曾是“基地”组织的一个分支，2013 年二者已经分道扬镳。著名中东问题专家李绍先认为，这两个组织在很多方面存在不同。第一，目标不同。“基地”组织以攻击以美国为代表的西方国家为目标，“伊斯兰国”的目标则是建国，攻城略地，甚至有明确的建国方案。第二，手法不同。“基地”组织主要针对西方目标策划恐怖袭击。“伊斯兰国”则会挑起教派冲突，对于什叶派、基督徒或雅兹迪等少数族群，“伊斯兰国”会采取威逼、迫害甚至集体屠杀的残酷手段。而“基地”组织对“伊斯兰国”屠杀异教徒的做法是不赞成的。第三，“伊斯兰国”的风头和号召力远远超过“基地”组织，吸引力相当大。“基地”组织总是在谋划袭击，很长时间内搞一个惊天创举。而“伊斯兰国”是明火执仗，它是要建立一个有形的政权，拥有清晰的“治国”计划，而且在一定程度上实现了这一目标，在它控制的地盘上秩序井然，不排除未来有更多组织宣布对其效忠。从这一角度来看，逐渐做大的“伊斯兰国”组织比“基地”更加恐怖。[①]

简单来讲，“伊斯兰国”之所以成为国际反恐和国际媒体的焦点，引起国际社会的极大关注，主要有三点原因。第一，“伊斯兰国”发展迅猛，在叙利亚和伊拉克攻城略地，势不可当，曾夺取摩苏尔水坝、一处油田和多座重要城镇，并控制了通往土耳其的输油管道，力图夺取伊拉克的经济命脉。第二，对待敌人和异族、异教徒的手段异常残忍，公开斩首、机枪扫射、钉死异教徒、活埋妇女和孩子，残忍程度超过任何人的想象。它还在网络上公开西方人质被砍头杀害的视频，绑架妇女做性奴。目击者称，摩苏尔的电线杆上挂满了人头。“伊斯兰国”的所作所为，不仅表明其反西方的特征，而且彰显其反人类、反文明的邪恶性，引起世界各国人民的公愤。第三，“伊斯兰国”非常善于利用互联网，有一套系统的网络宣传手段。

（二）恐怖组织野心膨胀，试图建立宗教国家

2014 年 7 月，“伊斯兰国”一路势如破竹地占领伊拉克多地，巴格达迪

① 《美组建百人特战部队追捕“伊斯兰国”头目》，《华商报》2014 年 8 月 20 日。

一袭黑衣出现，宣布“建国”，并自封“国王”。为了实现从组织到“国家”的转变，“伊斯兰国”制定了一系列的领导层的构成和分工。根据伊拉克政府军从“伊斯兰国”的参谋长比拉维家中搜出的资料显示，其所建立的“国家”是以巴格达迪为核心，形成一个高度集权、层层向下、分工明确细致的管理体系。其中还包括“国王”巴格达迪任命的一个由多名副手组成的“内阁”。此外，巴格达迪还任命一名“财政部长”。而“伊斯兰国”的“内阁”中还有头目专门负责管理军工商店、策划路边炸弹袭击、抚恤“牺牲者”家属。该组织所有成员和头目都有具体的分工和管辖区域，每月领取薪水，薪资按岗位从300美元到2000美元不等。①

“伊斯兰国”不仅建立了组织机构，而且还制定了自己的谋略。英国《星期日泰晤士报》2014年10月5日曝光一份文件，揭示了“伊斯兰国”的疯狂计划。伊拉克特种部队在3月突袭“伊斯兰国”高级成员的住址时，缴获了这份文件，其真实性已得到西方情报官员的确认。在这份计划书中，“伊斯兰国”展示了其“雄心壮志”和战略规划——削弱阿拉伯世界中的什叶派，并摧毁其根据地伊朗。文件显示，“伊斯兰国”计划向俄罗斯提供伊拉克油田的开采权，期望以此收买俄罗斯，令其与伊朗方面一刀两断，并将伊朗的核技术机密提供给自己。“伊斯兰国”还期望说服俄罗斯政府停止对叙利亚总统巴沙尔的支持，与海湾地区的其他逊尼派阿拉伯国家一道反对伊朗和叙利亚。文件还显示，“伊斯兰国”还计划从也门和科摩罗群岛购买岛屿，建立海军基地。“伊斯兰国”还提出长期目标，期望巴基斯坦和叙利亚的逊尼派移民至本国，“早婚早育”，以改善本国混杂的人口构成，最终将什叶派从海湾地区根除。②

分析显示，“伊斯兰国”的资金来源包括中东个人的捐赠，从控制的地区收取保护费，从寻求逃亡海外的难民处勒索钱财，通过其控制的油田卖油所得，抢夺伊拉克央行摩苏尔分支等。再有，就是巨额的人质“赎金”。

---

① 韩旭阳：《媒体揭秘伊拉克恐怖组织“治国术”》，《新京报》2014年8月17日。

② 《ISIS曝疯狂计划：收买普京并用石油换核技术》，新浪网，2014年10月7日，http://news.sina.com.cn/w/2014-10-07/145830953814.shtml。

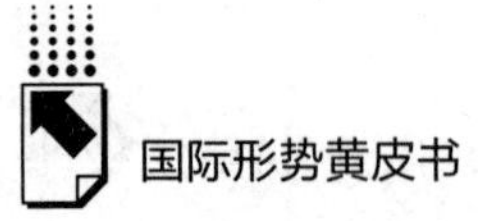

“伊斯兰国”还有一套完整的社交媒体战略。“伊斯兰国”在实行一项旨在散布恐惧、募集资金和招收新成员的复杂社交媒体战略。在极端组织中，“伊斯兰国”的社交媒体战略之复杂程度位列前茅。除了威吓对手，“伊斯兰国”的两个重要目标市场是捐助人和新成员，尤其是（包括澳大利亚在内的）西方国家中的第二代和第三代穆斯林移民。在社交媒体上，“伊斯兰国”有各种不同账号：有负责所有视频发布的“伊斯兰国”“官方”媒体账号，有发布实时信息和图片的“伊斯兰国”“省级”账号，有“伊斯兰国”圣战者的账号，作战人员在这些账号上讲述自己的经历和日常生活，还有“伊斯兰国”支持者的账号。①

实际上，国际恐怖组织“建国”的冲动不是始于2014年，也不仅是“伊斯兰国”。早在2007年，“基地”组织伊拉克分支就自称建立了“伊拉克伊斯兰国”，只是当时影响不大，国际社会没有把它当回事。2011年5月28日，“基地”组织阿拉伯半岛分支发表声明，宣称该组织已占领也门南部阿比扬省省会津吉巴尔市，并宣布该市为“基地”组织在也门南部建立的“伊斯兰酋长国”的首都。不过，也门政府军经过一个月的激战，又夺回了“基地”武装位于南部的大本营津吉巴尔。2014年8月24日，伊斯兰极端军事组织“博科圣地”领袖谢科宣布在尼日利亚东北部小镇果扎建国。他在一段52分钟的视频中宣称已经在果扎建立了“哈里发伊斯兰国”。另外，叙利亚的反政府恐怖组织“胜利阵线”的最高目标也是要建立伊斯兰宗教国家。

（三）美国再次用兵伊拉克左右为难

2014年9月10日，奥巴马赶在“9·11”事件13周年前夕全面阐述了美国打击极端组织“伊斯兰国”的战略。该战略由4个部分组成，即对“伊斯兰国”成员发动“系统的”空袭；向在地面与该组织作战的部队提供更多支持；防范该组织发动恐怖袭击；继续向流离失所的无辜平民提供人道

---

① Rose Powell, “Cats and Kalashnikovs: Behind the ISIL Social Media Strategy,” *The Sydney Morning Herald*, June 24, 2014, http://www.smh.com.au/world/cats-and-kalashnikovs-behind-the-isil-social-media-strategy.

救援，最终把“伊斯兰国”“削弱并摧毁”。

美国在“伊斯兰国”大举进攻伊拉克、人道主义灾难凸显、杀害美国记者视频的传播造成的极端形势下，不得不下决心重新出兵伊拉克，尽管目前只是出动海空军进行空中轰炸，但这是奥巴马政府不得已而为之，实际上美国现政府处于左右为难的境地。这主要表现在三个方面。

第一，再次出兵与奥巴马先前做出的结束反恐战争的承诺背道而驰，而且也等于证明了自己反恐战略的失败。奥巴马 2013 年 5 月 23 日在美国国防大学发表讲话，阐述美国政府的反恐政策，他希望改变美国处于“无休止战争”的状态，从而结束反恐战争。而在 2010 年 8 月，美军作战部队就已完成了从伊拉克的撤军。而今，“伊斯兰国”这股恐怖主义势力的崛起，要让这位以反战而上台的总统在战争中结束自己的任期。美国政府将在未来三年中制定全面的反恐战略以对付“伊斯兰国”，奥巴马呼吁建立一个广泛的国际联盟以打击“伊斯兰国”的威胁，同时对伊拉克提供人道主义援助。对于“伊斯兰国”的崛起，奥巴马是否负有责任，这在美国已经引起了很大的争论。

第二，仅靠空中打击能否击败“伊斯兰国”是一个很大的问号。“伊斯兰国”公开在互联网上发布声明，放言美国单凭空袭无法击败“伊斯兰国”，美国将被拖入地面战，并最终失败。英国前首相托尼·布莱尔发表文章称，空袭行动可以削弱但不足以摧毁“伊斯兰国”。要想铲除“伊斯兰国”，必须前往这一组织的起源地与之作战。文章说，虽然西方国家目前无意采取地面行动，但“我们不能排除今后在绝对必要的时候采取地面行动”。[①] 美国军方一些领导人也对单纯的空中打击信心不足，多次有人声称不排除未来出动陆军的可能。

第三，打击“伊斯兰国”对美国的叙利亚战略乃至整个中东战略造成不确定性影响。显然，对于“伊斯兰国”，美国左右为难，还没有一个长远的打算，也不可能有一个两全其美的方案。对于“伊斯兰国”的猖獗，美

---

① Tony Blair, “The Way Ahead,” Tony Blair Faith Foundation, Sep. 22, 2014, http://tonyblairfaithfoundation.org/religion-geopolitics/commentaries/opinion/way-ahead.

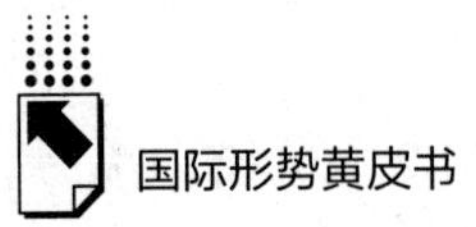

国如果放手不管，若其继续壮大对美国乃至整个世界的威胁都是灾难性的；美国如果全力打击“伊斯兰国”，必须打到叙利亚去，因为它的“根”在叙利亚，而这就等于客观上支持了叙利亚的巴沙尔政府，但这跟美国推翻巴沙尔政府的目标南辕北辙；单凭伊拉克政府军很难取胜，美国就只能借助于库尔德人的武装去打地面战，但这也为日后库尔德的独立问题埋下隐忧，从长远看这又跟美国维护伊拉克统一的目标相背驰。所以，在犹豫不决中，美国现在的政策是矛盾百出，开始军事干预容易，但收场很难。①

国际社会打击“伊斯兰国”，对叙利亚巴沙尔政权在某种意义上是一种支持，对彻底解决叙利亚问题是一个极大的干扰。巴沙尔和“伊斯兰国”都反对叙利亚的温和反对派，通过削弱温和反对派，巴沙尔削弱了对其统治的最大威胁。巴沙尔政府尽量克制不在“伊斯兰国”控制的地区发动军事行动，并向其购买石油。事实上，当叙利亚三年前爆发动乱的时候，这种斗争被普遍认为是厌倦了压迫和不公的人民起义，而巴沙尔则将其表述成打击恐怖分子的反恐战争。而“伊斯兰国”等激进组织的兴起，似乎印证了巴沙尔的说法。叙利亚人正日益面临痛苦的选择，要么是巴沙尔的专制政权，要么是“伊斯兰国”的残暴统治。

（四）西方国家面临遭受境内恐怖袭击的重大现实威胁

“伊斯兰国”的崛起和“呼罗珊”组织的神秘行动，不仅搅动了中东地区的浑水，而且也让西方国家面临遭受境内恐怖袭击的重大现实威胁。9 月 21 日，互联网上出现了一段 42 分钟的视频，“伊斯兰国”发言人阿德纳尼鼓动支持者在支持美国和法国军事行动的国家“以任何方式”杀死美国人或者欧洲人、澳大利亚人。澳大利亚方面也证实，澳警方和反恐部门拦截到的最新情报显示，与极端组织“伊斯兰国”有关的恐怖分子正计划袭击位于首都堪培拉的议会大厦和在该大厦内办公的领导人。一名身在叙利亚的“伊斯兰国”成员正在对藏身于澳大利亚的恐怖分子发号施令，直接指挥后

① 《美组建百人特战部队追捕“伊斯兰国”头目》，《华商报》2014 年 8 月 20 日。

者在澳发动恐怖袭击。比利时也披露了“伊斯兰国”疑犯图谋袭击欧盟委员会总部大楼被布鲁塞尔警方破获的消息。报道还称，估计有多达400名比利时籍公民前往叙利亚参加“圣战”，已知有约90人归国。

美国、英国、法国、德国等西方国家也都绷紧了神经，因为谁也说不清楚本国到底有多少国民出境参与了“伊斯兰国”或者“呼罗珊”的活动，一旦他们潜回国内，对这些国家来讲都是一个重大的安全威胁。欧盟委员会估计，超过2000名欧洲公民和“圣战者”并肩作战，有些人可能会接受袭击欧洲的训练。

（五）乌克兰危机导致的西方与俄罗斯的对抗对全球反恐产生不利影响

乌克兰危机导致的西方与俄罗斯的对抗，造成了国家之间关系的紧张和不信任，势必将对国际反恐合作造成重大的负面影响。

2014年3月2日，俄罗斯外交部官员称，乌克兰极端民族主义组织请求车臣恐怖组织头目多库·乌马罗夫援手共同对付俄罗斯，莫斯科期待西方对此做出回应。此前一天，乌克兰极端民族主义组织“右区”领导人亚罗什请求车臣恐怖分子乌马罗夫予以支持，以“共同对付俄罗斯”。乌马罗夫是俄罗斯抓捕的头号恐怖分子，2013年底俄罗斯伏尔加格勒地区发生两起恐怖爆炸被认为是他策划的。2014年俄罗斯索契冬奥会前，乌马罗夫曾扬言要对冬奥会发动恐怖袭击。2011年5月，美国曾悬赏500万美元捉拿乌马罗夫。

美国官方也承认，美国和俄罗斯都将“伊斯兰国”武装视为敌人，但两国难以消除互相猜忌，无法在如何共同应对“伊斯兰国”威胁方面达成共识，因此俄罗斯不大可能参与美国领导的打击行动。美俄之间的分歧很大，俄罗斯怀疑美国的隐秘动机是铲除叙利亚总统阿萨德。从在联合国的高层会谈到在莫斯科的非正式接触，种种外交努力都未能打消双方疑虑。受乌克兰危机影响，美俄关系已跌至冷战以来的低谷。

《莫斯科时报》英文版2014年9月8日发表该报编辑奎恩（Allison Quinn）的文章说，西方和俄罗斯在乌克兰的缠斗，使极端分子有机会随心所欲地实施对欧洲的毁灭性攻击。“伊斯兰国”企图实践公元七世纪版本的伊斯兰教，否定西方生活方式。他们看准美国和俄罗斯在乌克兰问题上陷入外交僵局，无疑也看到了自己的机会。2013年4月的波士顿马拉松恐怖爆炸案发生时，美国和俄罗斯为波士顿恐怖爆炸案相互指责。美国情报机构检讨一年之久，发现美、俄两国之间的情报分享存在严重问题。令人悲哀的是，来自俄罗斯和西方的“伊斯兰国”武装分子却相当团结，不受政治斗争影响。俄罗斯和美国及西方继续缠斗，无法合作对付“伊斯兰国”这个的共同威胁。[①]

一些有识之士还是希望美俄双方能摒弃前嫌，在反恐问题上共同努力。在很多人看来，俄美关系因乌克兰危机而崩溃，并指向新一场冷战。然而，华盛顿与莫斯科仍有许多利益共同点。最近中东发生的情况为这种合作的重新开始创造了基础。关键的教训在于，我们（原文中指西方世界——作者注）必须重视俄罗斯的国家利益，而不仅是我们自己的国家利益。鉴于“伊斯兰国”带来的威胁，华盛顿与莫斯科似乎可以再度发现彼此站在一边，或许可以共同努力削弱“伊斯兰国”和“基地”组织。[②]

三　中国面临的恐怖主义威胁日趋严峻

在国际恐怖主义、极端主义活动猖獗的同时，发生在中国或针对中国的恐怖活动也日趋猖獗，严重威胁到人民的生命、财产安全，威胁到社会的稳定。如何有效应对来自国内和国际方面形形色色的恐怖主义威胁，也是中国面临的安全挑战之一。

（一）新疆恐怖威胁加剧并向内地外溢，谨防新疆“巴基斯坦化”

2013年以来，新疆多次发生暴力恐怖袭击案件，且规模有逐渐扩大、

① 《俄国媒体：俄美缠斗　无法合作对付伊斯兰国》，中华网，http：//club. china. com/data/thread/12171906/2773/28/96/1_ 1. html。

② Jiri Valenta，“Can Russia and America Work Together to Crush the Islamic State?” *The National Interest*，August 21，2014，http：//nationalinterest. org/search/site/Valenta.

频率逐渐增多的趋势。比如，2013 年 6 月 26 日凌晨，新疆吐鲁番地区鄯善县鲁克沁镇发生暴力恐怖袭击案件，多名暴徒先后袭击鲁克沁镇派出所、巡警中队、镇政府和民工工地，放火焚烧警车。该案件已造成 24 人遇害（其中维吾尔族 16 人），包括公安民警 2 人；另有 21 名民警和群众受伤。公安民警当场击毙暴徒 11 人，击伤并抓获 4 人。2014 年 5 月 22 日 7 时 50 分许，有 2 辆无牌汽车在新疆乌鲁木齐市沙依巴克区公园北街一早市冲撞群众，此后 2 辆车发生爆炸起火，造成 31 人死亡，90 余人受伤。2014 年 7 月 28 日凌晨，莎车县发生一起严重暴力恐怖袭击案件，造成数十名维、汉族群众伤亡，31 辆车被打砸，其中 6 辆车被烧。

不仅如此，新疆的恐怖主义威胁开始外溢到内地甚至首都北京。2013 年 10 月 28 日，"东突"分子制造的北京天安门金水桥恐怖袭击事件，表明新疆的恐怖主义已经开始外溢，"东突"分子的黑手已经公然伸向了中国内地。甚至早在 2008 年左右，就有迹象表明"东突"的恐怖活动已经出现了向西南地区蔓延的趋势。2014 年 3 月 1 日，"东突"分子制造的昆明火车站"3·1"暴力恐怖袭击事件，造成 29 人死亡、143 人受伤的重大损失，国际国内舆论震惊。

恐怖事件导致包括维吾尔族在内的各民族人民群众遭受重大人员和财产损失，严重影响和干扰了新疆地区的进一步快速发展和整个中国的和平稳定。"东突"恐怖分子的残暴、无辜生命的脆弱无助，再一次震惊了世界，使国际社会、中国政府和民众对民族分离型恐怖主义的危害有了更进一步的认识。

新疆暴力恐怖犯罪高发有很多原因，包括新疆经济落后、维吾尔族等少数民族就业难、有些人的生活还比较贫困、一些干部作风简单粗暴、社会分配不公、官僚腐败等，这些问题肯定会引发很多社会矛盾和冲突，在某种因素的刺激下会使一些人产生反社会、反政府的极端行为，甚至会组建或加入暴力恐怖团伙，蜕变成恐怖分子。不可否认，发展经济、提高人们的生活水平、改善干部作风、完善社会利益关系、清除腐败等，都会对减少暴力恐怖犯罪有非常重要的作用。但是，以上原因绝不是暴力恐怖犯罪多发的主要

原因。

新疆暴力恐怖活动不断发生的主要原因也是根本原因，就是有一些人想实现新疆“独立”的梦想，想使新疆成为一个被宗教极端主义势力完全操控的“国家”。新疆的恐怖分子绝大多数都曾接受分裂主义势力、宗教极端主义势力各种形式的蛊惑和煽动，他们的目标非常明确，就是要独立，他们毫不掩饰地提出：“我们的国家是‘东突厥斯坦’，我们的民族是突厥，我们的宗教是伊斯兰。”为了让维吾尔族“觉醒”，“三股势力”提出了很多理由煽动人们憎恨政府，其中包括“新疆经济落后”“维吾尔人生活贫困”“民族歧视”“民族不平等”等。9 月 23 日，乌鲁木齐市中级人民法院对伊力哈木·土赫提案做出一审判决，以分裂国家罪判处其无期徒刑，剥夺政治权利终身，并处没收个人全部财产。经查明，伊力哈木·土赫提利用其中央民族大学教师身份，以“维吾尔在线”网站为平台，传播民族分裂思想。

打击民族分离型恐怖主义涉及少数民族政策问题，因此更需要各级政府和执法人员正确领会中央政府的政策，严格遵守相关法律的规定。对中国而言，在打击“东突”的时候，必须正确处理好四个区分。

第一，区分少数极端主义恐怖分子与广大爱国守法的维吾尔族同胞。政协主席俞正声指出，昆明“3·1”事件以后，有些地方把矛头对准了普通的维吾尔族群众，限制维吾尔族群众的人身自由，检查住所证件，甚至驱赶相关人员。这些都是违反政策的非常愚蠢的做法，正中了暴恐分子的下怀。这种简单化、粗暴化的做法，离间了民族关系，严重影响了民族团结，给暴恐分子可乘之机。①

第二，区分宗教极端主义与正常的伊斯兰教的教义和活动，严格执行宗教政策。实际上，正常的、主流的宗教活动如果得不到保障，反而会给传播异端邪说的宗教极端主义提供潜在的市场和机会。

① 《俞正声批评有些地方限制维族民众做法非常愚蠢》，新华网，2014 年 3 月 14 日，http：//news. xinhuanet. com/politics/2014 -03/14/c_ 126266108. htm。

第三，区分某些出于个人私怨报复社会的犯罪与恐怖主义犯罪，不可以把所有的犯罪问题都装入反恐的箩筐。

第四，区分正当的改进民族区域自治的要求与分裂祖国的恶毒阴谋。坚持国家统一、区域自治的总方针不能变，但如果是有关在现有体制下完善和改进区域自治和民族工作的讨论和建议，中央和各级政府应该敞开胸怀，从谏如流，根据实际情况和时代发展的要求努力去改进我们的工作。

（二）新疆的“东突”分子继续呈现与境外恐怖组织合流的趋势

以前众所周知的是，新疆的“东突”分子越境到国外参与“基地”组织及其附属恐怖组织的活动。令人惊奇的是，新崛起的“伊斯兰国”竟然也吸引了中国的“东突”分子参与。

越来越多的迹象表明，新疆“东突”等“三股势力”渐现与国际极端组织“伊斯兰国”合流的苗头。《环球时报》记者通过对中国反恐人士、印尼相关渠道、土耳其和叙利亚媒体同行的采访，勾勒出新疆“三股势力”活动分子偷渡出境，加入ISIS组织接受恐怖训练，参加在伊拉克和叙利亚的作战行动，以争取国际恐怖势力更多认同，培养国际暴恐活动人脉，累积回流中国境内策划组织暴恐活动“实战经验”的“路线图”。新疆“三股势力”的活动分子有两种途径参加“伊斯兰国”的活动，一是赴叙利亚和伊拉克直接加入ISIS武装，二是到东南亚参加ISIS在当地的分支。严峻的事实再次说明，要想彻底消灭极端组织对世界各国的威胁，以美国为首的反ISIS联盟就应该抛弃反恐双重标准，与包括中国在内的各国政府加强情报分享，进行反恐行动的合作。①

（三）中国人的海外利益和生命财产受到严重威胁

近年来，中国维护海洋权益的坚决行动不可避免地导致了与一些周边国

① 邱永峥、邢晓婧：《东突分子从南方出境投奔ISIS　最终目标打回中国》，《环球时报》2014年9月22日。

家关系的紧张。由于国家之间的争端而在相关国家的社会产生对华人的敌视情绪，很容易引发对华人和中国海外利益的恐怖袭击。

由于黄岩岛、仁爱礁等南沙岛礁的争议，中国与菲律宾的关系日益恶化，这也导致菲律宾社会对华人的态度趋于仇视。据菲律宾媒体9月21日报道，到目前为止，2014年已有18名中国公民在菲律宾死于绑架、谋杀等案件，大大超过以往的记录。这18人中，4人死于事故，其余14人在绑架和谋杀事件中遇害。对此，中国外交部要求菲方迅速破案，并保障在菲中国人安全。中国赴菲游客锐减，菲律宾旅游业也受损严重。菲律宾治安恶化，很大程度上是因为枪支管理松懈、非法枪支泛滥。菲律宾方面面对华人遇害事件，政府机构尤其是警方的反应并不积极，甚至有警察参与绑架。10月2日，北部省份卡加延省首府株艺牙佬市一天内发生两起枪杀案，又有3名华人遇害，包括两名年仅20多岁的华商和一名华人官员。

极少数菲律宾人对中国人的恐怖行动很可能出于两个动机：其一，不排除一小部分对华人的绑架事件只是犯罪集团为了获取丰厚的赎金；其二，更重要的是，菲律宾反华分子趁火打劫。中菲关系由于南海主权争议处于紧张状态，这在一定程度上会助长一些反华分子伤害和报复中国公民的冲动，因为他们认为政府不会重视这样的案子，事实也的确如此。9月12日，中国外交部表示，菲律宾官方已经证实，菲律宾犯罪团伙近日企图发动针对中国使馆和企业的爆炸袭击。9月1日，3名嫌犯因涉嫌阴谋在马尼拉国际机场发动爆炸袭击而被菲国家调查局逮捕，菲国家调查局探员除在其汽车上发现简易燃烧装置和枪械外，还发现了策划袭击中国驻菲大使馆、中资机构和商场等公共设施的相关文件。当地媒体此前报道称，一名叫帕马通的律师是这一袭击阴谋的幕后主使者。帕马通本人此前承认曾下令让格雷罗等人“从中国人手中夺回南沙群岛”，但否认指使他们发动袭击。帕马通2004年和2010年两度参选菲国总统，但均被宣布为“捣乱者”而丧失参选资格。

2014年5月，由于981钻井平台事件，中越两国船只在西沙发生严重冲突，越南爆发了大规模的反华示威活动，并演变成暴力袭击事件。2014年5月13日，在越南发生了针对外国投资者和企业的打砸抢烧严重暴力事件，包括台湾地区和香港地区在内的一些中国企业和人员及新加坡、韩国等国企业遭到不同程度的冲击，造成生命和财产损失，1名中国公民死亡，上百人受伤。

结　语

无论从2013年的数字统计看，还是从2014年恐怖主义发展的态势和表现出的一些新特点来看，全球反恐形势异常严峻，国际社会对打击恐怖主义问题不应该有丝毫的放松，必须齐心协力、同仇敌忾，有效遏制国际恐怖主义抬头的现实威胁。

展望2015年，在反恐问题上有四个主要问题需要重点关注：其一，阿富汗历经周折终于通过选举组成了新一届政府，美国和北约能否顺利完成从阿富汗撤军，其对中亚、南亚乃至全球的反恐格局会带来怎样的影响？其二，中东国家正在经历转轨后的持续动荡，恐怖组织趁机浑水摸鱼，相关国家能否有效地控制政治和安全局势，恐怖组织是否会找到新的生长点？其三，以美国为首的国际反恐联盟对“伊斯兰国”发动空中打击，是否能帮助伊拉克政府军、库尔德人武装和叙利亚反政府武装彻底消灭“伊斯兰国”？如果无法达成既定目标，美国等西方国家是否会再次出动陆军发动大规模地面战争？“伊斯兰国”的命运如何？其四，中国的反恐任重道远，政府对新疆的问题能否拿出实质性的、有效的解决思路？

恐怖主义是文明世界的公敌，并对国际社会的稳定、繁荣、生命财产造成致命威胁。那些极端宗教分子在控制地区的倒行逆施，所谓的伊斯兰律法的严苛推行，对异教徒和人质的惨绝人寰的杀戮，对阿拉伯世界和伊斯兰教的发展也是有百害而无一利的。面对“9·11”后最严峻的国际恐怖主义威胁，国际社会尤其是大国，只能加强团结合作，摒弃双重标准，付出更艰辛的努力，给日益猖獗的恐怖主义以迎头痛击。

Y.9

国际危机迁徙与移民问题（2013～2014年）

杨靖旼*

摘 要： 地区冲突致使难民危机在2013年全面爆发，而2014年新的危机又接踵而至。危机迁徙就此成为年内最受瞩目的国际移民问题，发展中国家接受的难民数量占全球难民总数的86%。叙利亚冲突造成的危机迁徙问题突出，乌克兰危机也使大量人口逃往俄罗斯与东欧地区。欧盟成员国则面临移民问题引起的信任危机，德、英等国限制与压缩难民数量的政策进展迅速。美国的移民体制改革进展到2014年并不顺利，改革法案并没有在众议院得到通过，而11月中期选举的结果将会影响到接下来的改革进程。

关键词： 危机迁徙 危机移民 移民政策 难民 寻求庇护者

一 2014年国际移民与移民政策的新动向

据最新统计数据与报告显示，2013～2014年，国际移民问题具有以下特点。

第一，危机迁移中的国际移民最为瞩目。长期的区域冲突与气候变化、资源危机等共同致使难民危机在2013年全面爆发，并在2014年随着新的冲

* 杨靖旼，中国社会科学院研究生院博士研究生，专业方向为国际组织与当代全球性问题。

突与战争而持续恶化。而返乡难民的数量也创了新低。

第二，发展中国家收容了全球难民总数的86%，而最不发达地区更是为280万难民提供了庇护。这些国家所面对的问题往往并没得到国际社会的广泛关注。很多难民接收国由于经济发展条件和其他因素所限，对难民的援助与保护能力相对较弱，其国际移民政策与国际组织的协调与合作幅度将会日趋加大。

第三，2014年经济较发达地区对由危机迁移所演化出的其他移民问题具有高度的敏感性，例如欧洲地区对“圣战”移民问题高度紧张，以及调整政策压缩难民身份确认等。

（一）危机迁移的全球概况①

虽然危机迁移的类型并不限于难民与寻求庇护者，但难民与寻求庇护者在危机迁徙趋势中相对具有代表性，辨识性较强，全球或国别等各层次的治理也对这种类型的移民更具有政策敏感性。因此，该部分主要介绍目前危机迁移中难民与寻求庇护者的现状。

1. 难民

到2013年底，世界范围内有5120万人因为迫害、冲突、暴力或是人权遭到侵犯而被迫流离失所，有1670万人成为难民，② 3330万境内流离失所者（internally displaced persons，IDPs），以及将近120万寻求庇护者。2013年一年内，冲突与迫害致使每日平均有高达3.22万的人被迫离开家园寻求保护。由于冲突与迫害而新增的流离失所者估计有1070万人，其中包括820万母国境内的新增流离失所者，以及250万新增难民，难民数量达到了1994年以来的新高。③

① 这一部分的数据主要来源于联合国难民署（UNHCR）2014年的最新报告，这里郑重表达对难民署以及其他相关国际组织工作，人员的感谢。没有他们的辛勤工作，我们实难掌握危机移民的境况与最新动向。

② 其中在联合国难民署任务范围内的就有1170万人，还有500万人则是通过联合国近东巴勒斯坦难民救济和工程处登记的巴勒斯坦难民。

③ UNHCR, *Global Trends 2013: War's Human Cost*, Geneva: UNHCR, June 20, 2014, p. 5.

在难民署负责的1170万难民中还包括了70万处于类难民状态的人(refugee-like situation)(参见表1)。估计还有120万例寻求庇护者的申请在难民署报告所述期限结束时(2013年12月31日)仍未被裁定为难民身份。在2390万受难民署保护或援助的流离失所者中,包括了26.75万处于类流离失所者状态(IDP-like situation)的人。此外,仍有83.66万脆弱人群处于联合国难民署保护与援助类型范围之外。据难民署估计,2013年遭受无国籍状态影响的人至少达到1000万。而75个国家政府追踪到的以及同难民署联系上的只有350万人。

表1 2013年UNHCR管辖范围内的难民人数

单位:万人

UNHCR的管辖范围	2013年初			2013年底			变化(总)	
	难民	类难民状态的人	难民总数	难民	类难民状态的人	难民总数	绝对增长	%
中非与大湖地区	47.93	—	47.93	50.86	0.74	51.6	3.67	7.7
东非与非洲之角	186.67	2.6	189.27	200.34	3.55	203.89	14.62	7.7
南部非洲	13.47	—	13.47	13.55	—	13.55	0.08	0.6
西非	26.78	—	26.78	24.23	—	24.23	-2.55	-9.5
非洲总和(除北非)	274.85	2.6	277.45	288.98	4.29	293.27	15.82	5.7
美洲	51.53	29.12	80.65	51.48	29.12	80.6	-0.05	-0.1
亚太	329.93	22.62	352.55	326.75	27.95	354.7	2.15	0.6
欧洲	179.49	0.6	180.09	177.51	1.14	178.65	-1.44	-0.8
中东北非	152.29	7.48	159.77	255.65	7.42	263.07	103.3	64.7
总　和	988.09	62.42	1050.51	1100.37	69.92	1170.29	119.78	11.4

资料来源:根据UNHCR的数据整理。

表1显示全球1/3(约350万)难民在难民署的任务帮助下在亚太地区落脚。其中超过240万人(69%)为居住在巴基斯坦和伊朗的阿富汗人。撒哈拉以南非洲则接收了1/4(超过290万)的难民,这些难民主要来自索马里(77.84万)、苏丹(60.54万)、刚果(金)(47.03万)、中非共和国(25.19万)、厄立特里亚(19.8万)。中东北非共接收了的难民数量占世界总数的22%(260万),这些难民主要来自于叙利亚(180万)。同时欧洲也

收留了来自叙利亚（66.37 万）与伊拉克（12.72 万）的难民。还有 17% 的难民（80.6 万）被美洲收容，哥伦比亚人持续占据了其中的大部分（39.73 万）。① 叙利亚危机影响了 2013 年难民收容国的排行（参见图 1）。黎巴嫩开始榜上有名，约旦与土耳其排行上升。巴基斯坦是世界上接收难民数量最多（161.65 万人）的国家，紧随其后的是伊朗（85.74 万）。对伊拉克在叙利亚难民估计数量的更正，以及德国数据的变更直接导致这两个国家掉出前十名。这前十名的国家共收容了约 655 万世界范围的难民，占难民总数的 56%。中国从 20 世纪 80 年代早期所公布的难民数据基本保持不变，有 30.1 万越南难民在中国政府的帮助与保护下在中国得到了很好的融入。②

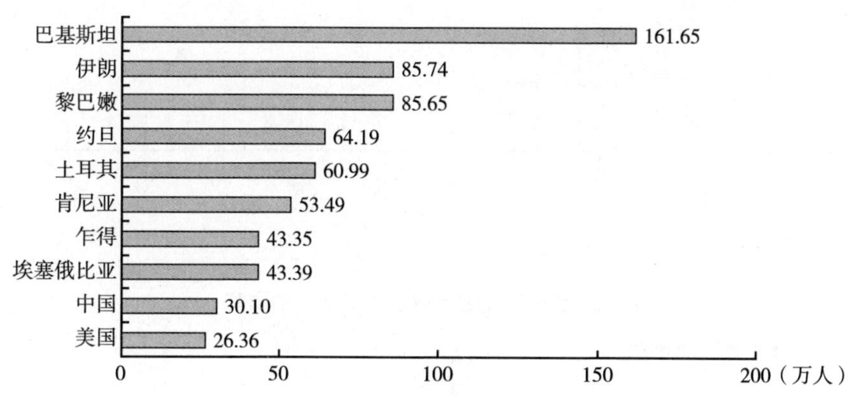

图 1　2013 年难民收容数量排行前十的国家

资料来源：UNHCR。

有 540 万以上的难民在难民署的帮助下安置于人均 GDP 低于 5000 美元的国家和地区。发展中国家共接收了世界难民总数的 86%，与十年前接收 70% 相比又有所增加。最不发达国家和地区到 2013 年终时共为 280 万难民提供了庇护。

① UNHCR, *Global Trends 2013: War's Human Cost*, Geneva: UNHCR, June 20, 2014, p. 11.

② UNHCR, *Global Trends 2013: War's Human Cost*, Geneva: UNHCR, June 20, 2014, p. 15.

2013 年，仅来自阿富汗、叙利亚和索马里这三个国家的难民就达到全球难民总数的 53%。另外有 256 万难民来自于其他 86 个国家。阿富汗与索马里输出的难民数量已经连续几年都排在世界前三位（参见图 2）。阿富汗已经连续第 33 年成为全球第一大难民来源国，平均 5 名难民中就有 1 名是阿富汗人。难民署预测，由于阿富汗现阶段的和平状态及叙利亚持续的难民潮，阿富汗第一的位置将会被叙利亚所取代。

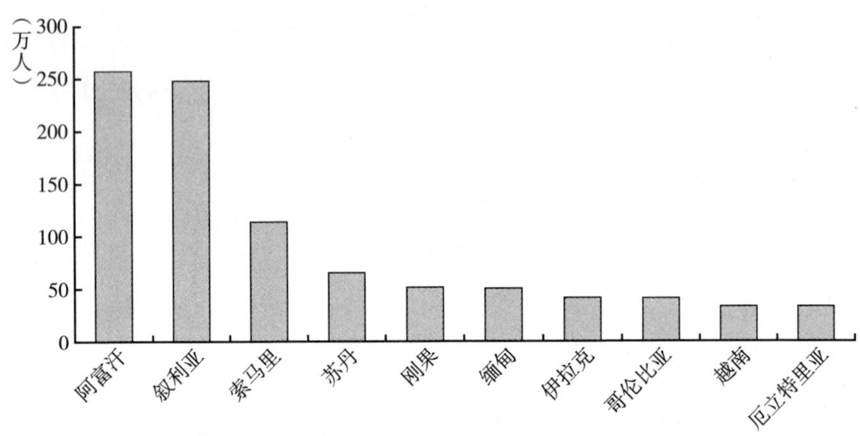

图 2　世界难民输出数量排名前十的国家

资料来源：UNHCR。

2013 年有来自于 77 个国家的 2.53 万难民（寻求庇护申请者）是无人陪同的孩子，其中大多数来自阿富汗、南苏丹和索马里。这是难民署从 2006 年开始收集相关数据中的最高值。未成年人（小于 18 岁）占难民数量的 50%（参见图 3），达到了十年以来的最高值。

2. 寻求庇护者①

2013 年全球至少有 106.75 万人向联合国难民署或国家政府申请庇护或难

① 在2013年联合国难民署报告中提到的寻求庇护者就是指那些寻求国际保护和申请难民身份但还未确定的人。

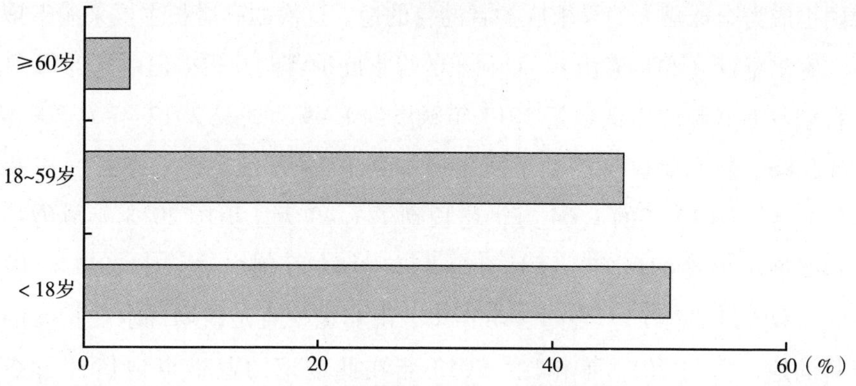

图3　2013年难民各年龄段所占比重

资料来源：UNHCR。

民身份（参见表2），这个暂时性的数量[①]已经达到过去10年的最高峰，比2012年的92.97万高出了15%。据估计，其中发达国家增长了28%。2013年在难民署登记的避难申请高达20.3万例，明显高于2012年的12.55万例。[②]

表2　2010～2013年新提交并登记的庇护申请数量

单位：万例

登　记	2010年	2011年	2012年	2013年
国　家	73.89	73.43	78.14	85.85
UNHCR	9.68	9.88	12.55	20.32
联合登记	0.62	3.17	2.28	0.58
总　计	84.19	86.48	92.97	106.75

注：表数据包括订正估计，2013年数据为暂时数据；联合登记指难民身份的确定由难民署和国家联合确定。

资料来源：UNHCR。

2013年全年共有10.96万例庇护申请在德国登记，这个数量比上一年（6.45万）高出了70%。德国跃居世界最大的庇护申请接收国。而2014年

① 撰写难民报告时，欧洲尚有几个国家还没有公布本国的申请庇护数据，所以总数只能是暂时的。

② UNHCR, *Global Trends 2013*: *War's Human Cost*, Geneva: UNHCR, June 20, 2014, p. 27.

德国也成为全球最大的寻求庇护者的目的地。这次的高增长主要来源于俄罗斯、塞尔维亚（和科索沃）、叙利亚的寻求庇护者向德国提出的国际保护。[①] 来自俄罗斯联邦的申请数量2013年跃增到1.49万，是2012年（3200例）的4倍多。叙利亚也将近翻了两倍增加到1.19万例。塞尔维亚（以及科索沃）也从2012年的1.04万，增长到了1.49万。美国2013年成为第二大接受庇护申请的国家，据估计登记有8.44万例申请，比2012年增加19%（增长1.37万）。在过去7年里，南非也一直是新增寻求庇护者的主要目的地，但与2012年相比，2013年在此登记的避难申请估计下降了15%。

法国是第四大新避难申请的接收国，2013年共有6.02万例新避难申请在此登记，2012年为5.51万例，同比增长9%。增长的部分原因是，来自塞尔维亚（和科索沃）的寻求庇护者增长48%，来自阿尔巴尼亚的增长89%，来自孟加拉国的增长达181%。瑞典在2013年排行第五，收到5.43万例避难申请，比2012年增长24%。2013年的数量增长部分原因是叙利亚人申请的增加，这也使瑞典成为欧洲接收叙利亚寻求庇护者最多的国家。2013年在马来西亚登记的新增避难者达5.36万，排名第六。这与2012年的1.94万相比有了大幅增加，其中缅甸是最主要的来源国。土耳其排名世界第七，2013年通过难民署登记的避难申请有4.48万例，2012年为2.65万例，同比增长69%，达到了土耳其的最高纪录，主要是来自伊拉克的寻求庇护者增长了4倍。

（二）问题与挑战

持续不断的地区冲突是造成迁徙和危机移民的罪魁祸首。从阿拉伯世界的动乱、全球经济危机、东非的干旱、菲律宾台风，再到利比亚、叙利亚、乌克兰冲突乃至埃博拉病毒等灾难，都给国际移民治理带来深重的问题与巨大的挑战。与此同时，国内和国际层面的应对却仍然不足。马丁等人

① UNHCR, *Global Trends 2013: War's Human Cost*, Geneva: UNHCR, June 20, 2014, p. 27.

（Susan Martin，Sanjula Weerasinghe 和 Abbie Taylor）认为，现有的法律和制度框架在应对危机移民时显得十分无力，无法适应移民对保护的需求。即使这些制度框架确实存在，在执行中也有着巨大的差距。① 政府、国际组织与非政府组织的应对能力有限。对危机迁移的治理仍面临三大挑战。

第一，虽然许多国际组织在危机迁移的处理和救援中发挥了巨大作用，但各层次的治理机制与危机移民的实际需求仍然存在鸿沟。虽然国际移民组织（IOM）、联合国难民组织（UNHCR）与许多非政府组织在这一领域已取得了宝贵的实践经验，如保护利比亚危机中的移民等。② 但经济欠发达国家成为收容难民的最主要地区，无论是援助救济能力，还是相应的制度管理都不理想。尤其是那些与冲突发生地相邻的国家或地区，当冲突爆发时，接受危机移民的地区就变得拥挤不堪，且充满危险。

第二，国际危机移民所面临的人道主义威胁，既存在于迁徙之前，也存在于迁徙过程之中，甚至迁徙之后。返乡难民、返乡流离失所者及无国籍者等同样是迁移中的脆弱群体，很多处于危机移民救助机制网络之外，处境更为艰辛。例如，在哥伦比亚的有些城市，有大量境内流离失所者，其数量已经大于原著居民。伊拉克也有大量的境内流离失所者及返乡难民，他们无法生活在原籍所在地，因为返回的少数民族或教派人士很有可能再次引起新一轮冲突。在阿富汗的一些主要城市，尤其是喀布尔，已经没有能力为从巴基斯坦、伊朗遣返回国的难民提供条件。这也是国际人道主义与发展机构将加强收容城市基础设施作为第一要务的原因，但这些举措都远远滞后于需求，难解燃眉之急。③

第三，保护跨境移民缺乏政策意愿与执行能力，强效的保护机制更难建立。许多政府往往害怕保护跨境移民的措施会鼓励更多的人迁移，而导致移

---

① Susan Martin, Sanjula Weerasinghe and Abbie Taylor, "What Is Crisis Migration?" *Forced Migration Review*, Issue 45, February 2014, p. 5.

② Peter D. Sutherland, "Foreword on Migrants in Crisis," *Force Migration Review*, Issue 45, February 2014, http://www.fmreview.org/crisis.

③ Patricia Weiss Fagen, "Flight to The Cities," *Forced Migration Review*, Issue 45, February 2014, pp. 14 - 17.

民的安全无法保障。许多危机移民的目的地会选择远离危险与纷争且富裕的发达国家。这些国家通常有能力对这些危机移民提供相应的保护与援助，而接收移民也能对国家经济带来正面影响。但由于国内政派间的相互倾轧、民粹主义者的煽动、突发性恶性事件的渲染等，这些国家试图改革与完善迁入移民制度的举措步履维艰，导致危机移民在目的地国难以受到公正的待遇。例如美国，针对移民的相关改革迂回缓慢；而在欧盟，经济状况相对并不乐观的东南欧国家承担着一线接收移民的巨大压力，却非这些移民的最终目的地。目的地国则缺乏与这些过渡国共同承担责任的动力，而且也更容易通过压缩救助范围的政策与法律。在这方面，欧盟移民政策的调整与机制改革都面临欧洲典型的集体行动困境。

二　与危机迁移、危机移民相关的定义与政策

“危机迁移”或“危机迁徙”及“危机移民”等术语正在获得政策制定者和学术界的应用。国际迁移研究所（The Institution for Study of International Migration）的危机迁移项目，试图将“危机迁移”的现象描述为受人道主义危机所影响的迁徙，这种迁徙主要有三种形式。

第一种，流离失所，主要指直接受到人道主义危机影响或威胁的迁移。这种流离失所的状态可能是短暂的，但也可能久拖成为长期性状态。第二种，预见性迁移（anticipatory movement），即因为预见到未来生命安全和健康将会受到威胁而进行的迁移。这类迁移有时只是涉及个人与家庭的迁移，有时则会涉及整个社会群体的迁徙。第三种情况是被困危机之中，有迁居（relocation）需求，但因身体、财力、安全、后勤等原因而无力迁徙。这三种情况并非相互独立，可能会从其中一种发展为另外一种类型，或三种情况混合。无论是单一还是混合的方式，“危机迁移”重点描述的就是由人道主义危机而形成的人口迁移；而“危机移民”是用以描述那些在人道主义危机背景下迁移（包括有迁居需求）的人。

迁徙动机、策略与迁徙经历等都会成为影响移民身份（如难民）的制度

考虑因素。但在剖析迁徙动机时，与人道主义危机相关的迁移越来越受到关注。虽然国际组织关于“危机迁移”“危机移民”的定义强调二者的被迫性，但极少有移民是完全出于自愿或是完全因为被强迫而迁移，几乎所有的迁徙都同时涉及一定程度的被迫与自我选择。面临严重暴力、冲突或灾难的人显然是被迫进行迁移，但任何人口的二次流动都包含了对民生改善或是其他人生机会的考量，这就给政策的甄选带来困难。因此也就出现了“混合迁徙”（mixed migration）或“迁徙－流离失所的结点”（migration-displacement nexus）等术语，试图更好地解决划分自愿迁徙与被迫迁徙的困境。许多在危机中形成的迁移都具有明显的混合性，例如2011年在利比亚流离失所的非该国公民。① 此外，也有不同动机的移民采取相同的方式迁移，例如受到人道主义威胁的移民与其他出于不同目的的移民同样冒着生命危险搭船出海。

除了迁移类型的划分，迁徙原因也是建立应对框架的重要考量。在评估阶段，对迁移原因的确定是关键，这对了解移民的需求和未来选择尤为重要。也只有厘清移民的迁徙原因，才能制定出更加有效的援助或治理机制。当然，在解决方案推行时，并不是所有移民都能享受到政策与方案带来的利益。在许多案例中，可能会出现迁移动机源自干旱或其他自然灾害与冲突等相互作用而形成的移民，混合复杂的迁移会阻碍对其身份的直接评估，从而导致无法享受相应的政策福利；或是由于迁徙途径、经历和迁徙策略不同，而难以被针对“被迫迁移”的系统观察到，从而遭到忽视。千差万别的危机迁移与危机移民对国际社会的应对政策和机制提出了挑战。

三　欧洲国际移民迁入现状与挑战

（一）欧洲地区危机移民迁入现状与挑战

欧洲所面临的挑战主要围绕以下方面：第一，欧洲地区的移民流从何而

① 该类移民在《国际移民政策与移民问题》（《全球政治与安全报告（2014）》，社会科学文献出版社，2014）一文有所涉及。

来，面对人道主义危机如何救助；第二，对欧盟来说，移民潮涌入的一线国家是南欧，应对危机移民潮的成本应如何分担；第三，欧盟移民体系如何进行改革，困难何在。

在欧洲，虽然难民总人数相对比较稳定（大约 180 万），但中东和北非的政治动乱确实在改变欧洲的人口迁移趋势。根据德国的估计，欧洲的难民有了显著的减少，从 2013 年初的 58.97 万下降到了年末的 18.76 万。也就是说，只有这 18.76 万的人得到了难民署特殊保护的身份，而这一变化主要是因为德国在统计难民数量时对难民的定义做了调整。实际上，2013 年欧盟非法入境的人数与 2011 年相比已经上涨了将近 35%，达到了 14.1 万。

随着“阿拉伯之春”的爆发，成千上万的突尼斯人开始迁往意大利。紧接着，2011~2012 年，北非人开始逃离利比亚。2013 年，欧盟迎来了不断攀升的叙利亚难民。土耳其①收容了将近 47.8 万来自叙利亚的难民，另外还有 3.78 万叙利亚寻求庇护者以个人身份在欧洲国家得到国际性的保护。利比亚、中非共和国及南苏丹不断恶化的安全局势也是欧洲移民增长的原因之一。2014 年，随着国际安全援助部队从阿富汗撤军，很可能还会有寻求庇护者从阿富汗大量流向欧洲。欧盟收到了超过 35 万份国际保护申请，达到了 2008 年来的最高数量。② 大量危机移民、难民拥向欧洲，显然与非洲地区的安全环境与发展水平有关，但这方面的因素在短期内是难以消除的。

伴随越境数量的攀升，赴欧洲移民的死亡人数也在激增。据“大赦国际”的一份报告显示，自 2000 年以来，至少有 2.3 万移民因为试图进入欧洲而丧生。由于叙利亚、伊拉克和利比亚等国的战事，死亡人数正迅速增加。③ 2014

---

① 虽然土耳其地处亚欧连接处，当由于已经成为欧盟成员候选国，所以此处将其归入欧洲地区。

② Jeanne Park, “Europe's Migration Crisis,” Immigration Borders Information Service, April 30, 2014, http://immigration-bis.gov.au/resources/resources/1630-europe-s-migration-crisis.html.

③ The print edition, “Europe's huddled masses: Rich countries must take on more of the migration burden,” *The Economist*, Aug. 16, 2014, http://www.economist.com/news/leaders/21612152-rich-countries.

年8月，载有270人的一艘船只在利比亚海岸沉没，仅19人得救。2014年1～7月，已经有超过10万的北非人到达意大利，远高于2011年的6万。仅8月的一周时间，意大利就解救了4000名移民。兰佩杜萨岛和西西里成为来自叙利亚、厄立特里亚、埃及和索马里的移民的入口。与此同时，希腊政府在希腊与土耳其边境逮捕的非法移民增长了143%。而西班牙则指责摩洛哥在7月的两天时间就让1000名移民越过直布罗陀海峡到达西班牙。很多人在摩洛哥集结，然后翻越铁丝网到达西班牙在北非的领土休达和梅利利亚地区。这些国家虽然并非许多移民的真正目的地，但面临巨大挑战。南欧国家处于移民到达的一线地区，被迫应对来自北非国家的移民，而庞大的移民数量是这些南欧国家难以单独应对的。作为《申根协定》的组成部分，《都柏林公约》规定，移民最先到达并在那里采集指纹或申请避难的第一个欧盟成员国，有义务对此人的避难申请进行处理。

《纽约时报》的社论认为，随着欧元区经济的停滞，欧洲国家难以应对激增的移民和寻求庇护者。[①] 当然，经济问题并不能算是欧盟国家应对移民的软肋，而如何分担重负才是欧盟成员国在处理移民问题上的难题。意大利从2013年10月开始，每月斥资900万欧元于“海上行动方案”（Operation Mare Nostrum）进行地中海海上的搜救行动。仅2014年6月一个周末的时间，意大利巡逻船就打捞救起约5000人；西班牙在8月下旬的一周时间里也打捞起1200人。在马耳他，寻求庇护者的人数占其人口比重远高于任何一个发达国家。因此，如果将这些移民问题全抛给这些移民一线应对国，并不公平且非长远之计。因为那些移民只是将希腊等国作为过渡国，而非移民目的地。

欧洲对非法移民的诱惑，最终还是那些富裕的国家。逮捕和处置这些非法移民的负担不能简单地让这些过渡国家承担。这样做也会让那些负担过重的一线国家放松对边境的管制，不对移民进行指纹采集，放任移民去往更为富裕的国家。例如，2013年德国政府指责意大利资助难民去往德国。人们

① The editorial board, “Europe's Migration Crisis,” *New York Times*, August 31, 2014, http://www.nytimes.com/2014/09/01/opinion/europes-migration-crisis.html?_r=0.

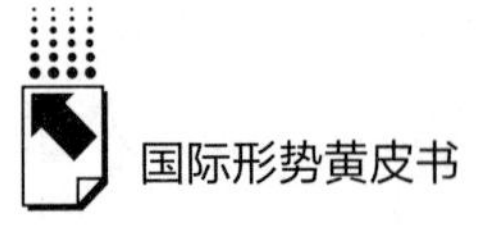

担心这类情形将助长欧盟成员国之间的不信任，损害欧盟的基石。由此，欧盟想铸造一个更加统一的方式来处理人口迁移问题，以更公平地分配财政和应对难民的社会成本。[①]《经济学人》的社论也认为，化解困境的方法就是要求欧盟成员国公平地分担非法移民的重担。一位欧盟内政部委员就提出应该分配移民，比如基本没有寻求庇护者去波兰，那么就让波兰多承担些保护他们的责任。还有一些观点认为应该按人口比重分配移民。但这种方式在许多申根国家之间并不会收到好的效果。欧盟人口自由流动的逻辑就是“内部边界越开放，则外部边境就必须更严加管理。移民负担必须共同分担，而不是推卸”。[②]

2013 年，瑞典、德国、法国、意大利和英国给予的难民避难权占全欧盟的 70%。欧洲议会指出，欧盟委员会每年投入大量经费用于扶持难民计划，这项支出超出其人道主义援助预算的 1/4。根据欧洲议会今年早些时候通过的决议，2014 ~2020 年，欧盟扶持难民基金共需筹集 310 亿欧元，这需要欧盟成员国的积极参与和兑现承诺。欧洲议会表示，欧盟成员国应该加大对难民的扶持力度，以保证难民的生存条件，特别是需要采取一致措施，防止因海上事件频发造成难民死亡。[③] 当然，虽然非法移民和难民是两种紧密相连的移民类别和移民现象，但对难民等危机移民的待遇并不等于欧盟处理非法移民的方式，应对非法移民欧盟仍是任重而道远。

（二）欧洲主要移民国家新政

德国已经成为世界第二大永久移民目的地国，[④] 也是最大的庇护申请接

---

① The editorial board, “Europe's Migration Crisis,” *New York Times*, August 31, 2014, http://www.nytimes.com/2014/09/01/opinion/europes-migration-crisis.html? _ r=0.

② The print edition, “Europe's huddled masses: Rich countries must take on more of the migration burden,” *The Economist*, Aug. 16, 2014, http://www.economist.com/news/leaders/21612152.

③ 卢苏燕：《地区冲突等导致涌入欧盟难民数量激增》，新华网，2014 年 6 月 21 日，http://news.xinhuanet.com/world/2014 -06/21/c_ 1111249241.htm。

④ 《德国成全球第二移民目的地　移民政策艰难推进》，《人民日报》2014 年 7 月 8 日，http://jiangsu.sina.com.cn/edu/ymzx/2014 -07 -08/1510234.html。

收国。自非洲难民在意大利兰佩杜萨岛附近发生海难后，欧洲议会议长舒尔茨就要求德国政府增加收容难民的数量，并想要欧盟各成员国未来应更公平分摊难民。① 欧盟各国曾签署难民接收协议，规定来到欧洲的难民应由其到达的首站接收，在其难民身份获得承认后再分配到其他欧洲国家。但这项规定也使得在欧洲经济状况最好的德国近年来难民数量剧增，由此引发了一些社会问题。为此，德国计划实施更严格的难民法律，限制一些地区的难民入境，控制接收难民人数。新法律于 2014 年 4 月末拟定，7 月获得德国联邦议院通过，并在 9 月提交联邦参议院审议。

中东及北非政局不稳，使得来自这些地区不同国家的难民涌向欧洲，许多人偷渡到德国，然后等待时机获得合法居留身份。其中很大一部分人最终也没能获得合法移民身份而长期滞留。虽然德国经济状况良好，但这并不能抵消难民拥入带来的治安、社会融入等问题。一些迁入者甚至通过非法组织诈领社会福利。柏林在内的一些地区居民集会反对难民的拥入和新建难民避难所。这一些系列社会问题更给了民粹主义发声的口实。为此，德国近几年一直在努力紧缩接收难民的数量。

德国 2014 年上半年拟定了新的法律，进一步收紧难民数量。德官方称此次制定的新法案是将援助重点放在急需救助和有正当避难理由的难民身上。来自巴尔干的人迁往欧洲主要是出于经济目的，所以受新法案的影响比较大。来源国为马其顿、塞尔维亚和波黑的移民将被限制入境，那些已经到达德国的，德国可以无条件拒绝其难民申请，并被迅速遣返回国。德国内政部长德梅齐埃还透露，每年寻求庇护者中有 20% 来自巴尔干地区，其申请的获批率仅为 1%。近年来，自阿富汗、叙利亚的难民数量持续上升。德梅齐埃认为，在德国接收难民能力有限的情况下，应该把机会留给那些确实亟待帮助的难民，比如那些来自冲突战乱地区的难民。②

2014 年 7 月 29 日，英国官方提出了进一步收紧移民数量和针对外来

① 《欧盟要求德国增加难民收容量》，《光明日报》2013 年 10 月 11 日，http：//news. xinhuanet. com/world/2013。

② 翟峰：《德拟出台新法限制接收难民人数》，《法制日报》2014 年 9 月 16 日。

移民福利的改革方案，建立“英国人优先”的福利体系，降低外来移民可享的福利政策。方案规定从2014年11月开始，将把欧盟国家来英国求职移民的待业补贴从原本的6个月降为3个月。英国除建立实施降低移民福利政策外，还将继续加大打击非法移民的力度。对非法移民实施“先遣返后上诉”的新政，即如果英国法院对外来移民做出遣返裁决，而被遣返者不服上诉，也不能留在英国，须回原籍国上诉；吊销非法移民的驾驶执照；对外来移民在英国的住房加大限制。除挤压福利外，英国还将立法保护英国公民就业的优先地位，禁止英国雇主单独面向英国国外发布招聘信息。与此同时，英国还为防止“假留学生”而限制高校面向海外的招生权力。从2014年11月开始，高校所招留学生如果签证被拒比例达10%（之前为20%）的将不再具有海外招生权。有分析人士认为，欧洲议会5月的选举结果显示出英国社会日渐滋长的“退欧”“疑欧”倾向。由于英国选民右倾化日趋明显，首相卡梅伦推行这一轮移民新政策改革也是在为2015年大选争取目标选民。①

（三）“圣战”移民

在欧洲，一些中东裔的年轻人对新宗教国家有着憧憬，且又因西方未能阻止叙利亚冲突而感到挫败。他们中的一部分离开了欧洲的原籍国成为“圣战”组织成员，或参加了与“基地”组织有关的叛乱，又或是与更激进的ISIS。从欧洲出走的年轻人数量之多，引起了欧洲各国政府的担忧。英国伦敦国王学院国际激进化研究中心的数据显示，从欧洲出走叙利亚约达2000人，估计约有700名法国人、500名英国人、300名德国人、100名荷兰人，以及比利时人。② 许多人出走后就再也没有回来，而那些活着且想回国的人也让他们在欧洲的原籍国担心其已经遭到激进组织洗脑，并已经拥有

① 张建华：《英国将进一步收紧移民福利政策》，新华网，2014年7月29日，http：//news.xinhuanet. com/house/sh/2014－07－31/c_ 1111884494. htm。

② Sara Miller Llana, “Why Young Europeans Are Becoming Jihadis,” *Csmonitor*, July 28, 2014, http：//www. csmonitor. com/World/2014/0728/Why-young-Europeans-are-becoming-jihadis.

了在中东的实战经验，最终很可能成为恐怖分子，返乡后会给当地社会造成威胁。尽管有研究表明，只有1/9的返乡者会有发起袭击的动机，但欧洲领导人仍旧忧虑。[①] 由于多数欧盟国家间的自由迁移，这种担忧在欧洲并不局限于个别国家。2014年5月布鲁塞尔犹太博物馆发生导致4人遇害的枪击事件，嫌犯就是经德国回欧洲后在比利时发动了攻击，头号嫌犯就是长期留在叙利亚的一名法国“圣战者”。

叙利亚“圣战”移民现象并非特例。20世纪西班牙内战、苏联入侵阿富汗战争、索马里内战，21世纪的阿富汗和伊拉克战争中，外来人员参战的例子比比皆是。但叙利亚与以往不同的是，在指导与煽动上，网络的效用越演越烈。“圣战主义”发展成为一种媒体现象。荷兰“圣战分子”伊尔马兹轰动社交媒体，而他在叙利亚的经历被描画为一种吸引年轻人的探险。激进组织制作了铺天盖地的视频，用摇滚等西方年轻人喜欢的方式包装极端宗教理念，达到“大众圣战”的效果。通过社交媒体，这些组织能接触到非网络时代难以关联的社会阶层和不同人群，除传统认为被主流社会边缘化的第二代、第三代移民，甚至还招募到了欧洲的中产阶级。2014年上半年受到“圣战解放”理念吸引的女性也开始前往叙利亚，且数量不断攀升。专家还指出，廉价的航空使得从英国飞往土耳其变得很容易，并且无须签证，他们可以轻易融入游客队伍，乘车前往土叙边境。一旦过境，他们就会到“欧洲之家”应征，执行各种武装组织派下的任务。

为了阻止这些年轻的“圣战”移民，欧洲各国正加强协作，建立中央数据库以跟踪去叙利亚的公民的动向。德国、法国和西班牙已逮捕多名为激进组织征兵网络工作的嫌犯，并挫败多起有计划的袭击。但如何使年轻人避免成为被招募的对象才是欧洲各国行动亟待解决的难点。2011年欧盟委员会正式将欧洲打击暴力极端主义的社团组织连接起来。法国政府正计划提出

---

① Sara Miller Llana，“The Risk of European Jihadis Coming home：How Do You Calculate it?” *Csmonitor*，September 2，2014，http：//www. csmonitor. com/World/Europe/2014/0902/The-risk-of-European.

议案，允许情报人员阻止疑似恐怖主义的支持者出国。工作还深入家庭，法国等多个国家都设立求助热线，让民众在发现家庭成员有异常行为时向政府求助。[①]

（四）乌克兰危机形成的难民潮

据联合国称，在乌克兰危机期间每天都有超过1000人逃离乌克兰东部的冲突区域。而随着冬季将至，有的避难所就不再合适居住。有的家庭逃到了基辅边缘的破旧工厂生活。联合国难民署的安德瑞塞克（Oldrich Andrysek）称："有2.5万人住在顿涅茨克地区（Donetsk）简陋至极的临时避难所里。"[②] 联合国最新的数据显示，共有11.7万人从冲突区逃到乌克兰其他地区，还有16.8万人则迁往俄罗斯。欧洲难民署署长考彻特尔（Vincent Cochetel）估计冲突造成一百多万人流离失所。保守估计，乌克兰境内有26万人逃离冲突区，有81.4万在俄罗斯，还有的则逃亡白俄罗斯、摩尔多瓦、波罗的海三国及欧盟。在俄罗斯的81.4万乌克兰危机移民中，有26万人申请了被保护地位，还有55.4万人则是通过免签证制度下可以停留至多270天。[③] 难民署的数据显示，共有4106名乌克兰人通过波兰、德国和瑞典向欧盟申请庇护，还有380名乌克兰人申请白俄罗斯庇护。据保加利亚《标准报》报道，有25万~30万保加利亚人在乌克兰居住，届时可能返回保加利亚。另外，俄罗斯和欧盟之间的关系恶化可能对保一些大型基础设施项目造成不利影响，如南溪天然气管道线路建设。[④]

---

① Sara Miller Llana, "Why Young Europeans Are Becoming Jihadis," *Csmonitor*, July 28, 2014, http://www.csmonitor.com/World/2014/0728/Why-young-Europeans-are-becoming-jihadis.

② Tom Burridge, "Ukraine refugees: Finding shelter from the war," *BBC News*, August 5, 2014, http://www.bbc.com/news/world-europe-28656145.

③ "More Than 1 Million Ukrainians Displaced by Conflict: UN," *Reuters*, September 2, 2014, http://www.huffingtonpost.com/2014/09/02/1 - million-ukrainians-displaced_n_5751054.html.

④ 驻保加利亚经商参处：《保政府担心出现乌克兰难民潮》，2014年3月6日，http://china.huanqiu.com/News/mofcom/2014-03/4884632.html。

四　亚非地区危机移民现状

到2013年底，亚洲地区包括类难民在内的难民总数估计超过350万。也就是说，全球有1/3的难民在联合国难民署的任务帮助下在亚太地区落脚。在泰国，有5.75万难民营中未登记的缅甸难民第一次算入难民署报告的统计数据中。有将近4万的阿富汗难民从巴基斯坦与伊朗自愿重返家园，3.2万难民在马来西亚、尼泊尔和泰国得到重新安置，因此难民的数量也有所下降。

2013年8月，第100万名叙利亚难民儿童被登记入册，但仅几周之后，难民署就称叙利亚的难民已经超过两百万。叙利亚的内战到2013年已经进入了第三年，这成了新增难民潮的主要源头。仅仅五年时间，叙利亚就从世界第二大难民收容国成了第二大难民来源国。

与此同时，非洲地区的难民数量已经逼近300万。东、中部非洲由于新冲突的爆发和旧冲突的加剧，已有上百万人被迫流离失所，数量分别达到了180万和630万。[①] 尤其是刚果（金）、中非共和国、马里以及苏丹与南苏丹的边界地区。到2013年底，中非共和国爆发的暴力冲突造成了超过80万人成为新的境内流离失所者（internal displacement），以及超过8.8万人流向周边国家，其中刚果（金）5.39万、乍得1.52万、刚果（布）0.99万、喀麦隆0.98万。再次爆发的刚果（金）冲突又造成100万境内流离失所者，以及上万名刚果人逃入乌干达（3.93万）、卢旺达（1.3万）和布隆迪（1万）。[②] 2012年初在马里爆发的军事冲突一直持续到2013年，使得5.8万人开始逃难，主要进入了毛里塔尼亚（3.14万）、布基纳法索（1.57万）

---

① 商务部驻肯尼亚经商参处：《东部和中部非洲难民形势严峻》，2014年3月14日，http://www.mofcom.gov.cn/article/i/jyjl/k/201403/20140300517225.shtml。

② UNHCR, *Global Trends 2013*: *War's Human Cost*, Geneva: UNHCR, June 20, 2014, p.12. 逃入乌干达的刚果人有1.95万在初步证据的基础上获得了难民身份，同时还有9800名寻求庇护者。到达布隆迪和卢旺达的都通过了难民身份的确认。

和尼日尔（1.1 万）。从前几年开始一直持续至今的暴力冲突与干旱，迫使索马里人从南部与中部地区逃离。2013 年就有 2.91 万索马里人在国外逃难，在埃塞俄比亚的有 1.77 万，也门有 9700 人。非洲地区，只有南非成为世界排行前十的避难者目的地。南非从 2008 ~ 2013 年的 6 年里共注册了 86.91 万例新的庇护申请，其中大半都来自于津巴布韦。2013 年津巴布韦人又在南非新提交庇护申请达 1.64 万例。

为了共同应对非法移民问题，非洲一些移民来源国与欧洲的目的地国开始进行政策协调。2014 年 7 月，利比亚看守总理塞尼与欧盟官员会晤达成相互协作共同打击利比亚非法赴欧的移民问题。塞尼认为由于非法移民关乎该国政治与国家安全，因此移民输出国与输入国需要加强合作，升级边境安保并简化驱逐非法移民程序，制订出全方位的方案解决该问题。塞尼要求欧盟继续提供相关的人员培训，并在利比亚新建三家移民安置中心。[①]

五　北美、大洋洲地区国家的移民政策变化

2013 年美洲地区的难民数量大概保持在 80.6 万，总体没有明显变化。据难民署估计，在美洲的难民有 1/3（26.37 万，该数据难民署还在核实，可能会有所更改）在美国。委内瑞拉和厄瓜多尔是另外两个主要的难民收容国，分别收容了 20.43 万和 12.31 万难民，这些难民主要来源于哥伦比亚。[②]

（一）美国移民政策改革继续

2014 年 6 月，2013 年得到参议院通过的移民改革法案遭到众议院的否决。在改革进程受阻时，美国与墨西哥的边境公墓里发现几十具非法移民尸体，边境发生危机。法案的反对者指责奥巴马，认为正是移民法案使拉美的

---

① 商务部：《利比亚将与欧盟共同打击非法移民》，2014 年 7 月 13 日。

② UNHCR, *Global Trends 2013: War's Human Cost*, Geneva: UNHCR, June 20, 2014.

非法移民认为美国移民政策放宽，从而导致偷渡数量上升。美边境巡逻办公室称，边境地区的安全形势几近崩溃的边缘。[①] 从 2013 年年底到 2014 年 6 月，仅 8 个月时间，海关和边境保护局就逮捕了超过 4.7 万在边境无人陪伴的儿童，这些儿童大多来自墨西哥、危地马拉、萨尔瓦多和洪都拉斯，数量之多已经让美国边境设施和拘留中心无法承受。难民署调查发现，这些儿童中超过 1/3 都是有一方或双方父母在美国生活，在美国则有 400 万年轻美国公民的父母至少有一方是无证件者。[②]

奥巴马仍坚信移民改革法案能为美国带来边界稳定和经济增长，法案未能在众议院获得通过并非证明改革没有意义，而完全是因为政党政治。奥巴马要求国会提供 37 亿美元的紧急资金来解决危机，并命令国土安全部增调更多资源到边境以确保将危险犯罪阻挡在国门之外，确保公众受到保护。[③]

值得一提的是，奥巴马的改革法案中专门针对难民援助做出了规定，[④] 坚持建立一个有效的难民许可计划，以帮助和支持世界范围的弱势群体。该计划试图从以下几方面来解决难民所面对的挑战与困难：第一，定期会见利益相关者与服务提供者了解难民的需求，并支持和帮助地方开展服务难民的联邦拨款行动；第二，增加难民的健康检查、提供新心理健康资源、更新残障难民手册，以及确保难民都能被《平价医疗法案》（Affordable Care Act）所覆盖，从而推进难民的健康保障；第三，对美国难民许可（United States Refugee Admissions）、难民社会服务（Refugee Social Service）和针对性援助方案的拨款行动（Targeted Assistance Formula Grant Programs）进行全面综合

① 聂鲁彬：《美国两党围绕移民政策改革互掐引发边境危机》，环球网，2014 年 6 月 23 日，http：//world. huanqiu. com/exclusive/2014 - 06/5031384. html。

② Shannon O'Neil, "Immigration Reform is Dead Precisely When We Need It Most," *Foreign Policy*, June 13, 2014, http：//www. foreignpolicy. com/articles/2014/06/13/immigration_ reform.

③ Lindsay Holst, "President Obama Speaks on Immigration Reform," The White House Blog, June 30, 2014, http：//www. whitehouse. gov/blog/2014/06/30/president-obama-speaks-immigration-reform.

④ The White House, "Streamlining Legal Immigration," http：//www. whitehouse. gov/issues/immigration/streamlining-immigration.

的审查，以更好地服务难民以及安置他们的社区。

移民改革不仅仅是一项慈善事业，更具有政治意义。有超过1/3 的美国人支持移民体系的全面改革。随着美国中期选举的到来，更将给改革法案的惨淡前程带来更多的不确定因素。据《华盛顿邮报》对议会席位获得的模型预测，众议院仍由共和党控制的变数微弱，两党激战主要集中于参议院。选举后民主党仍在参议院占多数席位并不是没有可能，但持续的参、众异议并不会给移民改革带来更为有利的未来；而倘若民主党在参议院失守，会将奥巴马政府带入执政最为艰难的时期，由他牵头的法案更加前途渺茫。严峻的移民问题也使美国的移民改革更为迫切，即使改革法案未能通过，但随着边境局势的恶化及移民问题带来的经济影响，相关改革也会渐进前行。

（二）加拿大的“变脸”新政

2014 年2 月，加拿大联邦移民部向国会提交了改革《入籍法》草案（Bill C24），于6 月16 日完成立法程序，从8 月1 日开始实施。[①] 加拿大官方声称该法案从四个方面加以改革，包括：第一，减少决策程序（从三个步骤减为一个），提高效率；第二，加强加拿大公民身份的价值，强调“居住”时间（延长“移民监”时间，将入籍居住要求由4 年内住满3 年改为6 年内住满4 年，且在这4 年中，每年居住时间不得少于183 天；“居住意愿”的评估条款，将正在申请入籍者是否仍会继续居住于加拿大纳入是否审批的依据中）和语言能力的考核，扩大需要达到语言要求的年龄；第三，打击公民身份欺诈，加重对提供虚假入籍材料者的惩罚力度；第四，保护和促进加拿大的利益与价值，拥有双重国籍的加拿大公民，如果被法庭裁定曾从事恐怖、间谍或其他叛国活动，将被取消其加拿大国籍。[②]

为了使企业更多地雇用加拿大人，新法案将以失业率差别对待不同地

---

① 陈学敏：《加拿大推4 大移民新政：“移民监”时间延长》，《羊城晚报》2014 年6 月25 日。

② Government of Canada, “Government Welcomes Royal Assent of Bill C－24,” June 19, 2014, http://news.gc.ca/web/article-en.do? nid=859509.

区。失业率超过6%的地区，餐饮、住宿、零售业等低收入（指的是低于各省小时工资中位数）、低技能的工种不得雇用外国临时工。其他地区有10人以上雇员的企业（超标的企业必须在2015年7月1日前将比例降低到20%，在2016年7月1日前降到规定比例），外国临时工不得超过所有员工的10%（外国农场工和住家保姆不受10%的比例限制）。[①] 法案还减少了海外临时工在加拿大的居留时间，由就业与发展部规定和公布可招数量及获准招聘的企业。有估计称，该项措施可以在今后三年内将加拿大的外国临时工人数减少一半。高端国际人才吸引则另划为“国际流动项目”，由移民部主管。

（三）新西兰政府同意调整“定居计划”

过去一年里，新西兰共接收了约7.1万名移民，是过去11年以来的新高。2014年6月中旬，新西兰“优先党”党魁彼得斯（Winston Peters）抨击来自中国的老人通过家庭团聚的方式移民，从而将新西兰变成了养老院。5月，新西兰财政部预计2014年移民全年净流入量将达到4.15万人。人口增长将会给新西兰的公共基础设施带来压力，同时也会影响房价。于是，作为反对派的“优先党”开始将移民数量的增长与住房问题相联系。但据数据显示，过去10年里只有4.3万人通过团聚类别移民新西兰，而彼得斯给出的数字是6.8万人。

但与反对派的期望不同，最新民调显示，新西兰选民最关心的并不是移民问题。在此项民意调查中，只有4%的新西兰受访者认为“移民”问题最为紧迫。而调查结果显示，经济、教育、医疗卫生和失业率（分别为20.6%、21.6%、19.2%和14.3%）才是新西兰选民最关心的议题，44.5%的受访者认为没有必要调整移民水平。当然，还有超过12%的受访者最关心房价承受的问题。大部分受访者认为对非本地居民实施房产限购，会对本地楼市价格产生“一定效果”，在奥克兰受访者中，大多数人都认为

---

① 陈学敏：《加拿大推4大移民新政：“移民监”时间延长》，《羊城晚报》2014年6月25日。

这样的限购将“非常有效”。

新西兰工党表示将通过控制移民迁入及限制发放工作签证等手段，来抑制房价和物价通胀。“工党至今没有敲定移民和人口政策，但建议限制移民流入，为楼市降温。”评论认为，房价问题的确让新西兰人关注，但很多相关的辩论都缺乏扎实的数据和信息支撑，变成“空对空”。[①]

结　语

由人道主义威胁造成的危机迁徙所具有的特殊性以及移民的脆弱性，使得各层次治理机制与相关救助的实际需求间存在巨大鸿沟，特别是针对许多返乡移民在本国的相关保护措施更是严重缺乏。然而，保护跨境移民政策意愿的缺乏、执行能力的低下，对保护跨境移民措施与移民数量上升关系的担忧等，使得各国政府难以建立起强效的保护机制，国内政治力量的掣肘更使相关的制度建设与改革措施举步维艰。为此，在处理全球移民治理中，各国政府、国际组织、非政府组织及其他行为体之间需要进一步加强协商与合作。

参考文献

陈学敏：《加拿大推4大移民新政：“移民监”时间延长》，《羊城晚报》2014年6月25日。

《德国成全球第二移民目的地　移民政策艰难推进》，《人民日报》2014年7月8日，http：//jiangsu. sina. com. cn/edu/ymzx/2014－07－08/1510234. html。

《欧盟要求德国增加难民收容量》，《光明日报》2013年10月11日，http：//news. xinhuanet. com/world/2013－10/11/c_ 125511321. htm。

卢苏燕：《地区冲突等导致涌入欧盟难民数量激增》，新华网，2014年6月21日，

① 王诗尧：《移民不受新西兰选民关注　政客打“移民牌”被批》，中国新闻网，2014年6月23日，http：//www. chinanews. com/hr/2014/06－23/6310129. shtml。

http：//news. xinhuanet. com/world/2014 －06/21/c_ 1111249241. htm。

商务部驻肯尼亚经商参处：《东部和中部非洲难民形势严峻》，2014 年 3 月 14 日，http：//www. mofcom. gov. cn/article/i/jyjl/k/201403/20140300517225. shtml。

翟峰：《德拟出台新法限制接收难民人数》，《法制日报》2014 年 9 月 16 日。

张建华：《英国将进一步收紧移民福利政策》，新华网，2014 年 7 月 29 日，http：//news. xinhuanet. com/house/sh/2014 －07 －31/c_ 1111884494. htm。

中华人民共和国公安部：《2013 年出入境人员和交通运输工具数量同比稳步增长》，2014 年 1 月 9 日，http：//www. mps. gov. cn/n16/n84147/n84196/4061524. html。

驻保加利亚经商参处：《保政府担心出现乌克兰难民潮》，2014 年 3 月 6 日，http：//china. huanqiu. com/News/mofcom/2014 －03/4884632. html。

Anna Lindley，*Crisis and Migration*，*Critical Perspectives*，London：Routledge，2014.

Jeanne Park，“Europe’s Migration Crisis，” *Immigration Borders Information Service*，April 30，2014.

Lindsay Holst，“President Obama Speaks on Immigration Reform，” The White House Blog，June 30，2014，http：//www. whitehouse. gov/blog/2014/06/30/president-obama-speaks-immigration-reform.

“More Than 1 Million Ukrainians Displaced by Conflict：UN，” *Reuters*，September 2，2014，http：//www. huffingtonpost. com/2014/09/02/1 － million-ukrainians-displaced_ n_ 5751054. html.

Patricia Weiss Fagen，“Flight to The Cities，” *Forced Migration Review*，Issue 45，February 2014，http：//www. fmreview. org/crisis.

Peter D. Sutherland，“Foreword on Migrants in Crisis，” *Force Migration Review*，Issue 45，February 2014，http：//www. fmreview. org/crisis.

Sara Miller Llana，“The Risk of European Jihadis Coming home：How Do You Calculate it?” *Csmonitor*，September 2，2014，http：//www. csmonitor. com/World/Europe/2014/0902/The-risk-of-European-jihadis.

Sara Miller Llana，“Why Young Europeans Are Becoming Jihadis，” July 28，2014，http：//www. csmonitor. com/World/2014/0728/Why-young-Europeans-are-becoming-jihadis.

Shannon O’Neil，“Immigration Reform is Dead Precisely When We Need It Most，” *Foreign Policy*，June 13，2014，http：//www. foreignpolicy. com/articles/2014/06/13/immigration.

Susan Martin，Sanjula Weerasinghe and Abbie Taylor，“What Is Crisis Migration?”，*Forced Migration Review*，Issue 45，February 2014.

The editorial board，“Europe’s Migration Crisis，” *New York Times*，August 31，2014，http：//www. nytimes. com/2014/09/01/opinion/europes-migration-crisis. html? _ r =0.

The print edition: "Europe's huddled masses: Rich countries must take on more of the migration burden", *The Economist*, Aug 16th 2014, http://www.economist.com/news/leaders/21612152 – rich-countries-must-take-m.

Tom Burridge, "Ukraine refugees: Finding shelter from the war," *BBC News*, August 5, 2014, http://www.bbc.com/news/world-europe-28656145.

The White House, "StreamliningLegal Immigration," http://www.whitehouse.gov/issues/immigration/streamlining-immigration.

UNHCR, *Global Trends 2013: War's Human Cost*, Geneva: UNHCR, June 20, 2014.

国际会议与国际组织

International Conferences and International Organizations

Y.10
核安全峰会与核安全治理

夏小鹏 *

摘　要：作为国际社会的长期热点问题，核安全始终是世界各国的关切重点。冷战后全球核安全形势的复杂局势更加凸显了构建全球核安全体系的重要性和紧迫性。本文以 2014 年世界核安全峰会为研究出发点，梳理了历届核安全峰会的积极成果，分析了当前全球核安全所面临的挑战和严峻形势，以及国际原子能机构等全球核安全治理机制现状，重点探究中国"核安全观"的新意及其重要意义，探讨在落实核安全峰会工作计划以及强化国际双边及多边合作上存在的问题，并就建立有效、普遍的全球核安全体系提出相关对策与建议。

关键词：核安全峰会　核安全观　核安全治理　核恐怖主义

* 夏小鹏，中国社会科学院研究生院博士研究生，主要研究领域为国际关系与当代全球问题。

随着全球化、信息化的日趋发展，国际关系逐渐呈现“互嵌”式结构：矛盾和冲突仍然存在，新的全球性问题不断涌现，但各国间同舟共济解决问题的可能性也在大大增加。在此背景下，核安全问题成为有核国家乃至全世界共同关切的重要话题。面对复杂严峻的全球核安全问题，中国秉持创新性思维，着眼于共同性问题，为构建全球核安全体系、防范核恐怖主义风险贡献自身力量。今年（2014 年）3 月下旬第三届核安全峰会在荷兰海牙召开，习近平首次在国际场合提出中国的“核安全观”，即“发展和安全并重、权利和义务并重、自主和协作并重、治标和治本并重”，希望国际社会加深彼此间合作，实现核安全持久发展。①

一　聚焦核安全峰会

（一）核安全的定义及内涵

目前，学术界尚未对核安全（nuclear security）形成统一的定义。综合来看，目前国际社会对核安全的界定分为狭义和广义两种。狭义的核安全是指为保护人员、社会和环境免受可能的放射性危害，在核设施设计建造、运行及退役后，所采取的技术和组织上的综合性措施。广义上的核安全是指客观上免于遭受核威胁、主观上消除核恐惧的状态，以及为实现这一目的而采取的措施。② 此处所指的核安全内涵较为广泛，包括了防止核扩散和核恐怖主义、和平和安全利用核能、核军控、核裁军等一切有关核安全的问题。

第二届核安全峰会公布的《首尔公报》中强调了核能安全和核安全措施的宗旨：“核能安全和核安全措施的目标都是为了保护人的生命、健康和

① 杜尚泽、丁大伟：《习近平出席第三届核安全峰会并发表重要讲话　首次阐述中国核安全观　推动实现持久核安全》，《人民日报》2014 年 3 月 25 日。

② 冯涛、何星：《综合核安全：冷战后国际核安全威胁及其应对》，《社科纵横》2012 年第 3 期。

环境，确认核安全和核能安全措施应当以一致和协同的方式进行设计、执行和管理……需要以统筹处理核安全和核能安全的方式，保持有效的核应急响应和缓解核事故后果的能力。”

全球核安全体系的构建和运转应具备以下几点要素：全球各国际行为体和非国际行为体应在和平利用核能和核不扩散等方面达成共识；强化国际原子能机构在全球核安全框架中的核心地位及其所肩负的重要责任，提升其权威性和执行力；切实有效监督管理核材料和放射源的保存、使用和流通；防范核恐怖主义风险，确保运输安全，联手打击非法贩运；鼓励各国通过双边和多边等多种方式加强沟通合作，交流传授核分析鉴定和信息安全等技术手段。最终，推动各国切实履行所做出的政治承诺。

（二）核安全峰会历史沿革

2009 年 4 月 5 日，美国总统奥巴马在捷克首都布拉格发表演讲，声明“美国承诺追求‘无核世界’的和平与安全”，并提出由美国主办核安全峰会。在此理念指导下，首届核安全峰会于 2010 年 4 月 12 ~ 13 日在美国首都华盛顿举行。与会各方围绕“通过加强国际合作来应对核恐怖主义威胁”这一主题，就展开多边合作，寻找应对核恐怖主义威胁的有效措施等进行了深入讨论，并取得实质性进展：会议通过《华盛顿核安全峰会工作计划》（*Work Plan of the Washington Nuclear Security Summit*），明确了《制止核恐怖主义行为国际公约》《核材料实物保护公约》在应对核恐怖主义威胁和和平利用核能方面的法律约束力。在此次峰会上，时任中国国家主席胡锦涛提出了“加强核安全五点主张”，并指出中国正积极考虑同有关国家合作，在华建立核安全示范中心。

第二届核安全峰会于 2012 年 3 月 26 ~ 27 日在韩国首都首尔举行，主题定为“加强核材料与核设施的安全保护”，首次将核能安全与核设施、核材料联系在一起，更具现实指向性和针对性。峰会通过了《首尔公报》（*Seoul Communiqué*），鼓励建设全球核安全体系，并通过数项非约束性承诺。时任中国国家主席胡锦涛首次提出“核安全四点主张”，全面阐述中国在核安全领域的政策主张、所做努力和重要举措。峰会举办适逢日本福岛核电站泄漏事故一周年之际，各方也表达了进一步加强全球核安全交流合作的愿望。同时，美俄两国继续推进核物质裁减，为全球国家间核安全合作做出良好示范。

（三）2014年核安全峰会与中国核安全观的提出

2014 年 3 月 24 ~25 日，第三届核安全峰会在荷兰海牙召开，来自各大洲的 53 个国家和 4 个国际组织的领导人或代表参会。峰会包括开、闭幕式，四次全体会议，互动式专题讨论等。此次会议成为荷兰有史以来所举办的最大规模国际会议，也是荷兰有史以来安保级别最高的峰会。

围绕“加强核安全，防范核恐怖主义”这一主题，与会各方就国际原子能机构的作用、核安全、核技术和核材料保护等问题展开磋商与探讨。本届峰会强调核安保的国家责任，希望通过各方努力合作建立持续有效的核安全体系以打击核恐怖主义。本届峰会通过了《海牙公报》（*The Hague Nuclear Security Summit Communiqué*），就如何维护全球核安全达成新共识，内容涵盖削减高浓缩铀核材料数量、加强放射性材料安保监管、推动国际信息沟通等方面。

另外，参与峰会的其中 35 个与会国还签署了一项关于保障核安全的联合声明，同意加深合作，并将向伙伴国提交各自敏感的核安全制度，进行定期审查。

此次峰会上，中国国家主席习近平首次提出中国的“核安全观”，备受各国关注。该理念集中体现了中国在核安全领域“合作、发展、共赢”的总方针，反映出中国对全球核安全问题的深刻认识，表明其促进该领域国际合作的积极意愿。“核安全观”观点鲜明、内涵丰富，对推动国家间合作，提升核能安全利用水平，构建世界核安全新秩序、新体系和新机制具有深远意义。

本届核安全峰会虽取得了显著成果，但国际社会仍然面临不少深层次问题亟待解决。一方面，应重视防核恐与防扩散问题的关联性，必须标本兼治加强危险核材料管控。近年来，全球武器级高浓缩铀数量正在减少，而民用核领域的分离钚和高浓缩铀的数量却在增加。以日本为例，日本内阁府于 2014 年 9 月 16 日向联合国原子能委员会报告称，截至 2013 年底，日本在国内外的钚持有总量约为 47.1 吨（其中约 31.4 吨具有裂变能力）。作为全球唯一以商业规模推进乏燃料再处理工作的非核国家，日本国内“拥核”论调有所上升。2002 年 5 月，时任日本内阁官房副长官的安倍晋三曾放言“毫无疑问，日本将会拥有小型原子弹”，引发国际社会忧虑。

另一方面，关于如何设计行之有效的全球核安全合作架构尚无定论。《首尔公报》首提“全球核安保架构”概念。而《海牙公报》则使用超过 1/3 的大篇幅内容，较为系统地阐述国际原子能机构的中心地位和关键作用，强调其核安保导则、核安保支持计划、国际实体保护咨询服务的多项功能，并突出联合国、国际法律文书及其他国际倡议对全球核安保体系构建的重要影响，可见推动国际核安保合作机制的建立是本届峰会的重中之重。但值得关注的是，核安全峰会一直由美国主导，若因各种因素影响该进程顺利推进，国际核安全合作水平可能会由此发生倒退。

国内外学者和媒体也给予此次核峰会极大关注。清华大学国际问题研究所副所长赵可金在接受《瞭望东方周刊》杂志采访时表示，核安全峰会指向性强，主要针对防止恐怖主义势力窃取核材料，降低其对国际安全的威胁等问题。奥巴马政府提出建立核安全峰会的倡议，体现了执政初期的“理想主义色彩”，其象征意义或许大于现实意义，目的在于凝聚各国共识，预防核扩散。[①] 还有外媒认为，对于国际社会较为棘手的朝鲜核问题和伊朗核问题，中国都是和平解决上述问题的有力推手。因此，中国在峰会上所提出的“核安全观”，以及几年来中美两国在核安全问题上所达成的共识，都将对国际核安全局势产生新的影响。英国广播公司（BBC）报道称，习近平主

---

① 瞭望东方周刊：《解码海牙核安全峰会》，网易，2014 年 3 月 31 日，http://news.163.com/14/0331/11/9OL08CA900014AED.html。

席首次提出的中国“核安全观”备受关注，外界特别关注这一新观念对全球核安全的影响。[①] 法国《欧洲时报》社论文章称，习近平在主旨演讲中提出的“四个并重”和“四个坚定不移”，体现一个核安全记录良好的大国的担当。[②]

笔者认为，海牙核安全峰会是建立全球核安全体系的一次承前启后的关键性会议。此次峰会进一步巩固了前两届峰会的积极成果，凝聚了国际社会核安全共识；为各与会国搭建了相互借鉴、互通有无的广阔平台，有助于促进国家间在核安全领域的交流合作；会议通过峰会公报、联合声明等形式，使与会国在未来核安全努力方面达成共识，并提出相关保障措施建议，必将对促进世界核安全健康、持续发展起到十分积极的作用。

二　国际核安全问题日益严峻

随着全球核材料与核设施数量的增加，除核恐怖主义的威胁日益增加外，核能的利用和发展也衍生了放射性释放和污染的风险，数十年间全球多起核电站放射性物质泄漏事故更是加剧了人们对核能安全性的担忧。

习近平主席在荷兰海牙核安全峰会的主旨演讲中指出：“完善核安全政策举措，发展现代化和低风险的核能技术，坚持核材料供需平衡，加强防扩散出口控制，深化打击核恐怖主义的国际合作，是消除核安全隐患和核扩散风险的直接和有效途径。”[③]

（一）日本福岛核电站事故引发核能利用事故风险忧虑

近年来，由于传统能源的相对匮乏，全球许多国家开始转变视角，

---

① 《习近平提核安全观打破西方主导　外媒热议影响》，环球网，2014 年 3 月 26 日，http：//mil. huanqiu. com/china/2014 -03/4930985. html。

② 《外媒：中国“核安全观”展现大国担当》，中新网，2014 年 3 月 25 日，http：//www. hi. chinanews. com/hnnew/2014 -03 -25/341655. html。

③ 《习近平在荷兰海牙核安全峰会上的讲话（全文）》，新华网，2014 年 3 月 25 日，http：//news. xinhuanet. com/politics/2014 -03/25/c_ 126310117. htm。

大力推动核能开发工作，其重要性也随之日益增加。然而，人类对核能的利用往往会带来两面性结果，潜在的核安全事故所可能带来的负面影响已成为国际社会和民众长期关注的重点。自人类社会尝试合理、和平地利用核能伊始，一些核能利用大国发生过多次严重的核泄漏事故。2011 年，“3·11”日本大地震所引发的日本福岛核泄漏事故，严重暴露了目前全球核安全体系在核设施设计、防范核材料泄漏方面存在着问题和缺陷。

迄今，日本福岛核电站内仍不断产生危害性极大的污水。据报道，为冷却发生熔毁的核燃料，需要持续向反应堆内注水，水与核燃料接触生成了大量的放射性污水，而目前污水储存罐的容量已接近饱和，有些污水已渗透至地下水后最终流入海中。2014 年 2 月，福岛第一核电站泄漏了 100 吨高放射性核污水，这是继上年 8 月以来最严重的泄漏事故。尽管如此，安倍政府仍于 2 月 25 日通过新的《能源基本计划》草案，明确提出在安全条件下重启核电站的方针，并将核电定位为“重要的基本负荷电源”。至此，民主党野田政权提出的“2030 年零核电”目标已成为泡影。① 而核泄漏事件不仅仅存在于震后重建中的日本，美国能源部官员证实，新墨西哥州东南部城市卡尔斯巴德附近的一处核废料隔绝试验厂于 2014 年 2 月发生核泄漏。②

虽然各国政府与民众对核能安全性的担心与日俱增，但由于现今能源匮乏及节能减排的迫切需求，目前国际社会对核能利用呈现两种截然相反的态势。一方面，部分发达国家启动减少核电站的计划。2011 年，德国政府宣布将在 2022 年前关闭本国所有核电站。另一方面，许多国家对利用核能资源的愿望与日俱增，或决定开建新的核电设施，或计划翻新原有核电站。经济合作与发展组织核能机构和国际原子能机构秘书处预计，到 2035 年，世

① 《核泄漏，日本还要瞒多久》，新华网，2014 年 3 月，http://news.xinhuanet.com/world/2014-03/19/c_126289292.htm。

② 《美国能源部证实新墨西哥州发生核废料泄漏事故》，新华网，2014 年 2 月，http://news.xinhuanet.com/energy/2014-02/22/c_126174670.htm。

界核发电能力将从2010年年底的375千兆瓦增加到540千兆瓦～746千兆瓦，即增长44%～99%。[①]

（二）核恐怖主义问题日趋严重

恐怖主义组织成为威胁全球核安全的最不稳定因素。2006年7月，美俄两国曾就在全球范围内打击核恐怖主义达成“打击核恐怖主义全球倡议”。倡议指出：“美国和俄罗斯致力于打击核恐怖主义威胁，这是我们所面临的最危险的国际安全挑战之一。”[②] 截至2010年，全球高浓缩铀和分离钚存量分别为1600吨和500吨，足以制造10万枚核弹头。这些核材料若不慎落入恐怖组织之手，极可能制造出具有相当破坏力的原始核弹。

然而，目前传统意义上的核威慑多针对主权国家设置，对恐怖主义组织等非国家行为体并无效力，无法阻断其获取核材料的渠道并有效阻止其使用核武器。制造核弹工艺非常复杂，对于恐怖分子来说并非易事，但如果拥有足够多的普通放射性材料，就有可能制造出“脏弹”，从而形成大面积辐射威胁。与此同时，放射性物质丢失或被盗事件在全球范围内屡有发生，若被恐怖组织所掌握并利用其发动核恐怖主义袭击，必将造成灾难性后果。“基地”组织多次企图购买被盗核材料，并试图秘密招募专业技术人员制造核武器。1998年，“基地”组织高级助手马姆杜·马穆德·萨利姆因90年代中期试图获取高浓缩铀在德国被捕。2001年10月，俄罗斯军方称恐怖组织曾两次探查俄罗斯核武器储存地。2001年，美军在搜查阿富汗“基地”组织营地时，发现了大量有关生化武器和核武器的资料，表明其一直渴望获取核能力。[③]

综上所述，国际核安全始终受到恐怖主义的威胁，这种现状不容小觑，

---

① OECD, “Uranium 2011: Resources, Production and Demand, A Joint Report by the OECD Nuclear Energy Agency (NEA) and the International Atomic Energy Agency (IAEA),” Paris, July 2012, p. 15.

② The White House, “Announcing the Global Initiative To Combat Nuclear Terrorism,” July 15, 2006, http://www.state.gov/p/eur/rls/or/69021.htm.

③ 田景梅：《试析非国家行为体核扩散》，《现代国际关系》2007年第10期。

世界各国在合作防范核恐怖主义领域任重而道远。而这也正是核安全峰会举办的重要原因之一：深化国际合作，打击核恐怖主义，尽可能地降低核袭击的可能性。

（三）全球大量核材料的安全状况堪忧

截至2009年年中，全球高浓缩铀库存为1600（±300）吨，足以制造60000枚核武器；而全球分离钚的存量为500（±25）吨，能够制造60000枚第一代核武器。[①] 据国际原子能机构统计，全世界有249座研究反应堆正在运行，其中100多座仍以高浓缩铀为燃料。近年来，多次发生因核材料安保不善导致的核材料丢失及走私事件。

除此之外，日本目前保有的大量核材料也引发了国际社会的高度关注。据报道，其目前拥有全球最多的分离钚，远超出实际需要。继2014年年初被披露拒不向美国政府归还300多千克武器级钚后，日本政府又被爆出在过去两年向国际原子能机构“漏报”了640千克钚。在海牙峰会期间，日本高调宣布将归还在冷战时期借来的钚（大部分为武器级钚）。尽管如此，其归还的数额仅占其现有钚存量的3.5%。因此，基于核安保和防扩散等多重考量，日本大量囤积核材料的行为与其“无核化”承诺背道而驰，其拥有的巨大钚存量可能存在严重的安全威胁，加剧核扩散风险，给核不扩散机制造成严重冲击。

（四）朝鲜核问题、伊朗核问题始终是国际社会关注的焦点

与在冷战军备竞赛中累积丰富经验的美俄不同，朝鲜、伊朗等国家虽掌握“核按钮”，但明显缺乏“核对抗经验”，因此一旦发生冲突，则可能引发严重后果。

冷战时期，美俄两国以核威慑手段来谋求国家安全，即所谓的“核国家互不交战”规则。但是朝鲜核管理体系不同于他国，其目前奉行的“先

---

① 樊吉社：《核安全与防扩散：挑战与应对》，《美国问题研究》2010年第1期。

军政治”方针一切以军队为先。朝鲜在加快核开发进度的同时，也存在着向核威慑恶性发展的风险。

2013 年 6 月，温和派势力的代表人物哈桑·鲁哈尼当选为伊朗第 11 届总统。2013 年 11 月，伊朗与伊朗核问题六国（美国、英国、法国、俄罗斯、中国和德国）在日内瓦达成“共同行动计划”。按照该计划，伊朗应在 6 个月期限内停止部分敏感的核活动，以减轻西方对其实施的经济制裁。由于“共同行动计划”是临时协议，有效期截至 2014 年 7 月 20 日。而各方在一些问题上分歧过大，谈判未达成实质性成果，伊朗与六国于 7 月做出了将全面协议谈判延期的决定。由于核问题所带来的制裁攸关伊朗重大利益，因此必须妥善解决该问题，否则伊核问题进展缓慢也会重新僵化正在缓和中的美伊关系。

三　国际核安全治理机制

经过长期合作与多次协商，国际社会已建立起关于提升核安全建设和核材料监管能力的国内治理责任与国际协调合作机制框架，内容涵盖业已达成的有关核安全问题的多边国际公约、双边或多边防扩散倡议，并搭建起以加强全球核安全治理为宗旨的核安全峰会等平台。

然而，自华盛顿核安全峰会召开以来，许多相关重要国际条约仍未得到全面落实，侧面反映出整合全球核安全合作的难度。《首尔公报》中曾提出推动《核材料实物保护公约》2005 年修正案于 2014 年生效，目前该修正案缔约国仅 72 个，距生效所需的 2/3 多数（99 个国家）还有一定距离。尤其值得注意的是，作为核安全峰会的倡议国，美国自身并未能为全球核安保合作树立良好榜样，其既未批准《核材料实物保护公约》2005 年修正案，也未批准《制止核恐怖主义行为国际公约》。

就目前形势来看，国际原子能机构（IAEA）将在很长一段时间内为后续工作机制的建立担当核心角色。该机构于 2013 年 7 月召开以“加强全球合作”为主题的部长级核安保会议并通过《部长宣言》，这是国际原子能机构在核安保方面的首个高级别联合宣言。该宣言肯定了国际原子能机构在加强全球核安全和协调该领域国际活动方面的中心地位，提出了一些在国际原子能机构框架下深化合作的具体措施。但由于国际原子能机构成员国众多且立场迥异，在协调共同问题时具有相当难度，这就需要设计细致的工作机制，维持后核安全峰会时期相关国际合作的力度。

中国政府一贯将核安全问题视为重要课题，积极推进多样化国际合作，与国际社会一道为本国、地区乃至全球范围内和平安全利用核能与核技术提供保障。经过30年的努力，中国建立起多边、双边及区域层面的国际合作机制，并在机制框架下与联合国主要核机构、非政府核国际组织以及其他国家政府、企业开展多种形式的合作交流，包括国际会议、信息交流、技术援助培训等，取得了显著成绩。作为兼济天下的“负责任大国”，在1984年正式成为IAEA成员国后，中国一直重视与该机构的合作，并积极支持其在核安全领域所发挥的中心作用，认真履行协议和公约所规定的各项责任和义务。多年来，双方陆续签署了一系列核安全合作协议及国际公约。近年来，中美携手在顺利推进峰会进程、促进提升全球核安保水平方面发挥了示范作用。两国在世界范围内提供公共安全产品，扩大了双方合作基础，体现了两国对共同国际责任的担当，有助于推动中美新型大国关系的健康发展。

四　中国核安全观对全球核治理的意义

中国政府十分重视历次核安全峰会的主张和倡议，以理性的态度一以贯之地执行，并且已在核安全领域取得新的阶段性进展。

多年来，中国一直致力于推动国家核安全能力建设，遵守安理会决议规定的相关国际义务，树立负责任的核安全国家形象；重视国际合作机制不可或缺的作用，积极支持和认真履行核安全国际公约，并根据公约要求加紧制定和完善法律法规；广泛开展国际合作，注重培养核安全人员，不断提高信息公开透明度，以增进国际了解与互信；积极对外提供援助，提

升全球核安全和核能安全水平。习近平主席提出应处理好发展与安全、权利与义务、自主与协作、治标与治本之间的关系，其核心就是坚持发展核能不动摇，坚持核安全不放松。该观点表达了中国对核安全和核能安全的理解和追求，即和平发展民用核能，保障核能安全，切实防范核恐怖主义，标本兼治。

随着综合实力的增长和国际影响力的提升，中国此时提出核安全观十分必要。当今国际社会持续关注中国的政策走向，希望广泛了解其在包括核安全在内的重大国际问题上的立场和态度；另外，近年，中国外交更具主动性和开创性，积极开辟探索中国特色大国外交新局面，在处理国际问题方面，中国政府将以更加积极主动的态度主动引导国际议程设置。

中国在推动全球核安全和核能安全治理体系构建中的卓越贡献，也赋予其发声的权利。50 多年来，中国核事业一直保持良好的核安全记录，坚持不懈地制定和完善国家相关法律法规体系。放眼国际舞台，中国陆续成为国际原子能机构、桑戈委员会、核供应国集团等有影响力的国际组织成员，并积极在防扩散机制构建进程中发挥作用。中国于 1988 年与国际原子能机构签署了保障监督协定，成为世界五个核大国中第一个批准保障监督协定附加议定书的国家。

“发展和安全并重、权利和义务并重、自主和协作并重、治标和治本并重”是中国核安全观的基本内容，亮出了中国在全球核安全领域的鲜明立场。首先，中国的核安全观涵盖内容广泛，既深刻认识到核安全问题，又提出应对核安全问题的有效措施。其次，中国的核安全观是客观公正的，不为自身牟利，也坚决不采取双重标准。始终强调应在行使权利和履行义务之间、在和平利用核能和维护使用安全之间保持稳定平衡。再次，中国的核安全观是言之有物、行之有效的。中国明确提出核安全观的目标是消除问题根源，标本兼治，并指明了解决的方式和途径。前文提到，日本目前在其境内存储大量核材料，其中包括武器级核材料，供需严重失衡，潜藏了巨大的核安全隐患和核扩散风险。中国多次敦促日本端正态度，从维护国际安全角度出发，尽快解决问题。最后，中国的核安全观是开放合作的。中国希望同更多国家一道加入全球核安全进程，加强交流合作。

全球核安全体系的建构，应将国际原子能机构建设为核心平台，通过多样化的多边合作机制，实现全方位、立体式的有效保障。在这样的体系框架中，国际社会的各个行为体才有机会切实有效地抵御核扩散风险，为防范核恐怖主义做出贡献。

五　全球核治理领域的国际合作和前景展望

核安全领域下的国际合作，意指在特定的运行机制下，国际社会各个行为体以维护世界和平与安全为宗旨，按照一定的程序和规则，共同参与维护核安全、防范核恐怖主义、杜绝核扩散。合作意味着权利和义务的对称，世界各国家各地区既承担了推动全球核安全体系建设的共同义务，也拥有和平、合理利用核能的共同权利。多年来世界各国不断制定、缔结的国际条约和国际法规范为上述权利与义务提供了制度保障。核材料扩散、核恐怖主义已成为世界和平与地区安全的不稳定因素，并且与《联合国宪章》宗旨背道而驰。数十年的国际关系实践也深刻表明，构建全球核安全体系已成为指导国际活动的国际习惯。

（一）安理会体制下的国际合作

作为处于核心地位的联合国职能机构，安理会对维护世界和平与安全发挥着举足轻重的作用。依据《联合国宪章》的规定，安理会有权判定危害和平与安全情势的存在，并可采取包括武力在内的一切行动恢复和平状态。① 安理会可依照国际法对世界和平造成危害的核安全问题进行裁定，并采取和平手段或物理措施解决问题、减弱或消除危急情势。经济制裁手段目前为该机构多次采用，缘于该手段在国家配合度上较为直接高效，较易达到制裁效果和目的。2013 年 3 月 7 日，安理会在第六次对朝决议中，提出扩

① 《联合国宪章》第 39 条、第 42 条，引自 http://www.un.org/zh/documents/charter/。

大对朝金融制裁，同时防止向朝鲜提供赛车、珠宝等奢侈品。在以往的决议中也曾多次出现冻结朝鲜经济实体及官员资产的条款。[①]

在推动构建全球核安全体系的过程中，安理会应该加强与联合国大会及国际原子能机构等组织的联动合作，并应充分听取有关成员国的声音。

同时，强化安理会的内部协商机制，以确保决议内容的正确性及实施的可行性和有效性。为有效行使职权，安理会可以依照《联合国宪章》规定设立内部常设性质的核问题执行工作机构，加强安理会与国际原子能机构的联系。

（二）国际原子能机构体制下的国际合作

国际原子能机构是一个同联合国建立关系，并由世界各国政府在原子能领域进行科学技术合作的机构。其宗旨是加速扩大原子能对全世界和平健康与繁荣的贡献，并确保由机构本身或经机构请求或在其监督管制下提供的援助不用于推进任何军事目的。[②]

《首尔公报》中重申了国际原子能机构在强化全球核安全框架中的重要责任和中心作用。表示将确保该机构继续拥有所需的合适机制、资源和专业知识，以支持其落实核安全目标。[③] 面对日趋复杂严峻的核安全局势，国家原子能机构应加强机制建设。一是与联合国通力合作修改相关条约，在联合国法律框架下监督机构非成员国和不扩散条约体系的非缔约国；二是加强与安理会的联系，增加安理会对该机构的授权，增强其在核查行动中的权威性，赋予其强制执行力，使其真正成为防御保障；三是借助成员国力量，打击非国家行为体如恐怖组织等做出的威胁世界核安全的行为；四是强化国际监管与核查机制，在满足和平利用核能需要的同时加强出口管制，并及时拦截核材料非法转让。

---

① 《安理会历次对朝决议对比》，新浪网，2013 年 1 月，http：//news. sina. com. cn/z/nkhsy2013/。

② 《国际原子能机构规约》第 2 条，引自 http：//www. caea. gov. cn/n16/n83690/83822. html。

③ The Nuclear Security Summit，“Key Facts on the 2012 Seoul Nuclear Security Summit，” September 3，2012，http：//www. thenuclearsecuritysummit. org/.

（三）国家之间的直接对话与合作

维护世界核安全是国际社会需要共同面对的问题，各国应携手合作寻求解决之道。然而，迥异的安全利益和安全诉求制约着有效持久的国际合作机制的构建。不同的国际地位和地缘关系使得世界各国在考量核安全问题时各有侧重，或注重核能的开发利用，或关注核裁军，或希望建立保障核安全、防止核不扩散的有效国际机制，因此在核安全峰会这一国家间对话平台上，体现出截然不同的政策取向。

目前，包括中、美、俄等在内的国际核大国均希望加强核不扩散力度、提升核安全能力。而对于弱小国家而言，由于受经济、政治、科学技术等多方面因素限制，核技术的引进、研发及核能的利用成本高昂，难以为继。

畅通国家间的双边和多边对话渠道有助于增进相互了解，而由此开展的合作也成为世界核安全体系建设顺利推进的必要保证。各国应该分享核安全经验，加强信息交流和联合执法。真正建立一个普遍、有效的全球核安全体系，需要各国在国家层面上保持开放姿态，并应持续推进展开地区和国际层面的深入合作。

（四）民间工作

维护人类和平是世界上有识之士的共同追求。民间人士则是推动全球核安全体系建设的有生力量。无核化或和平安全利用核能的民间呼声在有核国家或无核国家都从未停歇过。许多非国际组织也以多种方式活跃在国际舞台上，并取得了显著成就，国际社会对核安全领域的民间活动应予以重视和支持。

结　语

可以预见，核安全作为一个全球问题将会长期存在。遵循习近平主席在本届峰会上提出的“核安全观”，中国应与世界各国和国际组织在以下几个

方面做出努力。第一，注重制度建设，建设防范核事故安全规范。系统科学地制定并严格遵行针对核能产业的核安全规范，从而有效降低核事故风险，为核能安全发展提供坚实保障。第二，截断非法扩散路径，构筑防范核恐怖主义的铜墙铁壁。要切实加强核材料和核设施的安保监管工作，让恐怖主义分子无机可乘，加强国际合作，阻断其获取核材料的路径。第三，构建对话平台，增进地区和国家间安全互信。充分利用核安全峰会、上海合作组织峰会等国际性和地区性会议，主动且有针对性地采取合作措施，消除周边国家在核扩散和核安全方面的疑虑和关切，构建地区内部互信、互利、互惠的新局面。第四，强化全球治理，推动全球核安全体系新边疆。高度重视核安全合作在国际安全合作的重要地位，推动建设和不断完善全球核安全体系，标本兼治、通力解决核安全挑战这一全球性问题。

参考文献

樊吉社：《核安全与防扩散：挑战与应对》，《美国问题研究》2010 年第 2 期。

冯涛、何星：《综合核安全：冷战后国际核安全威胁及其应对》，《社科纵横》2012 年第 3 期。

付杰：《中国核安全国际合作现状及发展趋势》，《中国环境报》2014 年 3 月 26 日。

胡洪彬：《中国国家安全问题研究：历程、演变与趋势》，《中国人民大学学报》2014 年第 4 期。

卡内基国际和平基金会：《普遍履约：全新的核安全战略》，中国军控与裁军协会译，世界知识出版社，2005。

《联合国宪章》第 39 条、第 42 条，引自 http：//www. un. org/zh/documents/charter/。

劳伦斯·弗里德曼：《核战略的演变》，黄钟青译，中国社会科学出版社，1990。

李少军：《国际战略学》，中国社会科学出版社，2009。

田景梅：《试析非国家行为体核扩散》，《现代国际关系》2007 年第 10 期。

刘强：《中国总体国家安全观的确立与前景》，《前线》2014 年第 5 期。

刘冲：《从海牙峰会看未来国际核安全》，《中国社会科学报》2014 年 4 月 16 日。

梁长平：《全球安全治理视野下的核安全》，《阿拉伯世界研究》2013 年第 5 期。

王仲春：《核安全峰会：寻求应对核恐怖主义威胁的共同行动》，《当代世界》2010 年第 5 期。

夏立平:《论国际核安全体系的构建与巩固》,《现代国际关系》2012 年第 10 期。

余民才:《“打击核恐怖主义全球倡议”的背景分析》,《法学杂志》2007 年第 6 期。

2014 年第三届海牙核安全峰会官方网站: https: //www. nss2014. com/en。

《国际原子能机构规约》, http: //www. caea. gov. cn/n16/n83690/83822. html。

《解码海牙核安全峰会》, 网易, http: //news. 163. com/14/0331/11/9OL08CA900014AED. html。

《华盛顿核安全峰会公报》, 新华网, http: //news. xinhuanet. com/world/2010 - 04/14/c_ 1232954. htm。

《外媒: 中国“核安全观”展现大国担当》, 中新网, http: //www. hi. chinanews. com/hnnew/2014 - 03 - 25/341655. html。

《习近平在荷兰海牙核安全峰会上的讲话(全文)》, 新华网, http: //news. xinhuanet. com/politics/2014 - 03/25/c_ 126310117. htm。

《习近平提核安全观打破西方主导　外媒热议影响》, 环球网, http: //mil. huanqiu. com/china/2014 - 03/4930985. html。

George Bunn, “The Nuclear Nonproliferation Treaty: History and Current Problems,” http: //www. arms control. org/print/1419.

OECD, “Uranium 2011: Resources, Production and Demand, A Joint Report by the OECD Nuclear Energy Agency (NEA) and the International Atomic Energy Agency (IAEA),” Paris, July 2012.

The Nuclear Security Summit, “Key Facts on the 2012 Seoul Nuclear Security Summit,” http: //www. thenuclearsecuritysummit. org/.

The White House, “Announcing the Global Initiative To Combat Nuclear Terrorism,” http: //www. state. gov/p/eur /rls/or/69021. htm.

Y.11

从亚信峰会看“新安全观”与亚洲安全治理

任 琳*

摘 要： 2014年5月，亚洲相互协作与信任措施会议，即亚信会议第四次领导人峰会在上海举行。会议受到中国方面的高度重视，反映出亚洲国家扩大安全合作的愿望，也反映出中国促进亚洲国家互信、合作的努力。会议上，与会国家阐述了对国际形势和亚洲安全合作的共同看法，中国提出了亚洲新安全观。亚信会议的宗旨是加强亚洲国家之间的合作、增强区域内协调、共同治理一系列的安全问题。进入21世纪，亚洲地区安全治理的任务依然严峻。伴随着全球化的步伐，传统安全与非传统安全交织。一些传统地缘安全治理起来难度很大，但各国在治理非传统安全方面具有相对多的共识，合作前景看好。抓住这一历史契机，积极倡导亚洲“新安全观”符合亚洲各国的根本利益。

关键词： 亚信峰会 新安全观 非传统安全 周边安全 区域合作机制

一 亚信会议基本情况

亚信会议，全称亚洲相互协作与信任措施会议（Conference on Interaction

* 任琳，博士，中国社会科学院世界经济与政治研究所助理研究员。

and Confidence-Building Measures in Asia，CICA），秘书处设在哈萨克斯坦阿拉木图。亚信会议是亚洲地区一个有关安全问题的多边论坛。会议的宗旨定位为通过制定多边信任措施，加强对话与合作，促进亚洲和平、安全与稳定。亚信会议具有相当高的代表性，截至今年（2014年）峰会，共有26个成员国：中国、阿富汗、阿塞拜疆、埃及、印度、伊朗、以色列、哈萨克斯坦、吉尔吉斯斯坦、蒙古、巴基斯坦、巴勒斯坦、俄罗斯、塔吉克斯坦、土耳其、乌兹别克斯坦、泰国、韩国、约旦、阿联酋、越南、伊拉克、巴林、柬埔寨、卡塔尔和孟加拉国。观察员国家包括印度尼西亚、日本、马来西亚、菲律宾、乌克兰、斯里兰卡和美国。作为观察员的国际组织有突厥语国家议会大会、联合国、欧安组织和阿拉伯国家联盟。

本着加强亚洲国家之间的合作、增加亚洲区域内国家间信任的论坛宗旨，亚信会议作为一个重要的围绕区域安全问题的对话平台，经历了一个提议、论证和建制的历史过程。建立亚信会议的倡议，由哈萨克斯坦总统纳扎尔巴耶夫在1992年第47届联合国大会上首次提出，倡议通过亚信会议在亚洲大陆上建立起有效的、综合性的安全保障机制。亚信会议遵循协商一致的原则，为亚洲安全治理提供建议。会议经历了一个专家论证和外交协调的过程，建立了领导人峰会、外长会议、高官委员会会议、特别工作组会议和部门领导人会议机制。其中，峰会和外长会议交错举行，每四年一次。迄今为止，共举行了四次亚信峰会。2002年6月4日，第一次亚信领导人峰会在哈萨克斯坦阿拉木图举行。2006年6月17日，第二次亚信领导人峰会在阿拉木图举行。2010年6月，第三次亚信领导人峰会在土耳其伊斯坦布尔举行。此前，哈萨克斯坦一直担任亚信主席国。第三次峰会后，土耳其接替哈萨克斯坦，担任主席国。2014年5月20~21日，亚信第四次领导人峰会在上海举行。在此次峰会上，中国正式接任亚信主席国，主席国任期为2014~2016年，这是中国首次担任亚信主席国。[①] 这也是亚信会成立

① 《亚洲相互协作与信任措施会议第四次峰会专题》，http：//www.chinadaily.com.cn/2014yaxinfenghu/。

以来参与国家最多、规模最大的一次会议。

历次亚信峰会的主题反映了亚洲安全观逐渐成形的过程。第一次亚信峰会的主题为“加强促进亚洲和平，安全与稳定”，第二次亚信峰会的主题为“亚洲和世界安全与合作”，第三次亚信峰会的主题为“亚洲相互协作与合作安全”，第四次亚信峰会的主题为“加强对话、信任与协作，共建和平、稳定与合作的新亚洲”。本次在上海举行的亚信峰会以“加强对话、信任与协作，共建和平、稳定与合作的新亚洲”为主题，围绕“亚洲安全形势”“推进相互信任与协作的措施”等议题展开对话，并详尽阐释了“亚洲新安全观”的内涵。

本次亚信会议反映了亚洲安全合作需要扩大合作规模、进行实质化合作的趋势，会议组织了 8 个小组讨论。工作组形式的对话，有利于成员国在打击走私毒品犯罪、打击恐怖主义、推动中小企业发展、降低海外投资风险和完善海外投资配套环境等具体领域内达成合作措施，使会议精神真正落到实处。

本次上海会议成果包括出台《上海宣言》，提出了一个亚洲新安全观。[①] 中国对整个亚洲安全提出的新安全观，对亚洲未来十年的安全机制塑造提出了设想。亚洲各国借助亚信会议这一平台，致力于合力治理亚洲的传统安全和非传统安全问题，为亚洲今后的健康发展，提供有利的环境和历史契机。

亚信会议是亚洲地区代表性最广、范围最大、覆盖成员最多的区域安全合作平台。亚洲安全事务关系到亚洲各国的切身利益。亚洲国家需要一个属于自己的安全对话机制与合作平台。在全球化时代，亚洲各国面临共同的安全诉求。特别是近年以来，亚洲国家面临着诸如“三股势力”的非传统安全威胁。在跨境合作救灾、打击海盗行为、共同打击恐怖主义活动等方面，各亚洲国家之间存在着共识。因此，有必要在亚洲国家之间建立

① 《透视亚信峰会的“新亚洲”视野》，http://www.peopledaily.ca/html/2014/shizheng_0525/14399.html。

一个常态合作对话机制。这并不意味着亚信会议是一个封闭的地区组织平台，相反，亚信会议是一个开放的对话平台。借助于亚信这一平台，在全球层面上，亚洲各国可以加强与其他国家、地区、国际组织的通力合作。在区域层面上，双边合作与亚信组织平台上的多边合作并举，有助于实现亚洲区域内国家的合作共赢。此外，对亚洲国家来说，可持续发展与地区安全并重，是区域经济发展安全的基础，因此，此次亚信会议也聚焦发展主题，积极倡导推动区域内共同发展，形成区域经济合作与安全合作并重的局面。①

二　亚洲安全形势与安全治理的状况

亚信会议所关注的焦点是亚洲的安全形势与安全合作。目前，亚洲安全形势仍然存在诸多紧张和不确定性。无论在传统安全还是在非传统安全领域，都面临困境与挑战。因此，加强亚洲地区的安全合作、建立有效的安全机制，既有难度，又非常必要。

（一）亚洲的安全形势

1. 影响东北亚安全形势的地区热点问题是朝鲜半岛形势与中日关系

就朝鲜半岛形势来说，朝鲜卫星试射及核试验使半岛在过去几年始终笼罩在紧张的气氛当中。东北亚防止朝鲜半岛安全形势持续加剧的任务艰巨，朝鲜近期在导弹技术和核能力方面有所进展；金正恩近期做出“拥核入宪”的举动，导致朝鲜半岛无核化进程步履艰难；朝、韩、美在半岛无核化问题上的立场不可调和；原有的六方会谈进展困难。中国致力于维护半岛和平稳定，但稳定半岛局势面临着诸多困难。美国实施“亚太再平衡战略”，需要保持对韩日两国的影响力，因此美国更希望维持朝半岛局势的适度紧张，而

① 人民网评：《亚信上海峰会的五大亮点与特殊意义》，http：//opinion. people. com. cn/n/2014/0520/c1003 - 25040933. html。

非彻底解决半岛问题。韩国的对朝政策也常常受到美国牵制，无法保持对朝对策的独立性和稳定性。

就中日关系来说，日本政治右倾化的趋势近年依然明显，对华政策呈现出强硬态势。随着中国经济实力的腾飞，日本渲染“中国威胁论”的现象频现。此外，日本借美国“重返亚太”的政策倾向，借领土争端说事，渲染日本面临的安全问题，从而借机调整本国的相关安全政策，积极强化日美同盟。2014 年 4 月，安倍内阁废除了“武器出口三原则”、出台了“防卫装备转移三原则”。这一政策调整不但为武器出口开了绿灯，还大幅度放宽日本对外输出武器和军事技术。在这种背景下，奥巴马访日期间做出表态，《日美安保条约》第五条适用于钓鱼岛。日美的表态非常不利于东亚地区形势的稳定。2014 年 6 月 11 日，日本与澳大利亚发表共同文件，加强双边防务合作。日澳主要的合作领域为防卫装备。值得一提的是，此次日本向澳大利亚转让的是“苍龙”级常规潜艇。该潜艇安装了不依赖空气动力装置，在海洋作业中具有优秀的防侦查和追踪性能。[①] 结合美国“亚太再平衡战略”理解日本这一举措，不难想象日美澳在海洋上牵制中国的战略企图。加之近年南海问题升温，日本谋求加强与澳大利亚在高端潜艇技术上的合作，一方面展现了日本谋求成为“海洋强国”的战略意图，另一方面也体现了日本谋划在南海重要航线上制衡和牵制中国，企图将中国的海洋能力封闭在“第一岛链”内，限制中国的海洋战略空间。

总之，想要塑造稳定的东北亚安全形势，中日韩三国应该反思二战历史，形成历史共识，抛弃冷战思维，充分认识到未来多元化安全挑战，谋求地区安全共识基础上的地区合作。

2. 东南亚、南亚地区面临海陆安全困境，传统安全与非传统安全并存

南海问题仍然暗流涌动，美日澳及东南亚一些国家声称中国的对外政策发生了变化，煽动所谓中国“强硬论”；美国公开支持东盟关于尽快制

---

① 《日加强与华存在主权争端的东南亚国家合作“包围中国”》，人民网 - 国际频道，2014 年 4 月 1 日，http://japan.people.com.cn/n/2014/0401/c35469-24792415.html。

定“南海多边行为准则”的主张，与有关国家在中国南海及其周边频繁进行军事演习。南海周边国家借美国重返亚太之势，在海洋问题上结成利益同盟，抗衡中国。马来西亚等国非法占领中国南海岛屿，开采该海域的油气资源。中国与东南亚相关各国的南海争端，不仅涉及岛屿主权，还涉及海域划界和资源开发。上述国家的做法，严重损害了中国的领土主权和海洋权益，使得中国的海洋安全环境进一步恶化，中国深海战略面临的海上压力将有可能常态化。

印度洋作为诸多区域和非本区域国家的重要海上通道，联通了东亚与中东、波斯湾、地中海、东非等地。保障该海域的畅通、保障石油等重要物资的运输安全，对亚洲各国未来的经济发展具有重要意义。近年来，印度在印度洋海域影响力扩大。作为海上的区域大国，印度对区域海洋运输安全的态度如何，对该海域的局势发展具有决定性作用。如果印度致力于塑造本国在印度洋上的“排他性”强权，则有可能妨碍该区域海上联通的实现。

近年，海上运输通道上的犯罪行为频发，成为亚洲各国不能忽视的非传统安全威胁。海盗行为威胁到海上商船的运输安全，关系到各国财产和人员的安全。跨境毒品运输等其他非传统安全问题都威胁到整个区域乃至亚洲的稳定。这些非传统、跨境的安全隐患，需要各国齐心协力进行治理。

就陆上情况来说，南亚安全形势仍然复杂、不确定。南亚核军备和常规军备竞赛的阴影挥之不去，克什米尔问题难以解决，印巴冲突持续影响地区稳定。随着大力发展本国经济和强大军事实力的形成，印度在南亚地区的威慑力量不断增强。印度在北部地区加强了陆、空基础设施建设，增加了军力部署。巴基斯坦政局仍不稳定，美巴在反恐和对阿富汗政策上的分歧有增无减。2014 年美国、北约从阿撤军后，一段时期内将在该地区留下一个巨大的“安全真空”。

3. 西亚深陷冲突战乱的泥潭，地区形势动荡；中亚经济社会发展不平衡，存在民族、边界及能源相关的利益冲突

影响安全形势的地区传统热点持续存在，而恐怖主义、毒品问题等非传统安全问题对该地区的影响也不可忽视。西亚地区仍然困扰于叙利亚内战、

ISIS 崛起、伊朗核危机、阿拉伯民主化进程等问题带来的地区长期不稳定。美国仍然作为最主要的外部势力，深刻影响这一地区的安全局面。近年来，该地区欧洲影响的回归也比较明显。地区安全战略格局深受大国关系的影响，独立性欠缺，形势不稳定。

中亚政治经济安全形势对大国因素的“依赖度”非常高。中亚五国和阿富汗在经济上与大国保持紧密联系，区域内各国之间的经济联系反而相对较弱。俄罗斯在中亚地区的存在虽然多有反复，但无疑具有很深的历史根源。俄国主导的独联体框架和欧亚经济共同体框架与上海合作组织框架部分重叠，中亚地区的自身定位模糊、区域内整合力度不足，地区处于相对混乱的欠整合状态，大国间互相竞争深刻影响到该地区的安全与稳定。

美国影响渗透中亚的政治、经济与军事等多个领域。在政治上，美国以积极推动中亚各国的“民主化”为幌子，极力排斥中俄在该地区的影响力。美国期许于维持中亚地区的适度混乱，从而扩张其在该地区的影响力。在经济上，美国极力排斥俄罗斯在本地区的霸主地位。中国在中亚地区推行维护地区和平和尊重本土各国自主为指导精神的经济合作，也成为美国排斥的对象，以此努力消除中国在中亚地区的经济竞争力。一个比较明显的案例是，美国致力于打造一条贯穿中亚和南高加索地区、连接阿富汗和巴基斯坦直至南亚的油气输送管道，该管道的建设规划，正是美国地区战略安排的重要体现。

（二）亚洲区域安全治理特点

第一，传统安全与非传统安全交织，地区安全形势更为复杂，治理难度增大。传统安全问题的治理难度仍存，但各国在治理非传统安全方面具有相对多的共识，合作前景看好

亚洲聚集了世界 67% 的人口和 61% 的经济总量。亚洲是众多文明、民族的汇聚交融地。在某种意义上，亚洲的地区情况相对比较复杂，各类矛盾和冲突威胁到亚洲地区的安全与稳定。部分地区“热点”问题长期存在，不利于本地区的长期稳定与发展。东北亚有朝核问题，西亚有阿富汗问题，以及随着全球化的深入，本地区面临的跨境犯罪、恐怖主义、跨国贩毒等问题也越来越严重。尽管区域内各国的情况各异，经济社会发展阶段不同和民族文化不同，但各国面临着共同的安全威胁。

第二，大国因素影响明显

中美互动在东亚周边关系中处于核心地位，而俄之于中亚的影响，正如印度之于南亚的影响。在处理周边安全关系的时候，协调地区大国之间的关系不容忽视。就美国因素来说，美国的“亚太再平衡”战略具体表现为美国在亚太地区增强军事力量的部署，并注重强化日美同盟，经济与政治干预的手段并存。美国做出从阿富汗撤军的决定，而该地区的宗教极端势力等旧有问题并未得到有效解决。相反，极端势力的潜在危害蔓延，恐怖主义阴影挥之不去，呈现极高的潜在风险系数。短期内，地区安全形势失控的潜在风险依然存在。依赖大国的存在，并没有使亚洲获得期许的和平与稳定。在这种背景之下，亚洲国家谋求建立有效的、独立的、合作的区域安全协调机制，符合区域内各国的根本利益。

第三，亚洲地区的安全治理合作机制化程度不高

以东盟区域内安全治理为例，东盟地区论坛是亚太地区唯一的多边安全协调论坛，为区域内成员国提供了一个自由、渐进和非正式的政府间对话平台。东盟地区论坛设有秘书处，主席由东盟主席兼任。除了政府层面的“一轨”对话，还有“二轨”的民间对话形式。东盟地区论坛下设信任建立措施与预防外交会议间支援工作小组，同时也有一些针对非传统安全治理的工作小组存在，例如针对灾难救援、抗击恐怖主义、海事安全和核不扩散等具体问题领域，都设有对话机制。但是，机制化程度不高是东盟地区论坛的重要特点之一。这固然有利于一些敏感性高及不确定性高的问题得以磋商，但不利于达成应对措施并有效地落实。

三　2014年亚信会议的焦点

自20世纪90年代初，亚太国家开始讨论和采用“共同安全”“合作安全”“综合安全”“非传统安全”等概念。中国政府也提出了自己的新安全观，并在2002年7月东盟地区论坛外长会议时向大会提交了《中方关于新安全观的立场文件》，对中国的新安全观进行了全面阐述，互信、互利、平等、协作成为中国新安全观的核心。在此次亚信会议上，中国提出了亚洲新安全观，体现了新形势下中国安全观的丰富与扩展。

（一）提出新安全观

本次会议成果包括出台《上海宣言》，提出了亚洲新安全观，认为各国应在迄今已经达成的共识基础上，谋求共同、综合、合作、可持续安全。其核心内容如下。

> —— 安全应该是共同的，就是要尊重和保障每一国家的安全。亚洲多样性特点突出，各国大小、贫富、强弱很不相同，历史文化和社会制度千差万别，安全利益和诉求也多种多样。所以，在亚洲这个大家园里，亚洲国家日益成为一荣俱荣、一损俱损的命运共同体。
>
> —— 安全应该是普遍的，不能一个国家安全而其他国家不安全，一部分国家安全而另一部分国家不安全，更不能牺牲别国安全谋求自身所谓的绝对安全。
>
> —— 安全应该是平等的，各国都有平等参与地区安全事务的权利，也都有维护地区安全的责任。任何国家都不应该谋求垄断地区安全事务，侵害其他国家正当权益。
>
> —— 安全应该是包容的，应该将亚洲的多样性和差异性转化为促进地区安全合作的动力，恪守尊重主权、独立和领土完整、互不干涉内政等国际关系基本准则，尊重各国自主选择的社会制度和发展道路，尊重并照顾各方合理安全关切。强化针对第三方的军事同盟不利于维护地区共同安全。
>
> —— 安全应该是综合的，就是要统筹维护传统领域和非传统领域安全。亚洲安全问题极为复杂，既有热点敏感问题，又有民族宗教矛

盾，恐怖主义、跨国犯罪、环境安全、网络安全、能源资源安全、重大自然灾害等带来的挑战明显上升，传统安全威胁和非传统安全威胁相互交织，安全问题的内涵和外延都在进一步拓展。[①]

具体来说，新安全观的内涵及其重塑的全球地缘具有复杂和多维的时代特征。

第一，安全的主体发生了变化，国家不再是整体化的、相互独立、互相碰撞的台球（billardballs），面临着全球性和共同安全威胁的国家处于网络状脉络之中。全球呈现为一个安全复合体。国家安全与全球安全息息相关，诸多超主权的全球合作标志着威斯特法利亚条约体系之后以国家主权为基础的世界体系发生了细微变化。传统地缘政治思维不能继续束缚各国的外交决策，“传统地缘政治学提出的‘世界是由正在扩张和收缩的空间集团和领土单位’组成的基本假设，已经变得过时了”。[②]

第二，安全的客体发生了变化，问题领域日渐多维，原有以军事安全单一维度为依据的地缘政治安排已经不能反映全球安全形势的全貌。安全威胁的来源多元化和非传统化。来自军事、政治、经济、资源、能源、环境、社会等多方面的威胁源统统纳入新安全研究和治理的宽泛议程。各种安全威胁的联动和相互转化使新安全分析无法仅仅关注某一问题领域的安全应急需要，例如特殊时期资源、能源及其他原材料的稀缺状况很可能具有联动效应，引发区域内和区域间的军事安全局势动荡。

第三，面对非传统性的全球性问题，各国的安全诉求与利益不再是排他性的。国家安全复合体追求全球共同安全，各国致力于谋求安全议题的全球治理。为了追求综合安全，系统重要性国家做出较之从前具有差异性的地缘判断，进而影响地缘政治格局的变化。国家面临严峻的挑战，有效治理多元安全需要开放性的合作心态。治理超越国界的安全问题急需建立一个各利益

---

① 《习近平在亚洲相互协作与信任措施会议第四次峰会上的讲话（全文）》，http：//www. chinadaily. com. cn/2014yaxinfenghui/2014 -05/21/content_ 17531651. htm。

② 许勤华：《评批判性地缘政治学》，《世界经济与政治》2006 年第 1 期，第 18 页。

相关国置于其间、合作、共赢的全球治理体系，国家需要及时认清新安全观主导下的世界形势变迁，寻求共享安全，积极提高国家自身对非传统安全的治理能力。

（二）新安全观与跨领域合作

在新安全观的指导下，以综合眼光看待地区安全，不能将安全治理割裂在地区合作的其他议题之外。借助于经济议题上的合作，能够在一定程度上“夯实”亚洲安全治理合作。新安全观充分体现了在如今的国际舞台上政治经济相互影响的现实。“21 世纪海上丝绸之路”和陆上“丝绸之路经济带”的战略设想，都体现了这种政治经济不分家，以经济领域的合作“盘活”政治安全合作的战略思维。例如，与东盟国家一道打造 21 世纪的海上丝绸之路是助推中国与东盟国家共同发展、互联互通、共享繁荣的重要战略举措。具体来说，建设“21 世纪海上丝绸之路”具有以下战略意义。

第一，稳定地缘环境的获得离不开区域内经济的繁荣

海上丝绸之路将改变世界经济地缘格局，从而带动区域内政治、安全等其他领域的全面合作。在“东盟 10 国 + 中日韩 + 印度”的大区域内，居住着世界 50% 的人口，经济总量和潜在市场规模超过欧盟、北美自由贸易区。区域内以中国、印度、韩国为代表的新兴经济体经济崛起，有着相似的诉求。2013 年的数据显示，中国与东盟的双边贸易额达 4000 多亿美元，该数目预计到 2020 年可以达到 1 万亿美元。未来的世界中，中国 - 东盟、欧盟、北美三大自由贸易区将呈现出互相竞争与合作的图景。在经济上实现区域内国家的紧密合作，将有利于增强区域的整体竞争力。

第二，实现区域联通，治理区域内跨境安全威胁

稳定周边，才能够为中国及邻国的经济发展提供良好的外部环境。中国已倡议签署中国 - 东盟国家睦邻友好合作条约，体现了中国一贯倡导的睦邻、富邻、互利共赢精神。建立中国东盟命运共同体的战略构想符合相关国家共同参与全球治理的内核精神。打击一些具有跨国性质的犯罪，需要中国与东盟各国的共同努力。治理海上安全包括加强海上执法能力、联合打击海盗、培育联合救援等能力建设方面，都迫切需要实现区域内合作。海上丝路的打造提供了一个深入推进各种治理合作机制化建设的契机。

结语　未来亚洲安全合作展望及对策

此次亚信会议在中国举行，受到中国方面的高度重视，也是2014年中国多边外交的一项重要活动。对中国为什么如此重视此次会议，中国亚洲新安全观的意义何在，如何理解“命运共同体”和“亚洲是亚洲人的亚洲”，国内外已经出现各种各样的解读和推测。从此次亚信会议传达出的信息表明，中国更加重视发展与亚信国家之间的合作关系，重视亚信在促进多边安全合作领域中的作用，也体现了中国在促进亚洲地区共同安全、共同发展、共同繁荣方面的努力。展望未来，亚信作为一个通过非正式对话、倡导安全合作的平台，应该与上合组织、APEC等区域内合作机制及其他国际层面上的合作机制形成良性互动和彼此协作的局面。

第一，借经济议题将安全合作做实

前面提到了亚信会议上提出的新安全观对亚洲安全治理思路的贡献，例如使经济合作的收益“溢出”到安全领域的治理合作当中来。一方面，亚信会议是亚洲国家开展综合合作的平台，而非仅仅将合作局限在安全领域之内。亚信安全多边论坛的成立宗旨就是建立一个有效、综合的安全保障机制，维护亚洲国家的共同利益，形成亚洲共同认同和普遍承认的原则，塑造“亚洲共同体”和“利益共同体”。另一方面，亚信成员国之间存在着一些固有的、难以解决的矛盾，例如巴以冲突、印巴矛盾等，可见在传统安全领域的合作很难达成共识。在这种情况下，成员国之间通过推进在经济领域内的合作，充当起调停成员国之间矛盾“润滑剂”的作用，这仍然是亚信会议今后面临的重要议程。实际上，中国提出的“21世纪海上丝绸之路”和陆上“丝绸之路经济带”的战略构想，正是本着以经济合作充当安全合作

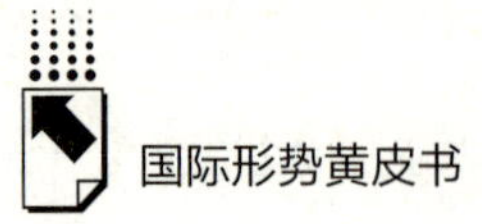

“助推力”的基本思想，亚洲各国在经济发展与安全合作这两个领域内的合作可以相互补充、相互推进和相得益彰。

第二，仅仅从多边层面上打造中国的周边安全合作存在困难，未来的周边安全合作战略仍然是以双边为重点，通过双边合作带动多边互动

长期以来，一些区域内国家摇摆于美国的安全保护和中国的经济红利之间。正是因为存在着这种摇摆的两端，也因为周边国家对中国崛起的“悲观现实主义”的错误认知存在，经济上的靠近却没有缓解中国与部分周边国家政治关系上的紧张关系。实际上，中国与周边国家不仅在经济合作上存在共同利益，在维护地区稳定方面也存在合作型战略利益，例如推进朝核问题通过和谈方式解决、打击区域内滋生的恐怖主义活动等。虽然从改善地区大多边合作的全局上看，未来依然有着很大的难度，但中国可以在短期内着重选择一些对中国经济依赖度比较大、能够在中美之间保持相对中立态度的、对中国有战略支点作用①的重点国家，并与之进行紧密合作。以发展双边关系来修护多边上存在的问题，是中国今后经营周边环境可供参考的较优战略选择之一。

第三，推进亚洲区域合作机制建设，亚信会议需要加强与其他国际组织的合作

亚信会议作为一个通过非正式对话、倡导安全合作的平台，应该与上合等区域内合作机制及其他国际层面上的合作机制形成良性互动和彼此协作的局面。例如，就如何协调亚信与上合之间的职能重叠问题，考虑在两组织之间达成谅解备忘录等方式。前者包括了后者所有的成员，亚信会议的成员范围更为广阔，合作意向更为集中到区域内的非传统安全治理上。此外，把亚洲的安全挑战和威胁放到更为广泛的世界范围内考虑，在国际上进行对话和协商，与联合国等国际机构积极互动，表明亚洲国家从国际角度上看问题、进行国际对话与合作的意愿。例如，联合国教科文组织关

① 徐进、高程、李巍：《打造中国周边安全的“战略支点”国家》，《世界知识》2014 年第 15 期，第 14 ~ 23 页。

心经济社会发展问题，开发计划署重点针对解决全球贫困开展工作，以上各种任务的完成都离不开亚洲国家在亚洲区域或次区域上做出的努力。为确保亚信与其他区域组织和全球层面上的国际组织进行有效协作，亚信向东盟、欧盟、上合等组织开放观察员身份。一方面，亚信重视与其他的亚洲安全机制建立起合作；另一方面，向其他的地区安全组织保持开放的渠道，建立对话和磋商机制，都使亚信会议在应对安全威胁方面走出具有实质化的重要一步。

第四，亚洲安全治理机制是否要机制化，仍然是一个需要继续探讨的话题

针对这个问题，可以分析已有正反两种态度，在做出决策前进行客观评估。一方面，机制化可能带来的好处是做实亚信会议这个平台。对亚信会议进行实质化建设，在成员国自愿牵头组织小组讨论和工作组活动的基础上，各项安全治理措施可以得以系统总结和落实。在工作组层面上开展讨论，也可以使各国更微观地去达成合作意向、落实治理措施。另一方面，机制化也可能使亚洲区域内安全治理遇到一些问题，例如一旦机制化，可能会出现部分成员国对主导权的介怀；一旦机制化，也可能会涉及维持组织“开放性”与“排他性”的争论；一旦机制化，还会出现各成员国需要在亚信会议与其他亚洲安全对话机制之间做出权衡的情况。如果确定要机制化亚洲区域安全治理的对话与合作，就亚信会议这个平台来说，可以建议适当增加外长会甚至峰会，提升政治影响力；建议加强能力和机制建设，增设秘书处、防务措施机制、各领域合作机制；机制化的过程中需要兼顾包容性和开放性。

参考文献

《亚洲相互协作与信任措施会议第四次峰会专题》，http：//www. chinadaily. com. cn/2014yaxinfenghu/。

《习近平在亚洲相互协作与信任措施会议第四次峰会上的讲话（全文）》，http：//www.chinadaily.com.cn/2014yaxinfenghui/2014－05/21/content_17531651.htm。

徐进、高程、李巍：《打造中国周边安全的“战略支点”国家》，《世界知识》2014年第15期。

人民网评，http：//opinion.people.com.cn/n/。

中国日报网，http：//www.chinadaily.com.cn。

新华网，www.xinhuanet.com/。

Y.12

亚太经济合作组织：回顾与展望

丁 工*

摘 要： 中国是2014年亚太经合会议（APEC）的主办国，因此2014年也是“亚太经合组织中国年”。一年来，围绕“共建面向未来的亚太伙伴关系”这一主题，中国举办了一系列APEC活动，包括11月举行的APEC第二十二次领导人非正式会议，以及部长级会议、高官会等。自1989年成立以来，亚太经合组织已经发展成这一地区层级最高、领域最广、影响最大、机制最完善的多边经济合作组织，也是中国开展周边外交、多边外交的关键场所和重要舞台。尽管亚太经合组织取得了显著成绩，但亚太区域一体化依旧任重而道远，面临诸多困难与不确定因素。

关键词： 亚太经济合作组织　中国年　亚太合作

亚洲太平洋经济合作组织（Asia-Pacific Economic Cooperation，APEC，以下简称亚太经合组织），是亚洲－太平洋地区层级最高、领域最广、影响最大、机制最完善的区域性多边经济合作组织。自1989年成立以来，亚太经合组织始终秉持自愿协商、开放包容的区域主义精神，围绕各国领导人1994年确立的茂物目标，积极推动亚太地区贸易投资自由化和便利化。历

* 丁工，中国社会科学院世界经济与政治研究所博士后，主要研究领域为中东格局、中等强国、中国外交。

经25年发展，APEC已经建立起全方位、多轨道、宽领域的跨区际多边合作机制，对促进世界和平发展与地区繁荣进步发挥着越来越重要的作用。[①]

中国从20世纪90年代加入亚太经合组织后，便将地缘身份定位为亚太国家中的一员，始终坚信中国的发展离不开亚太、亚太繁荣也需要中国贡献力量，并随着中国融入全球程度的不断加深，中国经济发展日益同区域经济合作机制的建立和对亚太事务的参与构成互为条件、彼此依靠的“利益共同体”和“命运共同体”。2014年11月，中国时隔13年后再次担任APEC会议的东道主，这无疑为中国对外展示国家形象提供了良机，本次会议也有望成为中国多边良性互动的典范。

一　亚太经合组织的历史沿革与概况

亚太经济合作组织诞生于全球冷战即将结束的年代，是亚太地区最具影响的官方非正式经济合作论坛，最初是由澳大利亚发起倡议并随后得到环太平洋两岸众多国家的积极响应，而逐步形成常态化、机制化的多边合作组织。亚太经合组织经过25年的发展壮大，目前已经成为拥有21个成员以及3个观察员资格政治实体，[②] 世界上规模最大的多边区域经济集团化组织。截至当前，亚太经合组织人口总计达28亿，约占世界人口总数的40%，土地面积总和相当于全球陆地面积的67%，在全球经济活动中也具有举足轻重的地位，分别占据世界经济总量的60%和对外贸易总额的47%，形成以成员的广泛性、组织原则的开放性为主要特点的机制形塑效应。梳理、回顾亚太经济合作组织的历史经纬和成长脉络可知，该组织的发展历程大致经过三个主要划分阶段。

---

① 《亚太经合组织》，中华人民共和国外交部网站，http://www.fmprc.gov.cn/mfa_chn/gjhdq。

② 亚太经合组织正式成员是中国、美国、日本、加拿大、墨西哥、俄罗斯、韩国、印度尼西亚、泰国、秘鲁、智利、马来西亚、中国香港、中国台北、越南、新加坡、巴布亚新几内亚、澳大利亚、新西兰、菲律宾、文莱达鲁萨兰国，观察员包括东盟秘书处、太平洋经济合作理事会和太平洋岛国论坛。

（一）1989～1992年：启动与草创阶段

20世纪80年代末，随着冷战结束，国际形势日趋缓和，经济全球化、贸易投资自由化和区域集团化的趋势逐渐成为潮流。同时，亚洲地区在世界经济总值中的比重也持续上升、国际地位明显提高，与之相伴亚太各种区域合作机制蓬勃发展，新倡议、新设想不断涌现，影响力与日俱增，区域各国对加强合作、共同发展表现出极大的兴趣和强烈的愿望。在此大环境下，1989年1月，澳大利亚总理霍克访问韩国时在汉城提议召开“亚洲及太平洋国家经济合作部长级会议”讨论加强亚太经济合作问题。1989年11月5～7日，澳大利亚、美国、日本、韩国、新西兰、加拿大及印度尼西亚、泰国、马来西亚、菲律宾、新加坡、文莱六个当时的东盟成员国，总共12国在澳大利亚首都堪培拉举行APEC首届部长级会议，标志着亚太经济合作会议机制的正式成立。

1991年11月，第三届亚太国家经济合作部长级会议在韩国首都汉城（今首尔）举行并通过《汉城宣言》，正式确定亚太经合机制的目标意向、职责议程、参与形式、前景规划，并且在此次会议上中国大陆、中国台北、中国香港加入该机制。1992年4月，在泰国举办的第四届会议中，澳大利亚总理基廷首次提议在现有亚太经合组织基础上将部长级会晤升格为首脑级峰会，此设想一经提出便得到与会各方的积极响应，并在下一届年会时将愿景转变为现实成果。同时，本次会议还确定组建具体的执行机构秘书处，为每年会务活动和处理日常事务提供智力支持和服务工作，与会各国还同意选址新加坡作为秘书处常设机构的驻地。

自1989年亚太区域合作概念萌生，到1992年达成升级领导人首脑峰会的共识、建立常设秘书处是亚太经合组织的初期酝酿阶段，因此该阶段亚太经合组织的议题宗旨、行政体制、运行模式等方面仍处于试探摸索时期。尽管在此阶段所取得的成果，相比日后快速发展阶段而言不是特别显著，但对机制成熟完善具有不容低估的开创意义和先行示范价值，更为重要的是搭建起区域组织框架的主干轮廓，基本理清和框定开展多边合作的工作范围、机制职能、组织结构、运作方式。

（二）1993～1998年：调试与发展阶段

1993 年 11 月，美国主办亚太经合组织首届领导人非正式会议，每年召开一次领袖峰会并于会后发表共同宣言的形式自此固定下来。1994 年 11 月，在印度尼西亚茂物举行亚太经合组织第二届领导人非正式会议，延续承袭此项会议由首脑峰会、双部长会、高官会及专门委员会和专题工作组等分项多层磋商的惯例，会议通过的《亚太经合组织经济领导人共同决心宣言》（简称《茂物宣言》），确立了在亚太地区实现自由开放的贸易和投资目标，提出发达成员和发展中成员分别不迟于 2010 年和 2020 年达成这一目标的路线图和时间表。1998 年 11 月，马来西亚吉隆坡会议决定通过建立社会保险网络、完善金融监管稳定体系、加快科技创新和人力资源开发、新技术经济应用促进各国工商界联系等措施，进一步夯实亚太区域面向 21 世纪可持续发展的框架基础。

1993～1998 年是亚太经合组织重要的成长发展阶段，在此阶段会谈内容配置更为丰富、组织程序更加完善，并且进行幅度较大的增员扩容，墨西哥（1993 年）、巴布亚新几内亚（1993 年）、智利（1994 年）、俄罗斯、越南、秘鲁（1998 年）六国先后成为该组织新会员，进一步将亚太经合组织成员数量扩充到 21 个，成员地缘来源和区位分布形成涵盖北美、拉美、东亚、澳洲四大板块的多元机制。其间该组织还发表具有里程碑式意义的《茂物宣言》，并经受住亚洲金融风暴引发域内多国经济危机的冲击考验。亚太经合组织度过探索起步阶段开始向纵深内化推进，收缩外延、扩充内涵成为机制重点推进的首要议题，并且各方成员逐步有意识地为即将迈入新世纪进行再摸索性调整，以适应新世纪对机制发展更高水准的现实需要，特别是明确将贸易投资自由化和便利化与经济技术合作作为驱动 APEC 发展的两个轮子，标志着 APEC 经济合作进入高潮期。

（三）1999～2014年：走向成熟与稳定阶段

1999 年到 21 世纪初这段时间，亚太经合组织进入一个相对徘徊停滞的发展低潮期，一方面，1997 年温哥华领导人会议宣布亚太经合组织进入十年深化巩固时段，扩容议程退居次席暂不考虑接纳新成员问题；另一方面，亚洲金融风暴留下的阴影尚未完全消散，危机带给多国经济的创伤仍未痊愈，各国间贸易、投资往来继续处于恢复之中，区域经济形势不景气的客观环境导致贸易保护主义倾向抬头，各方对产品降税行动的前期承诺未能真正付诸实践，关税壁垒和市场准入门槛的抬高也促使各国推行贸易投资开放的意愿下降，成员对发展多边贸易体系、开放商品劳务要素流动的消极态度造成 APEC 进程动力不足，APEC 推动贸易投资自由化的步伐有所放慢。

进入新世纪后，中国经济的强劲发展给亚太地区经济注入一针强心剂，不仅带动亚太区域整体发展，也有力促进了 APEC 机制成长。2001 年 10 月，中国上海举行亚太经合组织第 9 次领导人非正式会议，这是亚太经合组织系列会议首次由中国举办，也是截至当时中国所承接的等级最高、规模最大的多边外事活动，在亚太区域经济合作历史上具有承前启后的特殊意义。时任中国国家主席江泽民主持会议并发表题为《加强合作共同迎接新世纪的新挑战》的重要讲话，全面阐述中国对当前世界和地区经济形势的总体看法，以及中国愿以自身发展促进亚太的发展，以自身改革开放为亚太繁荣提供机遇的原则立场。本次会议与会领导人还就区域多边贸易协定、科技信息流通等多个领域深入交换意见，取得积极广泛的进展，达成了旨在加速实现茂物目标的“上海共识”，并首次实现 APEC 议题扩大化，将携手打击恐怖主义纳入议事日程。①

在此后几年里，随着亚太地区的各种次区域、泛区域自贸安排和双边自贸协议大量冒起，围绕区域一体化发展方式的变革竞相展开，形成域内自贸区多线平行并进的局面。鉴于各方对区域开放主义的内涵和范围存在分歧，2006 年 11 月，亚太经合组织越南河内会议上，美方就提出亚太自贸区（Free Trade Area of the Asia Pacific，简称 FTAAP）的设想和建议，并得到与

① 《亚太经济合作组织》，新华网，http：//news. xinhuanet. com/ziliao/2002 - 10/11/content_598763. htm。

会者积极响应，最终写入 APEC 领导人非正式会议宣言。1999～2013 年是亚太经合组织逐步迈向成熟的阶段，机制经过 10 年跃进式发展，夯实、巩固前期成果便成为议事日程的首选事项，对成员的扩围问题开始趋向适度紧缩。同时加强对内部机制进行结构改革和功能调校，设立固定任期的专职秘书长和政策研究小组，以及在促进成员间的经济技术合作等方面取得累累硕果。经此阶段，亚太经合组织通过集体共识倡导和单边自主行动的双轮推进，促成亚太地区货物、资本、信息、人员流动达到较高水平，产业分工日渐清晰，拟议中的区域价值链和供应链对接融合议题正逐步敲定施行，亚太区域大市场初具轮廓，亚太经合组织已成为深化合作、实现共同发展的核心载体。

二　亚太经合组织的前景：问题与挑战

自冷战结束迄今，亚太各经济体基本保持总体向好的增长态势，亚太已是全球经济贸易最具潜力和活力的地区，区域经济集团化是走向全球经济一体化的重要阶梯和路径，亚太经合组织对推动区域经济一体化和经济全球化发挥着重要的引领作用。[①] 概括来说，亚太经合组织对世界发展的贡献主要体现在三个方面。

首先，促成均衡的全球经济分布格局。APEC 是亚太地区第一个区域性、政府间和最高层次的合作组织。它的诞生和发展填补了世界三大板块（欧洲、北美、亚太）中亚太地区没有高层次区域组织的空缺，也加强了国际地区合作的趋势和潮流。其次，议题丰富、均等普惠。APEC 在过去的 25 年里逐步构建起相对健全完备的地区合作框架，依循多元并蓄、兼容并收的开放包容精神推动地区经贸和科技合作，在特殊情况下反对恐怖主义、自然灾害预警机制、携手应对气候变化、能源与粮食安全也是重要的讨论话题，现今 APEC 平台内联手国际反腐败、流行性疾病防治等又成为新的研讨项目。最后，APEC 是一个时空宽广的战略性、宏观性论坛，它的范围涉及环

① Asia-Pacific Economic Cooperation，http：//www. apec. org/.

太平洋地区，这为今后国际体系的构建和最终成形提供了重要渠道。① 例如，中美在 APEC 的治理博弈将影响全球治理合作，同时也可能成为传统大国与新兴大国共同治理的开端。

尽管亚太经合组织取得了辉煌成绩，但同时也应该看到亚太区域一体化依旧任重而道远，需要解决的问题特别是美国重返亚太战略和推行 TPP 机制，不仅使东亚地缘形势更趋复杂，给地区合作进程增添难以判知的变数，同时，地区机制框架内存在多个纤维交错、相互缠绕的次区域经济合作机制和自由贸易安排，这种碎片化、模块化的区域集团格局严重稀释了 APEC 机制的整合度和巨大潜力，近年唱衰亚太经合组织前景走势的论调由此不时浮现。由此可见，亚太经合组织正处在朝向内化整合或是走向破碎散乱的十字路口，主要体现为以下几个方面。

第一，次区域贸易安排过多过碎引发亚太合作内容空洞、机制泛化。虽然亚太经合组织的机制建设取得长足进步，但当前亚太区域经济合作进程的主要特点仍是以双边自由贸易协定和次区域多边贸易合作为主，跨太平洋泛区域的自由贸易体系尚未形成气候。同时，北美自贸区（NAFTA）、太平洋联盟（Pacific Alliance）、东盟自贸协定（AFTA）、中国 - 东盟自贸区（CAFTA）等众多关联但不从属的区域安排和规定一项项集束式绞在一起，产生“意大利面条碗”效应分散谈判资源，导致出现不同机制并存重合、相互掣肘的情况，已经影响到亚太经合组织在区域经济合作进程中扮演的整合者的角色。特别需要指出的是，一个不包括中国的“跨太平洋经济伙伴关系协定”（TPP）和一个不包括美国的“区域全面经济伙伴关系协定”（RCEP）均在谈判之中，相关各方均制定了明确的时间点，形成双轨竞争、二元制衡关系，亚太经合组织平台事实上成为 TPP 和 RCEP 的竞技场，亚太区域经济合作进程再次走到十字路口。② 另外，APEC 仍是论坛或会议形式

① 杨洁勉：《亚太经合组织对世界发展的三大贡献》，人民网，http://theory.people.com.cn/GB/10477。

② 唐国强、王震宇：《亚太区域经济一体化的演变、路径及展望》，《国际问题研究》2014 年第 1 期。

的议事、协调性机制，缺少监督政策的办事机构，而成果文件和文本决议的强制力和约束性不足，更不具备法律效力，导致许多初步达成的协议清单与计划履行、落实到位的项目数量相差甚大。

第二，面临成员“扩大”的路径选择难题。亚太经合组织自 1998 年成员扩编后一直保持 21 国的数量未动，其间先后已有蒙古国、老挝、柬埔寨、缅甸、孟加拉、印度、斯里兰卡、巴基斯坦、巴拿马、哥斯达黎加、哥伦比亚、厄瓜多尔以及部分大洋洲小国等若干国家表达渴望加入组织的意愿。[①] 哥伦比亚早在 1995 年已提交申请并付诸实施但最后无疾而终，因为亚太经合组织在 1993～1996 年间停止接受新会员，其后又因 1997 年亚洲金融危机的影响，有关接纳新会员的事宜延宕至今仍旧停滞。从表达入会请求和想法的国家情况看，蒙古接壤中、俄，邻近日、韩，上述四国都已是 APEC 成员，蒙方自然有加入亚太经合组织和参与东亚合作的诉求。老挝、柬埔寨、缅甸是三个尚未加入 APEC 的东盟国家，与东盟在亚太区域合作中扮演更加活跃的角色不相协调。近年随着印太概念出炉，南亚与亚太的地缘角色与战略地位形成相互拉抬、彼此促动之势，印太与亚太地域趋于整合不仅使印度、巴基斯坦、孟加拉国、斯里兰卡等南亚国家燃起更加强烈的融入 APEC 的冲动，也迫使亚太地区重新审视地缘边界所在与区域利益范畴所系的契合点。哥伦比亚、厄瓜多尔等太平洋沿岸的拉美国家与现有亚太经合组织成员存在着日益紧密的经贸关联，已同亚太区域结成命运相连、利益攸关的伙伴，而其所在多个拉美次区域组织与亚太经合组织存在着成员重复、机能同构的状况。

由此不难看出，上述诸国与亚太已建构起程度不等的耦合依存度，并将会因彼此间相伴相随而使两者的正相关性不断提高。因此，长远来看，亚太经合组织不可能总是维持成员固化的状况，扩员将是大势所趋，而成员扩大以及优先吸收哪些国家进入亚太经合组织已是摆在该机制面前急需

---

① “APEC to decide whether to let India join,” *The Age*, January 11, 2007, http://www.theage.com.au/news/National/APEC-to-decide-whether-to-let-India-join/2007/01/11/11.

考虑的课题。

第三，地缘政治局势紧张加重。目前亚太地区总体气氛趋向缓和，但仍然存在海上军演“扎堆”、显现海空军备竞赛征兆等不少加剧争议事件的不和谐杂音，尤其是近年随着亚太地区行情看涨吸引了更多战略群体关注，各大力量也竞相加大对亚太的精力和资源投送，牵动亚太地区战略主导权的争夺角逐更加激烈，亚太地区特别是西太平洋沿线进入地缘政治的多事之秋。奥巴马政府上台后提出以“重返亚太”为主题的战略再平衡设想，通过深化亚太地区同盟和伙伴关系全力构建以美国为圆心“密如蛛网”的支轴－轮辐（hub-and-spoke）体系，甚至在第二任期内被埃及、叙利亚、伊拉克局势牵制无法抽身，奥巴马政府也丝毫没有减弱外交和安全事务重心转向亚太势头的意思。俄罗斯进一步加大亚太战略投注，力图分享亚太经济高速增长红利；日本竭力谋求政治大国地位，希图在地区秩序构建中承担更重要的“使命”；印度逐步实施大周边外交和“向东看”政策，加大东顾力度，努力增强其在亚太地区影响力；作为国家集团的东盟也加紧相互扶持力度，试图通过联合自强、酝酿变革，改组周边现有秩序。此外，日本社会右倾化、歪曲否定侵略历史引发与亚洲邻国的关系紧张，越南、菲律宾等国频繁在南海制造事端一定程度上导致亚太局势出现波动起伏。

三　亚太经合组织与中国多边外交

20 世纪 70 年代末 80 年代初，当中国刚刚启动改革开放进程的时候，太平洋地区开始酝酿筹备太平洋经济合作理事会（PECC）成立事宜。大势所趋，中国与 PECC 顺理成章地建立起初步合作意向。1990 年 7 月，亚太经合组织第二届部长级会议在新加坡通过《联合声明》，欢迎中国大陆、中国台北和中国香港三方尽早加入这一组织。1991 年 11 月，在“一个中国”和“区别主权国家和地区经济体”的原则基础上，中国以主权国家的身份、中国台湾和中国香港以地区经济体的名义共同实现加入亚太经合组织，亚太经合组织也成为中国多边外交的一个重要方面。

自中国加入亚太经合组织起，APEC 机制便成为中国与亚太地区其他经济体开展互利共赢、展示国家形象的主要渠道。中国通过参与亚太经合组织合作不仅促进了自身发展，也为推动该组织向纵深发展注入了一股新鲜血液和鲜活动力，助推整个亚太地域行情看涨，还为该地区乃至世界经济增长做出突出的贡献。与此同时，亚太经合组织也是中国参加的第一个地区性国际多边组织，在相当长时间里亚太经合组织都是中国开展周边地区外交、多边机制外交的关键场所和重要舞台。

20 世纪 80 年代末期，中国遭到以美国为首西方国家的无理制裁和全面封杀，部分欧美国家期望借助“东欧剧变”的“东风”对华进行遏制、孤立，妄图达到“以压促变”进而整垮、颠覆中国的目标。由此，在 20 世纪 90 年代初，中国外交经历了一段短暂的困难时期，正常的国际交往和国事活动一定程度受到外部环境趋紧的冲击影响。然而，正是在这一相对不利的国际大环境下，中国成功加入在当时仍由发达国家主导的亚太经合组织，这不仅意味着中国外交工作取得了重大突破，与少数西方国家双边关系的不正常状态基本结束，还标志着中国多边外交步入一个崭新的时代，开启了中国地区性国际多边组织外交的飞速发展阶段。因而，亚太经合组织对中国外交战略兼具象征意义和实际价值。

另外，中国加入亚太经合组织不但深化、拓宽了该组织功能结构的内涵和外延，使其覆盖范围从零散条带分布向闭合圈环形状转变，在太平洋东西两岸形成双翼齐飞的格局。更重要的是，中国的加入极大地增强、充实了该组织的整体实力，并随着中国综合国力大幅提升以及对外开放、融入国际社会和地区进程的持续深入，中国对亚太经合组织的影响更加凸显，成为推动亚太区域渐成世界地缘政治和地缘经济重心的驱动力之一，从而进一步抬高亚太经合组织在全球众多区域合作机制中的地位。

总体而言，中国自加入该组织以来，始终明确将自己定位为亚太大家庭的一员，一贯视亚太地区为中国的安身立命之所和发展繁荣之基，并高度重视加强同亚太经合组织的多层次联系和宽口径合作，中国国家元首从未缺席亚太经合组织历次领导人非正式会议，还提出了许多务实、合理、极富建设性的政策主张和理念倡议。可以说，随着中国与亚太其他成员之间的经贸交流不断密切，经济相互融合日益加深，两者已基本形成相互促进、彼此带动的合作氛围和良好局面，亚太地区已是中国对外经济贸易重要的战略依托群带。

截至2013年年底，中国已成为众多亚太经济体的最大或者最重要的贸易伙伴、主要投资来源地，中国与亚太经合组织成员的贸易产出占全年对外贸易总值的60%以上，中国吸引境外直接投资（FDI）的70%、实际利用外资的大约83%都来自亚太经合组织成员，中国对外直接投资的69%则流向亚太经合组织内部。① 在中国前十大贸易伙伴中，有八个是亚太经合组织成员，而中国几乎是所有亚太经合组织成员排名前三的贸易对象国，中国同亚太地区的利益融合达到前所未有的广度和深度。

外交是实现国家对外战略的和平手段，必须与各阶段国家战略的优先目标形成有机对接融合，尽管近年来由于亚太经合组织行政结构和机制运行发展相对滞缓，以及上海合作组织和金砖合作机制等跨区域多边组织的蓬勃兴起，亚太经合组织对中国外交战略的分量权重已不像当初那样显赫，但仍在中国外交四点布局中占有无可比拟的特殊地位。

自进入21世纪以来，中国外交基本形成以“大国是关键、周边是首要、发展中国家是基础、多边是舞台”为主体配置的布局框架，在此布局中四大板块并不是彼此孤立、相互脱离的局部单元，而是既相互联系又互为支撑的统一整体。②

第一，亚太经合组织中包括美国、日本、俄罗斯以及加拿大、韩国、墨西哥、印度尼西亚等数个大国或地区大国，该组织为中国进行大国外交提供了选择路径和参与平台。翻看历史可知，2001年中国作为“东道国”主办亚太经合组织第9次领导人非正式会议，在峰会期间时任中国国家主席江泽民和美国总统布什有机会进行近距离的接触、会谈，两国领导人的沟通和交

① 高虎城：《进一步深化亚太经合组织合作，共建面向未来的亚太伙伴关系》，《人民日报》2014年5月14日。

② 丁工：《中等强国与中国周边外交》，《世界经济与政治》2014年第7期。

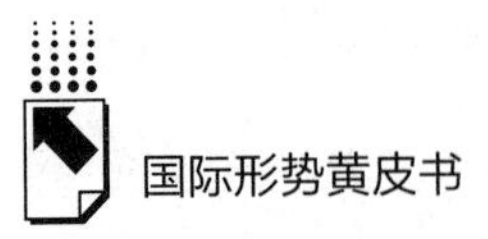

流促进了中美高层在美国政府换届更替后的相互了解，扭转和改善了两国因当年 4 月军机对撞造成的关系骤冷的基本面。

第二，亚太经合组织是中国周边外交战略的重要组成部分，也是中国周边外交有所作为的力量积聚所在，在中国“与邻为善、以邻为伴”的周边外交棋谱中占有突出的位置。

第三，中国向来将广大发展中国家视为对外政策的基石，而亚太经合组织内绝大多数是发展中国家。该组织内发展中国家群体是中国崛起不可或缺的借助力量，通过亚太经合组织平台开展中国与亚太区域发展中国家合作，也是体现中国负责任大国的主要途径。

第四，亚太经合组织作为一个跨洲、泛洋的多边国际机制，自然在中国多边外交舞台上占据一席之地。

总之，亚太经合组织基于特殊的地缘意义和历史原因对中国外交的大政方针和施政部署具有不可替代的价值，其战略影响集中体现在周边和多边两个方面。

第一，亚太经合组织与中国稳定周边方略构成唇齿相依、祸福与共的联动关系。当前，中国正经历由区域体量大国向全球实务大国高速迈进的攻坚阶段，周边地区自然成为中国外交的重大利益获取方向和战略投送阵地。而没有和平的国际环境和稳定的周边环境，就没有中国实现现代化所必需的良好外部条件，特别是在实现中华民族伟大复兴战略机遇期、美国高调重返亚太引发周边权力结构再度失衡的背景下，中国要想实现“两个一百年”的奋斗目标更是离不开一个和平稳定、共同发展的理想周边环境。但当前中国周边地区出现一些不利于睦邻、安邻、富邻政策实施的噪音，一方面美国推出亚太“再平衡”战略将关注重点投身亚太，日本、俄罗斯、东盟等主要大国和国家集团纷纷开始调校各自的亚太政策，极力标示自身的地缘战略存在等多重因素叠合作用，导致中国周边政治生态和权力拼图骤然变迁；另一方面，中国与个别周边邻国在海礁岛屿归属争端和邻海划设争议问题上存在冲突抵牾之处，一定程度上导致邻里关系从紧，进而给周边事态的发展增添一些难以研判预估和无法有效管控的未知变数。在此背景下，中国如果能够充分用好亚太经合组织平台，在亚太地区致力于寻求平等合作的伙伴关系，积极营造有利的周边区位空间，既有经济收益之功，又兼政治排险之效，不失为一个破解周边国家经济上依赖中国、安全上仰仗美国这一二元悖论的良策。

第二，亚太经合组织是中国参加的最重要区域多边合作机制之一，为中国提升地区影响力提供了一个难得的选择与机遇，也为本地区各国就经济问题展开通力合作提供了联络商谈和交换意见的平台。[①] 亚太经合组织是多边舞台，也是有关各方开展双边和多边活动的有利场地，中国就曾使用多边主义来解决双边问题，将多边会场变成双边谈判和协商立场的有益桥梁、纽带。领导人的经常性会晤是当前应对全球性和地区性问题的重要机制，亚太经合组织第一次非正式领导人会晤，就为中美两国元首直接见面提供了良机。如今亚太经合组织领导人非正式会议在时隔 13 年后再次回到中国，中国充分运用这场贵宾云集的外交活动办好“主场外交”，深入挖掘和培育亚太发展潜力，努力探寻新的合作增长点和战略对接点，借此发出中国“好声音”、推出中国“好方案”。

结　语

2014 年是亚太经合组织成立 25 周年，也是“茂物目标”提出 20 周年。2014 年 11 月在北京举行的亚太经合组织第 22 届领导人非正式会议具有承前启后继往开来的特殊使命，对于亚太地区经贸合作未来走向意义重大，国际社会对本次亚太领导人北京峰会充满高度期待，各方纷纷表示愿同中方一道，共同致力于共建面向未来的亚太伙伴关系，希望能够把多年前的意向愿景转化为富有意义、惠及亚太的有力行动。[②]

① 《杨洁篪国务委员在 2014 年亚太经合组织第三次高官会开幕式上的讲话》，中华人民共和国外交部网站，http://www.fmprc.gov.cn/mfa_chn/ziliao_611306/zyjh_611308/t1184246.shtml。

② 钟声：《共建面向未来的亚太伙伴关系——聚焦亚太经合组织领导人非正式会议》，《人民日报》2014 年 10 月 22 日。

正是基于上述背景，中方提出以“共建面向未来的亚太伙伴关系”为大会主题，以推动区域经济一体化，促进经济创新发展、改革与增长，加强全方位互联互通和基础设施建设作为具体分项议题。对此会议，中国政府给予极高重视，相关筹备工作从2013年12月便已全面展开，并在2014年11月领导人会议周活动之前，中方已先后召开非正式高官会、三次高官会（分别在宁波、青岛、北京举办）以及一系列专业部长会等多场热身会为最受瞩目的领导人会议做好铺垫准备。此外，蒙古、老挝、柬埔寨、孟加拉国、缅甸、巴基斯坦等非APEC成员领导人，也受邀在会议周期间来华出席亚太经合组织东道主伙伴国对话会。习近平主席指出：“我们将以此为契机，面向未来，谋求建立更紧密伙伴关系，深化务实合作，推动亚太经合组织发挥更大引领作用，勾画亚太长远发展愿景。”①

参考文献

《杨洁篪国务委员在2014年亚太经合组织第三次高官会开幕式上的讲话》，中华人民共和国外交部网站，http：//www. fmprc. gov. cn/mfa_ chn/。

《亚太经合组织》，中华人民共和国外交部网站，http：//www. fmprc. gov. cn/mfa_ chn/。

《亚太经济合作组织》，新华网，http：//news. xinhuanet. com/ziliao/2002 – 10/11/content。

杨洁勉：《亚太经合组织对世界发展的三大贡献》，人民网，http：//theory. people. com. cn/GB/10477941. html。

高虎城：《进一步深化亚太经合组织合作，共建面向未来的亚太伙伴关系》，《人民日报》2014年5月14日。

APEC会议筹备委员会“APEC China 2014”网站，http：//www. apec-china. org. cn/cn/。

---

① 《张高丽出席第21届亚太经合组织财长会议开幕式并致辞》，中国共产党新闻网，2014–10–23，http：//cpc. people. com. cn/zhanggaoli/index. html。

Y.13

联合国与国际和平与安全问题（2014年）

李东燕*

摘 要: 自2014年起，为2015年联合国70周年纪念的准备活动已经拉开序幕，各会员国利用这一重大纪念活动到来之际，宣传和推进各自的主张和方案，包括借70周年之际推动新的或未完成的联合国改革，尤其是安理会改革。可持续发展、气候变化、和平与安全及反恐等是未来一年联合国70周年纪念的主题。与此同时，即将70周岁的联合国也一如既往地面临许多棘手的国际和平与安全问题，如乌克兰问题、叙利亚问题、中东局势、“伊斯兰国”势力等。西非埃博拉病毒爆发引起安理会的高度重视，也显示了联合国在疫情控制领域的重要作用。在联合国70周年即将到来之际，中国应该向世界传达自己的主张和理念，建设性地参与联合国框架内全球问题的解决。

关键词: 联合国 70周年纪念 安理会改革 克里米亚 维持和平行动

* 李东燕，中国社会科学院世界经济与政治研究所研究员，主要从事联合国及全球安全问题研究。

一　第69届联大及联合国70周年纪念活动主题

由于2015年将是联合国成立70周年和世界反法西斯战争胜利70周年纪念，也是联合国千年发展目标到期的时间，因此，2014年9月开幕的第69届联合国大会和与联合国70周年纪念相关的活动受到世界关注。联合国秘书长潘基文在2014年度报告中说，2015年会员国将“缔结若干对地球上每个人的生活产生重大影响的重要协议”。[①] 2014年新当选的第69届联合国大会主席、乌干达前外交部长库泰萨（Sam K. Kutesa）也在新一届联大开幕词中表示，由于要迎来联合国70周年和千年发展目标的到期，还有2005年联合国首脑会议10周年及世界妇女大会20周年纪念，新一届联大将是“异常繁忙”的。[②] 世界各国领导人也将充分利用第69届联大这一时机，宣传本国的主张和建议，推动各自支持的联合国改革方案。

（一）与联合国70周年纪念相关的活动主题

2014年6月26日，潘基文秘书长宣布启动纪念联合国70周年的全球庆祝活动。根据秘书长的讲话，围绕联合国70周年的纪念活动重点是履行联合国在发展、安全和人权“三大支柱”领域的工作，促进国际社会的团结，推动联合国会员国的这一共同事业，以实现“更强联合国，更好世界”（Strong UN, Better World）的目标。这也是联合国70周年纪念活动的口号。2015年10月24日的“联合国日”，即《联合国宪章》生效纪念日，将迎来联合国70周年纪念活动的高潮。[③]

从2014年开始，为准备联合国70周年纪念和70周年之前的第69届联

---

① 潘基文：《关于联合国工作的报告》，联合国网，http://www.un.org/zh/sg/speeches/reports/69/report。

② 《69届联大隆重开幕，2015年后发展议程将成为优先工作事项》，联合国网，2014年9月16日，http://www.un.org/chinese/News。

③ “Ban Announces Start of ‘UN70’, Worldwide Celebration of Organization's Anniversary,” http://www.un.org/apps/news/story.asp? NewsID=48149.

大，在联合国会员国、联合国秘书长、国际组织及民间社会组织等方面的推动和影响下，联合国方面已经启动了相关活动。例如，秘书长已经启动了千年发展目标500天倒计时活动，非政府组织在联合国总部纽约举行了“青年论坛”，动员世界大学生以非本国使用的联合国通用语言，以“全球公民”为题撰文参赛。从目前趋势看，与联合国70周年纪念活动和未来一年工作重点相关的主题集中于以下几个方面。

1. 千年发展目标的实现和后2015年发展议程问题将成为重中之重

2015年联合国70周年纪念之时，也恰好是联合国为期15年的千年发展目标到期之际。近两年来，为在2015年实现八项千年发展目标，并启动新的后千年发展议程以接替千年发展目标，联合国已经开始进入最后的冲刺。69届联大将一般性辩论的主题定为“兑现和实施一项具有变革性的2015年后发展议程”，可见千年发展目标和后千年发展议程问题在新一届联大日程上的重要地位。

为此，联合国秘书长成立了联合国系统2015年后发展议程工作组，以及负责千年发展目标和其他全球发展问题的高级名人组。2014年9月11日，第68届联大就制定后千年发展议程问题举行了高级别总结会。会上秘书长潘基文强调，在千年发展目标最后期限即将到来之际，国际社会应该重点解决三大主要问题：其一，为实现千年发展目标做最后的努力；其二，就启动新的发展议程达成协议；其三，达成一项具有实际意义的气候变化协议。[①] 联大还做出决定，“可持续发展目标开放工作组”提出的建议将成为2015年后发展议程的基础，在千年发展目标基础上，还添加了平等、城市、能源、可持续消费和生产以及和平社会等因素。其中性别平等、妇女权利问题将继续在发展问题中受到重点关注，在2015年2月和3月，联合国将分别举行落实后千年发展议程高级别专题辩论会和关于在2015后发展议程中推动两性平等、增强妇女赋权问题的高级别专题辩论。

---

① 《联大举行高级别会议推动国际社会建立变革性2015年后发展议程》，联合国网，http://www.un.org/chinese/News/story.asp?NewsID=22513。

2. 69届联大举行气候峰会，气候变化主题突出

气候变化问题在后千年发展议程和可持续发展问题中的地位将更加突出。在2014年，联合国举行了一系列与气候变化相关的活动。例如2014年5月14日，潘基文秘书长提出一项“联合国全球脉动”倡议，发起了“大数据应对气候挑战”活动。9月23日，联合国气候峰会在纽约联合国总部开幕，这是一次大规模的气候变化专门讨论会，120多个国家的政府领导人及来自企业、非政府组织、民间社会方面的代表参加了会议。联合国希望通过此次首脑会议凝聚力量和政治意愿，以便进一步推动会员国在2015年达成一项气候变化协议。联合国气候峰会召开的前一天，联合国秘书长还与数十万人一起参加了在纽约举行的气候变化大游行。可见国际社会，包括国际组织和非政府组织，已形成一股强劲的动力，希望将全球对气候变化问题的关注提升到一个新的高度。秘书长在气候峰会开幕词中甚至强调，气候变化威胁到来之不易的和平、繁荣和数十亿人应有的机会，他督促各国政府和人民在2015年巴黎气候变化大会上达成一项有意义和具有普遍性的气候协议，力争将全球气温升幅控制在2℃以下。① 联合国还将在2015年6月举行关于气候变化问题的高级别活动。

3. 和平与安全问题仍然是联合国70周年纪念活动的重大主题

在这一领域，联合国仍然面临巨大的挑战和艰巨的任务。联合国秘书长将他在69届联大会议上的发言题目定为“从动荡到和平”，也反映出联合国对和平与安全领域问题的关注和重视。从2014年看，冲突、暴力、动乱、冷战式对抗、恐怖主义等此起彼伏，巴以冲突、叙利亚内战、伊拉克动荡、乌克兰危机，以及南苏丹、中非、马里等国发生的冲突，仍然威胁着地区与全球的和平与安全。因此，加强联合国在冲突解决、维持和平、建设和平、平民保护及促进和平文化等方面的作用，这也是69届联大的重要主题之一。秘书长正加紧组织对联合国维持和平行动的审查，并计划任命一高级别审查

---

① 《联合国气候峰会如期举行　潘基文呼吁全球采取切实行动共同应对气候变化》，联合国网，http://www.un.org/chinese/News/story.asp? NewsID=22580。

小组，2015 年联合国还将就和平解决争端及联合国与区域组织的合作举行高级别专题辩论。在 2014 年秘书长关于联合国工作的报告中，还提到应对危及国际和平与安全的“新威胁”，如恐怖主义、有组织犯罪、毒品、人口走私及埃博拉病毒等。

（二）会员国借联合国70周年之际推动联合国改革

随着联合国 70 周年纪念的临近，会员国也试图借此机会进一步推动联合国改革，使联合国朝着符合自己愿望的方向发展。因此，对联合国抱有不同改革期望的会员国纷纷提出各自的看法和改革建议，并在会员国之间开展外交活动，以促使联合国将有关改革议题列入议程。

自 1996 年科菲·安南任联合国秘书长后，在各方面压力下，尤其是借新千年和 2005 年联合国 60 周年之际，他启动了一系列联合国改革，包括提出安理会扩大的两套方案，以及人权理事会、建设和平委员会等机构的建立。在他的两届任期内，用他自己的话来说，他提出了联合国历史上最广泛、最深远的改革。从 2005 年至今，眼看十年就要过去，一些改革方面的话题一直在讨论之中，如安理会改革、振兴大会、经社理事会改革、秘书长推选制等。

1. 会员国在安理会改革问题上仍然存在分歧，改革难以取得突破

2005 年安南秘书长在汇总各种改革方案的基础上，提出了关于安理会改革的两套方案，但两套方案均未得到一致认同。随着联合国 70 周年的临近，力推安理会扩大的会员国显然会利用这一机会，将安理会扩大改革进程推进一步。从目前看，对安理会改革进程可以做出以下判断。

第一，关于安理会改革的政府间谈判在进行中，但围绕是否已经形成一个谈判“文本”的问题，会员国之间仍然存在分歧。自联大于 2009 年 2 月决定启动有关安理会改革的政府间谈判后，已经举行了多轮谈判，主要围绕新增安理会成员类别、否决权问题、区域席位分配、扩大后安理会规模、安理会工作方法及安理会与大会关系等几大问题进行。政府间谈判的开始无疑开启了安理会改革进程的一个新阶段。当时的第 64 届联大主

席称，政府间谈判“打破了此前15年来安理会改革一直拘泥于形式和程序问题的模式”。[①] 2010年5月，安理会改革政府间谈判主席向所有会员国提交了一份带有“文本”的信，对有关安理会改革的不同观点和方案进行了概括，并提出一些建议。一些国家认为，谈判主席的信就是关于安理会改革谈判的文本。但另一些国家则认为，所谓“文本”还是一个对目前各种方案的归纳，包含了各种有争议的建议，[②] 并没有得到所有会员国的认同。

第二，在安理会改革问题上，各阵营立场没有发生实质性变动。与过去相比，持不同改革立场的集团仍然坚持原则，并没有发生立场改变和妥协，也没有出现重大实质性的改组。“四国集团”的态度一直比较明确，即同时扩大常任和非常任两类理事国席位，新增否决权问题可以暂时搁置。绝大部分非洲国家也仍然主张扩大两类理事席位，并坚持非洲国家获得两个带有否决权的常任理事国席位，而“团结谋共认”（Uniting for Consensus，UFC）集团仍然坚持不扩大常任理事国立场。当然，这几支力量也有一些交叉，比如有一些非洲国家就更倾向于“四国集团”的立场，小国集团则坚持将改革重点放在安理会工作方法上，也有部分国家主张采取过渡方案，对新增理事国实行定期审查制。长期以来，虽然会员国表达了对安理会改革的支持，政府间谈判也在进行中，但正是由于各大集团立场没有发生实质性的改变，所以无法形成一个能为各方接受的方案。由于制约改革的各种因素不但没有减少反而更加明显，从目前看安理会改革很难在70周年之际取得突破。

第三，“四国集团”等有意再推安理会扩大改革，但时机不佳。“四国集团”一直就安理会改革问题保持协商，每年也都会在不同场合提到这一问题。例如南非总统祖马在2013年联大一般性辩论时呼吁：“让我

---

① 《联大主席：安理会改革需照顾非洲和广大中小国家需求》，联合国网，http：//www.unmultimedia.org/radio。

② Letter from the chair of the Intergovernmental Negotiations on Security Council Reform，26 May 2010，Http：//www.un.prg/ga/president/.

们设定一个目标，到2015年联合国庆祝成立70周年之际，让我们拥有一个改革过的具有包容性、民主性和代表性的安理会。”① 日本、印度也始终没有停止这一努力，不失时机地开展“入常外交”。2014年，安倍访问拉美国家，与巴西总统罗塞夫举行会谈，表示要在联合国70周年之际一起提交关于扩大常任理事国席位的改革方案。日、巴两国还发表了联合声明，表示要共同推动联合国安理会改革，促成安理会席位的扩大。②

虽然联合国70周年纪念为推动安理会改革提供了又一机会，但在这一问题上一直存在的分歧不但没有减少，反而更加激化。第一，在教科书、参拜战犯、慰安妇、领土争端等问题上，日本与中国、韩国的关系仍然紧张。第二，因乌克兰危机不断恶化的俄美、俄欧关系显然不利于大国在安理会改革问题上达成妥协。第三，安理会五大常任理事国之间，除了英、法两国立场比较一致外，另三个国家仍然各持己见。由此看来，除非主要集团立场发生一些根本性变化，或五大常任理事国之间的关系得到实质性改善，否则安理会改革问题将难以取得突破。2014年9月8日，68届联大主席在关于安理会席位的会议上督促会员国保持谈判取得的成果，并能在69届联大期间取得新进展。但他也承认，无论是咨询小组发表的立场总结文件，还是政府间谈判负责人提交的评估报告，都显示在安理会席位扩大问题上“各方观点依然迥异”，“依然处于复杂和敏感状态”。③

2. 涉及经社理事会方面的改革具有更大空间，容易取得进展

与安理会改革相比，涉及经社理事会方面的改革更容易取得进展。2006年，联合国大会第61/16号决议提出了关于“加强经济及社会理事会”的

① 《南非总统祖马：在2015年联合国成立七十周年之前应完成安理会改革》，联合国网，2013年9月24日，http://www.un.org/chinese/News/story.asp? NewsID=20569。

② 《日本欲再次申请加入常任理事国　恐再次遇挫》，新华网，2014年7月23日，http://news.xinhuanet.com/world/2014-07/24/c_126789992.htm。

③ 《联大主席呼吁巩固现有成果　继续推进扩大安理会成员组成相关谈判》，联合国网，2014年9月8日，http://www.unmultimedia.org/radio/chinese/archives/212825/。

目标，强调需要一个更有效的经济及社会理事会，使之成为政策协调、审议、对话和对经济与社会发展问题提出建议的主要机构。决议的主要内容涉及经社理事会实质性会议的结构、经社理事会在促进全球经济问题对话方面的作用、发展合作论坛、年度部长级审查、经社理事会与人道主义紧急情况、经社理事会与建设和平委员会等方面。2012 年里约会议的最后文件中也包含了一系列关于加强经社理事会作用的措施，如提升联合国环境规划署和环境系统的地位和作用，加强国际金融机构与联合国发展系统在社会、经济及环境三方面的业务活动，提高系统一致性和效率等。在联合国 70 周年来临之际，联合国经济、环境、发展、社会相关机构的创新与改革将有望取得更多进展。

3. 振兴大会问题已在日程之上，触及大会、大会主席的权力和地位问题

关于加强联合国大会的改革不如安理会改革那么引人瞩目，但一直也在讨论和进行之中。从 20 世纪 90 年代初开始，大会工作振兴项目被列入议程。目的是振兴和改进大会工作程序，提高大会工作效益，更好地发挥大会作用。在联合国第 58 届大会上，通过了第 58/126 号和第 58/316 号决议，分别包含了若干关于振兴大会方面的规定，包括重新安排大会议程、精简议程、改进工作方法等。在 2005 年世界首脑会议上，各国元首和政府首脑重申大会作为联合国主要审议、决策及代表性机构的中心地位，以及在标准订立和国际法编纂方面的作用。会员国也表示要加强大会的作用和权威，以及加强大会主席的作用和领导。

振兴大会工作主要围绕四个方面：大会作用与权威、大会工作方法、秘书长等联合国行政首长的遴选和任命及加强大会主席办公室的机构记录工作。具体步骤涉及加强大会主席办公室作用、大会主席与秘书长关系、大会主席与安理会主席及经社理事会主席之间的定期会议、增强与民间社会的互动、加强与国家和区域议会的合作、举行包容性互动专题辩论等方方面面。

除了提高大会效率和效益外，大会改革显然关系到大会与联合国其他主要机构之间的关系，特别是与安理会之间的关系，也关系到会员国在联

合国中的权力和利益关系。一些会员国主张给予大会和大会主席更大的权力，包括在和平与安全方面的权力，在安理会不能做出决定的时候，可以绕过安理会，由大会多数通过决议采取行动。而在大会投票可能不符合自身利益的情况下，一些会员国则不主张通过大会做出决定，尤其是反对在国际和平与安全问题上绕过安理会采取行动的做法。例如，围绕加强大会主席和主席办公室作用，俄罗斯曾指出，根据《联合国宪章》，只有联合国秘书长是联合国的行政领导，言外之意是不主张赋予大会主席过大的行政权力。[①]

二　热点分析：从乌克兰危机看联合国在国家分离问题上的困境

2014 年 3 月 17 日，克里米亚通过公投宣布加入俄罗斯。3 月 27 日，联合国大会全体会议通过一项决议，促进所有国家和国际组织“不承认”投票结果对乌克兰国家统一、领土完整及克里米亚地位的改变。由于美欧和俄罗斯在乌克兰问题上立场不同，安理会在这一问题上难以发挥作用。克里米亚通过公投加入俄罗斯的模式再次对联合国在主权国家分离问题上所持立场和作用提出考验。

（一）联合国在民族自决与国家分离问题上扮演的不同角色

自联合国成立以来，会员国数量不断增加（参见表 1）。新增会员国主要来自三大类：其一为大量从西方殖民地、托管地获得独立的国家；其二为冷战结束后因苏联、东欧国家解体而分离出来的国家；其三为在经历了民族冲突和战争之后从主权国家分离出来的国家，如厄立特里亚、东帝汶、南苏丹等。

① Sonia Jagtiani and Alex Maresca，“Fourth Thematic Meeting of the 68th GA session in the Ad Hoc Working Group on the Revitalization of the General Assembly,” June 2014，http：//centerforunreform. org/.

表1　1980 年以来联合国会员国数量的增长情况

单位：个

年份	会员国数量	年份	会员国数量
1980	154	1994	185
1984	159	1999	188
1990	159	2000	189
1991	166	2002	191
1992	179	2006	192
1993	184	2011	193

资料来源：联合国网站。

在民族独立和国家分离问题上，由于时代不同或问题背景不同，联合国所扮演的角色和采取的立场也有所不同。对于 20 世纪 60 ~ 70 年代的民族解放运动，联合国给予了道义上、政治上和资源上的支持，也对新独立国家维护政治和经济独立给予了大力支持。那一时期，联合国大会和安理会通过了大量文件，支持民族独立和非殖民化，如准许殖民地国家及民族获得独立，关于殖民地人民争取自由、独立与平等权利问题，关于发展中国家天然资源之永久主权问题，以及普遍实现民族自决权利等。对通过和平方式发生的主权国家分离、民族独立或其他领土变更，也得到了联合国的承认和支助，例如捷克和斯洛伐克联邦共和国两执政党通过协商，决定将两个联邦共和国分离为两个独立的主权国家。1993 年，两个国家同时被接纳为联合国会员国。

另一种情况是，主权国家内部分离势力与反分离势力僵持不下，或陷入长期民族、种族冲突，并有外部国际势力尤其是大国势力的卷入。面临这类复杂背景下的国家分离问题，联合国的通常做法是外交斡旋加维持和平行动。在某种程度上，联合国至少也协助了主权国家的分离，包括协助组建临时或过渡政府、组织及监督选举、协助司法和警察建设、援助国家重建等。在东帝汶、厄立特里亚、南苏丹、科索沃等分离案例中，联合国都派出了肩负这类授权的联合国支助团、特派团等。

例如在东帝汶脱离葡萄牙和印度尼西亚占领争取独立的过程中，1999 ~ 2012 年，联合国先后派出了东帝汶特派团（1999 年 6 ~ 10 月）、东帝汶过渡行政当局（1999 年 10 月至 2002 年 5 月）、东帝汶支助团（2002 年 5 月至 2005 年 5 月）、联合国东帝汶办事处（2005 年 5 月至 2006 年 8 月）及联合国东帝汶综合特派团（2006 年 8 月至 2012 年 12 月）等多个维持和平的使团，这些使团的任务包括组织监督公投，调解印度尼西亚、葡萄牙及东帝汶的立场，防止暴力，维护治安与法治，建立行政管理体系，帮助组建国家机构和警察，协助组建政府和选举，人道主义援助，基础设施与社会服务，经济与社会发展等方方面面。在东帝汶独立过程中，联合国扮演了重要角色。但在一些有大国利益卷入的复杂情况下，如果安理会常任理事国之间不能达成一致，联合国则难以发挥作用。

迄今为止，围绕民族自决和民族独立，联合国在不同时期、不同问题上所采取的立场和行动还没有形成一致的标准，其做出的一些决议也有相互矛盾的地方。这是复杂的国际、国内因素造成的。首先，在涉及民族自决与独立问题上，《联合国宪章》中包含了矛盾和含糊的内容。宪章原则既支持维护国家独立、领土完整和内政不受干涉，也支持“民族自决”。在联合国后来通过的决议中，也存在相互冲突的内容。其次，联合国针对殖民主义统治下民族自决和独立的原则无法完全适用于“民族”“国家”“领土”这些错综复杂的关系，尤其在大规模民族解放运动和非殖民化之后的当今世界。

1970 年 10 月联合国大会通过的 2625（XXV）号决议试图制定一套处理“民族自决”与维护国家领土完整和独立的原则。一方面，这些原则包括任何国家均不得以军事、政治、经济或其他任何形式的威胁手段侵害其他国家的政治独立和领土完整，不得在他国组织或鼓动组织非正规武装团队，不得在他国发动、煽动、协助、资助或参加暴力推翻一国政府的颠覆、恐怖和武装活动。另一方面，这些原则也包括不得对行使民族自决权的民族采取任何强制行动，而当民族自决面临强制行动和抵抗强制行动时，该民族可以根据《联合国宪章》寻求援助。[①] 这一决议被联合国大会 2014 年 3 月 27 日

① 《关于各国依〈联合国宪章〉建立友好关系和合作的国际法原则宣言》，联合国大会 2625（XXV）号决议，联合国网，http：//www. un. org/zh/documents/。

关于“乌克兰的领土完整”决议所引用，以支持乌克兰的领土完整，不承认克里米亚通过公投对领土的变更。但实际情况更为复杂，外部势力的煽动、干涉与援助和支持民族自决权，以及维护领土完整权之间往往很难划清是非界限。

在研究领域，早已关注到这样一种“常态”：出于动摇一个敌对政权的目的，或血缘关系，或对反叛的同情，一国政府通常对其他国家的某些反叛组织加以支持。而联合国在看待反叛组织合法性问题上始终存在分歧。关于哪些民族具有自决的资格，哪些组织可以获得国际援助，联合国并没有一致的标准，联合国决议的表述存在“完全无法解决的冲突”。[①]

复杂的国内和国际政治斗争，宗教、种族、民族之间的冲突和被利用，以及在“主权”“人权”“领土”等问题上的纠缠不清，使联合国在主权国家分离问题上难以形成一致的立场。在科索沃、南奥塞梯、克里米亚等问题上，都反映出错综复杂的背景和联合国会员国立场上的分歧。在南奥塞梯问题上，格鲁吉亚政府谴责俄罗斯对其主权国家的干预，指出是俄罗斯承认分离地区独立的行为违反了联合国捍卫国家独立和领土完整的原则，不符合国际法关于主权、领土完整和国家边界不可侵犯的原则。而且，在南奥塞梯已经出现了人道主义灾难，出现了种族清洗。[②] 而俄方则强调，是格鲁吉亚独立的做法侵犯了阿布哈兹和南奥塞梯人民的自决权，是格鲁吉亚侵犯南奥塞梯造成了人道主义后果，导致那里的人民面临被驱除、种族灭绝的迫害，俄罗斯的行动是在援助阿布哈兹和南奥塞梯人民，以终结流血事件。[③] 可见在如何判定主权国家采取措施维护领土完整和政治独立行动的性质与合法性，如何判定主权国家内民族分离势力的性质与合法性，以及“国家”“领土”“边界”的划分和定义应

---

① 〔英〕亚当、罗伯茨（Adam Roberts）、〔新西兰〕本尼迪克特·金斯伯里（Benedict Kingsbury）等著《全球治理——分裂中世界中的联合国》，呈志成等译，中央编译出版社，2010，第19~29页。

② 《安全理事会第五九五三次会议记录》，联合国网，2008年8月10日，http：//www.un.org/chinese/focus/georgia。

③ 《安全理事会第五九五三次会议记录》，联合国网，2008年8月10日，http：//www.un.org/chinese/focus/georgia/russia。

该以哪个时期为准等，都还没有形成一个固定的标准。

俄乌之间的争端和冲突混合了以上多种情况，在这类背景复杂的国家分离问题上，加上大国的卷入，联合国很难采取一致行动，所能发挥的作用十分有限。

（二）从科索沃和克里米亚问题看联合国在国家分离问题上的困境

2014 年 3 月 27 日，联大举行会议，以 100 票赞成、11 票反对和 58 票弃权的表决结果，通过一项关于“乌克兰领土完整”问题的决议。决议的核心内容是，第一，重申了《联合国宪章》原则及前面提到的联合国 2625（XXV）号决议中有关和平解决冲突，不使用武力威胁或武力侵害任何国家领土完整与政治独立的原则，并申明对乌公认边界内主权、政治独立、统一和领土完整的承诺。第二，强调就乌克兰局势进行对话与合作，厉行克制，不采取加剧紧张的单方行动，不发表煽动言论。第三，指出克里米亚及塞瓦斯托波尔市举行的脱乌入俄全民投票“未经乌克兰批准”，因此“一概无效”。决议促请所有国家和国际组织及专门机构“不承认”投票结果对两地地位的“任何变更”。第四，欢迎国际社会做出努力，保护乌克兰境内所有人的权利，包括属于少数群体的权利。①

俄方也试图为自己的行为寻找依据，俄罗斯常驻联合国代表丘尔金在这项决议通过前表示，克里米亚入俄“实现了当地人民长期以来的渴望”，“俄罗斯尊重克里米亚人民的自主选择，俄罗斯不能拒绝克里米亚人民，并且支持他们行使自决权”。他还指出，“多个世纪以来克里米亚都是俄罗斯的一部分”，而且“克里米亚居民是俄罗斯族”，是苏联“武断地决定将克里米亚划归乌克兰”。所以此次投票结果让克里米亚“重返俄罗斯”，回归了历史的正义。② 在国际法方面，普京也找到了依据，他认为克里米亚投票

---

① 2014 年 7 月 27 日联合国大会决议 A/RES/68/262，联合国网，http：//www. un. org/zh/documents/view。

② 《俄罗斯：克里米亚的“入俄”公投是回归历史》，联合国网，2014 年 3 月 27 日，http：//www. un. org/chinese/News/story。

“完全符合联合国有关民族自决的章程”，而且乌克兰本身就是通过这种流程脱离苏联的。[①]

在南奥塞梯问题和克里米亚问题上，科索沃被当成一个国际法上的“先例”，用普京的话说，这是西方亲手制造出来的和克里米亚完全一样的“先例”。当格鲁吉亚等国家为南奥塞梯问题谴责俄罗斯违反国际法时，俄常驻联合国代表也同样援引了科索沃这一“先例”。在科索沃问题上，在没有安理会决议授权的情况下，北约采取了军事行动。停火之后，联合国向科索沃派出了维和特派团，与欧盟、俄罗斯、美国进行合作，接管了科索沃，同时组织塞、科双方就科索沃地位进行谈判。但谈判一直未能取得结果。2008 年 2 月 17 日，科索沃议会不顾塞尔维亚的反对，单方面宣布独立，并得到了欧洲国家的承认。塞尔维亚则认为科索沃是其领土不可分割的一部分，并要求国际法院提供咨询意见。2010 年 7 月国际法院提出的意见是，科索沃宣布独立不违反国际法和安理会关于科索沃问题的 1244 号决议。

但从事实上看，安理会决议及联合国特派团授权中，都没有涉及科索沃独立的内容，却包含了关于“对南斯拉夫联盟共和国以及该区域其他国家的主权和领土完整的承诺”，只是提到科索沃的“高度自治和有效的自我管理”。联合国特派团方面的报告提到，科索沃宣布独立，其“宪法未触及联合国的任何作用或职能，也未提及第 1244（1999）号决议”，并采取了一些谋求实际接管科索沃特派团权力的措施，未给联合国科索沃特派团留出真正发挥作用的空间。联合国只能调整其在科的使命。[②]

在格鲁吉亚、科索沃、克里米亚问题上，无论是对立的双方还是联合国决议，都援引了《联合国宪章》和 1970 年《关于各国建立友好关系和合作的国际法原则宣言》（以下简称《宣言》），但所支持的事实是完全相反的。例如，联合国大会关于乌克兰的决议援引《宣言》以强调不得使用武力和其他

① 《深度：普京就克里米亚独立加入俄罗斯演讲（全文）》，http：//mil. news. sina. com. cn/2014 -03 -19/。

② 《秘书长关于联合国科索沃临时行政当局特派团的报告》，S/2008/458，2008 年 7 月 15 日，联合国网，http：//www. un. org/chinese/。

手段损害乌克兰的领土完整、政治独立和国家统一。而俄罗斯在南奥塞梯、克里米亚问题上援引这一《宣言》强调的是不能剥夺“人民自决、自由和独立权利”。这也是联合国在国家分离、民族自决问题上一直面临的困境。联合国前秘书长加利曾试图理顺人民自决与主权和领土完整原则之间的关系，他强调不应将这些原则对立起来，而且也意识到无休止的民族分离会威胁到人类的和平与安全，“如果每一个种族、宗教或者语言群体都宣布建立国家，那么分裂会无休止，全人类的和平、安全和经济福利将更加难以实现”。①

但从科索沃到克里米亚，面对不同背景的分离案例，除了呼吁通过和平与政治谈判解决争端，联合国在立场和行动上仍然是矛盾的。在联合国关于科索沃的决议和联合国特派团的授权中，对南斯拉夫联盟共和国及该区域其他国家的主权和领土完整做出了承诺，但当科索沃未经塞尔维亚同意单方宣布独立后，国际法院的意见又说科索沃的独立不违反国际法和安理会的决议。在克里米亚问题上，联合国大会的决议则明确指出，克里米亚的投票没有获得乌克兰批准，因而投票无效，国际社会不应予以承认。

三　2014年和平与安全领域的联合国:基本情况与重点关注

（一）2014年安理会关注的热点问题

与2013年相比，除了利比亚、叙利亚、南苏丹、刚果（金）、中东等老热点问题外，乌克兰危机、西非埃博拉病毒及“伊斯兰国”恐怖主义问题引起联合国安理会的高度关注。

1. 安理会关注“伊斯兰国”问题，美国总统和国务卿主持安理会讨论应对恐怖主义

自“9·11”事件之后，联合国安理会几乎每年都有关于恐怖主义的决

① 布特罗斯·布特罗斯－加利：《和平纲领》，纽约，联合国新闻部，1992。

议通过。2012 年，安理会通过了两项关于恐怖主义的决议，2013 年通过了一项，截至 2014 年 9 月 30 日，安理会已经通过 4 项关于“恐怖主义行为对国际和平与安全的威胁”方面的决议。这与 2014 年国际恐怖主义特别是“伊斯兰国”的活动密切相关。

2014 年 9 月，美国利用安理会轮值主席国身份，大力推动联合国对恐怖主义的关注。9 月 19 日，美国国务卿克里以安理会轮值主席国代表身份，主持了安理会有关伊拉克问题的会议，专门就“伊斯兰国”等极端组织对国际和平与安全的威胁进行了讨论。美国、法国、澳大利亚、德国等主要西方国家的外长，以及土耳其、埃及、伊拉克、伊朗等国外长参加了会议，会议还通过了一项主席声明，谴责“伊斯兰国”和与其有关联的其他恐怖组织及武装团体在伊拉克、叙利亚和黎巴嫩从事的活动，呼吁国际社会积极合作，共同战胜恐怖主义威胁。

2014 年 9 月 24 日，安理会就打击“伊斯兰国”等极端恐怖主义组织举行了高级别会议。作为轮值主席国，美国总统奥巴马主持了会议。安理会一致通过一项决议，决议强调恐怖主义是对国际和平与安全的最严重威胁之一，而且变得更加扩散。决议对外国恐怖主义战斗人员构成的威胁表示严重关注，要求会员国和国际组织采取行动，特别防止“伊斯兰国”招募外国恐怖战斗人员，并为其提供资助和支持。决议也重申，打击恐怖主义必须遵守《联合国宪章》，尊重所有国家的主权、领土完整和政治独立，也不应将恐怖主义与任何宗教、国籍和文明联系起来。①

2. 埃博拉病毒构成对国际和平与安全的威胁，联合国首派疫情应急特派团

安理会 2000 年对艾滋病病毒问题进行过讨论，并通过了决议。那是安理会第一次将病毒问题作为对和平与安全之威胁进行讨论。2000 年 7 月 17 日，安理会通过第 1308（2000）号决议，决议确认艾滋病病毒会对社会所有部门和所有阶层产生毁灭性影响，可能引起社会不稳定并导致紧急情况，

---

① 安理会决议 S/RES/2178（2014），联合国网，http：//www. un. org/zh/documents/view_doc。

若不加以控制也会对稳定与安全构成威胁。[①] 将艾滋病病毒视为安全问题，这在安理会还是第一次。此后，安理会多次就艾滋病与维和问题进行过讨论，并通过了相关决议。

2014 年西非国家爆发的埃博拉病毒再次引起安理会高度关注，安理会就埃博拉问题举行了专门讨论会并通过了相关决议。安理会 9 月 15 日通过的 2176 号决议和 9 月 18 日通过的第 2177 号决议，都专门对埃博拉病毒的防控做出决定，呼吁所在国家采取措施，加大援助力度，控制病毒蔓延。决议确认“非洲埃博拉爆发的空前程度构成对国际和平与安全的威胁”。[②] 在安理会 9 月 18 日举行的关于埃博拉问题会议上，联合国宣布将组建一支“埃博拉应急特派团”部署到当地，以协调和调动联合国系统的行动，并为疫情国家提供支持。这是联合国第一次就疫情问题组建应急特派团。疫情国家的联合国维持和平与建设和平工作也相应对埃博拉病毒做了适当的倾斜。中国驻利比里亚的维和警察防暴队还参与了埃博拉防疫装备及相关物资的抢运和武装护卫任务。

在应对此次埃博拉行动中，联合国及世界卫生组织发挥了积极作用，将病毒疫情视为对国际和平与安全之威胁以应对，秘书长称西非埃博拉“是一场前所未有的危机”，称“联合国埃博拉应急特派团”为“史无先例的保健行动”。[③] 而且，联合国在疫情国利比里亚的维持和平与建设和平行动也与抗击病毒联系在一起。安理会对埃博拉的关注和行动再次体现安理会安全概念和职能所发生的变化。

（二）维持和平行动基本情况与变化

从 2014 年 8 月底情况看，联合国维和行动在数量、人员总数、经费预

① 安理会决议 S/RES/1308（2000），联合国网，http：//www. un. org/zh/sc/documents/resolutions/2000. shtml。

② 安理会决议 S/RES/2176（2014）、S/RES/2177（2014），http：//www. un. org/zh/sc/documents/resolutions。

③《秘书长在大会的发言：“从动荡到和平”》，联合国网，2014 年 9 月 24 日，http：//www. un. org/chinese/News。

算等方面变化不大（参见表2至表5）。根据联合国数据，2014～2015财年维和经费预算比上年有所下降。2014年7月1日至2015年6月30日核定的维和预算约为70.6亿美元，2013～2014财年为75.4亿美元，2012～2013财年为73.3亿美元。南亚、非洲和中东国家仍然是联合国维和人员最大的提供者。中国提供的维和军警人员数量比上年略增，排名第14位。

表2　近5年来联合国维和军警人员数量（为每年7月份数据）

年份	2010	2011	2012	2013	2014
维和警察	13648	13627	13553	13209	11420
维和部队	83899	83372	81247	82351	83327
观察员	2332	1830	2139	1809	1788
总　数	99879	98829	96939	97369	96535
行动数量	15	14	16	15	16

资料来源：Monthly Summary of Military and Police contribution to United Nations，联合国网，http：//www. un. org。

表3　2014年派遣维和人员最多的15个国家（2014年8月31日数据）

排名	国家	人数	排名	国家	人数	排名	国家	人数
1	孟加拉	8455	6	卢旺达	4635	11	约　旦	2314
2	印　度	8104	7	尼日利亚	2970	12	坦桑尼亚	2309
3	巴基斯坦	7953	8	加　纳	2924	13	南　非	2247
4	埃塞俄比亚	7852	9	塞内加尔	2864	14	中　国	2192
5	尼泊尔	5191	10	埃　及	2540	15	摩洛哥	2128

资料来源：UN Missions Summary of Military and Police，联合国网，http：//www. un. org。

表4　2014年联合国五常任理事国维和军警人员派遣情况（2014年8月31日数据）

国家	派出维和军警人数	排名
中　国	2192	14
法　国	933	27
英　国	287	45
美　国	117	62
俄罗斯	91	67

资料来源：Monthly Summary of Military and Police contribution to United Nations，联合国网，http：//www. un. org。

表 5　2014 年联合国维和军警人员地区分布情况（2014 年 8 月 31 日数据）

国家（地区）	军警人数	国家（地区）	军警人数
民主刚果	21186	叙利亚/戈兰高地	1271
达尔富	16037	塞浦路斯	912
南苏丹	11405	中非	762
黎巴嫩	10226	伊拉克	247
马里	9298	西撒哈拉	213
科特迪瓦	8549	中东	157
海地	7522	印巴	39
利比里亚	5956	阿富汗	18
阿卜耶伊	4107	科索沃	15

资料来源：Rank of Military and Police Contributions to UN Operation，联合国网，http：//www. un. org。

从维和军警人员的分布看，联合国增加了在南苏丹、中非、利比里亚等地的维和人员。2013 年 12 月，由于中非国内局势动荡，宗教及族裔冲突恶化，安理会通过决议，授权一支由非盟主导的国际支助团和由法国主导的维和部队负责维持中非共和国的稳定，控制那里不断发生的暴力活动。2014 年 4 月，安理会通过一项决议，组建了联合国中非共和国多层面综合稳定团，计划任期到 2015 年 4 月 30 日为止，稳定团由 1 万名军事人员、1800 名警察及其他人员组成。其首要任务是保护平民，其他任务还包括支持该国过渡进程、人道主义援助、促进人权、加强法治、协助解除武装、复原、重返及遣返进程。①

2014 年，马里北部安全形势恶化，部署在那里的联合国维和人员不断遭到袭击，包括针对联合国车辆的爆炸袭击，造成多人伤亡。截至 10 月 8 日，组建一年多的联合国马里特派团牺牲人数已经达到 31，受伤人数达 91。潘基文秘书长和安理会先后发表声明，对袭击联合国特派团人员的事件表示强烈谴责。这也再次凸显了联合国人员在维和行动中的安全问题，尽管安理

① 安理会关于成立联合国中非共和国多层面综合稳定团决议，S/RES/2149（2014），http：//www. un. org/zh/peacekeeping/missions/minusca/resolutions. shtml。

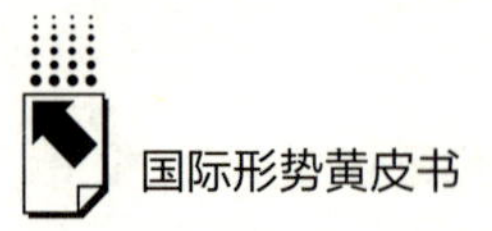

会一再强调，根据国际法，袭击维和人员的行为会构成战争罪。但在日益复杂的维和环境中，尤其面对恐怖主义和极端组织，如何更好地保障维和人员的安全，减少人员伤亡，仍然是维和行动中的突出问题之一。联合国在中非共和国、戈兰高地等的维和行动同样也面临这样的威胁。

2014 年 6 月，应俄罗斯常驻联合国代表丘尔金请求，安理会就“联合国维持和平行动：新趋势”这一主题举行了一次公开辩论会，会员国对维和行动的新形势、新需要、新趋势及新挑战进行了交流和讨论。这也显示了联合国对维持和平行动的关注，尤其是在新形势下，很多维和行动是在缺乏和平的情况下部署，面对的是国家内部冲突，也面临来自恐怖主义、极端武装构成的威胁，有必要对维和行动进行新的评估和审查。自 2012 年起，安理会决定每年就维和行动执行情况举行一次会议，以听取维和部队方面的情况汇报。2014 年 10 月 9 日，马里、刚果（金）、中东地区的三个维和特派团向安理会进行了情况汇报，也强调了联合国维和行动所面临的新挑战和日益艰苦、复杂的安全环境。

（三）联合国人道主义紧急援助动向

2014 年，受战争、冲突和恐怖主义极端活动升级影响，加上西非国家埃博拉病毒爆发，联合国人道主义援助方面仍然面临巨大压力。从 2014 年前两个季度情况看，截至 2014 年 6 月 30 日，联合国中央应急基金收到 2. 96 亿美元捐款，并对其中 2. 04 亿美元进行了分配，包括 1 亿美元的救助项目和 500 万美元左右的紧急救援。

联合国人道主义紧急援助主要集中在三大类。第一类为与冲突相关的救助项目，受长期战乱或新发生冲突影响的国家仍然是主要援助对象，如对苏丹、南苏丹、马里及中非共和国、乍得、喀麦隆等难民和无家可归者的援助项目。第二类为与自然灾害相关的救助项目，如对受洪水灾害影响国家的援助。第三类为与疫情相关救助项目，主要是针对西非埃博拉病毒疫情国家的援助。在全部受救助国家名单上的 35 个国家中，有 19 个为非洲国家（参见表 6）。捐款主要来自西方发达国家，特别是欧洲国家（参见表 7）。

表6　2014 年获联合国中央应急基金分配最多的国家（截至 2014 年 9 月 23 日）

单位：美元，%

排名	国家	分配基金	占总比例
1	南苏丹	33746878	13.91
2	苏丹	26500382	10.92
3	乍得	17761343	7.32
4	巴基斯坦	14377917	5.93
5	也门	13897833	5.73
6	马里	11443365	4.72
7	乌干达	10930858	4.50
8	中非共和国	10874054	4.48
9	巴勒斯坦被占领土	10825145	4.46
10	伊拉克	10804060	4.45
11	海地	8873437	3.66
12	朝鲜	6497012	2.68
13	埃塞俄比亚	5982930	2.47
14	缅甸	5532909	2.28
15	尼日尔	5181281	2.14
16	肯尼亚	4628600	1.91
17	哥伦比亚	4505910	1.86
18	喀麦隆	4017795	1.66
19	吉布提	3997512	1.65
20	几内亚	3743766	1.54

资料来源：CERF Funding by Country（2014） – Summary，联合国网，http：//www. unocha. org/cerf/cerf – worldwide/allocations – country/2014。

表7　2006 ~ 2014 年联合国中央应急基金主要捐助方

单位：美元

排名	捐助国	2006 ~ 2010 年捐助额	2011 年捐助额	2012 年捐助额	2013 年捐助额	2014 年捐额额
1	英　　国	358160740	94280000	95148000	111230500	99096000
2	瑞　　典	262140268	74483671	72132873	71687729	72656099
3	挪　　威	248537303	67966752	73945027	68265453	62238002
4	荷　　兰	279812000	54460000	52484000	52124000	54956000
5	加 拿 大	167990533	41188191	—	28809407	26719985
6	西 班 牙	160158418	20091000	2608200	6617500	—

续表

排名	捐助国	2006～2010年捐助额	2011年捐助额	2012年捐助额	2013年捐助额	2014年捐额额
7	爱尔兰	104456604	5466772	5160772	13009444	12183300
8	德国	62644984	16370000	19402500	20313000	10212750
9	丹麦	46754665	9182231	23008541	24065368	18204325
10	澳大利亚	44684600	13906200	16272000	18566600	14580884
11	比利时	23855145	17716150	19633125	19053650	—
12	芬兰	35948400	9411350	8517600	9111900	9705500
13	瑞士	28591216	6072000	5951684	7549268	7860763
14	卢森堡	27272600	5982906	5577689	5747126	—
15	美国	25000000	6000000	5000000	4000000	4000000

资料来源：CERF pledges and contributions（2006－2014），http：//www. unocha. org/cerf/our－donors/funding/cerf－pledges－and－contributions－2006－2014。

（四）如何看中国向南苏丹派遣700人的维和部队

2014年9月，中国国防部宣布，应联合国邀请，中国政府决定向南苏丹派遣700人的维和步兵营，这一决定引来国内外媒体的广泛关注。国外媒体对中国此次派遣大规模维和部队赴南苏丹有各种评论和猜测，议论最多的是，第一，此次派遣的主要目的是为保护中国在非洲的油田和工人；第二，此次派遣表明中国进一步介入其他国家的内部事务，是“不干涉”外交原则的转变；第三，中国在海外利益面临越来越大的威胁，此次派遣是中国的一次海外实地演练。①

首先，一次派出这样一支人数多、规模大的步兵营参与维和，这毫无疑问是中国在联合国维和派遣历史上具有重要意义的一次派遣。此外，不可否认，中国在南苏丹的经济存在和人员安全的确与南苏丹的国内安全环境密切

① 相关言论可参见《美媒解读：中国为何向南苏丹派遣部队?》，http：//mil. news. sina. com. cn/2014－09－26/。

相关。从这一意义看，中国积极参与联合国在南苏丹的维和行动，既是对联合国维和行动的支持，有利于促进当地的和平与安全，也有利于中国利益的维护。

无论从中国这些年来对联合国维和行动支持力度不断加强的趋势看，还是从联合国维和行动的发展趋势及面临的挑战看，或仅仅从维和部队的派遣程序看，中国的此次派遣都属于联合国维和行动范畴的常规派遣。2014 年，南苏丹安全形势仍在恶化，停火协议受到破坏。当地平民、联合国维和人员及其他国际人员，包括在当地的中国公民，他们的生命和财产不断受到威胁，绑架、袭击中国工人和联合国人员的事件常有发生。在冲突地区，对平民和国际人道主义人员提供保护，这是安理会关于南苏丹特派团授权的重要任务之一。中国的此次派遣无疑是对面临困境的联合国南苏丹维和特派团的力量支持，将为受战乱威胁的当地平民和国际人员，包括中国在当地的维和人员和其他中国公民提供多一份保护。除了加大维和部队的派遣力度，中国也在努力推动南苏丹的和平进程，促进对话与政治和解。中国在这两个方面的努力，对地区及国际和平与安全都是有利的。

结　语

作为一个大国和安理会常任理事国，在联合国 70 周年临近的这一届联大中，中国应该利用这一机会，向世界表达自己的理念和主张，提出符合中国利益和广大会员国共同利益的建议。在联合国改革方面，中国应该主动加强与秘书长、“金砖国家”、非洲国家及其他集团的沟通与协商，听取多方面的意见和建议，争取广大会员国对中国立场的理解。例如，在求同存异基础上，可以与“金砖国家”、非洲国家等争取就一些能够达成一致的方面形成共同立场，包括千年发展目标、可持续发展、经社理事会改革、应对气候变化、维持和平行动及发展系统改革等。中国可以借这一特殊机会，在这些领域提出中国的建议与方案，以更好地通过联合国发挥中国负责任大国的作用。

2014年，中国积极参与了联合国维持和平行动和抗击西非埃博拉病毒的行动，在和平与安全领域，中国的参与也日益扩大，参与形式和内容更加丰富多样，体现了中国新的探索和实践。在联合国70周年临近之际，总结中国与联合国在全球和平与安全领域的合作，探索新的模式和路径，为提高联合国在国际和平与安全领域的作用做出建设性的贡献，这也是中国义不容辞的国际责任。

参考文献：

《秘书长关于联合国工作的报告》，联合国网，http：//www. un. org/zh/sg/speeches/reports/69/。

2008年8月10日《安全理事会第五九五三次会议记录》，http：//www. un. org/chinese/focus/。

2008年8月10日《安全理事会第五九五三次会议记录》，http：//www. un. org/chinese/focus/。

2014年7月27日联合国大会决议A/RES/68/262，联合国网，http：//www. un. org/。

布特罗斯·布特罗斯-加利：《和平纲领》，纽约，联合国新闻部出版，1992。

安理会决议S/RES/2178（2014），http：//www. un. org/zh/documents/view_ doc。

安理会决议S/RES/1308（2000），http：//www. un. org/zh/sc/documents/resolutions/2000shtml。

《秘书长在大会的发言："从动荡到和平"》，联合国网，2014年9月24日，http：//www. un. org/chinese。

《关于各国依〈联合国宪章〉建立友好关系和合作的国际法原则宣言》，联合国大会2625（XXV）号决议，http：//www. un. org/zh/documents/。

〔英〕亚当、罗伯茨（Adam Roberts）、〔新西兰〕本尼迪克特·金斯伯里（Benedict Kingsbury）等著《全球治理——分裂中世界中的联合国》，吕志成等译，中央编译出版社，2010。

《维持和平概况介绍》，联合国网站，http：//www. un. org/zh/peacekeeping/operations。

CERF Funding by Country（2014） – Summary，http：//www. unocha. org/cerf/cerf – worldwide.

CERF pledges and contributions（2006 – 2014），http：//www. unocha. org/cerf/our – donors/.

Monthly Summary of Military and Police contribution to United Nations Operation，http：//www. un. org/zh/peacekeeping/missions.

Rank of Military and Police Contributions to UN Operation，Month of Report：31Aug – 2014，http：//www. un. org/zh/peacekeeping/missions/minusca/resolutions. shtml.

Y.14

乌克兰危机及其国际影响

欧阳向英*

摘　要：乌克兰危机是本年度最重要的国际事件之一。随着美欧俄等世界主要力量和联合国、G8、北约等国际组织纷纷卷入乌克兰危机，危机的效应不断放大，给世界经济和政治带来诸多方面的影响。从世界经济的角度看，以俄中为代表的新兴经济体加速去美元化进程，而欧元作为世界第二大国际货币，对美元的地位形成直接挑战；能源问题再度成为焦点，国际能源供给格局发生变化，各方力量间有待实现“再平衡”；原油、粮食等大宗商品市场和全球黄金、股市价格波动，对欧洲经济乃至世界经济复苏有一定影响。

* 欧阳向英，中国社会科学院世界经济与政治研究所副研究员，主要研究领域为俄罗斯经济与政治、马克思主义国际政治经济学。

从国际政治的角度看，乌克兰危机打乱了美国的全球战略调整，“重返亚太”压力有所减轻，改变了地缘政治力量对比，推动世界格局向多极化方向发展。目前，乌克兰危机还处于各方力量激烈博弈、局势不断变化的状态，停火使世界看到政治危机解决的曙光，但离危机的最后解决尚有距离。长期来看，不排除发展成为撬动国际政治经济格局变革杠杆的可能。

关键词：乌克兰危机　“颜色革命”　俄美关系　世界经济　国际政治

乌克兰危机从2013年底延续至今，经历了三个发展阶段，矛盾错综复杂。危机加速了世界“去美元化”进程，改变了世界能源布局，延缓了欧洲经济复苏，并导致国际政治格局在某种程度上退回苏联解体前“两大阵营”的对峙状态。国际势力插手乌克兰危机，给乌克兰人民带来了政治动荡和战乱频仍，毫无疑问是场灾难。中国呼吁和平解决乌克兰危机，同时积极调整地缘政治策略，维护国家利益。

一　乌克兰危机的起因与演变

从2013年底外交转向起，乌克兰危机兔起鹘落，演变之迅猛超乎世人想象。总的来说，可以把危机分为政权更迭、克里米亚事件、大选与内战三个发展阶段。每一阶段都密集发生了一些重大事件，出现了许多关键节点。

（一）乌克兰外交转向与政权更迭

2013年11月21日，亚努科维奇执掌的乌克兰与俄罗斯签订协议，俄方同意购买150亿美元乌国债，许诺供乌天然气降价1/3，乌方中止与欧盟联系国协定谈判。这是乌克兰外交政策的重大转向，也是乌克兰危机的起因。近年来乌克兰经济深陷困境，财政状况非常严峻，外汇储备不断减少，面临着外债偿付危机和国家破产风险，加入欧盟遥遥无期，[①] 希望提供200亿欧元贷款也遭到拒绝，而俄罗斯慷慨解囊，从原来仅“在专家层面”探讨一体化到给予实质性好处，使乌克兰外交天平发生倾斜。外交转向引起乌克兰亲西方派强烈不满，因为亲俄派虽然一直存在，但他们并不极力反对加入欧盟，[②] 相比之下亲西方派摆脱俄罗斯影响的决心要坚定得多。在西方势力的暗中支持下，乌国内舆论大躁，力量对比出现明显变化，政治均衡被打破。

12月1日，基辅市政府大楼被抗议者占领，随后全国各地有6个州政府大楼被抗议者占领或封锁。为减轻乌国内压力，12月12日普京在国家杜马建议乌可同时加紧与俄罗斯和欧盟的关系，“俄依旧向乌敞开深化两国经济一体化关系的大门”。一般认为这是乌克兰两边竞价、扩大利益的好机会，孰料乌国内反对派并不买账，亲西方激进势力再次走上街头，与警察发生冲突，并造成伤亡。2014年1月16日，议会通过限制民众集会的法案。1月28日，乌总理阿扎罗夫辞职，议会取消限制集会法案，政府向反对派做出让步。1月31日，亚努科维奇签署“大赦法”，再次向反对派做出让步，但反对派的脚步没有停止。2月18日独立广场武装暴乱，示威者与警察均有较大伤亡。

在欧美授意下，出于民主性、合法化和个人安全等各方面的考虑，亚努科维奇一再让步，却没有换来和解。2014年2月21日，亚努科维奇与反对

① 与乌克兰同期提出加入欧盟申请的克罗地亚，已于2013年7月1日正式成为欧盟第28个成员国，而直至2013年11月乌克兰还停留在与欧盟签署联系国协定的谈判阶段。虽然2013年7月亚努科维奇已经批准了乌加入欧盟联系国草案，但欧盟方仍因人权（季莫申科被关押之事）等问题而迟迟不予批准。

② 东部和南部“强烈反对”加入欧盟的居民比例比西部和中部“强烈反对”加入俄白同盟的比例低得多。根据2009年乌克兰居民地缘政治取向调查，西部和中部地区“强烈反对”乌克兰加入俄罗斯－白俄罗斯联盟的比例高达85.3%，其中西部为54.7%，中部为30.6%，而东部和南部地区“强烈反对”乌克兰加入欧盟的占49.6%，东部和南部均为24.8%。参见杨恕、朱倍德《后苏联时期俄乌关系中的历史、文化因素》，《俄罗斯研究》2013年第5期，第30页。

派签署协议，同意恢复旨在限制总统权力的2004年宪法，成立过渡政府，并于2014年底提前举行大选。反对派在已经同意签署和解协议的情况下，“右翼分子”出人意料地突然宣布，必须赶走亚努科维奇，否则将以武装暴动相抗争。22日，亚努科维奇失踪（后被证实逃到了俄罗斯），议会宣布他“自动丧失总统职权”。反对派宣布组成新政权，季莫申科的盟友图尔奇诺夫担任临时总统，亚采纽克担任总理。此后，亚努科维奇在俄罗斯西南部城市罗斯托夫亮相，称自己依然是合法总统，不该轻信西方等，但已无法挽回败局，俄罗斯也认为他的政治前途已经终结。[①] 亚努科维奇不仅遭到乌克兰政府的全球通缉，也遭到了国际势力的抛弃。

至此，乌克兰从危机爆发到政权颠覆，仅仅经历了两个月时间。由于历史和文化因素，乌国内存在政治分歧，亚努科维奇执政根基不牢、突发事件处理不力等固然是动乱的内因，但以美国为首的西方势力暗中扶持、资助反对派，也是促成政变的重要外因。从街头抗议到推翻政府，2014年乌克兰发生的事情与2000年的塞尔维亚，2003年的格鲁吉亚，2005年的吉尔吉斯斯坦，以及2011年的突尼斯、埃及、利比亚和2012年的也门如出一辙。

（二）克里米亚事件与美俄对峙

1. 废除“语言法”成为引俄入境的导火索

2014年2月23日，反对派上台当天，议长兼代总统图尔奇诺夫主持下的乌克兰议会就通过一项法律，取消亚努科维奇时期通过的《国家语言政策基本原则法》，俄语丧失了在乌克兰近半数行政区域内的地区语言地位。这是“去俄罗斯化”的重要步骤，引起俄密切关注。23日，俄罗斯外交部通报将召回驻乌克兰大使。与此同时，乌克兰右翼分子“誓死要与犹太人和俄罗斯人血战到底”，东部和南部出现广泛的抗议和要求独立的浪潮。

2. 克里米亚脱乌入俄

2月27日，克里米亚自治共和国议会召开临时会议，亲俄的阿克肖诺

---

① 《普京称亚努科维奇已无政治前途，庇护是救其生命》，http：//news. xinhuanet. com/world/2014 -03/04/c_ 126220587. htm。

夫当选为自治共和国政府新总理。2 月 28 日，俄罗斯出动武装力量，占领塞瓦斯托波尔军事机场和克里米亚首府辛菲罗波尔机场，同时包围巴拉克拉瓦港附近的海岸警卫队驻地，还有 10 多架俄罗斯军用直升机进入克里米亚空域，宣示保卫黑海舰队和基地安全。3 月初，俄罗斯议会通过决议，同意出兵乌克兰。3 月 3 日，克里米亚 - 乌克兰空军基地宣布效忠克里米亚政府。3 月 6 日，克里米亚议会决定就共和国地位举行全民公决。同日，塞瓦斯托波尔市议会决定参加全克里米亚公投。[①] 3 月 16 日，克里米亚居民以 96.6% 的高票通过克里米亚归并于俄罗斯的全民公决。3 月 18 日，普京签署批准克里米亚和塞瓦斯托波尔加入俄联邦并在俄组建新主体的联邦法案，克里米亚和塞瓦斯托波尔正式成为俄罗斯领土的一部分。

3. 克里米亚事件产生示范效应

自 3 月起，乌克兰东南部地区，包括哈尔科夫州、卢甘斯克州和顿涅茨克州均出现亲俄运动，敖德萨也有分离倾向，主要诉求是变乌克兰现在的共和制为联邦制，赋予东部地区更大的自主权。克里米亚独立并加入俄联邦，坚定了东部亲俄派的决心，而此时乌克兰临时政府摇摆不定，[②] 顿涅茨克和哈尔科夫俄语居民要求像克里米亚那样，通过地方全民公决加入俄罗斯联邦，俄外交部表示，俄“通过政治、法律和外交途径捍卫其境外同胞的方针不变”。此后，亲俄武装多次在东部城市与政府军展开交战，夺取了部分装甲车辆，占领政府大楼，双方各有人员伤亡。面对混乱局面，代总统图尔奇诺夫下令征兵，乌克兰政府军动用作战飞机，将军事行动从“全面反恐”升级为“大规模围剿”。5 月 2 日，乌克兰单方面禁止俄罗斯航空公司航班飞往乌东部城市顿涅茨克和哈尔科夫。5 月 12 日，顿涅茨克和卢甘斯克在

---

① 塞瓦斯托波尔位于克里米亚半岛西南岸，是乌克兰的两个直辖市之一，行政上不归属于克里米亚自治共和国。

② 3 月 18 日，乌临时政府总理亚采纽克向乌南部和东部居民发表呼吁书，表示乌当局将把俄语作为官方语言之一，扩大地方自治权，不禁止反对党，不加入北约，与俄“建立真正的伙伴和睦邻关系”，但仅隔数日，乌克兰就与欧盟签署联系国协议政治部分，称欧盟“尊重乌克兰独立、主权和领土完整，加强政治联系和经济一体化”，经济部分将于总统大选后签订。

全民公投后高票通过，宣布成为“独立主权国家”，提出加入俄罗斯联邦的申请，并拟筹备“新俄罗斯党”，组建“新俄罗斯人民共和国”。

此一阶段，大国角力从幕后走到前台。俄罗斯将克里米亚收入囊中，并公开支持乌东部亲俄武装分子，在美俄棋局中赢得了一些筹码，却也遭到了美欧联合制裁。人员制裁是乌克兰危机扩大后美欧采取的第一步制裁措施，至此已有四轮，美国宣布对俄乌制裁的人员达44人，欧盟则为61人。原定在莫斯科举行的法俄外交－国防部长“2＋2”会谈在最后一刻被取消，欧洲理事会主席范龙佩取消访俄行程。

俄罗斯还遭到美欧的经济－金融制裁，美财政部下令VISA和万事达卡暂停为俄罗斯银行和其他与制裁相关的三家俄银行提供服务，欧盟冻结塞瓦斯托波尔和克里米亚两家公司——“费奥多西亚公司”和“黑海石油天然气公司”的资产，瑞士等国暂停了与俄建立自由贸易区的谈判，西方国家与俄之间的经济特别是投资合作规模将缩小。俄罗斯被开除出八国集团，七国集团峰会改在布鲁塞尔举行。俄罗斯也对欧美进行了反制裁，包括对美特定人员进行签证限制，通过天然气向乌欧施压，停止与美国在太空等领域继续合作等。美俄对峙不断升级，虽未对乌克兰进行直接军事干预，但俄罗斯在俄乌边境部署重兵，并进行军事演习，而美国和北约除在政治、经济、外交和物资上对乌克兰当局予以支持外，还通过兵力部署调整、联合军演、派驻军事顾问、提高制裁等级等措施，牵制和威慑俄罗斯，使乌克兰局势变得更为复杂。

（三）乌大选后的内战与坠机

5月25日，乌克兰总统大选，寡头波罗申科获胜，声称乌克兰永远不承认克里米亚公投的结果。6月7日，波罗申科在基辅正式宣誓就职，当天向东部武装分子提出特赦条件，遭到拒绝。此后，他一方面与欧盟和美国紧密联系，呼吁美国直接采取军事保护，加大对俄罗斯的制裁力度；另一方面下令禁止乌克兰与俄罗斯在国防工业领域内进行任何合作，对东部亲俄武装采取坚决的军事打击。6月下旬以来，乌政府军在与东部分离势力交战中取得节节胜利，7月中旬宣布控制东部两州2/3领土，8月17日攻入卢甘斯克，对顿涅茨克形成包围。

东部亲俄力量则由强转衰，从对波罗申科的和平提议置之不理，进而宣布成立“新俄罗斯人民共和国”,[①] 再到“卢甘斯克人民共和国”领导人博洛托夫辞职，顿涅茨克岌岌可危，事态向着有利于政府军的方向发展。时间进入9月后，内战局势急转直下，东部武装运用反包围战术，逼迫乌克兰政府军由进攻转为防御，国际社会普遍认为这是俄出动“志愿军”的结果。波罗申科与普京会谈后，乌政府军与东部武装达成停火协议，使世界看到了政治解决危机的希望，但不时发生的武装冲突又提醒人们不能太过乐观。

乌克兰内战不仅给乌克兰人民带来了灾难，还伤及他国过境的无辜平民。2014年7月17日，马来西亚一架从阿姆斯特丹飞往吉隆坡的MH17航班失联，后确认在顿涅茨克的沙赫乔尔斯克[②]坠毁，机上298人全部遇难。坠机后，乌克兰政府军和民兵相互指责，随即美俄大打口水仗。在俄军方提供一系列证据后，矛头指向乌政府军，但黑匣子资料及调查报告都在整理中，尚无法确证哪一方造成了空难事故。

自7月底以来，欧盟已宣布对俄采取新的两轮制裁。第一批制裁对象是俄罗斯15人和18个机构，包括俄联邦安全局局长、俄对外情报局局长、俄安全会议秘书和车臣首脑卡德罗夫等人，俄储蓄银行、外贸银行、天然气工业银行、外经银行、俄农业银行等5家国有控股银行被列入欧盟制裁名单；第二轮措施包括限制石油、银行在欧盟境内贷款和融资，禁止与俄签署与北冰洋大陆架深水勘探、石油开采和页岩油开采相关的服务贸易合同，扩大对飞机和坦克等军备或军民两用技术的出口禁令，冻结24名亲俄人物资产并禁止其入境等。美国则一边启动宣传机器，将普京称为“独裁者”和“专制者”，极力丑化普京和他领导下的俄罗斯，一边对俄罗斯实行更严厉的金融制裁，冻结俄国有国防企业在美境内资产，两国对立情绪严重。俄罗斯同期宣布针对西方的反制决定，包括农产品禁令等，并声称即将推出新的报复措施。

---

① 萧雅文、柳玉鹏：《乌东两州组建“新俄罗斯国”乌政府军发起总攻》，《环球时报》2014年8月12日。

② 沙赫乔尔斯克位于顿涅茨克东部50公里，靠近俄乌边界。

乌克兰危机发展至今，乌国内政局动荡、经济衰退、内乱不息，人民流离失所、纷纷外逃，国际势力插手，一波未平一波又起，无疑是场悲剧。[①]奥巴马隔岸空喊支持乌克兰维权，而默克尔带着资助计划到访并积极斡旋，再次暴露了美欧在事件中的不同立场。推动乌克兰加入欧盟和北约，是波罗申科的外交目标，但如何平衡与俄罗斯的关系，理性务实地解决乌国内外面临的种种问题，尤其是东部两州“特殊地位”和全国范围的经济危机，对波罗申科是个考验。

二　乌克兰危机对世界经济的影响

随着美欧俄等世界主要力量和联合国、IMF、G8 等国际组织纷纷卷入乌克兰危机，危机的效应不断放大，给世界经济带来诸多方面的影响。长期来看，不排除发展成为撬动国际经济格局变革杠杆的可能性。

（一）世界加速“去美元化”进程

乌克兰危机爆发后，美国对俄罗斯实行了金融制裁。作为反制措施，俄罗斯加快了“去美元化”进程。2014 年 5 月，美国财政部公布的 3 月国际资本流动报告显示，俄罗斯当月减持了 20% 的美债持仓（约 260 亿美元），这是俄罗斯连续五个月减持美债，其总的美债持仓规模降至 1000 亿美元左右，为金融危机以来最低水平。同时，俄罗斯连续数月购入黄金，黄金储备在国际储备中所占比重持续增加，从 2014 年 1 月 1 日的 399. 9 亿美元，约占同期国际储备 5095. 95 亿美元的 7. 85%，增至 2014 年 8 月 1 日的 461. 09 亿美元，约占同期国际储备 4687. 62 亿美元的 9. 83%。[②] 2014 年以来，外汇储备持续下降，黄金储备持续上升（见图 1）。根据世界黄金协会 6 月 6 日

---

① 8 月 5 日，联合国难民事务高级专员公署（UNHCR）驻欧洲办事处负责人文森·科舍泰尔（Vincent Cochetel）表示，2014 年约有 73 万乌克兰人离开国土前往俄罗斯。

② 俄罗斯国际储备由外汇储备、黄金储备、IMF 储备头寸和特别提款权组成。数据来源：俄联邦中央银行数据库。

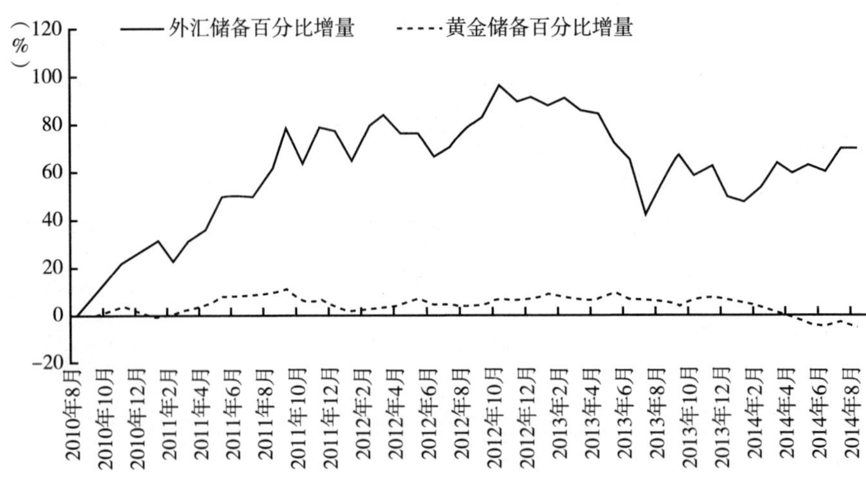

图1　俄罗斯外汇储备与黄金储备增长对比

注：将2010年8月的外汇储备与黄金储备数值设为初始值，逐月计算增长百分比，合并编制而成。

资料来源：俄联邦中央银行数据库。

发布的《全球官方黄金储备统计》，俄罗斯目前持有的黄金储备规模达到1068.4吨，超过中国居世界第六位。[①]“去美元化”还表现在建立独立的支付体系、贸易结算体系和打造莫斯科国际金融中心等方面。俄总统普京和总理梅德韦杰夫先后表示要筹建本国支付系统，以将西方制裁所带来的支付风险降到最低。4月，俄罗斯通过了《国家支付系统法》修正案，要求国际支付系统在俄央行专门账户存放相当于两日流通金额的保证金，以规避国际支付系统封锁俄罗斯银行的银行卡业务带来的风险；俄罗斯还将建立一个完全由俄央行控股的国家支付结算和清算中心，央行是该中心自运行起两年内的唯一股东。虽然困难重重，但莫斯科从未放弃将油气定价与卢布挂钩的努力，独联体国家经济一体化则是扩大卢布国际影响的有效手段。鉴于中国和欧盟是俄罗斯最大的贸易伙伴国，美国与俄罗斯的双边贸易只占贸易总额的

① 截至2009年4月，中国官方公布的黄金储备为1054吨，但据估计实际数量应远超此数。参见杰夫·克拉克《中国的黄金储备真相（二）》，《中国黄金报》2014年8月15日。

3%，即便没有美国制裁，逐步减少使用美元、改用人民币和欧元结算，也是俄罗斯自2008年以来明确提出的目标，而制裁只能使俄罗斯在“去美元化”的道路上越走越远。

在应对美国的制裁与逐步摆脱“美元经济”等方面，俄罗斯需要借力中国。俄方鼓励国内银行与更多非美国的支付平台开展合作，主要潜在合作方即是中国银联。2014年5月，亚信峰会期间，中俄共同发表联合声明，提出推进财金领域紧密协作，包括在中俄贸易、投资和借贷中扩大中俄本币直接结算规模。举世瞩目的中俄天然气30年供应大单虽然以美元计价，但俄气已准备好以人民币或卢布结算。[①] 7月15日，中国、巴西、俄罗斯、印度和南非五国领导人在巴西发表《福塔莱萨宣言》，宣布成立金砖国家开发银行，初始资本为1000亿美元，总部落户中国上海，同时建立金砖国家应急储备安排，资金规模同样是1000亿美元，被认为是新兴国家“去美国化”乃至“去美元化”的全球性制度创新。作为世界第一和第三大外汇储备国，中俄联手“去美元化”，虽短期内不会撼动美元的国际货币地位，但其影响是深远的。

（二）国际能源供给有待“再平衡”

由于乌克兰在能源上对俄罗斯具有高度依赖性，能源本来就在俄乌关系中起到重要作用。乌克兰危机爆发后，欧美对俄制裁，俄借能源反制裁，使得能源问题再度成为焦点。欧洲希望美国加快天然气出口，以降低对俄罗斯的能源依赖度；俄罗斯将战略重心转向东方，与中国签订大笔能源订单。国际能源供给格局发生变化，各方力量有待实现“再平衡”。

欧洲对俄罗斯的能源依赖由来已久，而乌克兰恰好是能源转运的轴心。作为世界能源生产和出口大国，俄罗斯向欧盟、巴尔干地区、挪威、瑞士和土耳其每年出口天然气约5.7万亿立方英尺，约占其总需求的30%，其中

---

① 作为在俄罗斯举足轻重的战略性支柱企业，目前俄气正与香港联交所展开上市谈判。若谈判成功，俄气将成为继俄罗斯铝业联合公司和俄IRC矿业公司后第三家在港上市的俄罗斯公司。

53%经由乌克兰境内的管道输至欧洲。各国的进口数量和对俄罗斯的依赖程度不同，但自西向东大体呈增长态势（参见图2）。德国是俄罗斯在欧洲的天然气最大进口国，目前从俄进口的天然气占其年消费量的36%，无论从短期还是中期来看，德国都无法摆脱对俄罗斯能源的依赖。[①] 在波兰及波罗的海国家，这一依赖比例更高。乌克兰80%的石油和77%的天然气需要进口，大部分来自俄罗斯，俄罗斯还控制着乌克兰境内多数炼油厂。2013年，俄罗斯天然气出口欧洲创新高，达1615亿立方米，[②] 比2012年的1055亿立方米[③]增长了53%。不仅天然气，欧洲石油也严重依赖俄罗斯。根据BP《世界能源统计年鉴》数据，欧盟2012年从俄罗斯进口石油2.865亿吨，占欧盟石油消费量的46.87%。虽然欧盟从俄罗斯进口石油的比重高于天然

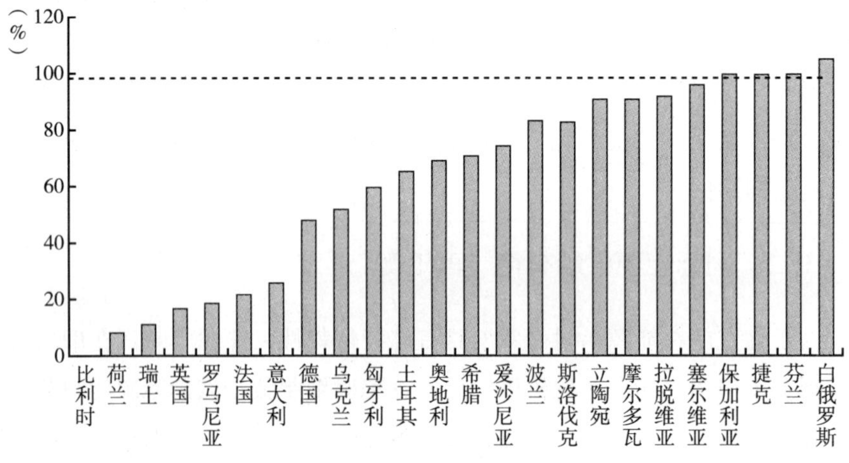

图2 欧洲各国对俄气的进口依赖度

注：柱状表示各国从俄气进口的天然气占国内天然气消费量的比重，超过100%是转口贸易导致的。

资料来源：《摩根士丹利研究报告》，2014。

① 2011年5月，欧洲经济“发动机”德国宣布，将于2022年底前终止所有核电站的运行，核电退出后所造成的能源缺口，大部分将由天然气来补足。这意味着德国将进口更多的天然气。

② 中国石油新闻中心：《2013年俄罗斯天然气出口欧洲创新高》，《中国石油报》2014年2月25日。

③ BP《世界能源统计年鉴》，2013年6月。

气，但石油供应国的可替代性更强，相对来看天然气依赖更为紧迫，成为掣肘欧盟的重要因素。

为增加欧盟制裁俄罗斯的底气，美国出台了加速出口液化天然气、推进欧洲能源市场一体化建设、帮助中东欧国家开发页岩气等一系列措施。如果美国长期、稳定、大规模对欧洲及世界市场出口液化天然气，将引发全球能源市场的结构性变化，但目前来看这一可能性不大。在液化天然气出口能力上，扣除本国全部消费量后，预计美国 2014 年有超过 150 亿立方米的天然气结余。从政治利益而言，美国液化天然气会优先流向欧洲，一方面减少欧洲对俄罗斯能源的依赖，一方面通过挤压俄罗斯天然气出口收入对付普京，但从经济利益来看，美国不大可能与俄罗斯打“天然气战”。俄罗斯的天然气储量是美国的 4 倍，产量中约 55% 供出口，俄罗斯不会惧怕与美国打一场“能源战争”。从中长期看，北美天然气净出口总量和增速要远低于独联体国家（见图 3）。然而，在美国天然气产量不断增加的大趋势下，乌克兰危机是否将会影响其出口流向和价格策略值得关注。

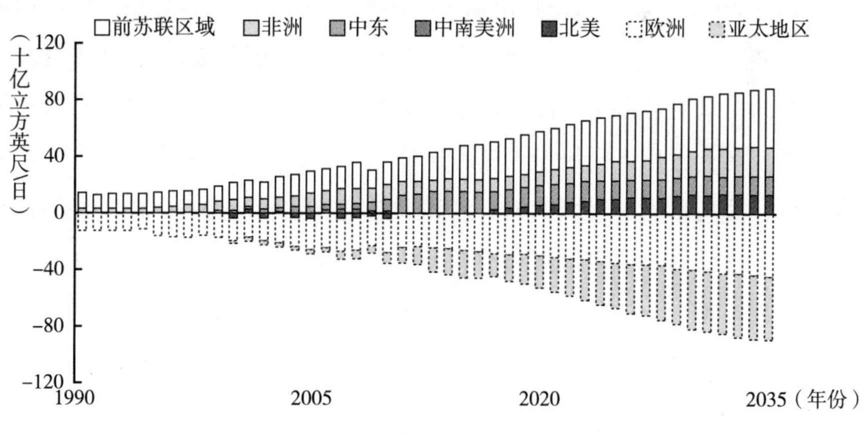

图 3　天然气区域贸易量趋势

注：0 以上表示净出口量，0 以下表示净进口量。

资料来源：BP《2035 世界能源展望》，2014 年 1 月。

在能源市场一体化问题上，欧盟各国的态度并不一致。俄罗斯在整个事件中并未以天然气威胁欧洲，所谓“涨价”和“断气”颇似杞人之忧。俄罗斯确实对出口到乌克兰的天然气进行了两次提价，从 2013 年底每千立方米 268.5 美元升至 485 美元，但乌克兰一直欠债，无论单价多少都是记账，价格随时可作为政治谈判的筹码进行调整。目前欧盟对能源问题的探讨主要集中在政治层面，无论布鲁塞尔欧洲能源峰会的议题，还是乌克兰与斯洛伐克和德国达成的天然气贸易协议，都缺乏可操作性，在贸易合法性上也遭到质疑。随着跨亚得里亚海天然气管道及更多液化天然气接收终端（特别是在波罗的海地区）的建设，欧盟天然气供应渠道多样化进程将加速。若欧洲下决心引进其他能源供应商，如加大从卡塔尔等中东产气国进口液体天然气，将引起国际供给市场的再平衡，但无法对整个国际能源市场产生更大的影响，因为俄罗斯已经再次占据主动，成功将其能源战略转向了东方这个更大、需求更旺盛的市场。

（三）对欧洲经济乃至世界经济的影响

乌克兰危机对乌俄两国的经济影响是显而易见的。乌克兰经济出现大幅衰退，预计 2014 年经济增速将由 1.5% 下降至 -7%，俄罗斯经济增长预期从 2.5% 降至零点，但这只是表面的、暂时性的，更重要的影响是结构性的、长期的。乌克兰危机之前，乌俄同为独联体自贸协定成员国，经贸往来十分密切。乌克兰生产的机械设备和运输工具、金属及金属制品约 1/3 向俄罗斯出口，而乌所需一半以上的石油和天然气从俄罗斯进口，两国经济存在互补性，尤其是乌克兰对俄罗斯的经济依存度较高，这与苏联时期联盟内部分工有关。[①] 如今乌克兰毅然决然地转向欧洲，却未必能使产品顺利打入欧盟市场，而政府已下令中止与俄罗斯的一切军事生产合作，将使解体时多个产业链条断裂的一幕重演，一些合同中断或不能正常履行，乌克兰经济也会面临巨大的压力。

---

① 乌克兰原属联盟管辖的机械制造、冶金、造船、国防军工和航空航天等大型企业大多与俄罗斯的相关企业具有生产协作和分工关系，尤其在东部重镇哈尔科夫、第聂伯罗彼得罗夫斯克、顿涅茨克和敖德萨更是如此，独立后历届政府都将产业结构调整作为改革的突破口，但收效甚微。这是乌克兰不得不面对的现实。

俄罗斯面临的主要压力来自欧美制裁，尽管制裁是有限的。第一，全球化背景下吸引外资和俄企业向外扩张受到影响。俄罗斯经济的自我投资能力相当于 GDP 的 20% 左右，投资不足是俄罗斯经济乏力的主要原因之一。由于制裁，大型投资者对俄观望情绪严重，外部信贷条件大幅收紧，导致借债成本上升。2014 年第一季度，俄固定资本投资同比下降 4.8%，外国对俄非金融类直接投资下降 68%，金融类投资降幅为上年的 3.8 倍。俄罗斯政府对原定优先发展的航空工业、加里宁格勒特区、北高加索地区的预算扶持额度已大幅削减。一些实体部门已感觉到制裁的威胁。第二，对俄支柱产业能源产业将产生一定影响。西方国家对油气资源特别是非常规资源的开发进一步加快全球性能源流动，促使俄罗斯长期能源发展构成战略转向东方。美欧禁止向俄罗斯输出石油和天然气设备与技术，将导致俄罗斯正在筹划开发的西伯利亚地区巴热诺夫页岩和北冰洋喀拉海石油项目受阻，还可能影响西方大型油气企业（如埃克森美孚、英国石油公司等）与俄油气公司合作。第三，俄罗斯整合后苏联空间遭遇前所未有的直接挑战，俄主导的关税同盟进展受挫。没有乌克兰加入的关税同盟和欧亚经济一体化将具有很大的局限性，欧亚联盟的构想更加遥遥无期。

危机除了影响到俄乌两国的经济前景，还阻碍了欧洲经济复苏。由于欧盟在贸易、投资、能源和粮食等方面与乌俄两国联系密切，尤其俄罗斯是欧盟的第三大贸易伙伴和主要能源供应国，2013 年俄欧双边贸易额达 3263 亿欧元，制裁使俄罗斯和欧盟两败俱伤。面对能源安全威胁，欧盟将不得不把发展能源多样化和来源多渠道纳入议事日程，未来是否会放宽对核电的审批和加强可再生能源投资有待进一步观察。俄罗斯的农产品进口反制措施，即今后一年内禁止或限制从对俄实施制裁的国家进口农产品、原料及食品的限令，对欧盟多国均有影响。

由于波兰在欧盟中持最为坚定的反俄立场，2014 年 2 月以来，俄罗斯先后停止从波兰进口猪肉及其制成品和牛奶类制品，还拟停止进口波兰的蔬菜和水果，导致波兰农业部部长辞职，因为波兰是世界上最大的苹果出口国，而俄罗斯是波兰最重要的苹果及其他农副产品市场。法国也将在水果和蔬菜出口领域遭受损失，比利时、荷兰和德国的牛肉出口受到强烈冲击，丹麦和荷兰的奶制品出口损失最多，就连不是欧盟成员国的挪威，鲑鱼饲养业股票价格也大跌，因为俄罗斯是世界最主要的鲑鱼消费国之一，也是挪威鱼类产品的最大市场。出口乏力将影响企业经营业绩，导致收入降低、消费疲软、民众不满情绪增加。危机还提高了国际粮食价格，而西班牙、荷兰和意大利都是乌克兰粮食进口大国，每年进口额合计约 16.2 亿美元，粮食短缺和食品价格上涨也会引起民众抱怨。作为欧盟经济引擎的德国第二季度经济萎缩 0.2%，而 8 月公布的商业信心指数连续 4 个月下降，彰显危机对欧盟经济的影响。危机的长期化将对包括俄、乌、欧盟在内的整个欧洲经济产生较大影响，若迟迟无法化解，可能会延缓欧洲经济复苏势头。

通过影响国际资本流动、冲击国际贸易、干扰大宗市场，乌克兰危机给世界经济复苏带来了压力。虽然危机给美国造成的直接损失不大，但“去美元化”、能源布局变化、国际粮价和全球股市波动等对美国的影响是全面的，也是长效的。值得关注的是，在联合国大会上，与支持美欧实施制裁的 100 多个国家相对立的，约有 100 多个国家放弃或不支持对俄制裁，隐然形成另外一个“平行市场”，与美国为首的发达国家分庭抗礼。虽然“弃权”或“反对”的国家大多贫困弱小，但长期演变下去，世界经济版图将会发生怎样的组合变化，哪些国家会有新的机会，国际经济秩序是否会有所改变，乌克兰危机或许埋下了伏笔。

三　乌克兰危机对国际政治格局的影响

乌克兰危机首先是一场政治危机，而且是跨国政治危机。美俄为争夺势力范围从幕后走到台前，国际局势一度恢复到冷战时的紧张状态。各方博弈推动国际政治格局悄然变化，世界向多极化方向发展。

（一）打乱美国的全球战略调整

二战以来，美国一直奉行“两洋”战略，以追求全球单极霸权为目标，只不过在不同阶段战略重点有所不同。以往的战略重心在大西洋地区，组建北约与苏联为首的华约对抗，是美国在欧洲的主要军事目的。苏联解体后，意识形态的冲突有所减弱，但北约东扩的步伐没有减缓，反而在十年内吸收了波兰、捷克、斯洛伐克、斯洛文尼亚、立陶宛、拉脱维亚、爱沙尼亚、罗马尼亚、保加利亚、阿尔巴尼亚和克罗地亚等原华约成员国和原苏联加盟共和国作为正式成员国，并将乌克兰、摩尔多瓦、格鲁吉亚、阿塞拜疆、土库曼斯坦、哈萨克斯坦、吉尔吉斯斯坦、乌兹别克斯坦、亚美尼亚、白俄罗斯和塔吉克斯坦发展为“和平伙伴国”，不断挤压俄罗斯的传统势力范围。转型后的俄罗斯综合国力下降，经济社会一度困难重重，没有实力与美国抗衡，只得采取守势。而此时，蛰伏了20多年的中国在亚太崛起，引起美国警觉。

2000年，美国国家情报委员会的报告《2015年全球趋势》将中国描述为“一个经济日益强盛的军事大国”，认为中国是地区最大的不稳定因素，是美国潜在的威胁，因为“中国在扩大自身影响力的同时不会顾及美国的利益”,[①] 美国防部《2020年联合展望》也将中国定位为“战略的竞争者”。在这些背景下，2010年美国提出了“亚太再平衡战略”，2011年美国国务卿希拉里在《外交政策》上发表《美国的太平洋世纪》，高调宣称重返亚太。虽然美国从未离开过亚太，但自“回归亚太”战略提出以来，美国在亚太地区的政治、经济、军事行动明显加强，目的就是要维持其在东亚的核心地位，遏制中国的崛起势头。“重返亚太”成为冷战后美国最重要的一次全球战略调整，也对中国的外部环境产生了巨大影响。美国插手亚太事务，打破了亚洲地区势力均衡，使东海、南海及中国大陆周边局势更加复杂；美国插手乌克兰危机，则打破了欧洲地区势力均衡，将美俄矛盾暴露在全世界面前。这样一来，美国无形中将中、俄推到统一阵线，本已左支右绌的美国不得不在大西洋和太平洋两线“作战”，同时对付它的所谓“战略竞争者”，

---

① 美国国家情报委员会：《2015年全球趋势》，http：//www. cetin. net. cn/cetin2/servlet/cetin/action/。

增加了全球战略调整的难度。

与此同时，由于美国习惯于从本国的战略利益出发，指使盟友配合作战，较少考虑盟友自身的利益需求，使得它与欧盟关系的紧密度有所下降。值得注意的是，转型20年后的俄罗斯已在经济和军事实力等方面有所恢复，在普京领导下更是制定了清晰的发展战略，一个地区性大国强国的政治影响力在“后苏联空间”不断凸显，已不再是解体时那个孱弱的对手。此时的乌克兰危机使美国骑虎难下，既不能退步抽身，又缺乏更有效的制约手段，实力下降却仍想维持霸权的尴尬暴露无遗。正如美国凯托学会高级研究员盖伦·卡彭特所说，美国同时与中俄为敌是战略错误，这一错误会给华盛顿带来严重的地缘政治难题。①

乌克兰危机不仅改变了美、中、俄三方的战略态势，还对一些国际问题产生了重要影响。在全球治理和地区安全方面，如核不扩散、打击恐怖主义、全球气候变暖、网络安全、朝鲜问题、伊核问题、叙利亚局势等，美国都需要与中俄合作。比如，在伊核问题上，如果美俄关系紧张，伊朗就会减少妥协，使伊核谈判更加复杂；在朝核问题上，如果中美俄等“六方会谈”的主要参与者意见分歧扩大，会谈将难以进行；在巴以问题上，美国对以色列的影响力不断下降，中东局势更加难料。最大的变数出现在叙利亚。叙利亚政府趁乌克兰危机牵住西方注意力之时，迅速收复失地，重新控制了整个国家的局势，而反政府武装中的极端主义分子则乘机攻占伊拉克西北部大片土地，成立“伊斯兰国”，并一度直逼伊拉克首都巴格达。乌克兰危机显示出美国作为“国际事务的领导者”的地位下降，旧有的国际秩序受到挑战，世界动荡不安的局面或许才刚刚开启。

（二）以俄罗斯为主导的欧亚联盟西进受阻

北约和欧盟双东扩，日益挤压俄罗斯在欧洲的战略空间，俄罗斯不得不

---

① 盖伦·卡彭特：《华盛顿最大的战略错误》，美国《国家利益》双月刊网站，2014年4月18日。

采取反击措施，其中拟于 2015 年建成的欧亚联盟是重要构想。欧亚联盟的经济基础是欧亚经济空间，而 2001 年成立的欧亚经济共同体开启了“后苏联空间”区域经济一体化的先河。欧亚经济共同体的首倡国包括俄罗斯、白俄罗斯、哈萨克斯坦、塔吉克斯坦和吉尔吉斯斯坦等五个国家，2005 年 10 月乌兹别克斯坦申请加入，乌克兰、亚美尼亚和摩尔多瓦是观察员国。时过境迁，原苏联加盟共和国与俄罗斯之间渐渐出现分离倾向，目前只有俄、白、哈三国建立了关税同盟，即同盟国间免除关税，实行统一的对外关税税率和政策，其他国家尚持观望态度。

作为“后苏联”地区搭在欧洲的“桥头堡”、俄罗斯文化的发源地，乌克兰的地位十分重要，在一定程度上决定了欧亚联盟的发展前景，到底是未来可能吸引中东欧国家加入的欧亚联盟，还是只能进一步转向亚洲的亚欧联盟，关系重大。乌克兰与俄罗斯的分歧也正在于此。俄罗斯主张通过统一经济空间，最终建立超越国界的政治经济联合体，而乌克兰则主张建立自由贸易区，消除区内关税，扩大商品出口，并以此获得低价的俄罗斯石油、天然气等急需能源，对于建立政治上的联盟没有兴趣，最终还是以加入欧盟作为自己最终的发展目标。乌克兰历届政府都对俄罗斯主导的欧亚经济一体化持谨慎态度。此次亚努科维奇外交转向后仓皇下台，波罗申科执掌的乌克兰坚决要求加入欧盟，说明在乌国内亲西派最终占了上风，直接后果是东部亲俄派要求独立，间接后果就是俄罗斯主导的欧亚联盟西进受阻。此种情况下，俄罗斯提出要“保护俄罗斯人的利益”，对乌东部武装分子给予支持，要求基辅重组权力与利益，也就不足为奇了。

欧亚联盟西进受阻后，俄罗斯必然更加重视亚洲。中亚五国——哈萨克斯坦、乌兹别克斯坦、塔吉克斯坦、吉尔吉斯斯坦和土库曼斯坦，作为美、俄、中、印等几个大国经济利益的交会点和反恐合作的前沿阵地，俄罗斯必将加强在这一地区的力量角逐。危机虽然使乌整体倒向西方，但克里米亚是俄取得的局部胜利，东部两区更是楔进乌克兰的一根钉子，有长远的战略影响。无论如何，乌克兰危机对俄罗斯建立欧亚联盟的战略是一个打击。多年来俄争取乌加入关税同盟和欧亚经济联盟的努力付之东流，乌兹别克斯坦公开反对俄出兵克里米亚，未获国际承认的德涅斯特沿岸共和国加入俄联邦的请求引起摩尔多瓦当局的担忧，这一切都使“后苏联空间”的地区矛盾更加复杂。

（三）世界向多极化方向发展

乌克兰危机将美俄斗争、美欧分歧、俄乌冲突、俄欧矛盾充分暴露出来，也将中国立场展现在世人面前。美国、欧盟、俄罗斯、中国成为并列的、不可忽视的力量，为世界多极化打下基础。

此次欧盟在危机中的表现，虽然内部有分裂的不同意见，但在对外政策的执行上可圈可点。作为乌克兰的首要外交目标，欧盟无法置身事外，但无论对乌克兰还是对俄罗斯都采取了克制而务实的态度，也没有与美国进行利益捆绑，而是表现出温和倾向于美国的“第三方”姿态。危机发生后，欧盟没有完全从政治出发，立即表态接纳乌克兰，而是在布鲁塞尔夏季峰会上与乌克兰签署了联系国协定的剩余部分，为乌欧实现更深入的经济一体化提供法律支持，同时也为继续与乌克兰就入盟问题进行谈判留下余地。衰弱腐败的乌克兰对欧盟是个负担，战乱且人口众多（涉及欧盟理事会中的投票权）的乌克兰加入欧盟就更不可能。在对俄关系上，欧盟实施了有限制裁，以表明自己在价值观和战略利益上与俄罗斯完全不同的立场，但也声称不能忽视俄罗斯的利益，因为欧盟不可能从美俄对抗的角度出发，替美国扛起与俄罗斯相斗的大旗，从而陷入两败俱伤的境地。总的来看，欧盟主张以对话缓解冲突，政治解决危机是理性的，符合欧盟自身利益需求。

中国在乌克兰危机中表现了负责任大国的态度。鉴于中俄全面战略协作伙伴关系进入新阶段，中国在不干涉内政的前提下，对俄罗斯的正当反击予以支持，同时也避免与美欧明显对立。中俄世纪大单使俄罗斯天然气有了最旺盛需求的市场，对稳定俄罗斯经济增长有重要意义，虽出于中国自身的能源安全考虑，但这种明显带有倾向性的做法是突破常规的。中国一直致力于推动国际秩序朝多极化方向发展，乌克兰危机可能推动中国探索出一种新的地缘政治范式。

四　乌克兰局势前景及对中国的影响

乌克兰目前虽已停火，但危机的解决仍未见端倪。有两种可能的解决方案：一是联邦制，一是芬兰化。从目前来看，芬兰化有可能最终被各方接受。如若不能政治解决，长期动乱将使乌克兰深陷全面危机。

联邦制一直是乌克兰国内政治中的一个争议性话题，也是俄罗斯对于乌克兰危机的政治解决方案，目的在于通过联邦制的制度安排，扩大各个地区的自主权，使乌国内地方政府能够按历史传统、人民意愿和现实利益自主决定与俄罗斯还是欧盟市场接轨。普京总统私人经济顾问格拉济耶夫赞成乌克兰“联邦化”，认为乌克兰可以改变目前的“单一制”，通过“联邦制”真正赋予地方自治和自主权力，使其有更大的自由选择度。东西部在联邦制下得以统一，各自的利益诉求得到重视，不失为维持激烈冲突下的政治-经济平衡的办法，但波罗申科在总统就职演说时明确表示，“乌克兰没有联邦制的土壤”，拒绝了这一方案。美国国务院前官员柯恩说，联邦制不是最符合占据乌克兰主导地位的利益集团的考量，[①] 白俄罗斯总统卢卡申科则认为“联邦制会毁掉乌克兰整个国家”。[②] 随着时间的推移，9 月 15 日，波罗申科向东部武装提出一项主要和解措施，即对所有宣称独立的民间武装实行特赦，并许诺在维护乌克兰统一的前提下，赋予东部特别自治权，包括保护当地俄语，允许自行选择法官，建立自己的警察部队，发展与俄罗斯的关系等。该项措施是向联邦制迈进了一步还是缓兵之计，尚难判断。考虑到乌克兰东部和西部地区的巨大差异，从中长期看，“联邦制”或许是一个并非完全不可行的方案，而从目前来看，要真正付诸实行还有难度。

关于乌克兰未来的走向，一个极大的可能是布热津斯基、亨利·基辛格

---

① Josh Cohen, “A Federal Model for Ukraine,” *Moscow Times*, No. 5340, p. 11, March 30, 2014, Moscow.

② Lukashenko, “Ukraine's federalization will split and destroy the Ukraine state,” *ITAR - TASS Daily*, April 13, 2014, Moscow, Russia.

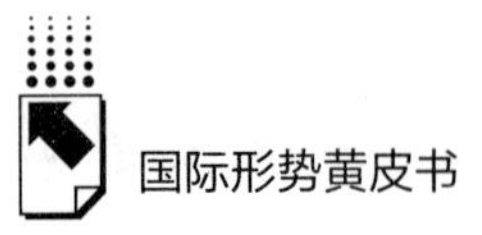

和沃勒斯坦提出的“芬兰化”建议，即乌克兰军事上不加入北约，但政治上可以和所有国家保持友好关系，经济上可以加入欧盟也可以和俄罗斯紧密合作。鉴于乌克兰危机最为得力的协调人之一默克尔也持类似立场，在访乌时她建议乌克兰可以同时和欧盟与俄罗斯紧密合作，而普京早在危机爆发前就有言在先，即使乌克兰打算加入欧盟，俄罗斯也会向其伸出援助之手，所以这一提议可能是美、欧、俄三方的利益平衡点。

为什么阻止乌克兰加入北约会成为利益平衡点？首先对俄罗斯来说，北约及其武装力量是不可忽视的军事存在，危机后乌克兰有从潜在威胁发展为现实威胁的可能。在2010年新版军事学说中，俄罗斯将独联体视为最重要的安全因素，而北约虽然持续东扩，于2004年正式接纳爱沙尼亚、拉脱维亚、立陶宛、罗马尼亚、保加利亚、斯洛伐克、斯洛文尼亚等七国，2008年接纳波兰和克罗地亚，仍然只被视为潜在威胁，因为俄罗斯认为只要保持足够的核打击能力，北约就不会向其发动战争。现在，由于亲俄派政权被颠覆，乌克兰在宣布放弃加入北约后重新提出申请，而与俄有过“五日战争”的格鲁吉亚也在申请加入北约。如果乌克兰和格鲁吉亚成功加入北约，北约将从西部、西北和南部三面对俄罗斯形成包围圈。在俄罗斯对外政策和安全政策中，具有军事战略的三个地区波罗的海、黑海和高加索地区将不完全处于俄罗斯的势力范围内，这将大大削弱俄罗斯的防御能力，而北约的作战潜力将增加50%。[①] 这样一来，俄罗斯在独联体内营造的集体安全体系将在某种程度上落空，而俄与北约在局部地区发生武装冲突的可能性则大大增加。俄罗斯并不愿意在经济乏力的情况下对北约作战，阻止乌克兰加入北约、尽量保持战略空间是俄罗斯的重要目标，乌克兰“芬兰化”虽然不是上策，但至少是可以接受的中策。[②]

---

① 参见姜振军《俄罗斯军事安全面临的威胁及其防范措施》，《俄罗斯中亚东欧研究》2009年第1期。

② 吴大辉认为，对于俄罗斯来说，上策是乌克兰加入欧亚联盟，中策是乌克兰不加入北约，下策是武装干涉占领乌东部。参见周宏达《乌克兰危机的“政治经济学”》，《中国金融家》2014年第4期，第105～108页。

其次，从欧美方面来看，乌克兰加入北约的时机并不成熟。且不论乌克兰本身的政治-经济状况是否符合加入北约的标准，单就军事现状来说，如乌克兰在战火笼罩中加入北约，有将美国和北约拖入战争的可能。《北大西洋公约》第五条明确规定“各成员国同意，任何一个或数个成员国遭受武装攻击，即视为对全体成员国攻击”，紧邻俄罗斯的乌克兰无法排除武装冲突的风险，而对俄战争是美国和北约所不愿意承受的。

因此，保有一个缓冲区，对美欧俄几方力量来说都可以接受。同时，对乌克兰来讲，经济上可以同时与欧盟和俄罗斯保持联系，政治上也更加灵活，未必不是一个切实可行的方案。正是在此意义上，布热津斯基说：“‘芬兰化’方案是一种对于乌克兰、欧盟、俄罗斯三家而言，都各得其利的一种理想模式。”① 而基辛格特别强调，乌克兰不应加入北约，在大多数领域与西方合作的同时，要小心避免对俄罗斯采取制度性的敌对态度。② 沃勒斯坦指出，芬兰是欧盟和欧元区成员，但从未被邀请加入北约，这或许是乌克兰危机的解决办法。③ 如果乌克兰既不肯“联邦化”，也不肯“芬兰化”，只是一厢情愿地加入欧盟和北约，则危机暂时无解，并会变得久拖不决。

乌克兰危机在对世界经济产生影响的同时，也对早已融入全球化的中国经济产生一定影响，但这种影响是局部的、暂时的，已在上文有所论及。需要重视的是，乌克兰危机可能给中国带来战略机遇，一是减轻了美国“重返亚太”带来的压力；二是与俄罗斯进一步密切了战略协作伙伴关系；三是中国与乌克兰有在军事和农业等方面加强合作的可能。尽管存在不和谐与利益冲突，中国还是希望乌俄关系得到改善，这也符合中国的利益。乌克兰最大的担心是其主权和国家利益受到俄罗斯的冲击，这是乌俄关系中的魔咒，需要俄罗斯方面释放更多的诚意。从中、俄、乌三方关系

---

① 冯绍雷：《克里米亚之变和乌克兰未来选择——乌克兰局势分析之三》，http：//www. guancha. cn/feng - shao - lei/2014_ 02_ 28_ 209532. shtml。

② 基辛格：《乌克兰危机的四个最终结局》，http：//news. xinhuanet. com/mil/2014 - 03/10/c_ 126242856_ 2. htm。

③ 伊曼纽尔·沃勒斯坦：《默克尔和普京：围绕乌克兰的外交》，路爱国译，http：//fbc. binghamton. edu/commentr. htm。

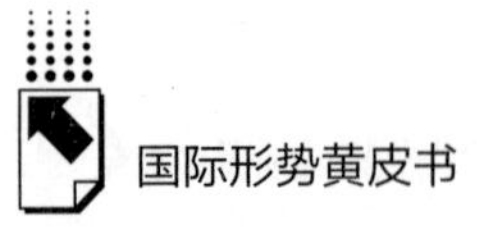

来看，不管乌俄关系进展到哪一步，中国作为紧密合作的第三方力量都是双方需要倚重的。

参考文献

弗雷德·W. 里格斯：《第三世界各种政权的脆弱性》，《国际社会科学杂志》（中文版）1994 年第 2 期。

大卫·雷恩：《作为一种政治现象的“颜色革命”》，李玉萍译，《当代世界社会主义问题》2011 年第 3 期。

赵鸣文：《乌克兰政局突变原因及影响》，《国际问题研究》2014 年第 2 期。

杨恕、朱倍德：《后苏联时期俄乌关系中的历史、文化因素》，《俄罗斯研究》2013 年第 5 期。

张宇燕：《世界经济版图之变》，《第三届全球智库峰会会刊》，2013。

李永全：《乌克兰危机折射出的大博弈》，《俄罗斯学刊》2014 年第 3 期。

金灿荣、刘宣佑、黄达：《“美国亚太再平衡战略”对中美关系的影响》，《东北亚论坛》2013 年第 5 期。

朱听昌、马荣升：《从两洋战略看美国全球战略重点的调整》，《国际观察》2003 年第 2 期。

谭雅玲：《经济悲观有限　市场调节有方——2014 年第二季度国际金融市场回顾与展望》，《国际贸易》2014 年第 7 期。

杨胜刚、成博：《股票市场与大宗商品市场互动特征比较研究》，《当代财经》2014 年第 6 期。

伞锋、王江昊：《乌克兰局势成为影响全球经济新变数》，《上海证券报》2014 年 3 月 14 日。

廖淑萍、刘铭：《乌克兰危机长期化的外溢效应分析》，《国际金融》2014 年 6 月。

戴长征、张中宁：《国内阃域下乌克兰危机的根源及其影响》，《东北亚论坛》2014 年第 5 期。

柳丰华：《乌克兰危机：内因、大国博弈因素与前景》，《俄罗斯学刊》2014 年第 3 期。

Y.15

2014年西亚北非局势的特点及影响

丁　工*

摘　要： 2014年西亚北非地区局势依旧动荡，伊拉克、巴以局势不稳，利比亚有滑向"二次内战"的风险，"阿拉伯之春"余震频发，叙利亚内战已进入第四个年头，但仍看不到转向和平安稳的希望。库尔德问题、极端组织"伊斯兰国"势力的崛起等因素冲击着中东各国的既成版图和国界。2014年中东地区事态的发展，呈现出持续不断的动荡特征。相比2013年，又增添许多新情况和新特点，其中不少反映了未来中东政治格局演变即将进入一个重大的历史转折关口。

关键词： 西亚北非　伊拉克　伊斯兰国　巴以局势　中东局势

一　西亚北非局势的新特点及新动向

从2013～2014年看，西亚北非地区仍然是全球热点之一，总形势继续动荡，也表现出一些新的特点和动向。

---

* 丁工，中国社会科学院世界经济与政治研究所博士后，主要研究领域为中东格局、中等强国、中国外交。

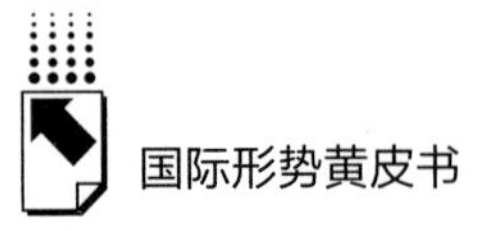

（一）伊拉克战乱升级，安全形势更趋动荡

在美军撤离伊拉克两年半后，尽管伊拉克诞生了民选宪制政府，但是近日来的一系列动乱使得伊拉克再次成为全球瞩目的新兴焦点。2014 年新年伊始，伊拉克安全形势便开始急剧恶化，1 月一伙从叙利亚战场“回锅”的极端武装分子占领费卢杰，并公开宣布建立“伊斯兰酋长国”。这伙人自称“伊拉克和黎凡特伊斯兰国”（ISIL），也被译为“伊拉克和沙姆伊斯兰国”（ISIS），其前身是美国推翻伊拉克萨达姆政权后由扎卡维等人建立的“圣战”反叛组织。叙利亚内战爆发后，该组织进一步把势力扩大到叙利亚境内，并于 2014 年 3 月更名为“伊拉克和黎凡特伊斯兰国”，其中“黎凡特”和“沙姆”分别为英语和阿拉伯语的译音，两种表达同指地中海东部沿岸区域，包括叙利亚、黎巴嫩、约旦等国在内。由于该组织起初与“基地”有染，因此当其横扫伊叙两国，国际媒体纷纷惊呼“基地”组织准备暴力重新接管伊拉克。但 2014 年 2 月，在叙利亚内战中滋养壮大的“伊黎”组织因“政见不合”，决定脱离“基地”指挥自立门户。

进入 6 月后，“伊黎”组织迅速席卷伊拉克北部，全副武装的“圣战分子”不仅连续攻克提克里特、泰勒阿费尔和加伊姆，还一举拿下伊拉克第二大城市摩苏尔，并闪电逼近巴格达形成三路包抄的合围之势。在不足一个月的时间里，“伊黎”组织连战连捷顺利打通联结伊拉克和叙利亚两国的通道，并在短时间内建立起拥有 20 万平方公里、600 多万人口的“根据地”，为两国间暴恐人员和武器装备的自由往来、互为机动提供便捷条件。[①] 6 月底，该组织宣布建立政教合一的“伊斯兰国”，并在所统治区域内严格执行伊斯兰律法规定进行的社会管理和生活管束，同时，宣称其领导人、绰号“鬼影”的巴格达迪为所有穆斯林的“哈里发”，进而为最终实现包括欧、亚、非三大洲多个地区更大范围的“伊斯兰国”做铺垫。8 月，鉴于伊拉克已陷入自伊战结束以来最严峻的危局时刻，美国总统奥巴马授权美军对

① 王震：《“伊斯兰国”崛起与伊拉克乱局》，《社会观察》2014 年第 9 期。

“伊斯兰国”发动多轮空袭，让本已在波峰浪谷间剧烈摇摆的伊拉克局势再添变数。

2014年伊拉克毫无疑问经历了血腥暴力的一年，根据联合国难民事务高级专员调查，自2014年6月以来，“伊斯兰国”引起的流血冲突已至少造成4700名无辜平民丧生，180万名伊拉克人流离失所，而在冲突地区，仍有约65万人无法获得人道主义救援。从某种意义上讲，中东民主变革的开端起始于萨达姆政权倒台后的伊拉克，伊战后美国试图以本国政治体制为蓝本，依照三权分立原则对伊拉克进行议会民主制改造，完成什叶派主导行政机构、库尔德人占据国家元首、逊尼派控制议会的顶层制度设计。美国还一度计划将伊拉克树立为阿拉伯民主的模板，进而向整个阿拉伯世界推广兜售，但如今伊拉克笼罩在政治混乱、经济衰落、社会分裂和族群敌对、国家解体的巨大阴影之下。

（二）叙利亚内战僵局难破，战局显露长期化、反复化的苗头

2014年叙利亚依旧处于硝烟弥漫、烽火连天的战乱动荡环境之中，尽管总体战局继续维持政府军与反对派势均力敌的状况，但战场形势和各派力量组成均发生了不少的变化。

第一，国际社会普遍低估巴沙尔·阿萨德政权的军事实力和民众基础。尽管经历三年内战消耗，政府军付出沉重代价，但拥护巴沙尔的武装部队和基干力量并未遭受毁灭性重创。自3月起，叙利亚政府军接连攻克军事重镇哈森和首都大马士革北郊的战略要地雅布鲁德，标志着巴沙尔在中、南部战线开始由守转攻。

2014年5月，叙利亚政府军集结重兵对“叛军”占据的中部城市霍姆斯发动合围强攻，反对派不得不放弃经营三年之久的据点，转为全面退守以工业重镇阿勒颇为中心的北部“根据地”。霍姆斯之役一定意义上成为叙利亚战局形势的重大转折点，这是因为霍姆斯大致位于叙利亚政区版图的腹心，用来连接边海和内地的公路以及贯穿叙利亚南北的大动脉在此汇合，地理位置极为重要。此外，霍姆斯还临近叙利亚和黎巴嫩边境地区，控制霍姆

斯也对进一步封锁叙黎边境，防止“反叛武装”从境外获取物资补给具有重要作用。对此叙武装力量总司令部就曾发表声明称，霍姆斯的胜利成功切断了武装分子黎巴嫩边境与中西部数省之间的“血液输送”通道，进一步扼紧恐怖分子的咽喉。

随着政府军不断在战场上取得一系列重大胜利，极大地鼓舞、提升了支持巴沙尔势力群体的士气和信心，巴沙尔的声望和民意支持较开战初期有所回升，并在6月举行的总统大选中以绝对优势毫无悬念地当选新一任总统。

第二，总体上看，叙反对派仍旧身处各为其主、各自为战的散乱状态，此种“群龙无首”的松散组织结构和军政格局严重削弱了反对派整体的作战能力。“叙利亚反对派和革命力量全国联盟”（简称“全国联盟”）是叙利亚境外最大的反对派组织，由70多个背景身世不同、观点理念各异的独立政治单位于2012年11月组建而成，目的在于整合所有反对派力量，进而成为叙利亚民众反政府诉求的“合法代表”。但自成立伊始，全国联盟中各个党团派系便为争夺领导权争吵不休、内斗不断，始终没有能够将各股反对派力量聚拢起来组建成强有力的指挥机关和领导机构。特别是全国联盟内部世俗势力和宗教势力矛盾丛生，彼此之间党争权斗尤其严重，从而重挫了“全国联盟”试图扮演反对派“领军人物”的努力。

2014年1月，叙境内7个反政府伊斯兰武装组织宣布合并成立“伊斯兰阵线”，明确表示要取代西方支持的“全国联盟”和“自由军”，试图成为叙利亚反政府武装的领导力量，并最终在叙利亚建立政教合一的伊斯兰国。目前，叙利亚反对派基本形成以变节、叛逃的叙利亚正规军队官兵为主的“叙利亚自由军”，由“叙利亚伊斯兰阵线”所代表的宗教色彩浓厚的极端激进势力，以及与“基地”组织沾亲带故的“支持阵线”“胜利阵线”“伊拉克和沙姆伊斯兰国”等具有恐怖主义特征的涉恐团伙三足鼎立的格局。①

第三，地区政治气候的变化间接帮助巴沙尔获得逆袭翻盘的转机。埃及

① 《叙利亚内战主动权转向政府军》，新华网，http：//news. xinhuanet. com/world/2014 - 03/22/c_ 119894123. htm。

政坛接连地震、利比亚教俗冲突风云再起、伊拉克宗教极端势力大肆作乱等地区时局的演进态势总体上有利于叙利亚现政权，特别是与巴沙尔家族存有“血海深仇”的埃及穆兄会政权瞬间倒地，更为巴沙尔赢得难能可贵的喘息之机。

此外，在政府军与反对派武装反复拉锯的过程中，越来越多的外部极端势力正在进入叙利亚，恐怖势力搅浑战局致使当前内战局势更加扑朔迷离，甚至出现具有宗教极端色彩的胜利阵线和世俗化的叙利亚自由军因争夺地盘发生火拼的情况。2014 年 6 月，“伊拉克和黎凡特伊斯兰国”极端组织异军突起，并大肆在横跨伊叙两国的边界区间“兴风作浪”。8 月，“伊黎”组织在阿勒颇省夺取多处原本属于叙利亚自由军的村镇，导致自由军处于既要同政府军作战又要抵抗“伊黎”武装“入侵”的两面受敌窘境。9 月，由于受到美军空袭打击，“伊黎”组织调转枪口将活动重心从伊拉克重新回流到叙利亚，并大举强攻叙东北部库尔德聚居区。“伊黎”组织的进攻不仅使十多万“库区”群众背井离乡沦为异国难民，还让库尔德本地居民改变原初立场，转而视这些外来“圣战分子”为野蛮入侵者和军事破坏者而不是可以合作的民族解放者。由此可知，“伊黎”组织的突然冒起完全打乱叙利亚之前泾渭分明的阵营归属，导致交战各方的派系背景和意图动机更加纷乱复杂，一定意义上使叙利亚局部战场由之前反对派与政府军的对战，转变成政府军联合库尔德战士和部分反对派武装，共同抗击极端激进组织的“反恐”斗争。

（三）利比亚教俗冲突持续升级，战后复建困难重重

自内战结束迄今已逾三年，利比亚主要国家机关和政府机构也早已投入运营，但这个终结强人统治、步入政体转型的北非国家却未能享受片刻安稳、丝毫平静。不仅经济发展毫无起色、人民生活难见改观，国内各地小规模、低烈度的流血冲突事件更是不时见诸报端，甚至还闹出过吸引世界媒体争相报道的美国驻班加西总领馆惨遭武装分子暴力恐袭，领事与 3 名随员意外身亡的轰动新闻。2014 年利比亚继续呈现变乱频仍、战乱不断的鲜明特征。3 月，

伊斯兰势力把持的利比亚议会决定免去任职一年之久的扎伊丹总理职务，从而掀起利比亚教俗政党及其武装派别围绕国家权力的新一波对战。

5 月，利比亚先后上演了前政权将军哈夫塔尔指挥麾下武装部队对多支伊斯兰民兵组织发起猛烈攻击，以及听令哈夫塔尔的世俗派武装津坦民兵攻打国民议会大楼，并同驻扎国会的守卫部队发生激烈交火，继而迫使萨赫明议长不得已从外地调遣米苏拉塔民兵，前往的黎波里担负京畿护卫重任的“闹剧”。[①] 7 月中，利比亚的黎波里国际机场及其附近一带发生两派武装的激烈交火，长达数周的持续冲突共造成至少 102 人死亡、452 人受伤，停机坪上十架民航客机甚至在交火中被炸毁。据称这场冲突的起因是一伙武装人员袭击当地机场，并试图从津坦民兵手中夺取机场的控制权，与负责看守的警卫部队发生激烈交战，战斗中双方都使用载有重机枪和火箭弹的武装皮卡车等重型武器。该月底，伊斯兰民兵武装还攻占了利比亚特种部队位于第二大城市班加西的总部基地，将不同派系背景民兵组织之间的对抗争夺推入白热化。从 5 月利比亚爆发此轮武装冲突以来，已导致上千人丧生、数万人被迫逃离自己的家园，拥向埃及、阿尔及利亚和突尼斯等邻国躲避战火，甚至还有大批无家可归的难民选择冒险偷渡去法国、意大利等欧洲国家寻求避难。

当前，处于政治过渡转型时期的利比亚之所以出现国家重建进程波折起伏、变乱不断的状况，除有体制转型阵痛导致政局走势复杂多变、纷繁杂乱的原因外，利比亚原有的社会传统和政治结构随着卡扎菲政权的倒台而崩坍才是引发时局震荡的主因。事实上，尽管利比亚在国家政治形态上是一个世俗化、城市化进程相对较高的阿拉伯国家，但在社会生态层面，宗教思想仍旧对众多党政团体和社群组织拥有非常强大的精神号召力和组织动员力。因此，自利比亚国号成形以来，国家发展道路的总体指向便一直受困于教俗两大势力群体之间的权争派斗。[②]

---

① 张远、陈向阳：《利比亚主要武装势力盘点》，新华网，http：//news. xinhuanet. com/world/2014 -05/24/c_ 126541620_ 3. htm。

② 丁工：《利比亚何以难安?》，《社会观察》2014 年第 7 期。

卡扎菲执政时期通过搞居间平衡策略来维系政权的大体平稳，但卡扎菲统治结束后利比亚既成的党团格局随之瞬间坍塌，而新的政治秩序和行政结构还处在“且行且摸索”的转轨重塑阶段。由此不难看出，利比亚教俗相争引发各自所属民兵武装的混战厮杀，不仅是这种伊斯兰教社会和世俗化政治二元结构的真实写照，也是其中一方对权力分享和利益分配现状不满导致矛盾不可调和的产物，而这也给两大政治派系围绕未来的权力分配预埋下先天的祸根。尽管时下利比亚整体形势尚未彻底进入失序崩溃状态，国家恢复重建也大致能够在政府主导下稳步而缓慢地推进，但利比亚各个帮派民兵之间的武力对抗呈愈演愈烈之势，外界对利比亚可能再次爆发全面内战的担忧也随之与日俱增，其未来能否实现民众热切期望的从大乱到大治的演进仍是未定之数。

（四）埃及大幅调整外交政策，埃俄关系急速升温

2014 年 2 月，由埃及国防部长赛西挂帅对俄罗斯进行了例行访问，尽管埃及官方发言人声明称“赛西访俄是对去年 10 月俄罗斯外交部长和国防部长到访埃及的礼节性回访”，但由于赛西身为埃及武装部队的最高实权领导人，其首访行程选择双边关系冷淡已超 30 多年的俄罗斯，这自然成为新闻媒体聚焦的重点和热议的话题。特别是 2013 年 7 月，因埃及前宪制总统穆尔西遭军方解职下台，埃美关系陡然步入低潮的背景下，赛西首次出国便造访俄罗斯，并且外访期间埃俄还高调签订价值 30 亿美元、堪具“史诗性”意义的军售大单，埃及此番举动无疑令世人对埃及外交动向浮起更多联想。随后 2014 年 8 月，已经就任埃及国家元首的赛西再次对俄罗斯进行外事访问。在与普京总统单独会晤中，埃俄两国不仅就落实双边军贸协议的具体细节达成进一步共识，还就农产品贸易、能源合作、共建自贸区等经济议题进行详细深入的商讨。

民选总统穆尔西被埃及军队强制罢免后，埃美关系便陷入停滞趋冷的状态。尽管美国事实上默认了埃及“军转民”政府的合法地位，也尽量避免给埃及政权更迭贴上军事政变的标签，但美国承诺采取的部分惩罚措施，尤其

是暂停先前签署的武器交易合同，还是使埃及方面颇为恼火，导致美国和埃及新一届政府之间的关系出现无法挽回的裂缝。与埃美关系骤然降温同步演进的却是长年不睦的埃俄关系迅速回暖，甚至在极短的时间内完成由化冻、融冰、升温再到火热的时空压缩式转换，并且伴随此次赛西访俄之行的"满载而归"，更是将已经迈上新台阶的埃俄关系再度推向另一个高潮。因此，有国际评论人士透过赛西近期一系列外交动作，对其政策动向和发展走势分析解读后认为，埃及正在践行"疏离美国、亲密俄国"的战略转型。不过详加推敲可知，所谓埃及"疏美亲俄"的论断其实是种合乎主观想象的推理臆测。

尽管当下埃美关系遭遇一股强烈寒潮的"侵袭"，与此同时，日益回暖的埃俄关系又随赛西成功访俄、签署巨额军火订单、开辟新的合作领域而重获助力，埃、美、俄之间纵横交错的三角关系呈现一对冰冷、一对火热的"冰火两重天"之势。但事实上，埃俄关系的持续改善绝非意味着埃及外交存在抛弃美国、转投俄罗斯的可能，有更多理由显示俄罗斯不可能取代美国成为埃及主要的战略盟友。

自1978年埃苏同盟关系破裂后，埃及便与美国迅速走近，埃及甚至稳坐位列以色列和土耳其之后美国地区盟友的第三把交椅。长期以来，在打击宗教激进势力、剿杀极端恐怖主义、推动中东和平进程等方面，埃美两国注重加强彼此协商和相互配合，力求保持战略节奏的同步合拍。截至埃及街头政治剧变之前，美国每年都给予埃及高达13亿美元的一揽子防务安全资助，形成包括战训联演、制式装备、情报共享、物质保障等一整套的防务合作项目。现今埃军精锐部队几乎配备清一色的美式器械。事实上，埃及领导人全面权衡利弊后认识到，当今时代美国凭借冠绝群雄的超强实力在一定时期内继续主导国际秩序的基本格局不会改变，受国际形势现实状况的限制，埃及除结盟美国外没有太多其他更好的选项，"弃美投俄"显然无助于本国利益的"保值增值"。

此外，埃及当前的军政主官在治国方略和执政理念上，更喜好、崇尚西方国家的政治制度和价值体系。[①] 虽然埃及高端领导层制定对外战略是依据国

① 丁工：《埃及和俄罗斯再续前缘?》，《世界知识》2014年第6期。

家利益来决断施行，但掌权阶层的价值倾向和观念偏好必然会潜移默化地渗透到国家利益的研析评判和衡量标准的选取认定过程中，埃及主流政治团体的西方情结实际上为日后埃美“重温友谊”预埋了先天的伏笔。因此，埃及最近一系列联俄举动的背后，一方面反映出俄罗斯中东地区影响力的上升，埃及试图重拾借俄制美、回应西方强力弹压的惯常战略；另一方面，也表明埃及试图通过多样化、均衡化外交，减小埃美同盟在对外战略布局中的过高比重。

二 西亚北非局势的发展趋势与战略影响

西亚北非地区是地球上的“双重十字路口”，它不仅是欧亚非三大洲的结合部，也是历史上东西方文明激烈碰撞交汇的“锋面”。中东千百年来的文明冲突、融合形成非常独特的区域人文地理和地缘政治局面，即以阿拉伯、伊朗、土耳其、以色列四大区域势力的强弱变迁，阿拉伯、波斯、突厥、犹太和库尔德五大族裔群落的分化组合为经脉主线而展开。①

盘点 2014 年中东局势的发展方向以及各种力量分离聚会的脉络走势可见，伊朗核谈判继续在曲折中前行，未来前景依旧充满诸多未知变数；经历变革的阿拉伯共和制国家继续深陷政治转型的阵痛之中；巴以延续打打停停、反复无常的“游戏”惯例；土耳其近期频发的街头抗议；库尔德因素更趋活跃。其中，库尔德作用上升可能会改变中东既有主权国家版图，埃及政治动向对阿拉伯共和制国家具有风向标意义，土耳其街头动乱潜伏着影响中东多国政治生态的教俗之争问题，巴以争端“双边化”趋势则反映出中东地缘格局重心的变动转移。由此可知，2014 年上述四个方面的发展变化更能影响中东地区战略格局的未来趋势。

（一）极端组织作乱，库尔德人得利

库尔德人是西亚的古老民族，也是世界上最大的无国家民族，数千年来

① 李绍先：《当前中东局势的几个趋势性特点》，《现代国际关系》2013 年第 12 期。

一直生活在扎格罗斯－托罗斯山脉区间的狭长地带。尽管库尔德人生活在同一块土地上，却分属土耳其、伊朗、伊拉克、叙利亚四个不同的国家管辖，故而任一国内库族群落的政治动态必然会“相互感染”到邻国范围，进而直接影响到上述四国双边关系的互动发展走向，因此，库尔德问题时常成为容易引起中东地区动荡的一个重要因素。

2003年伊拉克战争后，伊拉克境内的库尔德人政治地位大幅跃升，不但有库裔族人在国家核心权力机关和行政组织中担任要职，还在实际政治生态中与什叶派阿拉伯人和逊尼派阿拉伯人形成“三分天下有其一”的鼎足之势。库尔德人在伊拉克联邦体制中的获益，加之库尔德居住区的石油资源极为丰富以及由此而来的滚滚石油财富，不仅催生出伊北库区（伊拉克北部库尔德族自治区的简称）更高“档次”的自治需求，形成事实上的“国中之国”，甚至激发起更强烈的自立意识和独立欲望，公然叫板伊拉克巴格达的中央政府。同时，随着叙利亚危机连带效应的外溢加剧，土耳其、伊拉克、叙利亚和库尔德三国四方之间纷繁复杂的利益勾联和矛盾缠斗更加交错难解。2014年6月，当“伊黎”武装在伊拉克大肆攻城略地之际，伊拉克库尔德武装则趁乱攻占北部多个城镇，其中包括石油重镇基尔库克，伊北库自治区主席巴尔扎尼甚至宣布准备在现有管辖地域内就“定都建国”进行独立公投。尽管随后“伊黎”武装将进攻矛头转向库尔德自治区，库族武装全力迎战极端分子被迫推迟、暂缓建国大业，但这一事变刺激库尔德人持续膨胀的独立建国冲动已经无法遏制。

此外，虽然库族武装“自由斗士”在同极端分子的初期交战中接连失利，但他们在获得多国武器装备的支援后能够有效粉碎“伊黎”武装的攻势，已经成为抵御、抗衡“伊黎”武装的一支重要力量。毫无疑问，未来在实战锻炼中不断壮大的库族武装力量，必会使库尔德人独立建国的羽翼更加丰满。同时，伊拉克局势的演进也将波及叙利亚库尔德政区，极大地鼓励叙库区仿行伊拉克库尔德模式步入独立节奏，进而催生出一个从叙利亚东北部，经土耳其南部和伊拉克北部，直到伊朗西北部的“大库尔德斯坦”条形地带。

（二）埃及开启赛西时代，政治走向尚无定数

2013 年 6 月，随着穆尔西被软禁，穆斯林兄弟会（Muslim Brotherhood 以下简称“穆兄会”）组织便遭埃及过渡政府的强力打压，数千成员被捕入狱，旗下主政党派曾经执政的自由与正义党也被宣布为非法政治团体，此举致使两年前借助穆巴拉克倒台之机登上国家权力巅峰的“穆兄会”组织彻底失势。进入 2014 年后，埃及以军方势力为“靠山”的临时政府，更是全力打压由“穆兄会”领衔的宗教势力，试图彻底肃清“穆兄会”对埃及政坛的影响。特别是 2014 年 5 月，埃及过渡政府武装部队总司令赛西元帅在“后穆”时代的总统竞选中，毫无悬念地当选新一任埃及总统，标志着世俗派系及亲世俗的军方势力，在此轮针对“穆兄会”的夺权行动中取得完胜。尽管这场跌宕起伏、主演不断变换的街头抗议“闹剧”最终是以军方支持的反“穆兄会”势力获胜宣告终结，但从长远来看，埃及“军政”当局欲彻底铲除“穆兄会”影响痕迹的难度极大。

当前，“穆兄会”政党掌控的行政部门虽遭到沉重打击，但所辖分会支部和附属党群组织却未被完全破坏，部分隐秘、潜伏的社团机构还得以完整保存。并且“穆兄会”组织具有长期从事地下活动的丰富经验，此番重归地下必然会进行策略调整，伺机东山再起。此外，“穆兄会”自纳赛尔时代便坚持走“群众路线”并长期扎根社会基层，对普通百姓积极开展生活帮扶、医疗救助工作，从而为其在广大农村和边远山区及城镇下层社区赢得牢固的政治根基和厚实的民意支撑。事实上，未来军人色彩的宪制政府完成“由军转民”的使命后，埃及必然要按照政党参与、全民普选的运作方式进行竞争性民主选举，而握有大量选票的“穆兄会”组织完全可以复制、模仿土耳其正义与发展党的先例，通过迅速整编组建同先前“划清界限”的全新政党，再次实现上台执政。当年同样具有浓厚伊斯兰背景的土耳其繁荣和美德党被军方取缔后，该党随之转变生存策略进行身份“漂白”，进而以正义与发展党的合法面貌再返政坛并重获权力。

（三）土耳其街头风云再起，国家形象严重受损

自2013年底开始延续到2014年2月，正义与发展党（AKP，简称正发党）政府因多名部长级高官涉嫌贪腐丑闻被曝光，土耳其多地先后爆发数轮规模不等的要求执政当局应对腐败指控负责的群众集会游行。而执政的“正发党”政府面对集会抗议活动，不但没有接受民众“请愿”做出妥协和让步，相反，还采取强制驱离措施，从而导致警民之间多次爆发大规模的激烈冲突。警察在对抗、镇压示威者过程中过度使用警力的行为又进一步激怒了更多的土耳其民众，针对政府及其总理埃尔多安的街头抗议随之演变为席卷全国十多个省份的大面积暴乱，大批民众走上街头，“巅峰时期”一度高达上百万人，示威人群甚至喊出“独裁者埃尔多安辞职”“集权政府下台”的激进口号。这是自2013年6月，因加济公园拆迁项目引发街头骚动后，土耳其再度出现群体性民众抗议活动。尽管有分析指出此轮“肃贪风暴”是现政权曾经的盟友“葛兰运动”与执政集团分家决裂的反映，但实际上这些仅是表面现象，埃及等国教俗党争的蔓延扩散，再次激活土耳其宗教与世俗之间固有的矛盾冲突，才是引发群众掀起“二次抗议”运动的根本动因。

土耳其一再出现大批民众游行示威、抗议现政府的乱象场景，不由让人联想到2011年初至今席卷中东地区、诱发多国政府垮台的“阿拉伯之春”民主变革运动，两者间的诸多类似特征导致有西方媒体惊呼正在开启“土耳其之春”的序幕。虽然土耳其所遭遇的阿拉伯式街头抗议在表现形式上同阿拉伯变局中引发强权政府倒台的抗议活动存在相似之处，但两者有着本质区别。事实上，土耳其因改建购物中心、执政党涉嫌贪腐丑闻等引发的社群骚动和街头暴乱，更多的是公众对政府不满情绪长期积压的怒火宣泄，以及教俗两派观念交锋和利益冲撞演化而成的朝野争斗，而不是崇尚自由民主的普通民众和支持强人政治的独裁暴君之间的“正邪”对抗。[①] 近期持续发

① 丁工：《中东变局与土耳其崛起的前景》，《外交评论》2013年第6期。

生的社会骚乱和群体性抗议事件，无疑使土耳其曾大力标榜的民主理念与本土传统完美结合、高度融通的引领效应大幅缩水，同时还使土耳其政府在剧变前期极力推广、兜售的发展模式急剧贬值。更关键的是，土耳其社会生态中的断层线已然被彻底切割剖开并形成立场分明、观点迥异的国民意识裂痕，促发朝野党派的分化对立也随之被进一步撕裂。而对现政权一意孤行的不满还可能使政府观点与民间思潮的复杂矛盾再次成为引燃反政府抗议示威浪潮的导火索。

（四）巴以冲突烽火难熄，和谈进展迟滞不前

翻看近年巴以冲突的来龙去脉，祸起双方报复与反报复的恶性循环引发2008年“铸铅行动”与2012年“防务之柱”尚未成为遥远的记忆，2014年夏因3名犹太青年遇害和1名巴勒斯坦男孩惨遭活埋点燃的“护刃行动”，又再度使加沙地区经历长达50多天的炮火洗礼。7月，以色列发起代号为“防务之刃”的军事行动，对盘踞在巴勒斯坦加沙地带的“哈马斯”武装进行猛烈的空中打击，随后又出动大量地面部队直接深入加沙城区，与巴方武装人员进行更为惨烈的街头巷战。巴以由相互仇杀引爆双方激烈对战早已成中东地区的政治常态，但本轮冲突持续时间如此之长、破坏力度之大则打破此前“记录”，令国际社会大为震惊。

第一，从以色列方面来说，以方希望通过此次军事行动力图实现制止哈马斯发射火箭弹给以色列南部带来威胁，大幅度削弱近年来获得提升的哈马斯战斗人员实力，同时借机“敲打”哈马斯以警告法塔赫推动巴内部和解进程的多重目标。自哈马斯控制加沙后，以色列一直采取扶“法”抑“哈”的战术策略，通过将哈马斯圈禁在加沙沿线的狭长地带，以经济重围和军事剿杀的方式让哈马斯在孤立无援中缓慢死亡。2014年4月23日，巴勒斯坦民族解放运动（法塔赫）和巴勒斯坦伊斯兰抵抗运动（哈马斯）达成组建联合政府的共识，以色列与巴勒斯坦方面一直纷争不绝、龃龉不断，以色列拒绝与一个由旨在消灭以色列的“恐怖组织”参与的巴勒斯坦政府进行官方会谈，巴以和谈由此重新深陷停滞僵持的局面。哈马斯与法塔赫的关系总

体走向缓和，巴勒斯坦内部和解使哈马斯的合法性得到确认，这也是以色列所不愿看到的结果。既然战事已开，以色列干脆大打一场，从而乘机实现重击哈马斯、震慑法塔赫“一箭双雕”的目标。

第二，对“哈马斯”来说，哈方急需埃及重开关卡好使救援物质和生活用品运送进加沙地区，打破现有封锁包围就成为哈马斯领导下的加沙地区的当务之急。目前，加沙地带只有两个与外界联络的正规渠道，一个是与埃及接壤的拉法口岸，另一个是与以色列毗邻的埃雷斯关卡。埃及赛西政府封锁拉法口岸、捣毁边境地道之后，加沙地带实际上已经没有任何出口，哈马斯面临被置于死地的危险。而多方权衡可知，要想说服以色列开放关卡显然既无可能，唯一的选择只能是迫使埃及放松对拉法口岸的管制。因此，哈马斯设想通过与以色列开展殊死搏斗引起国际社会关注，进而间接施压埃及重开拉法口岸放松围困。此外，国际社会促和不力也是造成巴以本轮冲突久拖不决的重要原因。此次冲突之际正值一系列重大国际事件接连爆发的当口，美国、埃及主要“调解员”都将注意力投射到伊拉克动乱、利比亚混战等更为棘手的热点问题上，疏忽了巴以局势掀起波澜的严重性。直到以色列发动的“护刃行动”导致越来越多无辜的巴勒斯坦人死伤，造成严重的人道主义危机，才引起国际社会及有关各方的足够重视。①

巴以新一轮冲突致使2013年7月在美国斡旋下启动的新一轮谈判彻底走向失败，预示着巴以已然再次走上以暴制暴、以暴易暴的老路，短期内重新恢复和谈很难再提上议事日程。不过，引发第三次巴勒斯坦大起义或地区性冲突的可能性不大。② 把脉巴以局势走向可知，此次冲突会对巴以问题产生一些不同以往的影响。随着美国、埃及、伊朗等对巴以双方的影响力大幅下滑，巴以问题进一步朝向“双边化”趋势发展。由于哈马斯与穆斯林兄弟会“血脉相连”，埃及、约旦、沙特阿拉伯等国现政府对哈马斯的敌视丝毫不亚于对以色列的厌恶，阿拉伯国家内部在看待哈马斯问题上出现严重的

① 李伟建：《以色列“护刃行动”的台前幕后》，《新民晚报》2014年7月31日。

② 唐志超：《“护刃行动”烘烤“阿拉伯之夏”》，《中国国防报》2014年7月15日。

立场分化。埃及在巴以冲突中早已疲态尽显，不仅政府本身对哈马斯没有好感，国内许多民众也对哈马斯怀有抵触情绪，再加上目前埃及经历内乱冲击国家经济百废待兴，人们不希望政府分出时间和精力继续去趟巴以“浑水”。[①] 美国作为巴以核心协调人尽管继续维系偏袒以色列的一贯立场，但在具体行动和看法主张上出现细微变化。由于美国战略重心东移已成定势，不愿在中东投入更多资源和精力，自然导致巴以问题在其外交事务表单中的地位不断降低。而伊朗、叙利亚巴沙尔政权、黎巴嫩真主党这些哈马斯“血盟”伙伴则分别因忙于应对内忧外患无暇他顾、记恨哈马斯选边时站错队伍及专注于同叙利亚“叛军”作战，而仅是给予哈马斯精神道义上的支持，并无实质性帮助。

二战结束以来，阿以冲突一直都是中东地区矛盾的核心议题，而巴以冲突则是阿以矛盾的缩影。近年，伊朗核问题、中东民主化、叙利亚内战、宗教极端主义冒起等因素的作用，巴以争端逐渐淡出地区舞台的中心。而随着外力影响的持续疲弱，巴以冲突背后阿拉伯和犹太人的民族矛盾意识减弱，正加速向巴勒斯坦与以色列之间的两方矛盾转移，巴以冲突将朝着限定为“双边化”方向迈进。

结　语

自2010年12月开始被西方舆论称为“阿拉伯之春”的西亚北非动乱，并没有给这片已经充满族群教派争斗、政治经济矛盾的地区带来预想的春天，反倒在久拖未决、反复激化的巴以问题之外，又增添了新的动荡名单。综观2014年西亚北非局势，尽管民主政治依然是各方关注的话题，但阿拉伯民主化热潮显现消退迹象，各国民众对民主政治也从最初的热情高涨到如今渐趋平淡，而政治版图重构似乎是处于中东激变前夜的经络主线。

西亚北非是国际关系博弈的焦点，从全球大国博弈的得失看，诸多问题

---

① 丁工：《巴以战火缘何屡屡复燃?》，《社会观察》2014年第9期。

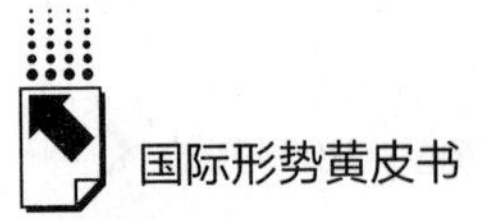

得也在此，失也于斯，甚至影响到世界历史的发展进程。2014 年美国相对调整此前在利比亚、叙利亚问题上隐居幕后的政策，从幕后走向前台承担起领头打击“伊斯兰国”极端组织的重任。虽然随着美国对“伊斯兰国”空袭力度的不断加码已取得一定效果，并获得众多西方及地区盟友的力挺支持，但总体来看，美国当前针对伊拉克局势的政策更多地带有仓促草率应时之举的色彩，最终结果尚未见分晓，未来趋势仍有待观察。综合来看，美国凭借超强的国力继续位居中东各派政治力量和区域集团之首，对中东事务继续保有维持着极强的塑造和干预能力，继续扮演决定地区秩序的霸权国和领导国角色，但其领先优势正在逐步缩小、控制和影响事态的能力渐趋衰退减弱，若干地区盟友已在多个场合和不同环境下有意表露出与其迥异的声音。与此同时，另一个长期经营中东的传统豪强俄罗斯加快重返中东的步伐，不仅巩固叙利亚巴沙尔政权的外围据点，加强与伊朗的交流、沟通，同埃及的骤然亲近扩大了俄在阿拉伯国家中的影响力。

“伊斯兰国”异军突起不仅把宗教极端主义对国际安全的威胁提到新高峰，也促发中东地区尚未解决的历史积怨、现实矛盾、利益关系更趋杂乱交织。一方面，“伊斯兰国”组织肆虐伊拉克和叙利亚，促使这两个动乱国家的局势相互激荡产生连锁共振效应，导致两国本已马赛克式结构的政治版图更加破碎散乱。事实上，“伊斯兰国”显现和“库尔德斯坦国”隐现，伊拉克的统一表象亦随之崩塌，叙利亚未来也将面临统一与分裂的抉择，中东地缘版图和权力地图正在悄然重绘。另一方面，伊叙两国行政版图的变更异动还将牵连伊朗、土耳其、沙特等地区大国的明争暗斗。自 2003 年萨达姆政权终结后，伊拉克便成为伊朗联络叙利亚巴沙尔、黎巴嫩真主党等什叶派盟友，组建“抵抗阵线”链条的居间环节，沙特则一直处心积虑地盘算打掉叙利亚巴沙尔政权和伊拉克代表什叶派势力的中央政权，从而拦腰斩断什叶派勾连呼应的链环。“伊斯兰国”武装与伊拉克政府军的战争尽管直接体现为不同政治理念之间的激烈厮杀，但在背后的搅动势力是伊朗统领的什叶派和沙特挂帅的逊尼派展开的阵营对决和集团对抗。因此，沙特等海湾阿拉伯君主国虽然表态支持由美国挑头的“平叛”联军，但本质上更希望借“伊斯兰国”之手达到既能改变伊拉克由什叶派主导政坛的格局，又能将叙利亚巴沙尔置于凶途险境的“一箭双雕”目的。土耳其则担心伊拉克库尔德自治区地震会在邻近国家引起共鸣共振，进而唤醒土耳其库尔德分离主义思潮，使土耳其面临国家分裂的不能承受之重。总而言之，“伊斯兰国”促成地区政治氛围和地缘环境的急剧改变，将伊叙两国的交界地带变成群雄逐鹿的战场，但最终结局尚难断定。

参考文献：

高祖贵：《中东大变局与海湾合作委员会的崛起》，《外交评论》2012 年第 2 期。

马丽蓉：《巴以和解政策困境中的耶路撒冷问题》，《阿拉伯世界研究》2013 年第 4 期。

孙德刚：《从叙利亚危机看中东权力新格局》，《中国社会科学报》2012 年 8 月 15 日第 B02 版。

李绍先：《当前中东局势的几个趋势性特点》，《现代国际关系》2013 年第 12 期。

丁工：《中东变局与土耳其崛起的前景》，《外交评论》2013 年第 6 期。

丁工：《西亚北非：持续动荡的地区局势及格局变化》，《全球政治与安全报告（2014）》，社会科学文献出版社，2013。

Y.16

从安全与治理角度看西非埃博拉疫情

李东燕*

摘　要：2014年埃博拉病毒在一些西非国家爆发，这是迄今为止该病毒爆发最严重的一次，给所在国家和地区的经济、政治、社会及安全等方面都带来很大影响，也引起国际社会的高度警觉和重视。埃博拉病毒的蔓延也对疫情国家正常的国际活动，包括与邻国之间的关系造成影响。联合国安理会通过决议，认定埃博拉疫情对国际和平与安全构成威胁。此次埃博拉病毒的爆发再次提醒人们关注流行性、传染性疾病的防控与治理，加强国内和全球公共卫生安全体系的建设。世界卫生组织、联合国等国际组织、区域组织在应对埃博拉疫情的行动中发挥了重要作用，凸显了提升全球公共卫生安全合作机制的必要性和重要性。国际社会抗击埃博拉的合作也为中国应对公共卫生危机和参与这一领域的全球治理提供了经验和启示。

关键词：西非埃博拉　公共卫生安全　安理会　国际安全　国际组织

* 李东燕，中国社会科学院世界经济与政治研究所研究员，主要从事联合国及全球安全问题研究。

一　西非爆发迄今最严重的埃博拉疫情

自20世纪70年代以来，埃博拉病毒的爆发已经有过多次（参见表1）。例如1976年苏丹南部埃博拉病毒的爆发导致150多人死亡，刚果（金）1976年埃博拉病毒爆发导致280人死亡，1995年该国再次爆发埃博拉病毒，导致240多人死亡。2000年，乌干达爆发埃博拉病毒，导致224人死亡。由于埃博拉感染后死亡率高达60%～70%，而且尚无有效预防该病毒的疫苗，这使埃博拉病毒成为“世界上最凶猛的疾病之一”。①

表1　埃博拉病毒既往疫情

年份	国家	病例数	死亡(例)	病死率(%)
2012	刚果民主共和国	57	29	51
2012	乌干达	7	4	57
2012	乌干达	24	17	71
2011	乌干达	1	1	100
2008	刚果民主共和国	32	14	44
2007	乌干达	149	37	25
2007	刚果民主共和国	264	187	71
2005	刚果	12	10	83
2004	苏丹	17	7	41
2003(11月～12月)	刚果	35	29	83
2003(1月～4月)	刚果	143	128	90
2001～2002	刚果	59	44	75
2001～2002	加蓬	65	53	82
2000	乌干达	425	224	53
1996	南非(前加蓬)	1	1	100
1996(7月～12月)	加蓬	60	45	75
1996(1月～4月)	加蓬	31	21	68
1995	刚果民主共和国	315	254	81
1994	科特迪瓦	1	0	0
1994	加蓬	52	31	60

① 世界卫生组织网，http：//www.who.int/csr/disease/ebola/zh/。

续表

年份	国家	病例数	死亡(例)	病死率(%)
1979	苏丹	34	22	65
1977	刚果民主共和国	1	1	100
1976	苏丹	284	151	53
1976	刚果民主共和国	318	280	88

资料来源：世界卫生组织，http：//www. who. int/mediacentre/factsheets/fs103/zh/。

自2013年底开始，西非的几内亚、利比里亚、塞拉利昂等国家先后爆发埃博拉病毒，并呈迅速蔓延之势。由于前期重视不足，措施不够有力，进入2014年6月后，埃博拉病毒在整个西非地区的传播加速，尼日利亚、刚果（金）也有病例发生。世界卫生组织于7月宣布埃博拉紧急状况，但疫情仍然继续蔓延。8月8日，世界卫生组织在其发表的声明中将西非国家爆发的埃博拉疫情定性为“国际公共卫生突发事件”。世界卫生组织还成立了“紧急情况委员会”，该委员会向发生疫情的西非国家提出了采取防控措施的相关建议，也向利比里亚、塞拉利昂和几内亚等主要疫情国家发出呼吁和提醒，强调要将遏制埃博拉病毒的扩散作为当务之急，采取果断措施，加强协调行动，以切断病毒的扩散途径。在建议的相关措施中，包括控制该地区人员的旅行，必要时政府可动用警察和军队。

随着埃博拉病毒的蔓延，死亡人数不断上升，一些疫情国家宣布进入紧急状态，采取了戒严及关闭边境等措施。根据世界卫生组织统计，截至2014年8月31日（参见表2），几内亚、利比里亚及塞拉利昂报告发生3685例病例，死亡人数达到1841。世界卫生组织称，这是自埃博拉病毒被发现以来最严重的一次爆发，其感染人数和死亡人数都是最多的一次。

表2　截至2014年8月31日西非埃博拉病毒疫情

国家	病例定义	总数(例)	总死亡数(例)	病死率(%)
几内亚	确诊	579	343	59
	可能	150	149	99
	疑似	42	2	5
	总数	771	494	64
利比里亚	确诊	403	271	67

续表

国家	病例定义	总数(例)	总死亡数(例)	病死率(%)
	可能	815	373	46
	疑似	480	227	47
	总数	1698	871	51
塞拉利昂	确诊	1107	430	39
	可能	37	34	92
	疑似	72	12	17
	总数	1216	476	39
总数	总数	3685	1841	50

资料来源：世界卫生组织，http：//www. who. int/csr/don/2014_ 09_ 04_ ebola/zh/。

进入9月以后，受病毒影响人数和死亡人数又有了进一步上升。根据世卫组织9月16日通报的疫情情况，埃博拉病毒蔓延迅速，面临风险的人口可能将近2200万。在利比里亚、塞拉利昂、塞内加尔、几内亚、尼日利亚、刚果（金）几个国家，病毒感染者已达5000例，死亡数达到2500。[①] 到9月底，世界卫生组织的最新统计显示，埃博拉病毒已造成3338人死亡，受感染人数上升至7178人。[②]

2014年9月安理会举行会议时，联合国秘书长潘基文在谈到病毒蔓延时特意强调，这次疫情规模是前所未有的，病例数量增长极快，每三周就增长一倍，仅在疫情严重的利比里亚一个国家，其病例就将超过埃博拉病毒以往40年的总和。[③] 一些国外专家也预测，埃博拉病毒还存在继续扩散的可能，而且可能向美国、欧洲等西方发达国家蔓延。对国内医疗保健体系和公共卫生防控体系完备的发达国家来说，在本国范围内控制该病毒扩散并不

① 《联合国及合作伙伴呼吁调拨十亿美元抗击西非埃博拉疫情》，联合国网，2014年9月16日，http：//www. un. org/chinese/News。

② 《联合国：控制埃博拉疫情——速度是关键》，联合国网，http：//www. un. org/chinese/News/。

③ 《安理会通过决议　呼吁会员国向受埃博拉疫情严重影响国家继续提供紧急援助》，联合国网，http：//www. un. org/chinese/News/story. asp？NewsID =22557，2014年9月18日。

难，发达国家最担心的是埃博拉病毒传播迅速，超出人们的控制能力。[①]

根据世界卫生组织统计，截至 10 月 22 日，发现的埃博拉病例已达到 9936 例，其中 4877 人死亡。到 10 月底，一些疫情国家的病毒传播已经得到控制，表明抗击埃博拉的成效和该病毒的可控性，但国际社会仍然不可掉以轻心。随着西班牙和美国出现的输入性病例，世界卫生组织针对埃博拉病毒又通过一些新的建议，如对疫情严重国家的离境人员进行筛查、对其他国家进行入境筛查等。[②] 世界卫生组织及相关医学研究报告预测，埃博拉病毒的蔓延之势将继续，在疫情得到控制之前，估计被感染人数可能达到 2 万。[③]

二　埃博拉病毒爆发造成的诸多影响

在 2014 年 9 月最新举行的联合国第 69 届大会上，联合国秘书长潘基文强调，埃博拉已不仅仅是一场与健康相关的危机，它还将带来严重的人道主义、经济和社会影响，后果将超越受疫情影响的国家。世界卫生组织总干事陈冯富珍在联合国安理会上甚至称此次埃博拉疫情为“联合国及其机构有史以来在和平时期面临的最大挑战”，她说，“这不仅仅是一次疫情。不仅仅是一次公共卫生危机。这属于一次社会危机、一次人道主义危机、一次经济危机以及一次远远超过疫情发生地对国家安全带来的威胁”。[④] 可见国际组织对此次病毒疫情的影响给予了高度重视，将其视为对经济、政治、社会和安全的严重威胁，安理会决议则认定此次埃博拉病毒疫情构成对国际和平与安全的威胁。[⑤]

---

① 华尔街见闻，2014 年 9 月 16 日，http：//www. bwchinese. com/article/1061632. html。

② 《世卫组织为应对埃博拉提出新建议》，联合国网，http：//www. un. org/chinese/News/story. asp？NewsID = 22810。

③ 《世卫组织估计西非埃博拉病毒可能会传染 2 万人》，联合国网，http：//www. un. org/chinese/News/story. asp？NewsID = 22446。

④ 《世卫组织总干事就埃博拉问题在联合国安理会上的发言》，联合国网，2014 年 9 月 18 日，http：//www. who. int/mediacentre/news/ebola/archive/zh/。

⑤ 联合国安理会决议 S/RES/2177（2014），联合国网，http：//www. un. org/zh/sc/documents/resolutions/。

（一）埃博拉疫情冲击国家经济、政治稳定，加剧社会紧张与不信任

如果埃博拉病毒在发达国家爆发，可能并不可怕，而且也容易得到控制。但该病毒发生在非洲，疫情最严重的利比里亚、几内亚、塞拉利昂等一些西非国家仍然属于世界最不发达国家，而且也是长期饱受战乱之苦、刚刚享受和平生活的国家。这些国家经济落后，医疗卫生体系脆弱，缺乏对埃博拉这类凶猛病毒的控制能力，医院、医护人员及相关设备严重不足。因此，埃博拉的爆发使这些国家雪上加霜，其国内经济、政治、社会与安全都受到不同程度的冲击。

在疫情严重的国家，既存在由于患者得不到及时医治、疫情蔓延之势不能有效控制引起的恐慌，也存在由于对政府采取的防控措施不理解、不信任造成的社会紧张与动荡。疫情最严重的几个国家都采取了相关防控措施，如宣布进入国家紧急状态、设立隔离区、封闭道路、禁止疫情人员流动、关闭店铺等。在一些国家，这类措施没有得到当地人的充分理解，引起患者与医护人员、患者与非患者以及民众与政府之间关系的紧张甚至冲突。例如，在疫情严重的利比里亚，当隔离地区的人试图离开隔离区时与军警发生冲突，导致开枪事件和人员受伤，并发生了民众冲击埃博拉治疗中心、放走患者的事件。政府在居民区建立隔离区的做法引起当地人的不满，村民还认为是国际组织人员带来了病毒，一些在村民中开展宣传工作的政府官员、社区干部、记者遭到村民的袭击，冲击政府卫生部门和联合国驻地的事件也有发生。在几内亚，正在开展控制疫情工作的人员被认为是病毒的传播者而遭到石头、棍棒的攻击。一些学者和政治家则对政府的防控政策提出了质疑，认为政府夸大了埃博拉病毒疫情，是为了获取更多的国际援助。除了资源匮乏外，地方民众、政府官员及各类工作人员在采取何种措施控制病毒问题上存在分歧和不信任，导致疫情国家国内社会关系紧张，成为控制病毒蔓延的“另一种危险障碍”。①

---

① By Rukmini Callimachi, “Fear of Ebola Drives Mob to Kill Officials in Guinea,” http://topics.nytimes.com/top/, September 19, 2014, Friday.

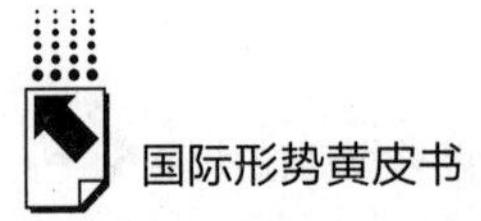

因此，应对埃博拉也是对执政党决策能力、应急能力、外交能力的考验。在9月8日安理会召开会议讨论埃博拉影响时，联合国秘书长利比里亚特别代表、联合国利比里亚特别协调员在向安理会通报埃博拉情况时说，埃博拉的迅速扩散对利比里亚的经济、政治和安全各方面构成的冲突是深刻的。世界卫生组织相关负责人也强调说，此次埃博拉疫情爆发引发的公共卫生方面的危机是史无前例的，需要国际社会采取非同寻常的应对措施，才能有效解决受疫情冲击国家出现的健康危机以及“涉及更广泛层面的社会、经济以及政治威胁”。①

埃博拉病毒在西非国家的蔓延对疫情国家国内经济造成的损失是显而易见的，尤其是旅游、矿业、交通等行业。塞拉利昂财政部部长在接受记者采访时说，由于埃博拉的爆发，该国经济增长11.5%的目标“无法实现”，预计2014年的增长为7%，财政收入也将大幅度下降。该国在结束国内战争之后，近些年来的采矿业和旅游业迅速发展，但埃博拉的爆发使这两个在塞拉利昂经济中占很大比重的行业遭受严重冲击。随着埃博拉的蔓延，出现矿工减少、航班暂停、游客减少等情况。② 9月进入该国的游客人数已减少了3万多。在利比里亚方面，由于矿业公司停止运营、投资减缓，该国经济增长预计将为4%，比原定目标降低5.9个百分点。由于埃博拉病毒增加了政治不确定性和电力方面的限制，几内亚的经济增长预计会从4.5%下滑至2.5%。③ 世界银行认为，如果到下一年疫情还不能得到控制，埃博拉对几内亚、利比里亚和塞拉利昂等国将带来数十亿美元的损失，对这些国家的经济“可能是一次灾难性的打击”。④

---

① 《联合国及合作伙伴呼吁调拨十亿美元抗击西非埃博拉疫情》，联合国网，2014年9月16日，http://www.un.org/chinese/News/story.asp?NewsID=22539。

② “Economic growth forecasts cut for Ebola-hit West African nations,” http://finance.yahoo.com/news/, September 10, 2014.

③ “Economic growth forecasts cut for Ebola-hit West African nations,” http://finance.yahoo.com/news/, September 10, 2014.

④ 《世卫组织总干事就埃博拉问题在联合国安理会上的发言》，联合国网，2014年9月18日，http://www.who.int/mediacentre/news/ebola/archive/zh/。

此外，疫情国家还面临国内物品缺乏、价格上涨、粮食安全危机的局面。几内亚、利比里亚和塞拉利昂等疫情国是粮食进口国家，埃博拉爆发后由于边境口岸及空运受到限制，以及隔离措施的实施，这些国家的粮食运输和销售受到影响，进口减少，粮食供应紧张。加上一些商人囤积居奇、抬高物价，粮食价格大幅上涨。世界卫生组织还发出警告，由于埃博拉病毒威胁到大量农村人口，导致土地无人耕种，更加剧了饥荒问题，在一些地方“饥饿问题比病毒更令人关切”。[①]

（二）埃博拉病毒蔓延对国际关系和国际安全的影响

在当今人口流动、迁徙全球化的时代，埃博拉病毒的威胁和解决显然都不可能只是疫情国家的问题，而是区域性和全球性的问题。疫情国家人口区域范围和全球范围的流动，以及疫情国家外籍人口的国际流动，都使埃博拉病毒的防控工作复杂化、全球化。没有区域和全球层面的协调与合作，将无法有效控制病毒的蔓延。在疫情国家，受影响的并不只是该国公民，还有在那里的外籍人员。例如在利比里亚，那里除了有来自世界各地的游人、商人、工程人员、外籍教师等，还有各国外交官员及联合国驻利比里亚的维和人员。在利比里亚、几内亚、塞拉利昂等埃博拉疫情重灾区，也都有中国企业人员、医疗队人员、商人及其他华人华侨的存在。这些国际流动人员的健康状况和流动状况与病毒防控工作息息相关，也使抗击埃博拉的行动注定是一场国际性、全球性的行动。此外，疫情国家的正常国际活动，包括与邻国关系都受到一定程度的影响。

1. 疫情国家与邻国关系及其他正常的国际活动受到限制

虽然世界卫生组织和联合国方面不建议关闭边界和禁止出入疫情国家的旅行，但当埃博拉病毒呈蔓延之势后，疫情国家的邻国还是纷纷采取措施，限制与疫情国家的交往，包括限制人员和货物的流动。在 2014 年 3 月，塞

---

① 《世卫组织总干事就埃博拉问题在联合国安理会上的发言》，联合国网，2014 年 9 月 18 日，http：//www. who. int/mediacentre/news/ebola/archive/zh/。

内加尔政府为防止埃博拉蔓延决定关闭通往邻国几内亚的边界，同时还关闭了平日几内亚、几内亚比绍人喜欢光顾的集市。在一度开放后，塞内加尔政府于8月重新关闭了边境，该国内政部公告说，“鉴于埃博拉疫情已经发展成为一个全球性的公共安全问题，塞内加尔决定再次关闭与邻国几内亚连接的陆路边境”。塞内加尔方面还决定禁止几内亚、塞拉利昂和利比里亚的飞机、船只进入其境内，并责成其安全部队等相关部门严防埃博拉病毒的进入。① 在8月关闭边界的还有几内亚比绍，该国总理说，采取关闭与邻国几内亚边界的措施，是为了防止正在蔓延的埃博拉病毒传入几内亚比绍国境内，因为每天都会有上千人出入该国与几内亚边界。②

其他一些非洲国家也采了类似的限制措施，包括关闭边境，禁止游客进入，暂停航班飞往几内亚、利比里亚及塞拉利昂等疫情重要国家。喀麦隆对其邻国尼日利亚采取了海陆空全面封锁，乍得也宣布关闭与尼日利亚的边界。乍得总理解释说，虽然采取这样的措施将会对本地区经济带来冲击，但对公共卫生需要来说，“这种措施是势在必行的”。南非宣布禁止所有来自几内亚、利比里亚和塞拉利昂的旅客进入其境内。为了防止埃博拉进入本国，博茨瓦纳宣布禁止任何人从刚果（金）进入境内，导致100多辆来自刚果（金）的铜矿运输车被滞留在博茨瓦纳邻国赞比亚。疫情国家纷纷要求国际社会取消对其在旅行和贸易方面的限制，非盟、世界卫生组织和联合国也呼吁国际社会解除针对埃博拉疫情国家的相关限制。联合国安理会决议认为，这类限制会妨碍国际社会对疫情国家的援助，使疫情国家更为孤立，并加剧粮食短缺问题。③

虽然世界卫生组织和联合国方面都强调不建议对病毒发生国家实行旅游、贸易方面的禁令，但在严控疫情扩散和保持疫情国家对外旅行自由方面

① 《埃博拉疫情严峻　塞内加尔再次关闭与几内亚边境》，新华网，2014年8月22日，http：//www.xhqhh.com/show.aspx？f_ zxid＝78876。

② 《几内亚比绍因埃博拉疫情宣布关闭与几内亚边界》，新华网，2014年8月13日，http：//world.huanqiu.com/article/2014－08/5103947。

③ 联合国安理会决议S/RES/2177（2014），联合国网，http：//www.un.org/zh/sc/documents/resolutions/。

仍然很难平衡。埃博拉病毒爆发无疑使疫情国正常的国际交往活动受到影响。例如，由于疫情的发生，塞内加尔无法参加既定在法国举办的大型贸易展会，该国足协也暂停参加所有国际赛事和在其境内举行的比赛。万国邮政联盟取消了原定10月在科特迪瓦举行的国际会议，原因是该国周边国家发生了埃博拉疫情，报名参会的人数也不够理想。

2. 各国纷纷开展“埃博拉外交”，国际组织进行工作重点调整

随着埃博拉疫情的蔓延，疫情所在国家领导人及政府部门负责人纷纷在联合国等国际组织或国际媒体上发表讲话，接受各类采访，强调病毒爆发对疫情国家造成的损失，呼吁国际社会提供更多的援助。8月29日，利比里亚、塞拉利昂和几内亚总统给联合国秘书长写信，呼吁对埃博拉疫情开展国际协调，采取全面应对措施，并对受影响国家提供国际援助。受影响国家也通过区域组织、联合国等舞台呼吁解除限制，扩大援助力度。

在抗击埃博拉的国际行动中，各国政府纷纷展示自己的“埃博拉外交”特色，表达与相关疫情国家的关系。中国从一开始就积极支持和参与非洲国家抗击埃博拉的斗争，包括向疫情国家派出中国医务人员，提供相关的物资援助，体现了中国与非洲国家坚固、友好的国家关系。虽然美国一开始已向疫情国家拨款用于抗击埃博拉，并派出大约100名医务人员，但一些非洲国家认为美国做得还很不够。作为与利比里亚有特殊关系的美国，在接到该国政府请求后，决定向西非派遣3000名军事人员，重点对利比里亚提供援助，包括建立埃博拉治疗中心和提供相关培训。古巴政府为响应联合国和世界卫生组织的号召，决定向塞拉利昂派遣165名医务人员，为塞拉利昂提供6个月的医疗援助，而且这些医务人员都曾有过在非洲工作的经历。古巴的决定也受到联合国和世界组织组织方面的赞赏。欧盟国家举行过多次关于埃博拉疫情的紧急会议，陆续向疫情国家提供了大量援助，包括“欧洲移动实验室”和向非盟抗击埃博拉工作组提供500万欧元资助。日本政府从疫情国家撤离了其工作人员，但提出向世界卫生组织提供150万美元的援助，用于抗击埃博拉病毒的行动。

非洲埃博拉的爆发也使相关区域组织和国际组织的工作重点与日程安排

发生变化。抗击埃博拉病毒显然已经成为世界卫生组织、联合国、非盟及西非国家经济共同体等国际组织这一时期的工作重点之一，埃博拉问题也成为2014 年 9 月举行的最新一届联合国大会的一项议题。安理会、联合国系统其他组织及联合国秘书长都对埃博拉问题给予了特别关注。安理会在 9 月 15 日就利比里亚局势问题通过第 2176 号决议，对埃博拉疫情在西非国家，特别是利比里亚、几内亚和塞拉利昂爆发表示特别关切，敦促国际社会采取迅速而有效的预防措施，控制疫情的蔓延。决议还将原本 9 月 30 日到期的联合国利比里亚特派团任期延长 3 个月。秘书长认为，这样可以根据埃博拉疫情情况，以决定是否将特派团继续延期到 2015 年。[①] 联合国负责维和事务的副秘书长对利比里亚进行了访问，以便了解联合国维和行动如何进一步为利比里亚应对埃博拉提供更好的支持。

3. 安理会决议确认非洲埃博拉病毒对国际和平与安全构成威胁

世界卫生组织和联合国将埃博拉定义为“国际公共卫生突发事件”，是复杂的“紧急情况”，具有社会、经济、政治、人道和安全方面的影响。因此，作为一项安全议题，2014 年 9 月 18 日，安理会就西非埃博拉疫情问题举行了公开辩论会。在此之前，安理会曾就公共安全问题举行过两次会议，其内容都是关于艾滋病与安全问题。安理会此次就埃博拉疫情再次举行公共安全方面的商讨会，表明联合国会员国对这一问题的高度重视，也再次反映出非传统安全与传统安全之间的联系及安理会职能上的变化。

安理会于 2014 年 9 月 18 日就非洲埃博拉疫情问题通过第 2177 号决议，该决议强调作为公共安全危机的埃博拉疫情将造成广泛的影响，像在利比里亚、塞拉利昂等疫情严重国家，在和平与发展领域已经取得的成果会因埃博拉病毒而发生逆转，疫情也会对这些国家的国内稳定造成影响，如不尽快控制病毒的蔓延，则可能导致更多、更严重的内乱事件，加剧社会及政治关系

---

① 联合国安理会决议 S/RES/2176（2014），联合国网，http：//www. un. org/zh/sc/documents/resolutions/。

的紧张，使安全环境进一步恶化。因此，决议认定“非洲埃博拉疫情的空前程度对国际和平与安全构成威胁”。①

三 从埃博拉疫情看全球公共卫生安全领域的合作与治理

2014 年西非爆发的埃博拉疫情再次说明流行性疾病的扩散与防控是国际性、全球性问题，需要疫情发生国、所在地区和国际社会的广泛协调与合作。由于病毒扩散与人员流动密切相关，又牵扯到疫情以外国家人员的流动问题，因此，埃博拉这类病毒的防控工作无疑需要疫情国家和国际社会不同层面、不同行为体之间的密切协调与合作。

（一）多行为体的介入为全球公共卫生安全合作提供了经验与启示

当埃博拉病毒在西非国家爆发并呈现蔓延之势后，鉴于疫情国家自身经济落后、缺医少药、防控能力薄弱的情况，许多国家和国际组织，包括国际非政府组织都介入了疫情的治疗与防控工作。参与行动的国际组织除了世界卫生组织和联合国系统其他相关机构外，还有非盟和西非经济共同体等区域和次区域组织。此外，无国界医生组织、红十字会与红新月会联合会等国际非政府组织也参与其中。这使疫情国家抗击埃博拉的工作要面临与不同国际行为体的协调与合作，包括与联合国、世界卫生组织及其伙伴的合作。而国际机构及援助国也要面临与疫情国家政府、公共部门、私人部门及民间社会组织等国内不同行为体的合作与协调问题。

2014 年 9 月 16 日，联合国负责人道主义事务的副秘书长、联合国系统埃博拉病毒问题高级协调员，以及世界卫生组织负责应急和国家合作问题的相关人员在日内瓦宣布，联合国和世界卫生组织将与各人道主义合作伙伴共

① 联合国安理会决议 S/RES/2177（2014），联合国网，http://www.un.org/zh/sc/documents/resolutions/。

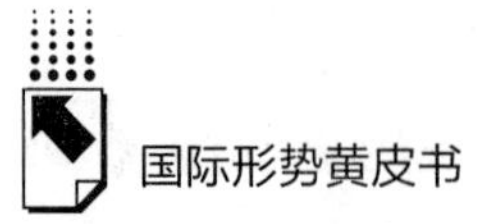

同建立“全球埃博拉响应联盟”（Global Ebola Response Coalition），以共同应对西非埃博拉疫情，并号召国际社会提供至少10亿美元的善款援助。该联盟包括疫情国家和最受疫情影响国家的政府官员、民间社会和非政府组织、私营部门、区域组织、国际金融机构及联合国会员国。联合国负责人道主义事务的副秘书长表示，该联盟将全力支持有关国家政府、联合国机构、非政府组织和其他合作伙伴开展的抗击埃博拉救援行动。[①] 联合国会员国也纷纷响应疫情所在国家和世界卫生组织、联合国方面的呼吁，向疫情国家伸出援助之手。这里包括美国、欧盟、日本、加拿大等发达国家，也包括中国、古巴、南非等发展中国家。

在抗击埃博拉的国际行动中，形成了多种形式的多边合作。例如在利比里亚和塞拉利昂，世界卫生组织与无国界医生组织、美国疾病控制和预防中心等其他机构进行合作，试图对埃博拉疫情的感染和死亡情况进行准确的统计和评估。此外，联合国驻利比里亚特派团也参与了抗击埃博拉的宣传工作，还有欧盟与非盟抗击埃博拉工作小组的合作。世界粮食计划署为保障疫情国家的粮食安全，通过海运和联合国人道主义空中走廊，为疫情严重国家运送粮食，并挨家挨户将粮食分发下去。对疫情所在国家政府来说，需要合作的方面还有与邻国边界的多边或双边控制与管理，以及援助物资的分配、利用等。

这种复杂环境下的协调与合作对疫情国家和国际机构都是极大的挑战，也为进一步完善全球公共卫生安全应对机制，为执行《国际卫生条例（2005）》及推动世界卫生组织关于构筑21世纪“全球公共卫生安全”提供了新的经验和启示。

（二）联合国与世界卫生组织在全球公共卫生安全领域的作用

从此次抗击埃博拉行动看，世界卫生组织和联合国在这一领域发挥了重

① 《联合国及合作伙伴呼吁调拨十亿美元抗击西非埃博拉疫情》，联合国网，http://www.un.org/chinese/News/story.asp？NewsID=22539。

要作用。联合国安理会通过的第 2177 号决议也确认世界卫生组织在这一领域的“核心作用”。

自埃博拉病毒爆发以来，世界卫生组织采取了一系列举措，这些措施体现了该组织在抗击病毒蔓延方面发挥的重要作用。在病毒呈蔓延趋势后，世界卫生组织发出了“国际公共卫生紧急情况”公告，制定了控制病毒扩散的“路线图”，提出了包括指导和协调应对埃博拉疫情的国际行动，防止疫情进一步蔓延，以及争取在 6～9 个月内在全球范围消除埃博拉病毒传播的“三大目标”。此外，该组织定期发布疫情公告，与当地政府和联合国系统其他机构建立起伙伴关系，组织研究、咨询和指导防控工作。世界卫生组织还向疫情国派遣了流行病专家组，帮助疫情国家应对病毒的蔓延。

联合国秘书长、大会、经社理事会、安理会及各专门机构、相关机构也都积极行动起来，参与抗击埃博拉病毒的行动。联合国秘书长任命了联合国系统埃博拉病毒疾病高级协调员，并设立了“埃博拉危机控制中心”，负责协调联合国系统和其他方面的疫情防控行动。安理会就埃博拉疫情举行了专门讨论会，并通过了相关决议；联大也举行了高级别会议，研究如何有效地为埃博拉疫情国家提供所需要的援助。

在呼吁采取共同行动和筹集捐款方面，世界卫生组织和联合国也发挥了重要作用。联合国和世界卫生组织不失时机地多次发出呼吁，号召会员国向西非疫情国家提供各种援助。9 月 12 日，世界卫生组织总干事陈冯富珍在日内瓦呼吁国际社会向西非国家提供更多医护人员，协助防控疫情蔓延。在安理会举行会议时，秘书长潘基文一再强调需要扩大援助，要将现有的援助力度提升 20 倍，他呼吁国际社会响应联合国关于为应对埃博拉疫情提供 10 亿美元援助的号召。9 月 19 日，联大就埃博拉问题举行全体会议，呼吁国际社会进一步采取积极、果断行动应对埃博拉，这已是联合国大会这一年来第三次举行关于埃博拉病毒问题的会议。

为协调联合国系统抗击埃博拉病毒行动，以及更好地为疫情国家提供援助，联合国组建了“联合国埃博拉应急特派团”，这也是联合国就公共卫生安全问题组建特派团的尝试。特派团将被部署到当地，其任务是阻止疫情爆发、帮助治疗受感染者、提供相关服务、维护稳定及防控病毒进一步扩散。从安理会关于埃博拉疫情讨论会，到通过相关决议和组建应急特派团，体现了联合国在应对埃博拉这类全球公共卫生安全危机方面的重要作用，这也是广大会员国对联合国在这一领域作用的支持和期待。有评论说，埃博拉病毒的爆发对联合国提出了巨大的挑战和考验，但也为联合国在抗击疫情中发挥领导作用提供了机遇。①

（三）西非埃博拉对中国应对公共卫生安全的启示

此次西非埃博拉凸显了全球公共卫生安全面临的挑战，为各国政府和国际组织应对这类事件提供了有价值的经验与启示。总结此次埃博拉疫情的影响和应对国际公共卫生安全危机的实践，对国际社会进一步探讨全球化时代流行性疾病的防控，以及从国内和国际不同层面加强公共卫生安全应对机制，都会起到促进作用。对中国来说，尤其如此。

第一，从国内角度看，如何应对本国可能发生的公共卫生安全突发事件，如何加强和完善本国的公共卫生安全保障与监测机制，对中国这样一个人口众多、居住密集、流动性大的国家来说是更为重要的问题。从国际角度看，当疫情爆发时，如何有效地、负责任地保护本国公民的健康安全和防止疫情的进一步扩散，也是对中国国际公共卫生危机决策和应对的一种挑战。埃博拉病毒的爆发提醒中国和广大发展中国家，在发展经济的同时，国内基本的公共卫生安全体系不能滞后，一旦流行性病毒的爆发不能得到有效控制，和平与发展所取得的成果会遭受重大损失。

第二，中国在海外有大量游客、学生、中企人员和其他流动人口，作为疫情国或非疫情国，如何开展“公共卫生外交”，如何处理疫情期间与相关国家之间的人员流动，如何保持与国际层面的协调、沟通与合作，如何看待

---

① By Somini Sengupta, "Ebola Presents Challenge, and an Opportunity, for U. N. Leader," *The New York Times*, September 19, 2014, Friday, http: //topics. nytimes. com/top/.

国际组织和其他国际行为体的“公共卫生介入”及其影响等，这都需要从国内和国际层面做好“公共卫生外交”的各项准备，包括相关机构和相关法律、法规的建立。非洲疫情国家所面临的国内和国际方面的复杂关系，以及欧洲、美国、日本等发达国家、地区在应对此次埃博拉疫情方面的措施都值得中国借鉴。中国还应该特别关注联合国、世界卫生组织和其他国际政府或非政府组织在此次埃博拉疫情中的表现，探讨如何与这些多边国际组织在公共卫生安全领域进行合作。

第三，加强中国在全球公共卫生安全治理领域的参与。在此次埃博拉病毒爆发之初，中国派驻当地的医疗队坚守疫情国家，参与了对患者的治疗和救助工作。中国政府在第一时间向几内亚、利比里亚、塞拉利昂等疫情国家提供了防控疫情的物资和人道主义援助，并向三国派出了公共卫生专家小组，这是中国首次以公共卫生专家小组的形式提供对外援助。9 月 12 日，为响应联合国、世界卫生组织和疫区国家的紧急呼吁，中国政府决定向疫情国家和国际组织提供新一轮总价值为 2 亿元的紧急人道主义援助，包括现汇、粮食和物资。同时，中国还向世界卫生组织和非盟各捐助 200 万元的援助。此外，中国政府还向塞拉利昂派出由 59 人组成的“移动实验室检测队”，帮助塞拉利昂开展埃博拉检测工作。除了向疫情国家提供紧急人道主义援助物资、捐款外，中国还强调把抗击埃博拉援助与帮助非洲国家提高疫情防控和应急能力结合起来。中国政府也表示，愿意在人力资源等方面支持“全球卫生安全议程”，分享疫情防控经验和技术。①

这些方面都体现了中国参与国际公共卫生合作的新思路、新尝试。中国应该将这一领域的参与同中国在和平、发展领域的参与结合起来，将维护中国人的健康安全利益与履行中国国际责任结合起来。参与抗击西非埃博拉疫情行动无疑是对中国今后进一步参与全球公共卫生安全治理的巨大推动。

---

① 《国家卫计委主任李斌：中国愿帮非洲提高疫情防控能力》，新华网华盛顿 9 月 26 日电，新华网，http：//news. xinhuanet. com/tech/2014 - 09/27/。

结　语

从国内微观层面看，抗击埃博拉的行动涉及国内社会的方方面面，包括家庭成员关系、邻里关系、患者与非患者关系、医患关系，也涉及国内民众与政府关系，以及国内不同行为体与国际行为体的关系。从国际层面看，面对埃博拉病毒蔓延造成的威胁，疫情国家和国际社会如何开展有效的合作，如何完善国内和国际公共卫生应急机制，这不仅关系到疫情国家人民的生死安危，也关系到可能因埃博拉蔓延而面临威胁的所有国家人民的安全。此次抗击埃博拉病毒的国际行动将为此类国际公共卫生安全问题的应对和治理提供有价值的经验和启示。联合国、世界卫生组织、区域和次区域组织都会从此次埃博拉事件中总结经验，进一步提高国际公共卫生安全机制，加强全球公共卫生安全的治理。

参考文献

新华网，http：//news. xinhuanet. com。

中国网，http：//www. china. com. cn。

环球网，www. huanqiu. com/。

联合国网，http：//www. un. org/。

世界卫生组织网，http：//www. who. int/mediacentre/news/。

安全理事会 S/RES/1308（2000），http：//www. un. org/zh/sc/documents/resolutions/。

安理会决议 S/RES/2176（2014），http：//www. un. org/zh/sc/documents/resolutions/。

安理会决议 S/RES/2177（2014），http：//www. un. org/zh/sc/documents/resolutions/。

WHO Ebola Response Team Ebola, "Virus Disease in West Africa—The First 9 Months of the Epidemic and Forward Projections," September 23, 2014, http：//www. nejm. org/doi/full/.

Y.17

全球独立公投：热点与展望

李骁 薛力*

摘 要：东欧剧变以来，全球有36个国家进行了41场独立公投，涉及大、中、小国家，其中25个在欧洲，18个获得独立并得到了国际社会的广泛承认。公投是一个地区获得独立正当性的重要形式，但不是唯一形式。美国与欧盟的支持，是通过公投所建立的国家获得其他大多数国家承认的必要条件。过去一年，独立公投又成为国际政治新热点。2014年3月克里米亚公投与9月的苏格兰公投影响最大。前者使得克里米亚实现了“脱乌入俄”，引发了大国势力在乌克兰问题上的角逐，并刺激了一些民族与地区的独立倾向与公投欲望。后者虽没有使苏格兰获得独立，但在和平、理性、透明地处理独立/分离问题上，给全球提供了某些借鉴经验。全球有许多国家存在独立/分离运动，欧洲是重点地区，尤其是在原苏联地区。未来几年，全球独立公投发生的频次有可能上升，而遭受分离主义势力威胁的国家将面临维护国家统一的更大压力。

关键词：公投 独立 克里米亚 苏格兰

* 李骁，中国社会科学院研究生院研究生，研究方向为国际战略、海洋安全。薛力，中国社会科学院世界经济与政治研究所副研究员，主要研究领域为中国对外战略、中国外交、能源政治、海洋问题（尤其是南海问题）。

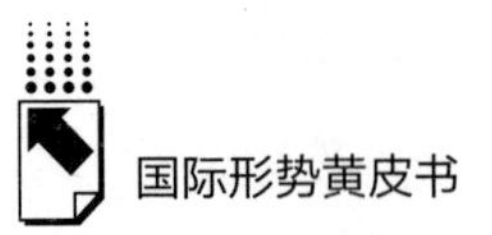

一　当前全球独立公投的基本情况

"公投"是"公民投票"一词的简称，又称"公决"或"全民公决"，英文名称为"referendum"或"public voting"。根据《布莱克维尔政治学百科全书》的描述，"公民投票是直接民主的一种手段。运用这一手段，选民可以就政府提交给他们的公共措施进行表决，或者就国际组织提出的措施进行表决"。[①] 公投具有以下三个特点：第一，公投是直接民主的一种形式，其实施主体是一个国家或地区内有投票权的全体公民；第二，公投往往针对一个或几个特定问题，且通常是具有重大影响的问题，因而是不定期的；第三，公投能体现投票公民的意志，具有较强的正当性。正是因为具有这些特点，近年来许多谋求国家独立或从母国分离的地区纷纷诉诸这一方式。

1989～1991年的苏联东欧剧变是世界独立公投史上的一个分水岭。仅1990～1991年两年时间内，全球范围内就进行了16次正式的独立或分离（为叙述方便，以下均简称"独立"）公投。这一现象的产生与苏联和南斯拉夫本身拥有数量较多的加盟共和国有关。2014年3月克里米亚举行"入俄"公投以来，通过公投谋求独立的地区有增加趋势。表1显示了东欧剧变（1989年）以来全球独立公投的基本情况。

表1　东欧剧变以来全球范围内的独立（分离）公投案例

公投发生地	母国	公投时间	公投结果（支持独立比重）(%)	成为联合国成员
斯洛文尼亚	南斯拉夫	1990年	88.5	是
鞑靼斯坦共和国	苏联	1990年	61.4	否
亚美尼亚	苏联	1991年	99.51	是
阿塞拜疆	苏联	1991年	99.8	是

① 〔英〕戴维·米勒、韦农·波格丹诺编《布莱克维尔政治学百科全书》，中国问题研究所等译，中国政法大学出版社，1992，第635页。

续表

公投发生地	母国	公投时间	公投结果（支持独立比重）（%）	成为联合国成员
爱沙尼亚	苏联	1991 年	78.4	是
格鲁吉亚	苏联	1991 年	99.5	是
拉脱维亚	苏联	1991 年	74.9	是
立陶宛	苏联	1991 年	93.2	是
纳戈尔诺－卡拉巴赫	苏联	1991 年	99.89	否
乌克兰	苏联	1991 年	90.32	是
德涅斯特河沿岸共和国	苏联	1991 年	97.7	否
	摩尔多瓦	2006 年	97	
土库曼斯坦	苏联	1991 年	94.06	是
乌兹别克斯坦	苏联	1991 年	98.3	是
克罗地亚	南斯拉夫	1991 年	93.24	是
马其顿	南斯拉夫	1991 年	95.26	是
科索沃	南斯拉夫	1991 年	99.98	否
波斯尼亚和黑塞哥维那	南斯拉夫	1992 年	99.7	是
南奥塞梯	格鲁吉亚	1992 年	99.91	否
		2006 年	99	
黑山	南斯拉夫联盟	1992 年	4.04	否
	塞黑	2006 年	55.5	是
厄立特里亚	埃塞俄比亚	1993 年	99.83	是
波多黎各	美国	1993 年	4	否
		1998 年	4	
		2012 年	5	
摩尔多瓦	无	1994 年	97.9	是
魁北克	加拿大	1995 年	49.42	否
百慕大	英国	1995 年	25.88	否
尼维斯	圣基茨和尼维斯	1998 年	61.83	否
东帝汶	印度尼西亚	1999 年	78.5	是
伊拉克库尔德斯坦	伊拉克	2005 年	98.88	否
托克劳	新西兰	2006 年	60.07	否

续表

公投发生地	母国	公投时间	公投结果（支持独立比重）(%)	成为联合国成员
泰米尔－伊拉姆人社区	斯里兰卡	2009年	99.68	否
南苏丹	苏丹	2011年	98.83	是
波兰南部两省	波兰	2012年	（未公布）	否
克里米亚	乌克兰	2014年	96.77	否
顿涅茨克	乌克兰	2014年	89.07	否
卢甘斯克	乌克兰	2014年	96.2	否
苏格兰	英国	2014年	44.7	否
加泰罗尼亚	西班牙	2014年	（待定）	（待定）

说明：①捷克与斯洛伐克1993年1月1日和平分家是两个共和国执政党协商的结果，没有经过公投；②科索沃1991年公投后并没有独立，1999年由联合国托管，2005年开始科索沃未来地位谈判但一直没能达成共识，2008年在美国与欧盟的支持下科索沃议会宣布独立，迄今为止已经被104个国家承认；③波多黎各在1967年、魁北克在1980年还分别进行过一次独立公投，但都没有成功；④1994年摩尔多瓦公投意在决定是否保持独立地位，因而不存在母国；⑤顿涅茨克与卢甘斯克的公投仅仅是这两个州部分地区的公投。

资料来源：作者整理。

根据表1，我们可以得出东欧剧变以来全球范围内的独立公投具有以下特点。①在上述36个地区举行的总共41次公投中，大国（联合国常任理事国及经济大国加拿大）作为母国的有18个，中小国家作为母国的有23个。可见，领土分离是大国和中小国家都面临的问题。②41次公投中，有25次发生在欧洲，占总案例数的约61%，这与东欧剧变的大背景及欧洲国家的民主化程度较高有密切关系。③在36个发起公投的国家或地区中，有18个最终建立了为国际社会所广泛承认的新国家，占案例总数的50%。

从表1中我们还发现，一个地区实现独立需要一定的条件。①在母国同意的情况下，公投是获得独立正当性的主要形式，但不是唯一形式。如南苏丹的独立公投是基于与苏丹的协议，而捷克与斯洛伐克的分家则是两国执政党协商的结果；苏格兰公投中支持独立者没有达到半数以上，因此自然不能宣布独立；加拿大政府在1995年公投后大幅度提高独立门槛，至于英国政府是否会依样画葫芦，现在还不能确定。②在母国不同意的情况下，公投是获得独立正当性的主要形式，但公投不容易进行，如加泰罗尼亚。即使进行了公投也难以成为独立的必要条件，主要大国（美国与俄罗斯）的承认则构成必要条件，一个典型的例子是，德涅斯特河沿岸共和国2006年的公投因为缺乏俄罗斯的支持而难以实质性独立。③在母国不同意的情况下，其他一般大国的承认虽然不能直接构成必要条件，但可能带动其他国家的承认，如德国在1992年初率先承认克罗地亚与斯洛文尼亚就带动了欧洲其他国家与美国承认这两个国家。④美国与欧盟的支持，是获得大多数国家承认的必要条件，如科索沃。获得俄罗斯的承认虽然是实现国家实质性独立的条件，但不容易获得大量国家的承认，如南奥塞梯与克里米亚。

下文是对一些具体案例的展开分析，重点分析克里米亚与苏格兰这两个2014年最为引人注目的案例，也涉及苏联解体的遗留问题和经典的魁北克案例，此外还提及西班牙的加泰罗尼亚与巴斯克、比利时的弗拉芒等案例。

二　克里米亚“入俄”公投：引爆美、欧、俄新一轮博弈

2013年11月以来，因乌克兰与欧盟签署联系国协定问题而引发的乌克兰危机牵动了美、俄和许多欧盟大国的神经，而这场危机中的“焦点”，就是克里米亚的“入俄”公投。

自1783年按照《库楚克·凯纳尔吉和约》的规定并入俄国之后，克里米亚大部分时间都处于俄国的管辖之下。1954年5月，时任苏联最高领导人赫鲁晓夫以庆祝乌克兰的哥萨克人鲍格丹·赫梅尔尼茨基与俄罗斯联邦结盟300周年为名，主导苏联最高苏维埃主席团通过决议，将克里米亚州作为“恒久友谊的象征”划归乌克兰。①

1991年苏联解体后，克里米亚要求独立或重返俄罗斯的呼声不断。

① 李瑞景：《克里米亚，俄罗斯的痛与梦》，《解放军报》2014年3月28日，第7版。

1992年6月1日，克里米亚获准作为乌克兰的组成部分有权自主地同其他国家建立社会经济和文化关系。①

2014年克里米亚发起“入俄”公投的导火线是2013年11月乌克兰政府的一项决议。到了2014年3月6日，克里米亚议会通过决议，决定克里米亚以联邦主体身份加入俄罗斯联邦。3月11日，克里米亚议会通过一项决议，批准关于克里米亚自治共和国和塞瓦斯托波尔市独立的宣言。②

关于克里米亚独立和“入俄”的公投于2014年3月16日举行。公投的问题如下：其一，“是否赞成克里米亚在享有俄罗斯联邦主体权利的基础上与俄罗斯重新合并”？其二，“是否赞成恢复克里米亚共和国1992年宪法并赞成克里米亚作为乌克兰的一部分”？③ 83.1%的克里米亚居民参加了投票，其中96.77%的投票者赞成克里米亚成为俄罗斯联邦的一部分。④ 18日，有关克里米亚加入俄罗斯联邦的条约正式签署。⑤

克里米亚的“入俄”公投还激发了乌克兰另外两个地区——顿涅茨克和卢甘斯克的“独立热情”。2014年5月11日，这两个地区的“独立”公投开始，两个地区约90%的参投选民支持独立。5月12日，两共和国的代表对外宣布顿涅茨克和卢甘斯克独立。⑥

卢甘斯克人口超过200万，当地乌克兰族人占比58%。顿涅斯克2010年人口统计显示，当地居民达470万，乌克兰族占比过半，⑦ 加上公投是在

---

① 《背景资料：历史上的克里米亚》，新华网，http://news.xinhuanet.com/world/2014-03/01/c_119563773.htm，访问日期：2014年7月31日。

② 《新闻链接：乌克兰危机大事记》，新华网，http://news.xinhuanet.com/2014-03/16/c_119791077.htm。

③ 《乌克兰克里米亚就自身地位举行全民公决》，新华网，http://news.xinhuanet.com/world/2014-03/16/c_。

④ 左凤荣：《克里米亚再次牵动世界》，《学习时报》2014年4月14日，第2版。

⑤ 《普京就克里米亚独立并加入俄罗斯演讲》，新华网，http://news.xinhuanet.com/world/2014-03/27/。

⑥ 《美国不承认乌克兰顿涅茨克和卢甘斯克州公投结果》，中国网，http://news.china.com.cn/world/2014-05/。

⑦ 《乌克兰东部公投结束　顿涅茨克、卢甘斯克两州支持独立者超70%》，观察者网站，http://www.guancha.cn/WuKeLanZhiLuan/2014_05_12_228698.shtml。

没有国际观察团的情况下进行的，因此，西方普遍不承认这两次公投结果。①

更主要的是，克里米亚的“入俄”公投引发了西方国家和乌克兰中央政府的强力反制。16日，美国白宫发言人指出：“克里米亚公投违反乌克兰宪法，且在‘俄罗斯军事干预带来的暴力与恐吓威胁之下’进行，国际社会不会予以承认。”② 17日，欧盟宣布将对“破坏乌克兰主权”负有责任的21名俄罗斯和乌克兰人实施限制旅游、冻结在欧盟资产等制裁措施。③ 3月19日，乌克兰外交部也发表声明称，“永远不会承认”克里米亚独立，也绝不会承认“所谓的克里米亚加入俄罗斯联邦的协议”。乌方还呼吁国际社会反对俄罗斯的侵略行为。④

针对美国和欧盟国家对克里米亚“入俄”公投合法性的质疑，普京坚信克里米亚加入俄罗斯有两大理由：第一，“乌克兰自己在脱离苏联的时候也走了同样的流程，经历了完全一样的步骤。乌克兰有这样的权利，而克里米亚人这样做却不被接受，什么道理”？第二，“克里米亚政府还有科索沃这一先例，这一先例是我们西方的伙伴自己造的，亲手制造的，和克里米亚现在的情况完全一样”。⑤ 此后，美国及一些欧盟国家与俄罗斯展开了相互制裁的“攻防战”，但由于欧盟与俄罗斯之间有着相当数量的贸易联系，特别是俄罗斯掌握着欧盟天然气供应的“阀门”，这使得欧盟对俄罗斯的制裁陷入“投鼠忌器”的局面。

目前来看，由于由克里米亚“入俄”引发的一系列“连锁反应”不可

---

① 《乌克兰顿涅茨克及卢甘斯克两州宣布脱乌独立》，半月谈网站，http：//www.banyuetan.org/chcontent/zx/yw/2014513/101304.html。

② 《美国表示反对克里米亚公投》，新华网，http：//news.xinhuanet.com/world/2014－03/17/c_119791681.htm。

③ 《底气不足的欧盟该拿俄罗斯怎么办?》，新华网，http：//news.xinhuanet.com/world/2014－03/19/c_126288185.htm。

④ 《克里米亚入俄引发强烈反响》，新华网，http：//news.xinhuanet.com/world/2014－03/19/c_119842551.htm。

⑤ 《普京就克里米亚独立并加入俄罗斯演讲》，新华网，http：//news.xinhuanet.com/world/2014－03/27/c。

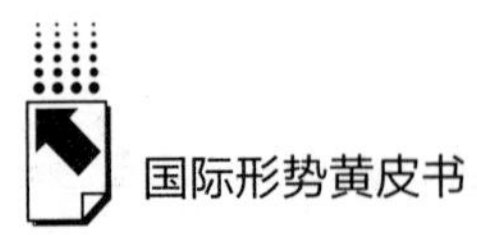

能在短期内得到妥善解决，俄罗斯与美、欧等西方国家之间的相互制裁还将持续相当长的一段时间。但顾及国际稳定的大局、彼此的经济利益，以及双方在战略武器削减、叙利亚内战等问题上的合作关系，无论是俄罗斯还是西方国家都不会对对方采取过于严厉的制裁措施。

三　苏格兰独立公投：影响不容忽视

2014 年 9 月 18 日进行的苏格兰独立公投虽然以苏格兰“独派”的失败而告终，但此次公投本身对英国、欧洲乃至世界所带来的影响无疑是不可忽视的。其根本原因就在于，苏格兰的母国是曾经的“日不落帝国”、联合国五大常任理事国之一的英国。

1706 年 10 月，英格兰与苏格兰起草了《联合条约》（The Treaty of Union）。1707 年，双方的政府和议会合并，大不列颠联合王国（The United Kingdom of Great Britain）宣告成立。[①] 但《联合条约》当时在苏格兰国内遭到大多数民众的反对，苏格兰议会收到了许多反对合并的请愿书，抗议合并的游行也持续爆发。[②]

此后的两百年间，由于享受了作为“日不落帝国”一员的荣耀，苏格兰的独立运动趋于沉寂。但当英国在第一次世界大战中受到严重削弱之后，苏格兰的独立运动又兴盛起来。1934 年，苏格兰民族党（又译“苏格兰国家党”，英文为 Scottish National Party，简称 SNP）成立，其创始人麦克迪儿米德（MacDiarmid）始终坚持用苏格兰语写作。

1965 ~ 1971 年，数个大型油气田在苏格兰东部的北海海域被发现，北海油气田的开发立即成为英国经济新的增长点和重要的战略支柱。因而，作为开发北海油气田最直接受益者的苏格兰此时有了更多的“独立资本”。1999 年 5 月，苏格兰举行首次议会选举。至此，苏格兰议会控制了苏格兰

---

① 朱淼：《苏格兰自治研究》，《国际论坛》2012 年第 3 期，第 66 页。

② 王业昭、孙德刚：《苏格兰独立倾向的历史与现状》，《国际资料信息》2007 年第 5 期，第 13 页。

地区除国防、外交、税收权力之外其他的一切权力。这标志着苏格兰议会在“死去”近300年后重新“复活”。[①] 2011年5月，苏格兰民族党在苏格兰议会的129个议席中赢得69席，“这是自1707年英格兰与苏格兰的议会合并以来，一个分离主义政党首次赢得压倒性的胜利”。[②] 2012年10月15日，为提供此次公投的法律框架，卡梅伦与苏格兰首席部长亚历克斯·萨尔蒙德签订了《爱丁堡协定》。

投票于当地时间2014年9月18日7时开始，同日22时结束。[③] 计票工作随后连夜展开。19日上午8时，全部计票结果在全世界的关注之下最终揭晓：在参与投票的约428万人中，有效票数占84.6%。其中，2001926人（55.3%）投票反对苏格兰独立，而1617989人（44.7%）投票支持苏格兰独立。这标志着苏格兰独立阵营最终以10.6个百分点的差距落败，从而使处在分裂边缘的联合王国得以存续。[④] 在此次公投中，选票上的问题只有一个，即“苏格兰是否应该成为一个独立国家”，参加投票的选民只能在选票上填写“是”或“不是”。在得知大势已去之后，萨尔蒙德在讲话中称，他尊重苏格兰人民的选择结果，感谢支持苏格兰独立的票数。同时也表示，希望英国政府遵守给予苏格兰更多权力的承诺。[⑤] 其后不久，卡梅伦在唐宁街10号外发表讲话指出：“现在联合王国应该团结一心，共同前进。”[⑥]

此次公投的结果虽然已经明确否定了苏格兰独立的可能，但其对英国、

① 王业昭、孙德刚：《苏格兰独立倾向的历史与现状》，《国际资料信息》2007年第5期，第14页。

② Liam Kennedy: A really independent Scotland? *Fortnight*, No. 477 (July/August 2011), p. 8.

③ 《苏格兰公投结果出炉　首席部长萨蒙德“独立”梦碎》，中国新闻网，http://www.chinanews.com/gj/2014/09-19/6610117.shtml。

④ The Guardian, "Scottish independence referendum: latest results in full," http://www.theguardian.com/politics/ng-interactive/2014/sep/18/-sp-scottish-independence-referendum-results-in-full.

⑤ 《苏格兰公投结果出炉　首席部长萨蒙德“独立”梦碎》，中国新闻网，http://www.chinanews.com/gj/2014/09-19/6610117.shtml。

⑥ 《卡梅伦贺苏格兰留在英国：人民用投票表明意见》，中国新闻网，http://www.chinanews.com/gj/2014/09-19/。

欧洲乃至世界产生的重大影响不容忽视。

首先，此次公投对于英国来说是一个不小的胜利，因为英国借此保住了约1/3的国土面积、8.34%的人口、85%的北海油气资源和重要的核潜艇基地。此外，英国成功地保住了国家统一，也使作为英国重要盟友的美国、加拿大等国家避免了更多不确定性。

其次，尽管苏格兰独立主义者在此次公投中落败，但公投本身证明，作为联合国常任理事国之一的英国早已失去昔日的辉煌。

再次，苏格兰独立派虽然在此次公投中落败，但并不代表它们会就此放弃独立的努力。9月21日，萨尔蒙德在接受采访时就宣称苏格兰未来将考虑不经公投直接宣布独立。①

又次，苏格兰的公投可能加剧克里米亚“入俄”公投以来激起的独立公投“热情”，使加泰罗尼亚等分离主义盛行的地区纷纷效仿。此外，由于卡梅伦在公投结束后承诺将给予苏格兰更多自治权力，② 可能使这些分离主义盛行的地区也要求其母国更大限度地“放权”。

最后，苏格兰未能成功独立，一定程度上有利于欧盟保持团结。苏格兰相比于英格兰、威尔士和北爱尔兰更加倾向于留在欧盟之内，因而如果苏格兰成功独立，英国将很有可能在未来几年退出欧盟。从这一意义上来说，苏格兰独立派落败，将会抑制英国脱离欧盟的趋势。

四　热点独立（分离）公投的未来走势

（一）魁北克：被“遗忘”的角落？

有了克里米亚和苏格兰的“先例”，加拿大魁北克地区的分离主义者们

① 《萨蒙德：英国欺骗苏格兰人　或不经公投就独立》，环球网，http://mil.huanqiu.com/world/2014-09/。

② 《卡梅伦回应公投结果　称将给苏格兰更多自治权力》，新华网，http://news.xinhuanet.com/world/2014-09/19。

也开始“跃跃欲试”。然而，相比于克里米亚和苏格兰，魁北克独立的希望要渺茫得多。近20年来，“魁独”问题淡出了人们的视线，魁北克也成了被“遗忘”的角落。

魁北克地区的独立运动由来已久。1608年，法国殖民者尚普兰（Champlain）在圣劳伦斯河畔建立起第一个殖民城市魁北克（Quebec）及面积为法国本土17倍的“新法兰西”殖民地。然而，1756~1763年的英法七年战争后签署的《巴黎和约》使法国失去了包括魁北克在内的绝大部分海外殖民地。[①] 不过，此后“加拿大法裔仍保持着不同于英裔的认同支柱——天主教信仰、法语和法国民法”。[②] 1867年，加拿大独立，随后大量移民的涌入使魁北克问题更趋复杂。

1980年，在魁北克人党的主导下，魁北克进行了第一次旨在脱离加拿大联邦政府的独立公投。不过，公投的结果是59.6%的参投者否决了魁北克省政府同联邦政府就分离问题谈判的主张。也就是说，支持魁北克独立和态度不明确的人只占参与投票者的约40%。1995年，魁北克人党政府组织了第二次关于魁北克主权独立的全民公决，但此次公投的结果仍然与1980年的公投相仿。不过，这次公投的结果是49.4%的投票者支持独立，50.6%的投票者反对独立，这表明魁北克分离主义势力已获得较大发展。

针对魁北克的分离运动，加拿大联邦政府也进行了长期的反分裂斗争。1969年，加拿大联邦政府通过《官方语言法》，以立法形式确认法语与英语同为加拿大的官方语言。[③] 1996年8月，加拿大最高法院对克雷蒂安政府的非正式诉讼做出的判决更是否定了“魁独”的要求。2000年6月，加拿大国会通过了C-20法案（The Clarity Act）（中文称“明晰法案”或“清晰法案”）。该法案的出台，不仅降低了“魁独”主义者再次发起公投的可能性，同时也表明：“即使魁北克通过了‘清晰的问题’和‘清晰的多数’这

① 陈云林主编《当代国家统一与分裂问题研究》，九州出版社，2009，第255~256页。

② 王建波：《加拿大魁北克分离主义兴起之新探》，《学术论坛》2011年第4期，第187页。

③ 陈云林主编《当代国家统一与分裂问题研究》，九州出版社，2009，第260页。

两个关口，还需要与联邦政府及其他省进行艰难的谈判。”[①] 2006 年 11 月 27 日，加拿大国会通过了总理哈珀的“魁北克人是统一的加拿大中的一个民族”的动议。

2014 年 4 月 8 日，魁北克省新一届国民议会选举结果揭晓。在省议会 125 个议席中，主张留在加拿大联邦内的自由党以 70 票对 30 票的压倒性多数击败当政但主张独立的魁北克人党。[②] 由此来看，目前魁北克居民对魁北克独立的兴趣并不大，这使得“魁独”主义者把魁北克从加拿大分离出去的可能性更加渺茫。导致魁北克居民对“魁独”兴趣下降的主要原因是一旦魁北克从加拿大分离出去，它将失去每年从联邦获得的占该省预算 23% 的倾斜性拨款；当地土著印第安人也不会向独立的魁北克出让传统地权；此外，一旦魁北克独立，多民族聚居的蒙特利尔市则可能要求脱离魁北克。[③] 因此，未来相当长的一段时期内，魁北克独立的希望渺茫。即使再出现一次独立公投，其结果也不会与前两次有太大出入。

（二）苏联解体的“后遗症”仍在持续发酵

1991 年发生的苏联解体，被俄罗斯总统普京称为“20 世纪最大的地缘政治灾难”。尽管苏联解体至今已有 23 年的时间，但因这一重大事件而造成的一系列“后遗症”仍未得到有效解决，部分问题甚至在持续发酵。在这些问题中，南奥塞梯、阿布哈兹、德涅斯特河沿岸共和国、纳戈尔诺 - 卡拉巴赫等地区的独立公投问题尤其引人注目。

1. 南奥塞梯问题

从 1989 年起，在苏联改革和东欧剧变的大背景之下，南奥塞梯开始要求与俄罗斯的北奥塞梯合并。苏联解体后，南奥塞梯多次谋求独立。[④] 1992

---

① 陈云林主编《当代国家统一与分裂问题研究》，九州出版社，2009，第 262 页。

② 李学江：《加拿大魁北克分离势力败选》，《人民日报》2014 年 4 月 9 日，第 21 版。

③ 李学江：《加拿大魁北克分离势力败选》，《人民日报》2014 年 4 月 9 日，第 21 版。

④ 《南奥塞梯问题》，新华网，http://news.xinhuanet.com/ziliao/2008-08/08/content_9045234.htm。

年1月，南奥塞梯举行第一次独立公投，公投结果显示，99.91%的参投者支持独立。但这次公投并没有促成南奥塞梯的独立，反而激化了俄罗斯、南奥塞梯与格鲁吉亚之间的冲突。2006年11月，南奥塞梯再次就独立问题举行全民公投。此次公投的投票率达94.6%，公投的结果是99%的登记选民赞同南奥塞梯独立。[①] 然而此次公投并未得到国际社会的普遍承认，就连其背后的“老板”俄罗斯也因顾及复杂的国际影响而未承认南奥塞梯的独立。

2008年8月8日，在北京奥运会开幕式当天，格鲁吉亚军队突然向南奥塞梯发起全面进攻，俄罗斯迅速出兵介入，俄格之间爆发了震惊世界的“五天战争”。停火后，俄罗斯总统梅德韦杰夫于8月26日宣布，俄承认南奥塞梯和阿布哈兹独立，并呼吁其他国家也予以承认。这次战争之后，南奥塞梯与格鲁吉亚又爆发过几次小规模的武装冲突。

2014年1月，借着乌克兰危机的“东风”，南奥塞梯要求通过公投从格鲁吉亚分离并加入俄罗斯的呼声再度高涨。11日，南奥塞梯“统一奥塞梯党”建议尽快举行全民公投，决定南奥塞梯是否应该并入北奥塞梯，从而成为俄罗斯联邦的一部分。[②] 虽然目前南奥塞梯还不是俄罗斯联邦的一部分，但其大多数居民拥有俄罗斯国籍。此外，该区通行货币为俄罗斯卢布，财政方面也主要依靠俄罗斯支持。根据官方协议，该区还有俄罗斯部队驻扎。[③] 这些因素都表明，南奥塞梯虽然形式上还是格鲁吉亚的一部分，但实际上早已成为俄罗斯联邦的成员。由此观之，未来南奥塞梯再次进行独立公投或直接宣布加入俄罗斯联邦的可能性很大。但顾及其可能对俄美、俄欧及俄罗斯与周边国家关系造成的不利影响，俄罗斯政府并不一定会像接纳克里米亚那样“爽快”地接纳南奥塞梯。

---

① 《南奥塞梯全民公投心向独立》，光明网，http://www.gmw.cn/content/2006-11/14/content_507416.htm。

② 《南奥塞梯或举行全民公投　决定是否加入俄联邦》，环球网，http://world.huanqiu.com/exclusive/2014-01/。

③ 《南奥塞梯或举行全民公投　决定是否加入俄联邦》，环球网，http://world.huanqiu.com/exclusive/2014-01/。

2. 阿布哈兹问题

与南奥塞梯一样，阿布哈兹也是格鲁吉亚的一部分。1990 年，苏联把阿布哈兹自治共和国升级为阿布哈兹苏维埃社会主义共和国，但该共和国在 1991 年重新被格鲁吉亚吞并，成为格鲁吉亚的一个自治共和国。1992 年 7 月 23 日，阿布哈兹宣布独立。同年 8 月，格鲁吉亚政府出兵阿布哈兹。这场战争持续了近两年，直到 1994 年 5 月，在俄罗斯的斡旋之下格、阿双方才最终停火。① 在此之后，阿布哈兹的独立问题曾经冷却了一段时间，但 2004 年美国等西方国家积极推动科索沃独立的行为使阿布哈兹问题重新解冻。

2008 年俄格战争之后，俄罗斯承认了阿布哈兹的独立，向阿布哈兹提供大量援助并派驻军队。2014 年 5 月，阿布哈兹发生政治危机，以劳尔·哈吉姆巴为首的反对派要求时任总统亚历山大·安克瓦布辞职并进行政府体制改革。2014 年 8 月 25 日，阿布哈兹总统大选结束，哈吉姆巴当选阿布哈兹新总统。俄罗斯总统普京祝贺哈吉姆巴在选举中获胜，并表示愿为进一步加强两国关系展开合作。②

目前来看，虽然阿布哈兹至今没有像南奥塞梯那样举行独立公投，但在克里米亚通过公投加入俄罗斯联邦以及南奥塞梯独立运动再度高涨的影响之下，阿布哈兹也有可能在未来举行独立公投或直接宣布独立。不过，相比于南奥塞梯，阿布哈兹获得彻底独立有更多的不确定性，阿布哈兹内部局势不稳对其谋求独立有诸多不利影响。

3. 德涅斯特河沿岸共和国问题

德涅斯特河沿岸共和国，也称德涅斯特河东岸共和国、外特尼尔斯坦共和国或德涅斯特河左岸共和国，位于摩尔多瓦德涅斯特河左岸地区，因而亦简称“德左”地区。

1990 年 9 月 2 日，“德左”的斯拉夫人成立“德涅斯特河地区苏维

---

① 蒋莉：《阿布哈兹问题缘起及前景》，《国际资料信息》2008 年第 9 期，第 14 页。

② 《阿布哈兹大选结束　俄罗斯承认选举结果》，透视俄罗斯，http：//tsrus. cn/guoji/2014/08/27/36579. html。

埃社会主义共和国”，并要求成为苏联的加盟共和国，但该请求遭到否决。于是，“德左”发表了《独立宣言》，自行宣布独立。[①] 苏联解体以来，“德左”与摩尔多瓦中央政府的关系曾一度缓和。1997年5月8日，“德左”与摩尔多瓦签署《摩尔多瓦共和国与德涅斯特河左岸地区关系正常化备忘录》，它赋予“德左”绕过摩尔多瓦关税控制出口一定数量商品的权利。[②]

2006年9月17日，德涅斯特河沿岸共和国举行了主题为“您是同意加入俄罗斯，还是加入摩尔多瓦”的公投。近39万居民中约有30万人参加了公投，97%的人同意加入俄罗斯。这次公投被摩尔多瓦、欧盟等宣布为不民主和非法。俄罗斯随后也并没有采取强行合并的措施。[③]

目前该地区主要生活着摩尔多瓦人、俄罗斯人和乌克兰人，三大民族人口各占30%左右。[④] 可见这里不存在一个在数量上占压倒性优势的民族。此外，该地区还生活着相当一部分亲罗马尼亚的居民，这些人在一定程度上也左右着“德左”地区的未来。

克里米亚通过公投“入俄”之后，“德左”的“入俄”呼声再度高涨。2014年4月16日，该共和国最高委员会全体议员一致请求俄罗斯领导层承认其独立。[⑤] 但由于以下几个原因，俄罗斯不太愿意接纳“德涅斯特河沿岸共和国”加入：第一，俄罗斯在“德左”地区虽有军队和基地，但没有如同塞瓦斯托波尔那样的战略要地；第二，“德左”地区与欧洲连成一体，在这里“行动”可能会造成对俄罗斯十分不利的局面；第三，俄

---

① 《德涅斯特河沿岸地区入俄难　军事行动后果很严重》，环球网，http://world.huanqiu.com/exclusive/2014-03/。

② 〔日〕松里公孝：《未获承认地区阿布哈兹和德涅斯特的政治认同：东正教内部关系及跨界少数民族问题》，《俄罗斯研究》2008年第2期，第64页。

③ 《德涅斯特河沿岸地区入俄难　军事行动后果很严重》，环球网，http://world.huanqiu.com/exclusive/2014-03/4930541.html。

④ 《德涅斯特河沿岸地区入俄难　军事行动后果很严重》，环球网，http://world.huanqiu.com/exclusive/2014-03/4930541.html。

⑤ 《德涅斯特河沿岸共和国求俄承认其独立　普京知悉》，中新网，http://www.chinanews.com/gj/2014/04-17/6077134.shtml。

罗斯在接纳克里米亚之后遭遇了一系列严重的国际制裁，短期内很难再采取类似行动。

4. 纳戈尔诺－卡拉巴赫问题

纳戈尔诺－卡拉巴赫简称“纳卡”，是阿塞拜疆西南部的一个自治州。该地区同亚美尼亚并不接壤，但其18万人口中约80%为亚美尼亚人。[①]

随着苏联的瓦解，纳卡地区亚美尼亚人也开始谋求独立。为阻遏纳卡的分离趋势，阿塞拜疆政府于1991年11月撤销了该州的自治地位。为回应阿塞拜疆的这一举措，12月10日，纳卡地区居民在有国际观察员和媒体代表监督的情况下举行独立公投，99.89%的参投者支持纳卡独立。[②] 但除亚美尼亚外，其他国家都没有承认纳卡的独立地位。

1992年，欧洲安全与合作会议（现更名为欧洲安全与合作组织，简称“欧安组织”）成立了由12国组成的，旨在解决纳卡冲突的“明斯克小组”。[③] 2008年12月，欧安组织通过了解决纳卡问题的“赫尔辛基原则”，但这一原则的确立并未对纳卡问题的解决起到多少实质性作用。2010年12月18日，亚美尼亚国民议会否决了有关承认纳卡独立的草案。

2014年7月底，亚、阿两国再次于纳卡地区发生交火，造成数十人伤亡。8月10日，俄罗斯总统普京、亚美尼亚总统萨尔基相和阿塞拜疆总统阿利耶夫在俄南部城市索契举行三方会晤，讨论纳卡地区冲突问题。三位领导人强调，纳卡冲突只能通过和平途径解决。[④] 纳卡问题牵涉复杂的历史、语言、宗教纠葛，亚美尼亚和阿塞拜疆政府都对纳卡问题持强硬态度，加之俄罗斯、美国等大国博弈的因素掺杂其中，因此该问题在未来短期内不可能

① 〔阿塞拜疆〕乌萨尔·戈尔巴诺夫：《纳戈尔诺－卡拉巴赫冲突的法律分析》，《法制与社会》2014年第1期（下），第8页。

② 〔阿塞拜疆〕乌萨尔·戈尔巴诺夫：《纳戈尔诺－卡拉巴赫冲突的法律分析》，《法制与社会》2014年第1期（下），第8页。

③ 《欧安组织明斯克小组是解决纳卡问题最好机制》，中国军网，http://chn.chinamil.com.cn/xwpdxw/gjssxw/2010－08/20/content_4283275.htm。

④ 《俄亚阿三国总统会晤强调和平解决纳卡冲突》，人民网，http://world.people.com.cn/n/2014/0810/c157278－25438120.html。

得到解决。由于国际社会普遍不接受，因而即使再次举行独立公投，也无法促成纳卡地区的真正独立和长久和平。

（三）其他可能的独立（分离）公投及其未来走势

除克里米亚、苏格兰、魁北克以及因苏联解体而留下“后遗症”的地区之外，全球范围内还有一大批正准备或在将来可能通过公投谋求国家独立的地区、民族或政治集团。

西班牙的加泰罗尼亚人自19世纪中叶开始就长期要求加泰罗尼亚脱离西班牙而独立。2006年6月17日，加泰罗尼亚举行了地方自治权扩张的公民投票，投票的结果是赞成扩张地方自治权者达73.9%。2013年12月12日，加泰罗尼亚自治区主席阿图尔·马斯宣布将于2014年11月9日举行独立公投。但西班牙宪法法院于2014年3月25日裁定，加泰罗尼亚计划的独立公投违宪。[①] 2014年4月8日，西班牙议会全会又以压倒性优势否决了加泰罗尼亚自治区议会提出的独立公投法案。[②] 2014年9月11日，在巴塞罗那，超过55万人报名参加了“加泰罗尼亚民族日”的游行示威，呼吁举行独立公投。而同一时间，在加泰罗尼亚区塔拉戈纳市也举行了示威游行，但该游行的口号是“恢复理智，收回加泰罗尼亚区旗”。[③] 由于经济危机致使加泰罗尼亚地区的生产总值严重下降，失业率高达22%，约70万人没有工作，分离主义者看准了这一“契机”，加大了对加泰罗尼亚居民关于举行独立公投的宣传力度。加泰罗尼亚自治区主席马斯表示，即便西班牙政府反对，独立公投仍“不可阻挡”，但西班牙政府采取的强力反制措施以及欧盟对加泰罗尼亚独立的冷漠态度，使得此次公投即使举行，也很难实现加泰罗尼亚独立的愿望。

---

① 《西班牙宪法法院判定加泰罗尼亚独立公投违宪》，新华网，http：//news.xinhuanet.com/world/2014－03/27/c_126320823.htm。

② 《加泰罗尼亚独立动议遭否决　西首相称其违法》，新华网，http：//news.xinhuanet.com/world/2014－04/10/c_126373632.htm。

③ 《加泰罗尼亚民族日：游行呼吁独立公投》，人民网，http：//world.people.com.cn/n/2014/0912/c1002－25645573.html。

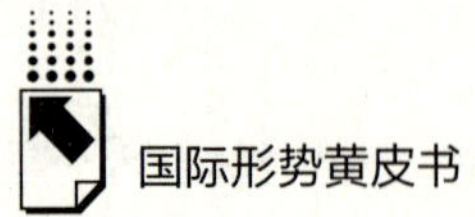

此外，巴斯克自治区也是西班牙境内长期“闹独立”的地区。兴起于19世纪末的巴斯克分离主义运动对西班牙的安全与稳定产生了长期的不利影响。1959年，一批激进的巴斯克年轻人发起成立了“巴斯克民族和自由组织”（ETA，简称“埃塔”）。成立之初，该组织的目标是推翻弗朗哥政权，但弗朗哥时代结束之后，该组织却逐步走上了恐怖主义之路。[①]“埃塔”曾于1998年、2006年、2011年多次宣布停火，但每次停火后不久就又开始进行恐怖活动。由于巴斯克分离主义者除与爱尔兰共和军取得了联系之外得不到国际社会的任何支持，且“埃塔”的恐怖活动引起了包括巴斯克居民在内的许多人的不满，因此，巴斯克地区通过公投从西班牙独立出去的可能性微乎其微。

比利时的弗拉芒地区是1831年从荷兰分离出来的一个地区，其北部聚居着讲荷兰语的弗拉芒人，南部则聚居着讲法语的瓦隆人。1994年，比利时进行联邦制改革，弗拉芒政府、瓦隆政府和布鲁塞尔市政府在比利时的行政体制中“三足鼎立”，共同组成比利时联邦。[②] 近年来，弗拉芒分离主义势力有重新高涨的势头，特别是在克里米亚通过公投实现“入俄”和苏格兰公投之后，弗拉芒地区的分离主义者再度提出独立公投的要求。由于弗拉芒的土地面积虽然只占比利时国土面积的1/3，却贡献了全国近60%的GDP，一旦该地区独立，将对比利时的经济造成致命打击，因而比利时联邦政府必会采取一系列措施防止弗拉芒地区的分离趋势。另外，欧盟总部位于比利时首都布鲁塞尔，欧洲各国显然不希望比利时出现不稳定的局面，也必然会阻止弗拉芒独立的进程。未来一段时间内虽然不排除出现弗拉芒独立公投的可能性，但即使公投得以举行，其成功的“概率”也不大。

英国的北爱尔兰也是一个有可能从其母国独立出去的地区。1968年，随着北爱尔兰天主教徒中民权运动的发展，北爱尔兰地区新教徒与天主教徒

---

① 陈云林主编《当代国家统一与分裂问题研究》，九州出版社，2009，第242页。

② 陈云林主编《当代国家统一与分裂问题研究》，九州出版社，2009，第252页。

之间的矛盾激化，爆发了大规模的流血冲突和骚乱。[①] 这场冲突的主要实施者是民族主义军事组织“爱尔兰共和军”。冲突断断续续持续了20多年，直到1997年爱尔兰共和军宣布第二次停火（第一次停火是在1994年）。为推进北爱尔兰和平进程，1998年4月10日（耶稣受难节），英国和爱尔兰政府在北爱尔兰首府贝尔法斯特签署《贝尔法斯特协议》。2007年5月8日，北爱尔兰地方自治政府恢复行使自治权，[②] 北爱尔兰迎来了短暂和平。然而近年来，北爱尔兰又发生了几次暴力袭击事件。2014年9月18日苏格兰的独立公投虽已失败，仍将对北爱尔兰的独立问题产生深刻影响。长期来看，北爱尔兰有可能举行独立公投或直接宣布独立。

除上述地区外，俄罗斯的车臣共和国、印度尼西亚的亚齐省、索马里的邦特兰和索马里兰共和国、西撒哈拉地区的“阿拉伯撒哈拉民主共和国”、塞浦路斯岛北部的“北塞浦路斯土耳其共和国”、印度的阿萨姆邦、斯里兰卡的泰米尔人社区等冷战结束以来都曾掀起大规模独立运动甚至与其母国爆发激烈武装冲突。在克里米亚“入俄”公投以来新一轮独立公投的“浪潮”影响之下，这些地区不排除有效仿克里米亚、苏格兰而举行独立公投的可能。

结　语

过去一年是全球范围内独立公投迅速增多的一年，也是自东欧剧变以来再次掀起独立公投高潮的一年。在克里米亚、苏格兰两大公投事件的影响之下，“公投”成为分离主义运动的领导者们十分青睐的一种独立（分离）途径，许多长期谋求独立或分离的民族、地区或政治集团也正在“跃跃欲试”。一旦这些分离主义集团争相效仿克里米亚和苏格兰的做法，全球国际关系格局将在未来几年内发生重大变革。

---

① 邱显平、杨小明：《北爱尔兰民族冲突化解途径分析》，《世界民族》2008年第6期，第20页。

② 《北爱尔兰恢复地方自治政府》，新华网，http：//news. xinhuanet. com/world/2007 - 05/08/content_ 6072992. htm。

2014年3月发生在乌克兰克里米亚的“入俄”公投一定程度上是苏联解体留下的一个“后遗症”，但更大程度上体现为美、俄、欧盟等大国或国家集团新一轮博弈的开始。在此次事件中，俄罗斯总统普京援引西方国家在科索沃问题上的做法，对西方国家的“双重标准”予以反击。但克里米亚“入俄”之后，西方国家严厉的制裁措施使得俄罗斯本就堪忧的经济发展形势“雪上加霜”。

而2014年9月的苏格兰公投虽然以“独派”的失败告终，但其带来的重要影响仍不容忽视。英国借此保住了国家统一，也使美国等国家避免了更多不确定性。但公投本身证明，英国早已失去昔日的辉煌。苏格兰独立派虽然落败但并未放弃独立的努力。而苏格兰的公投也可能加剧克里米亚公投以来激起的独立公投“热情”，使加泰罗尼亚等分离主义盛行的地区纷纷效仿。不过，苏格兰“独派”的失败，一定程度上有利于欧盟保持团结。

除此之外，魁北克、南奥塞梯、阿布哈兹、德涅斯特河沿岸共和国、纳戈尔诺－卡拉巴赫、加泰罗尼亚等一系列长期“闹独立”的地区也可能借克里米亚和苏格兰独立公投的“东风”，再次掀起一股独立和分离的浪潮。由此不难断定，这些分离主义盛行地区的母国，将在未来几年内面临维护国家统一的巨大压力。

中国也是长期面临分裂威胁的国家。虽然中国已成为全球第二大经济体，但能否有效应对台湾、西藏、新疆等地区的分离主义势力，仍将是中国能否顺利实现复兴目标的关键。在全球新一轮独立公投浪潮的影响之下，中国政府必须更加着眼长远，采取一系列旨在实现“标本兼治”目标的措施，才能更加有效地维护国家统一、促进民族和谐、实现全面发展。

参考文献

《阿布哈兹大选结束　俄罗斯承认选举结果》，透视俄罗斯，http：//tsrus.cn/guoji/2014/08/27/36579.html。

《北爱尔兰恢复地方自治政府》，新华网，http：//news. xinhuanet. com/world/2007 - 05/08/。

《背景资料：历史上的克里米亚》，新华网，http：//news. xinhuanet. com/world/2014 - 03/01/。

陈云林主编《当代国家统一与分裂问题研究》，九州出版社，2009。

〔英〕戴维·米勒、韦农·波格丹诺编《布莱克维尔政治学百科全书》，中国问题研究所等译，中国政法大学出版社，1992。

《德涅斯特河沿岸共和国求俄承认其独立　普京知悉》，中新网，http：//www. chinanews. com/gj/。2014/04 - 17/6077134. shtml。

《德涅斯特河沿岸地区入俄难　军事行动后果很严重》，环球网，http：//world. huanqiu. com/exclusive/。2014 - 03/4930541. html。

《底气不足的欧盟该拿俄罗斯怎么办?》，新华网，http：//news. xinhuanet. com/world/2014 - 03/19/。

《俄亚阿三国总统会晤强调和平解决纳卡冲突》，人民网，http：//world. people. com. cn/n/2014/0810。

《加拿大魁北克分离势力败选》，《人民日报》2014 年 4 月 9 日。

《加泰罗尼亚独立动议遭否决　西首相称其违法》，新华网，http：//news. xinhuanet. com/world/2014 - 04/。

《加泰罗尼亚民族日：游行呼吁独立公投》，人民网，http：//world. people. com. cn/n/2014/0912/c1002 - 25645573. html。

蒋莉：《阿布哈兹问题缘起及前景》，《国际资料信息》2008 年第 9 期。

Joan Bryden, "Mulcair would replace Clarity Act with 'unity bill' that requires bare majority 'Yes' vote to trigger talks on Quebec's secession," *National Post*, http：//news. nationalpost. com/2013/01/29/mulcair - would - replace - clarity - act - with - unity - bill - that - re.

《卡梅伦贺苏格兰留在英国：人民用投票表明意见》，中新网，http：//www. chinanews. com/gj/2014/09 - 19/6610436. shtml。

《卡梅伦回应公投结果　称将给苏格兰更多自治权力》，新华网，http：//news. xinhuanet. com/world/2014 - 09/19/c_ 127007208. htm。

《克里米亚入俄引发强烈反响》，新华网，http：//news. xinhuanet. com/world/2014 - 03/19/c_ 119842551. htm。

Lawrence LeDuc and Jon H. Pammett, "Referendum Voting: Attitudes and Behaviour in the 1992 Constitutional Referendum," *Canadian Journal of Political Science*, Vol. 28, No. 1 (Mar., 1995).

Legislation. gov. uk, "The Scotland Act 1998 (Commencement) Order 1998," http：//www. legislation. gov. uk/uksi/1998/3178/made.

李瑞景：《克里米亚，俄罗斯的痛与梦》，《解放军报》2014 年 3 月 28 日。

Liam Kennedy, "A really independent Scotland?" *Fortnight*, No. 477 (July/August 2011).

《美国表示反对克里米亚公投》，新华网，http://news.xinhuanet.com/world/2014-03/17/c_119791681.htm。

《美国不承认乌克兰顿涅茨克和卢甘斯克州公投结果》，中国网，http://news.china.com.cn/world/2014-05/13/content_32372956.htm。

《欧安组织明斯克小组是解决纳卡问题最好机制》，中国军网，http://chn.chinamil.com.cn/xwpdxw/gjssxw/2010-08/20/content_4283275.htm。

潘采夫：《理智与情感　傲慢与偏见——苏格兰：与英格兰缠绕千年的分合》，《文史参考》2012 年第 4 期。

《普京就克里米亚独立并加入俄罗斯演讲》，新华网，http://news.xinhuanet.com/world/2014-03/27/c_126325221_3.htm。

邱显平、杨小明：《北爱尔兰民族冲突化解途径分析》，《世界民族》2008 年第 6 期。

曲兵：《苏格兰独立公投背后的博弈》，《国际研究参考》2013 年第 1 期。

《萨蒙德：英国欺骗苏格兰人　或不经公投就独立》，环球网，http://mil.huanqiu.com/world/2014-09/5146511.html。

〔日〕松里公孝：《未获承认地区阿布哈兹和德涅斯特的政治认同：东正教内部关系及跨界少数民族问题》，《俄罗斯研究》2008 年第 2 期。

孙卫华、刘彦龙：《加拿大魁北克问题论析》，《世界民族》2004 年第 1 期。

《苏格兰公投结果出炉　首席部长萨蒙德"独立"梦碎》，中新网，http://www.chinanews.com/gj/2014/09-19/6610117.shtml。

"Scottish independence referendum: latest results in full," *The Guardian*, http://www.theguardian.com/politics/ng-interactive/2014/sep/18/-sp-scottish-independence-referendum-results-in-full.

王建波：《加拿大魁北克分离主义兴起之新探》，《学术论坛》2011 年第 4 期。

王业昭、孙德刚：《苏格兰独立倾向的历史与现状》，《国际资料信息》2007 年第 5 期。

《乌克兰克里米亚就自身地位举行全民公决》，新华网，http://news.xinhuanet.com/world/2014-03/16/c_119790925.htm。

〔阿塞拜疆〕乌萨尔·戈尔巴诺夫：《纳戈尔诺-卡拉巴赫冲突的法律分析》，《法制与社会》2014 年第 1 期（下）。

《西班牙宪法法院判定加泰罗尼亚独立公投违宪》，新华网，http://news.xinhuanet.com/world/2014-03/27/c_126320823.htm。

《新闻链接：乌克兰危机大事记》，新华网，http://news.xinhuanet.com/2014-03/16/c_119791077.htm。

朱淼：《苏格兰自治研究》，《国际论坛》2012 年第 3 期。

左凤荣：《克里米亚再次牵动世界》，《学习时报》2014 年 4 月 14 日。

国际关系研究与当代政治思潮

International Relations Theories and Contemporary Trends

Y.18

国际关系研究新进展（2013～2014年）

袁正清　董贺*

摘　要：本报告浏览了一年以来国外主流国际关系研究期刊上所发表的文章，并择其部分具有代表性的文献进行评述，以此把握当前国际关系理论研究的热点与趋势。本文认为，目前国际关系学界对于国际关系的研究出现了若干新动向，包括全球治理研究的进一步深化、网络安全研究的重要性愈加凸显、中国崛起相关议题的研究比重持续上升、理论研究视角日益

* 袁正清，博士，中国社会科学院世界经济与政治研究所研究员，主要研究领域为国际关系理论和国际组织；董贺，中国社会科学院研究生院2014级博士生。

多元化、历史与现实研究的结合更为紧密等。这些新的热点与趋势值得国内学界关注。

关键词：全球治理　网络安全　中国外交　国际关系理论　战争

一　全球治理的概念与路径

在过去的20多年里，全球化越来越多地出现在大众与学术话语之中，其进程对个人、国家与国际社会都产生了极为深远的影响。全球治理作为其领域内新的命题，也随之得到了更为广泛的重视，关于这一命题的讨论也更加深入。

伴随全球化进程的推进，“全球”（global）、“全球化”（globalization）、“全球公民”（global citizenship）等相关概念不断渗透并影响着人类生活的方方面面。在这一背景下，伊丽莎白·布克纳（Elizabeth Buckner）与苏珊·加尼特·拉塞尔（Susan Garnett Russell）将教科书作为样本数据，利用多级模型对教科书中“全球化”与“全球公民”二词的提及与各种国家层面变量之间的关系进行了探析。[①] 作为官方知识的来源，教科书使人们得以洞察一国民族价值观与合法性知识的演进。同时，由于教学内容与教科书的审批由国家所掌控，一国的教育体系在本质上具有政治意义，并与国家建设进程相关。因此，布克纳与拉塞尔做出了这样的假设，即教科书能够反映一国对于民族国家与外部世界的关系以及公民身份观念的认知变化。在其分析中，教科书的内容被概念化为更大的全球性话语，“全球化”与“全球公民”二词的包含被视为世界文化中更大变化的专属性指示，而这一变化使得个人与后国家世界（postnational world）直接相连。

① Elizabeth Buckner and Susan Garnett Russell, “Portraying the Global: Cross-national Trends in Textbooks' Portrayal of Globalization and Global Citizenship,” *International Studies Quarterly*, Vol. 57, No. 4, 2013, pp. 738 - 750.

为探索当今世界范围内的年轻人如何被教育成为联系日益紧密的全球社会的参与者，以及全球话语的转向是不是全球性的趋势，抑或它是否被国家层面因素所预示，布克纳与拉塞尔提出了两个问题：第一，教科书如何超越国家与时间的界限，反映全球化与全球公民思想？第二，教科书是否包含全球性话语的引用分别在国家层面与教科书层面因素中预示了什么？分析结果显示，教科书的特征预示着全球化与全球公民两个结果变量的提及，但国家层面因素的系统效应则很小。教科书中全球性话语的整合并非一国如何在全球范围内同其他行为体相互联系的反映，而是反映着关于独立于民族国家本身的世界社会本质的更大的文化话语，教科书国际化的水平及其对人权的讨论是两个因变量的重要预测变量。

全球化与全球公民超越国家与时间界限，越来越多地出现在教科书当中，这与教科书本身的国际化重点及其人权话语相关联。同时，不同经济发展水平与不同文化历史背景下的国家对全球化的描述也以其当前的经济与文化生活为基础。尽管存在这些共同点，全球化与全球公民两个变量间也存在一定的不同。全球化更多的是与时期相关联的最近的现象，是教科书国际化重点的体现；而全球公民则更多地由人权的讨论以及公民与社会研究课程所预测。全球化的引入影响着世界范围内各国的教科书内容，这未必与民族国家相冲突，更确切地说，在民族国家被重构为普遍权利框架下个人认同与权利之间的中间者的背景下，这一趋势才得以显现。

全球治理（global governance）作为全球化领域内的重要命题，已经成为国际组织的另一个名字。托马斯·韦斯（Thomas G. Weiss）与罗登·威尔金森（Rorden Wilkinson）认为，深入探究当代全球治理有可能更加准确地捕捉全球范围内权力的行使，以及诸多因素在通常情况下与具体问题如何相关联，同时更好地理解全球复杂性，并对贯穿各个历史时期内世界是如何被组织（或管理）的改变路径做出解释。[①] 其对全球治理的探究主要基于以下几个追

① Thomas G. Weiss and Rorden Wilkinson, "Rethinking Global Governance? Complexity, Authority, Power, Change," *International Studies Quarterly*, Vol. 58, No. 1, 2014, pp. 207 - 215.

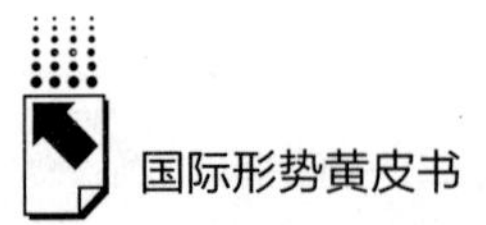

求：第一，应突破这一词语与20世纪后期世界巨变的强大关联，进而明确后冷战时期仅仅是全球治理最为具体和最近的表现，但那种世界组织形式已经并即将在其他新的时期有所不同；第二，应阐明全球权威结构不仅对指挥控制的宏观模式做出解释，也解释了地区、国家和本地系统如何与这一结构相互交叉或排斥，对多层次治理的关注尽管是一个好的开端，但仍不足以解决这一问题；第三，当务之急是探究在这样一个系统内权力行使的多种方式，利益的表达与追求，以及权力与利益作为实质的思想与话语，而这也有助于建立、维护和延续这一系统；第四，应在较长的一段时期内对系统内部和系统本身的变化做出解释，并关注原因、结果与变化的成因。

三大发展支撑着全球治理的基本概念：全球问题的特点、行为体的本质以及国际举措在治理事务上的局限性。由于缺少对全球治理的复杂性、权威和权力行使的方式以及全球组织的观念与物质层面的理解，我们不仅误解了我们所处的世界，也低估了我们对当前秩序做出有益调整的能力。因此，我们不应再忽视全球治理在理解过去、现在及未来变化方面的意义。

从气候变化、移民、流行病到恐怖主义、金融的不稳定性及大规模杀伤性武器的扩散，当前许多非常棘手的问题都具有跨国性特征，而成功解决这些问题需要的不是单边、双边甚至多边行动，而是全球的共同努力。“除了政治，一切都是全球化的。”我们应更好地理解世界曾经如何治理以及当前全球治理的成就与缺失，其中包括理解复杂性如何展开、权威和权力如何行使、变化的观念与物质驱动力及其获益者。这一认知有助于我们了解在改善地球的前景方面应该和能够采取哪些行动。全球问题需要全球性的解决方案。同时，除对企业家、跨境活动家、寻求利润的企业以及跨国社会网络抱乐观希望外，我们应做得更多。尽管这些行为体能够做出重要的贡献，但它们不能消除贫困、解决全球变暖问题、停止大规模暴行。由于缺少全球政府，当前的全球治理存在着一系列局限，为了更好地解决国际社会面临的关键性问题，这些缺失应该且能够通过各种各样的方式进行弥补。同时，我们所采取的基本措施不应脱离当前的现实。然而愿景是必要的，因为历史并非预言。

克雷格·墨菲（Craig N. Murphy）对韦斯和威尔金森的论述提出了两点质疑：第一，关于仅以人的权力、偏好和思想为重点解释贯穿于各时期的变化是否具有可行性；第二，尽管对全球治理的探究跨越了时间的界限，但当今的全球治理与以往任何时候相比都极为不同。[①] 墨菲认为，各个时期内全球治理的假设都有所不同，事实上，国际关系学者需要关注的不仅仅是权力、偏好与思想。那些传统安全学者应将全球治理的重点由战争、军备等领域向气候、地缘、材料技术史等领域转变。当然，既有的关于全球治理的思想与观念在一定时期内发挥着巨大的推动作用，既有的国际机制也为全球治理的发展奠定了坚实的基础。全球治理必须解决的问题也有所不同，而其中一些问题十分严峻，如气候变化。全球治理的探究必须在根本上不同于"战争的呼唤与控制全球化有害方面的尝试"，尽管韦斯和威尔金森很好地描述了这些任务的重要性，但相比仅对全球治理提供粗略的建议，他们可以做得更多。玛莎·芬丽莫尔（Martha Finnemore）认为，对于韦斯和威尔金森提出的问题已有大量前沿的工作正在进行，如全球范围内权力的行使、全球权威的结构、渐增的复杂性、行为体扩散以及变革。[②] 芬丽莫尔认为，韦斯和威尔金森没有提供关于我们已知的"全球权威的结构"及其如何与权力相关联的讨论，也没有论述他们所认为的当前既有理解的缺失。对权力与权威结构进行更加明确的区分，并分析处于这一十字路口的实证问题，可以作为探究两者间关系的可行性路径。一方面，在缺少权威或合法性的前提下，权力的使用在本质上是不稳定的；另一方面，当拥有广泛影响的权威结构失去强大行为体支持的时候，其影响将随之减弱。

而有效的治理（或缺乏有效的治理）如何改变权力和权威结构？由于全球治理在有效性问题上面临着许多普遍的困境，它所带来的各种有意或无意的影响在短期内都难以辨别。当我们寻求"治理"越来越庞大的全球生

① Craig N. Murphy, "Global Governance over the Long Haul," *International Studies Quarterly*, Vol. 58, No. 1, 2014, pp. 216 –218.

② Martha Finnemore, "Dynamics of Global Governance: Building on What We Know," *International Studies Quarterly*, Vol. 58, No. 1, 2014, pp. 221 –224.

活，这一秘诀在世界政治观中十分明确：建立一个机构，抑或依据客观规则和程序专业化或“合理化”行为。全球治理从来不是个人行为。事实上，一个“全球管理者”（global governor）单独行动的政策区域是难以想象的。任何作为结果的政策都可能由许多行为体的权力与权威所塑造，这些行为体都致力于创造新的规则（或改变现有的）并以它们倾向的方式执行政策。对全球治理的概念分析只是一种手段，而不是结果。这一研究使我们了解世界如何联结在一起，也有益于构建我们在全球治理中的共同目标。

二　网络安全与网络战争

网络信息安全在人类生活的各个层次、各个领域内都占据着重要的位置，网络战争（cyberwar）作为网络信息安全的重要命题，可以被视为军事领域内持续革命的最新阶段。近年来相关事件的频发似乎表明，网络战争的时代已经到来，学界对这一命题的讨论也日益多样化，涉及监控（surveillance）、隐私（privacy）、数据保护（data protection）、网络革命（cyber revolution）等诸多概念。

包括“棱镜”（PRISM）项目在内美国政府多个秘密情报监控项目的曝光，证实了其大规模监控对象包括政府、公司、公民以及美国在欧洲和拉丁美洲最亲密的盟友。这一跨国监控行为表明了重新评估当代世界政治实践的必要。齐格蒙特·鲍曼（Zygmunt Bauman）等学者认为，这一争论不应仅局限于美国对世界其他国家或对个人的监控，它反映着更加危险的深层矛盾。[①] 对关系、飞行线、网络、集成与分解、时空收缩与加速、同时性、内在与外在逆转、包容与排斥间渐增的难以琢磨的界限或合法性与非法性以及其他类似概念的日益熟悉，表明了对于新的概念与分析资源的迫切需要。这些收集和共享信息的方法在国家安全需求上有着相互矛盾的影响，在作为本国安全

---

① Zygmunt Bauman, Didier Bigo, Paulo Esteves, Elspeth Guild, Vivienne Jabri, David Lyon and R. B. J. Walker, “After Snowden: Rethinking the Impact of Surveillance,” *International Political Sociology*, Vol. 8, No. 2, 2014, pp. 121 - 144.

防御措施的同时，可能引发巨大的国际争议，也无法避免同他国技术竞争的可能。跨国监控（transnational surveillance）有着一系列负面影响。首先，直接挑战着政治专业人员的权威，这些政治专业人员至少在原则上以及国际秩序的范围内有能力和权力定义国家利益和安全的内容；其次，对隐私理念、通信保密、无罪推定甚至民主的重新配置，这一行为挑战着国家公民的权威；再次，它表明我们所谓的国家安全已经被日益自治的跨国领域内新的情报机构所控制。

2013～2014年，斯诺登事件不仅有着非常重大的政治影响，也引发了深刻的法律问题。关于大规模监控出现了两个相互联系但独立的人权问题：第一，最基本也是最常被忽视的，是每个人的私人和家庭生活被尊重的权利；第二，官方与媒体争论的主题，即国家保护个人数据的职责。国家如何保护其数据是由国家所决定的，而关键在于个人数据必须受到保护，因为个人拥有隐私被尊重的权利。

关于隐私，鲍曼等学者强调了以下四个方面：第一，尽管假设仍然保持广泛而普遍的政治理想，但我们的政治世界既不是国家的，也不是国际的；第二，在整个20世纪，民主最为显著、最具影响力的特征是国家和公民社会之间的区别，以及相关的公共与私人之间的区别；第三，目前有太多的政治分析与争论以安全为起点，仿佛安全是一个独立的问题或原则，甚至是压倒一切的首要原则，即便在所谓的“批判性”文献中也是如此；第四，对保密的盲目需求对于情报和安全机构来说是毁灭性的。

另外存在三个方面的因素可能有助于说明为什么各种形式的监控对于许多人来说似乎是能够被接受的，尽管必须指出，这些因素在特定环境下可能会重叠、加强或削弱对方的影响。首先是熟悉感；其次，许多人认为，恐惧在“9·11”事件后变得更加突出；最后，“有趣的”现象是促进强化监控的重要因素。与通常情况下短暂的媒体关注相比，长期吸引公众的注意力更是某些精明泄密者的成就。未来将出现怎样牵涉更多公众参与的事件，仍然有待关注。

路易丝·埃穆尔（Louise Amoore）指出，当前的安全模式相比于谁可能是嫌疑犯，更加关注谁将成为嫌疑犯；相比在监视名单或警报索引数据库进行一对一的比对，更加重视实时预测分析的信号。① 实际上，数据本身不存在任何意义，直到分析学的关系结构赋予其意义。人们能够非常有效地保护数据，但分析学所能够推断出的意义将限制其生活机会并断送一些潜在的可能性。个人的隐私作为权利的载体能够与保护做出政治主张的能力这一任务相适应吗？假设隐私政治是为了定位空间以挑战"大数据"（big data）的分析，那么首先需要做出的便是对作为权利载体的隐私与作为政治主张的隐私进行区分，明确两者之间的不同。寻求明确的隐私权利必将压缩所有未来主张的空间，在现存的权利制度下，人们还无法依据其经验和生命做出作为其政治需求的主张。

而数据保护不同于隐私保护。罗科·贝拉诺瓦（Rocco Bellanova）将数据保护比作法律拼图，具有不同的形式。② 其中包括作为一项基本权利，一些法律和规定的构成，作为一系列公平信息原则，以及作为欧洲判例法的一部分等。同时还包含许多其他因素，包括机构、组织和技术架构、专家、数据库、处理软件、争议、主张和政策等。数据保护因素在国家的政治体制建设中发挥着重要的作用，有时推进计划安排，有时滋生争议，甚至两者可能会发生在同一时间。数据保护也可能有助于积极展开一些既能够维护国家安全，同时其政治影响又难以被跟踪和处理的举措。但数据保护仍然存在着很多局限，如抢占性安全与电子大规模监控等。为摆脱这些局限，我们应推动数据保护向更加规范化转变。在对安全的政治审视方面，数据保护是一种值得尝试的方法，特别在于它的抢占性与智能上的倾斜。同时，它也是一种介入社会结构的尝试和努力。

网络技术的不断革新为人类带来便捷与舒适，同时也带来诸多安全威胁。在信息时代，国家的安全策略面临着巨大的挑战。卢卡斯·克洛（Lucas

① Louise Amoore, "Security and the Claim to Privacy," *International Political Sociology*, Vol. 8, No. 2, 2014, pp. 108 – 112.

② Rocco Bellanova, "Data Protection, with Love," *International Political Sociology*, Vol. 8, No. 2, 2014, pp. 112 – 115.

Kello）认为，其中最为主要的是正确评估网络武器对安全战略的影响。[①] 据此，他提出了一个问题，即新技术是否需要一场学者与政策制定者们如何看待军事力量与冲突的革命。在对这一问题的解答中，实践者们面临着一系列困境，网络革命所带来的新的机遇与威胁需要即时的政策回应，然而了解其本质及对安全的影响则需要一个长期过程。

由于现存理论的局限性，网络现象的解释需要一个新的经验分析框架，同时需要以对技术革新的专业理解为前提，而基于其科学上的复杂性，需要一定的时间去掌握不断革新的技术所带来的影响。学者与政策制定者们对可能的网络冲突范围知之甚少，而目前也难以确定传统安全机制，如威慑与集体防御，是否适用于这一现象。此外，关于网络进攻和防御的规定仍然不够完善。目前，网络武器水平的增长已经超越了其风险范围内的原则性设计。因此，国际关系与国际安全学者有必要对网络革命做出理论化的评估。除了必须消除网络威胁的压力之外，专业学者在占有所需的分析理论以解决这一问题方面能够发挥特殊的作用。然而几乎没有基于国际安全角度的关于网络问题的系统理论或经验分析。

为深入探析网络冲突的学术研究，克洛论证了三个主要的论点：第一，将网络事件与国际安全研究相结合，对于发展有效政策和推动智力进程是十分必要的；第二，网络技术的科学复杂性与方法论问题并不能够阻挡学术研究的进程，网络研究的新兴领域业已出现；第三，由于网络武器具有非公开的暴力性，其使用不太可能符合传统国家间战争的标准，这一新的力量对国家安全与国际安全有着深刻的影响，扩大了和平与战争概念间可能的伤害与结果的范围。尽管网络革命并没有从根本上改变战争的本质，但在安全研究领域内带来了一系列重要的影响，包括非军事外来威胁与有损经济和社会发展的非传统参与力量。网络武器的力量、网络防御的相关问题及战略不稳定的困境凸显了国际安全的网络威胁。

---

① Lucas Kello, "The Meaning of the Cyber Revolution: Perils to Theory and Statecraft," *International Security*, Vol. 38, No. 2, 2013, pp. 7 – 40.

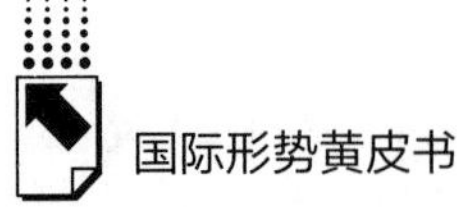

网络研究应从以下三个方面应对网络问题对国际关系理论的挑战：第一，最基本的层面涉及的是基础理论，即学者们对如无政府状态、秩序等基本概念的理解，这有益于确定研究问题的导向，进而寻求更加满意的答案；第二，学者们必须运用其理论工具去模拟、解释，并在可能的情况下推测对手的网络关系；第三，除了阐明实证的网络事件，学者们可以指导政策的制定以影响这些网络事件。网络革命目前仍处于初级阶段，其对理论与实践的影响也必然是暂时的。国际安全的概念工具可能还没有将网络现象引入其中，或者说，这可以作为国际安全理论重建的契机。但无论网络革命预示着什么，继续回避核心问题对于理论和相关政策的发展是十分不利的。

战争在根本上是一个政治过程。对损失的预期影响着国家、集体和个人在面对威胁时将采取怎样的行动。在执行强制或征服的功能上，网络通常是陆地力量的次级替代选择。埃里克·卡扎克（Erik Gartzke）认为，在一个无政府的世界上，网络“战争”不太可能成为竞争的最后仲裁者，因此不应被视为独立于传统暴力的手段。① 那些最初使得互联网极具威胁性的因素同样限制着它的胁迫能力。威胁或诉求要证明有效，目标必须相信不服从会带来攻击，而这一攻击将带来难以想象的损害。

卡扎克进一步说明，为确保网络威胁的可信性，需要告知目标互联网易受攻击，而为保证攻击的有效性则需要对其行动进行保密，这两者之间是相互矛盾的。然而尽管具有可信威胁性和作战效能的网络攻击具有相当的难度，相比强制性威胁，网络战争对于行为体来说仍具有吸引力。关于通过互联网能够实现什么这一问题，存在着关键性的局限。一方面涉及对手如何中断一国的基础设施、通信或军事协调和规划；另一方面是要确保其损害能够转化为国家权力或目标平衡方面长期的变化。网络攻击在大战略方面不太可能显现出特殊的有效性，除非能够对对手实行实质性的、长期的损害。在多数情况下，网络战争通常伴随着陆地军事力量的施行或其他通过网络暂时无

① Erik Gartzke, “The Myth of Cyberwar: Bringing War in Cyberspace Back Down to Earth,” *International Security*, Vol. 38, No. 2, 2013, pp. 41 – 73.

法实现其目标的行为。与此同时，网络战争的主要获益者通常情况下应是那些已经具备陆地军事优势的国家，而非边缘国家或试图改变国际秩序的崛起中的挑战者。根据这一思路，互联网所带来的不是军事上的革命，而仅仅是一种扩大现存国际权力和影响力差距的许诺。

在战争中，战术必须服务于战略，而战略必须服务于大战略。卡扎克指出，网络战争的研究者之所以没能解释互联网如何进行有意义的政治冲突，正是因为它不能履行最终仲裁者的职能，而这在几千年来一直属于躯体暴力的范畴。网络战争是战争发展的新的维度与担忧的来源，但就大战略而言，这仍是一潭死水。即便是最为成功的网络战争形式（如网络间谍）也不能够预示未来战略重点的转变。然而，静态的安全不是真正的安全。当代世界的安全，不论陆地或网络，了解对手的意图比进攻的能力更加重要。由于网络战争更类似于传统战争方式的附属，网络攻击难以使得一国在具有军事实力优势的国家和其他对手中获取战略优势。尽管如此，网络战争在战场的实际应用和同对手的对抗中仍能够作为一项有效而重要的方式，通过改变战争中的攻守平衡进而影响和平与战争的最终结果。

三　中国崛起及影响

中国的和平发展对其自身与国际格局，乃至整个世界秩序都产生了深远的影响。这使得国外学术界对于中国相关议题更加关注，也引发了诸多基于不同视角、不同立场的探索与讨论。

哈佛大学江忆恩（Alastair Iain Johnston）通过明确国际政治中强硬（assertiveness）一词的定义并结合中国冷战结束以来的外交取向做了解释，同时也引发了一场关于如何定义强硬以及中国外交是否具有这一倾向的讨论。①两位中国学者陈定定与蒲晓宇指出，江忆恩的研究之所以在中国外交政策领

① Alastair Iain Johnston, "How New and Assertive Is China's New Assertiveness?" *International Security*, Vol. 37, No. 4, 2013, pp. 7 - 48.

域受到关注，其原因在于以下三个方面：第一，这是领先的中国问题专家对中国新的强硬表现最为全面的研究；第二，其挑战了强硬是前所未有且有意侵略性的这一传统理解；第三，这解决了过高估计来自中国的威胁所带来的潜在问题。[①] 但他们认为，江忆恩对于强硬的定义过于狭隘，此外，他也低估了中国新的强硬表现对于更广泛的外交政策的意义。因此，他们将国际关系中的“强硬”定义为保护一国权利或要求的自信而直接的方式，并将其划分为三种理想的类型，即进攻性强硬、防御性强硬及建设性强硬，且这三种类型并非相互排斥。

在一定意义上，一个更加强硬的中国的出现是难以避免的。其中一个主要的因素在于中国与美国之间权力平衡的改变。尽管中美两国间仍存在巨大的差距，但人们普遍认为，中国将在下一个十年或更早成为世界最大的经济体。中国也在反思其在维护与完善全球规则与规范中的角色。一些证据表明，中国正在悄然调整其长期持有的低调处理外交事务的方式，即“韬光养晦”。同时，中国的国内因素，尤其是民族主义，也在推动着中国向更加强硬的方向发展。但中国的强硬对世界其他国家来说并不见得是坏事。倘若中国开始采取进攻性强硬的外交政策方式，那么便有合理的理由为其担忧，但目前我们基本看不到这方面的证据。恰恰相反，中国的强硬行为一直是防御性和回应式的。即便如此，中国的防御性强硬仍然给地区秩序带来了新的挑战，特别是关于南海与东海的领海争端。东亚在几十年里一直保持和平的秩序，此类争端可能会成为这一地区军事冲突的潜在来源，美国通过其区域联盟体系的介入也可能会使得情况更加复杂。然而目前，尽管一些中国国内的利益意愿是保持不介入，但世界应该鼓励中国采取建设性的强硬措施以应对一系列国际问题。

江忆恩随后对陈定定与蒲晓宇的创新提出了三个问题：第一，关于这一领域是否需要“强硬”这一新的描述符号的问题，他们需要说明为什么领域内现有的类型是不足够的；第二，关于他们的类型划分在逻辑上是否完整

① Dingding Chen and Xiaoyu Pu, Alastair Iain Johnston, “Correspondence: Debating China's Assertiveness,” *International Security*, Vol. 38, No. 3, 2013/14, pp. 176 – 183.

的问题，进攻性、防御性、建设性强硬的类型划分中，缺少在逻辑上与建设性强硬相对应的“破坏性”强硬；第三，关于当前“防御性”与“建设性”强硬（或依据江忆恩对其类型划分的调整，即“防御－建设性”强硬）的静态性问题，他们暗示有可能转向更具进攻性（或破坏性）的强硬，但似乎怀疑这一可能性。江忆恩指出，除了中国内部的合法性问题，中国与美国民族主义的互动也可能导致防御－建设性强硬或进攻－破坏性强硬的出现。可以想象，任何美国应对中国崛起的行为中反华主义的凸显都会使得中国民族主义中的排外倾向更加严峻。在中美关系中，经济的相互依存与共同利益的力量可能会对仇外心理的政治影响产生作用。尽管内外身份分化的力量胜过物质利己主义，但民族仇恨作为一种身份分化极为恶劣的形式，需要双方领导人对之加以警惕。

中国的崛起不仅引发了一系列关于其战略意图的讨论，其崛起对地区、世界带来的影响也成为学界十分关注的问题。在中国崛起的前提下，很多学者提出了关于亚洲未来安全秩序的构想。一些学者看到了地区走向的主要矛盾，并将其归咎为亚洲缺乏欧洲式的具备深度区域一体化、多边机构及共享民主政治的稳定机制，这一观点倾向于预见中国正在寻求地区霸权。另一些学者持审慎乐观的观点，他们预测亚洲正在形成一种由大国协调或中美共同统治的权力平衡秩序。而在更乐观的观点中，中国的崛起被视为中国主导下亚洲地区良性等级秩序的复归，这将带来共同繁荣与和平。最为乐观的是提出了一个地区共同体的前景，这一地区共同体具备经济一体化与多边机构，同时共有的规范与身份规避了战争所带来的风险。阿米塔夫·阿查亚（Amitav Acharya）提出了一种不同的观点，其假设的亚洲地区安全秩序不仅不同于霍布斯式无政府状态的意象，同时也不同于儒家等级制度或康德式社区的美好愿景。①

阿查亚为分析中国的崛起及其对亚洲安全秩序的影响提出了一个新的理论框架。尽管中国的崛起正在重塑亚洲的军事平衡，但该地区也面临同样重

① Amitav Acharya, “Power Shift or Paradigm Shift? China’s Rise and Asia’s Emerging Security Order,” *International Studies Quarterly*, Vol. 58, No. 1, 2014, pp. 158－173.

要和长期的变化，特别是经济相互依存、多边机构与国内政治。这些变化的影响并不能够被学者们用以描述中国崛起影响的不同安全秩序所解释，如无政府状态、等级制度、霸权、协调与共同体。阿查亚将其提出的亚洲安全秩序模型称为“合作安全秩序”（consociational security order），这一模型吸收了不同的理论精髓，如防御性现实主义、制度主义，特别是比较政治学中的合作理论。论证表明，亚洲当前的情况符合合作安全秩序稳定或不稳定的条件。除了为分析中国崛起提供了一个独特的框架，合作安全秩序框架也为决策者和分析家提供了一种判断亚洲安全趋势和方向的分析设计。合作安全秩序并不是一个静态的概念。相对于其他安全秩序，亚洲地区以合作安全秩序为基础的稳定有着更广阔的前景。但其存在的条件也有一定的局限，即这些条件不存在必然的延续性，在某些情况下将会出现逆转，如经济相互依赖程度急剧下降、美国再平衡战略由于政治与预算限制所导致的失败、中国对其邻国放弃克制及东盟的崩溃等。这将使得一个有益于亚洲稳定的合作安全秩序不再可能。

关于中国崛起的另一个重要命题是中美两国在亚洲地区及世界范围内权力的博弈。中国的崛起进程表现出一个重要的信息，即中国不愿再沉湎于过去，而是将重心放在经济现代化与1978年后经济开放政策的收益之上。主导地位、主导权或霸权是当今亚洲国际政治博弈的代名词。中美战略对抗会更加激烈吗？对抗可以平稳转变为更多的合作路径吗？美国应如何回应？霸权转移中的战争是不可避免的吗？这些问题并没有明确的答案。邝云峰（Yuen Foong Khong）通过分析亚伦·弗里德伯格（Aaron L. Friedberg）、休·怀特（Hugh White）与阎学通的作品得出了四个关键性的主题，这四个主题塑造了学者、决策者与舆论制造者们如何理解美国对中国崛起的回应及其对世界秩序影响的思路，包括我们对既有权力分配的设想、中国的战略目标、经济相互依存在亚洲的作用以及民主与政治合法性之间的关系。[①] 这些

① Yuen Foong Khong, “Primacy or World Order? The United States and China's Rise—A Review Essay,” *International Security*, Vol. 38, No. 3, 2014, pp. 153 - 175.

主题并不详尽，但它们几乎涵盖了所有关于中美关系的讨论，特别是美国对中国崛起的回应。邝云峰进而指出了第五个主题——时代，而与弗里德伯格和怀特不同，邝云峰认为时代并非不利于美国。时代对中美两国均有所影响。而如果这些机遇能够被正确理解、恰当把握，和平竞争、共同发展的前景将更加明朗。

中国领导人已经认识到，目前中国没有资格取代美国而成为所谓的亚洲霸主。虽然很难否认的是，中国近年来在东海与南海等领土争端问题上采取了更为果断的行动，但这些行为并不是要取代美国。邝云峰指出，中国领导人将其重心放在内部经济发展上，中国的发展需要一个和平稳定的亚洲，这意味着中国并不急于取代美国。对于美国而言，搁置或妥善解决中美之间的争议问题是审慎的选择，时代也会对美国战胜中国、保持自身霸主地位实力的信心做出最好的检验。伴随时间的推移，美国将可能推动或见证中国的民主化进程，而一个更加民主的中国将更能够接受美国的亚洲霸权。若中美竞赛长期持续，即几十年而非几年，那么中美双方将有机会做出能够弱化竞争矛盾尖锐性的政策尝试，即使无法完全消除这些矛盾。美国转向亚洲的同时，也在某种程度上鼓励了中国寻求自身的“转向西部”（pivot to the west），即中亚、南亚与中东，这不仅能够保障其能源需求，同时能够扩展其战略空间，这样随着时间的推移，其经济与战略的福祉将不再完全依赖于自身在东亚地区的发展。鉴于中美两国在经济投资、能源、反恐、防扩散与地区稳定等方面的共同利益，双方在这些领域内的合作前景会越来越好。在这一过程中，竞争不会消失，但会更多地体现在经济与政治领域，而非军事领域。关于时代的争论并不在于它将如何推动中美两国的利益趋同，而是关于哪一方能够更好地引领其国内政治、经济、科技、文化资源实现其大战略，以一种适应于亚洲和世界其他地区的领导方式，促进其成为或保持霸权地位。

四　国际关系理论的发展与走向

所有学科都要经历停滞与变革的阶段。通过大辩论的过程，国际关系理

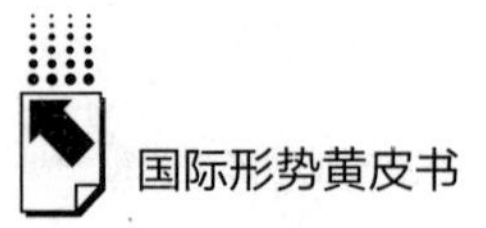

论的内在变革得以被辨识与理解。不论这一说法是否准确捕捉到学科发展的细节，但很显然，辩论中的思想仍然以十分重要的途径塑造着国际关系学科。在许多方面，理论的角色、地位与作用已成为所有大辩论中不可分割的一部分。因此，国际关系理论的未来走向成为关系学科发展的关键性问题，关于这一议题的讨论也在逐步深入。

国际关系作为一门涉及广泛的学科，理论的定义、角色与作用必然会成为最具争议性的问题。研究内容的绝对多样性与复杂性使得关于最重要的因素是什么，以及探究应如何进行等问题产生多维的视角。理论拥有不同的类型，而不同类型的理论则具有不同的目的。通常情况下，关于学科内多元主义的担忧来源于一个毫无根据的信念，即考虑到即使它们覆盖同一目标领域，不同理论所着重的仍是非常不同的内容，那么一个或多个理论便难以很好地结合。在最基本的层面上，国际关系领域的不同理论流派至少在一点上保持一致，它们都认为理论应被理解为对复杂现实的抽象，并试图在研究中对现象进行归纳。一个不能否认的事实是，相比过去而言，目前在国际关系领域出现了更多已被确认的理论方向。蒂姆·邓恩（Tim Dunne）、琳恩·汉森（Lene Hansen）与科林·怀特（Colin Wight）认为，理论不断增加主要基于以下几方面因素：第一，新的历史环境需要新的用以分析的概念工具，使得学术领域出现理论数量上升的现象；第二，另一个能够解释理论增加现象的原因是对于引入其他同类学科理论的尝试；第三，学科自身的发展也对理论的增加起到了促进的作用。① 通过对当前国际关系领域内不同类型理论的辨识能够得出，在本学科内所存在的理论可能要多于研究者所相信的。而就这一点而言，理论数量的发展似乎暗示着国际关系理论并非正在走向衰落，但理解这些不同类型理论的重要性绝不仅限于对这一问题的简单回应。

根据以上讨论能够得出一个明显的推论，目前国际关系领域在适当理论的构成问题上依然没有达成共识。但很显然，在过去 30 年左右的时间里，国

① Tim Dunne, Lene Hansen and Colin Wight, "The end of International Relations theory?" *European Journal of International Relations*, Vol. 19, No. 3, 2013, pp. 405 -425.

际关系理论化的特征已经改变。了解学科如何发展并不是简单的文本数量问题，而是那些通过被阅读、被引用，进而对学术体系的建设做出贡献且对社会学意义重大的特定文本。问题不在于国际关系理论是否正在走向衰落，而是致力于“元”辩论（“meta”debate）的相关工作是否正在走向终结。其中一条出路是考虑国际关系的关键假设能够在何种程度上为始于“真实的世界”的具体事件所显示，并认识到其形态是通过我们的理论假设所介导。

理论的问题同样暗示了“交流”（覆盖广泛，如从对话到战争）与这一领域内更加宽泛的社会学，包括国际关系的教授方式以及怎样的课题能够获得资助。理论工作可以被简单理解为沟通的渠道。对于那些关于国际关系理论正在走向衰落的忧虑，更准确地说，包括直接的理论工作以及范式之间的讨论正在减少，这一忧虑同样涉及多学科之间交流的缺乏。特别是方法论的专业化不仅正在取代理论发展的地位，同时也在影响着理论间交流的重要地位。国际关系理论是否正在衰落这一问题不只包含理论的衰落，更引发了国际关系是否正在走向衰落的问题。尽管不论是作为一门学科抑或分支学科，国际关系一直作为一个固有的研究领域，但这一地位既不是必然的，也并不高于其他学科。国际关系与其他领域研究之间的关系十分复杂，不应过于强调其比较优势。邓恩等认为，在我们所认为的国际关系理论引导的未来中，我们应关注以下两个问题：第一，我们习惯于通过自身所认为的理论视角去看待“真实的世界”，还需要不断探索那些如过程与目标等当前我们所持有的视角无法看到的东西；第二，一个长期存在的问题是，如果“国际”（international）这一概念真的有终点，那么它何时开始或结束。不同的主义或范式会对以上问题有不同的回答。

在过去的十年中，一些非常重要的国际关系理论著作得以出版，关于这一领域究竟是否出现危机的论证表明，这一表现源于拒绝参与“真实的世界”中的具体问题，而非缺乏任何理论的想象力。尽管一般的国际关系理论都发展得十分健全，但这不应被视为国际关系学科的重要性高于更广泛的社会科学的依据，更不应将相对较低的地位作为引入其他不严谨的思想的理由。近来大量的现代著作是基于“揭示世界”（world-revealing），很少是基于“行为

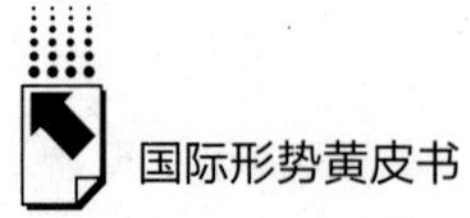

引导”（action-guiding）的，这可能会产生不良后果，但通过对近年来国际关系理论的变革及其在现实中的应用进行探析，克里斯·布朗（Chris Brown）指出，主流理论对于具体事务能够起到一定的作用，但仍然存在一些理论家尚未解决的问题，这表明了国际关系领域对于新思维的迫切需要。[①]

由于直接关注紧迫的社会问题，到目前为止这将是“解决问题”（problem-solving）的理论，但由于它没有将这些问题作为固有的定义，这也将是“批判理论”（critical theory）。简而言之，它将罗伯特·考克斯（Robert Cox）提出的两种理论模式压缩为一个，考克斯的主张满足了20世纪70年代与80年代背景下应对建立导向理论的霸权而非改变现状的需求，但批判理论的本义是推动人类解放的理论，为实现这一任务，在更广泛的意义上解决问题是至关重要的。布朗认为，形成大理论（Grand Theory）的愿望不应被摒弃，但这一理论必须在坚持揭示世界的同时以行为引导为导向；但不幸的是，目前绝大多数的国际关系大理论并不具备这一特征。

当代国际关系一直经历着学科改革的重大压力。冷战的结束与第三次“大辩论”（或第四次范式间“大辩论”）使得这一领域远远超出了当时由各种现实主义、自由主义、制度主义（加上欧洲的马克思主义）构成的狭窄边界。克莉丝汀·希尔维斯特（Christine Sylvester）认为，国际关系领域目前因一系列新的核心、主题与兴趣层出不穷而碎片化和多元化，忽略了原有的方法并以其认为合适的方式辨别和研究国际关系。[②] 可以说，国际关系研究基本与国际关系中的实时事件保持同步，同时，国际关系研究同现实相比，总是更加非合意性、非范例化且具有分歧的。希尔维斯特将过去国际关系领域的核心概念——战争作为研究主题以评估目前的国际关系研究，并提出在这一关键领域是否出现新的事物、这一主题是否业已衰落，或正如英国人所说的，战争是否仍然是老样子等问题。战争仍然是个人的、经验性的，

---

① Chris Brown, “The Poverty of Grand Theory,” *European Journal of International Relations*, Vol. 19, No. 3, 2013, pp. 483 – 497.

② Christine Sylvester, “Experiencing the End and Afterlives of International Relations/Theory,” *European Journal of International Relations*, Vol. 19, No. 3, 2013, pp. 609 – 626.

同时因其与地区和全球组织、身份政治及机构之间的交织而更加复杂。根据对于战争这一主题的论证可以得出，对于传统国际关系核心概念的探讨有益于推动理论化的持续性并激发理论的创新，但同时，这需要科学的方法与开放的思维。

国际关系研究并非正在衰落，部分领域才刚刚起步。希尔维斯特指出，国际关系的发展面临三重挑战：第一，在不同学派之间推进知识资源的共享，尽管其有效性有所降低；第二，基于政策方案推动不太可能和意想不到的联盟的形成；第三，最重要的是，更多地关注普通人的国际关系领域，他们正在成为掌握时代脉搏的关键性力量。尽管当今世界为人们提供了便捷的沟通技术，但国际关系研究与超越国际关系之外的力量之间的互动却十分困难。新的理论研究兴趣应转向而非远离如战争等对全世界人民至关重要的主题，向人类的转向是对去政治化抽象的远离；同时，尊重传统国际关系理论的重要性，而不是仅仅着重于研究课题与方法论的创新。

五　第一次世界大战的教训与启示

距离第一次世界大战的爆发已有百年。作为首次波及亿万人口的全球战争，一战不仅在当时重塑了欧洲政治版图，对后世的国际格局也产生了深远的影响。一战百年引发了关于这一重要历史事件的集中讨论，也使得“战争”作为传统国际政治理论的核心概念再次衍生出一系列新的启示。

或许相较于一战，再没有任何冲突能够成为更多学者关注的焦点。欧洲各国如何且为何放弃和平共处转而开始长达四年之久的武装敌对，并以数以千万的生命的结束以及几个帝国王朝的衰落为终结，长期以来一直令历史学家与国际关系学者着迷。今天的欧洲似乎早已远离了一个世纪前其所处的境况。如果要进行区分的话，与战争工具相比，大多数欧洲国家目前似乎更加关注金融工具所可能带来的损失。在全球范围内，现代武器拥有早期武器无法比拟的破坏力，因此一些学者认为，大国战争已经过时。此外，国际社会已经建立许多国际机构、论坛与协商机制以引导冲突由战场转向会议室。然而，那一时期的大国关系不仅吸引着国际关系学者，正如史蒂文·米勒（Steven Miller）与肖恩·林恩琼斯（Sean Lynn-Jones）所观察到的，它们仍在继续“困扰”（haunt），因为“它们不得不使人怀疑我们在一个饱受持续战争风险的国际环境中进行国家安全事务的能力”。在某种程度上，这些疑虑假定世界再次进入了一个具有显著模糊性的时代。庄嘉颖（Ja Ian Chong）与托德·霍尔（Todd H. Hall）认为，这种模糊性的来源可能最主要的是中国经济与军事实力的增长，其发展为大国特别是中美之间的战略关系引入了不确定性，并在暗示着历史可能远未结束。①

审视一战前的历史能够深刻洞察那些特殊类型的动因，这些动因会增加国家间摩擦的可能并破坏地区稳定。庄与霍尔表明，三种动因证明最具警示性：第一，误判概率的提高，以及一个复杂、不对称安全承诺网络所引发的冲突加剧；第二，民族主义压力下妥协与灵活性余地的减少；第三，尖锐的仇恨、固化的定位，以及反复出现的危机所具有的威慑力下反常的缓和。这些动因在一战前夕的国家间关系中并不独特，而是有着积累了数十年研究的大量相关事件的经验数据。更好地理解导致紧张、危机及事件升级的机制能够反过来帮助决策者探索更好的方式以处理分歧、避免紧张局势失控以及防止冲突的发生。我们必须意识到，对于危险的辨别并不等同于获得简单的解决方法。一战的教训告诉我们，仅仅防止危机扩散是不够的，创造持久的机制安排才是最佳选择。地区行为体应通过回避主权争端或通过法律途径缓和政治紧张的方式避免将分歧转化为国家荣誉和政权合法性问题。对目前的东亚地区而言，需要强大而一致的外交压力推动冲突的解决走上正确轨道。在不断增加的安全承诺网络引发一场复杂的未来危机并转化为地区冲突之前，各国必须采取行动。

1914 年欧洲走向战争的一个重要原因是，所有的大陆强国都认为这是一个有利于战斗的时刻，并对推迟这一战斗持悲观态度。从表面上看，这个

① Ja Ian Chong and Todd H. Hall, “The Lessons of 1914 for East Asia Today: Missing the Trees for the Forest,” *International Security*, Vol. 39, No. 1, 2014, pp. 7–43.

解释是一个悖论。不过，任一相关国家都有表面上似是而非的理由使人相信这一解释是真的。关于各国的经济与军事实力、可能的战争计划、国内的政治限制等基本事实或多或少可作为常识。在战争事件中会发生什么则充满了巨大的不确定性，但这种很大程度上的共享未知并不包括私有信息的巨大不对称性。此外，各国的主要政治家会将失败与社会动乱划入考虑的可能范围之内。杰克·施耐德（Jack Snyder）认为，1914 年战略与政治局势的几方面因素引发了同时出现战争紧迫性的悖论，其中有三点值得强调：第一，威廉·沃尔弗斯（William Wohlforth）所提出的权力平衡的许可条件，这使得各国能够在输赢都有可能的情况下对具体条件做出设想；第二，斯蒂芬·范·埃弗拉（Stephen Van Evera）关于进攻、防御与战争的原因的主张；第三，欧洲的政治精英们关注本国的社会分化、派系复杂化、摇摇欲坠的政府体制以及自身脆弱的合法性。①

通过阐释 1914 年欧洲战争爆发的悖论，施耐德提出了一个疑问：这些思考对认识由中国的经济与地缘政治崛起所引发的未来权力转移有何启示？一种过于简单的现实主义对这一问题的解释是希望崛起国保持低调，直至其发展为强势的一方，而实力相对下降的一方决定在抵达交叉点前是否启动全面预防性战争。1914 年的案例表明，权力转移的动因可能更加复杂。实力相对下降的一方可能通过领土遏制、地区联盟、控制经济与军事命脉，以及除大规模战争以外的强制手段试图阻止权力的转移。这种可能性也许会赋予崛起的一方通过边缘政策维持崛起、军备竞赛及以强制性外交政策突破对方包围的努力等任务。在这一过程中，第二次机会的出现可能会主导对于摊牌最佳时机的思考。这些机会可能包括对联盟团结程度的测度（例如，当日本同韩国进行合作时为美国创造的机会，或相反的，为中国扩大美国与台湾地区之间的裂痕所创造的机会）；阻止即将到来的核武器扩散的需要（由日本、韩国或中国台湾），这将使中国和美国同时加速摊牌；可能会出现的台

① Jack Snyder, "Better Now Than Later: The Paradox of 1914 as Everyone's Favored Year for War," *International Security*, Vol. 39, No. 1, 2014, pp. 71 – 94.

湾地区对国家主权的宣示；或已知的先发优势与由朝鲜政权崩溃所引发的朝鲜半岛安全困境之间的互动。这些第二次机会的出现可能会导致中国在其崛起道路上行之“过早”。在这样的情形下，谈判的失败不仅通过私有信息、承诺困境及不可分割导致代价巨大的战争，由于不同国家特有的战略文化、过分关注自身的联盟困境、自利的军事组织特性与重点、国际姿态的国内政治影响及行为者与观察者在因果性归因方面的结构性差异，战略上与谈判中的权衡也会出现分歧。尽管今天的世界同1914年相比在许多方面有着很大的不同，但这些普遍存在的问题可能仍会引发矛盾的结论，即目前发动一场战争对于各方来说似乎都好过等待战争在之后来临。

一战的百年纪念引发了一些学者对于1914年的德国与2014年的中国以及过去与现在的全球化之间的比较，但在两对比较对象之间都存在重要的差异。伊特尔·索林根（Etel Solingen）提出了两个相互关联的核心主张：第一，尽管假定的修正主义挑战者——德国与中国，在国内联盟模型上存在着明显的相似之处，但关键性的差异否定了简单的类比；第二，一些观察者可能会对夸大中国与德国的相似之处提出质疑。[①] 索林根进一步指出，通过论证比较对象之间的主要差异可以得出，两者间不能够进行简单的类比，而以此为依据预测战争（如战争本身）必然是有风险的。

对于第一次世界大战根源的辩论可能会持续到历史的终结，甚至关于是否有国家渴望战争抑或所有国家都渴望战争等问题都难以达成共识。当代世界政治不是一个独立的事件，尤其不能独立于第一次、第二次世界大战与冷战。20世纪的历史对于当下的国际格局有着深远的影响，这一遗产是否会导向战争机制的深刻变革取决于我们能否在第一次世界大战的进程中吸取教训。将2014年的中国等同于1914年的德国，这一观点既不准确，也不具建设性意义。当时与现在之间非历史性的类比并不客观，并且可能向行为体灌输国际行为上错误且危险的设定。在假定的战争倾向遗留与和平共处之间的

① Etel Solingen, “Domestic Coalitions, Internationalization, and War: Then and Now,” *International Security*, Vol. 39, No. 1, 2014, pp. 44 - 70.

抉择依然存在，而联盟对于这一抉择至关重要。当今世界可能有很多与第一次世界大战时的相似之处，但更多的是不同，我们必须确保两者之间的差异不再缩小，这需要各国积极而有效的合作。

结　语

本文对一年以来国际关系主流期刊上的文章进行了梳理，从中可以看出学科发展的一些新趋势：全球治理问题越来越受到学界的关注，伴随对这一命题讨论的深入，其相关概念与具体路径的研究也更加明确和完善；网络安全与网络战争作为安全领域的新课题，在理论研究与现实研究中所占的比重明显上升，热点事件成为促发相关研究的重要契机；中国的崛起仍然是十分重要的研究议题，其崛起对中国自身及其所处的亚洲乃至整个世界格局的影响都备受关注，出现了一系列基于不同视角、不同立场的讨论；国际关系理论研究进一步深化，对理论的核心价值、现实意义、多元发展等问题的认识更加审慎客观；在具体研究中更加倾向于理论与实际、历史与现实的理性互动。这些新趋势值得国内学界关注。

Y.19

2014年国际政治思潮评述

——全球右翼崛起值得警惕

彭成义*

摘　要：2014年国际政治思潮领域注定是波澜诡谲。其最显著的特点或是右翼势力的广泛崛起。邻国日本自不用说，其政治仍旧在右倾化的危险道路上疾驰。这在日本安倍政权的解释性修宪、否定和美化侵略历史、强调外来威胁并积极加强军备及新民族主义的兴起等方面都有所体现。在欧洲，欧盟议会的选举结果见证了极右势力在欧洲政治版图中异军突起。乌克兰危机背后也是极右势力在推波助澜，由乌克兰危机导致的俄罗斯与西方的紧张关系则引发了对新冷战是否上演的争论。总之，过去一年国际政治思潮领域可谓明流暗流争相涌动，而全球右翼的崛起是其中最为突出的现象，并值得我们高度警惕。

关键词：左右翼　日本右倾化　欧盟议会选举　新冷战

一　左右翼概念框架

这里选择左右翼的视角框架有几点原因。第一，跟踪把握国际政治思潮

* 彭成义，中国社会科学院世界经济与政治研究所助理研究员，之前获国家资助在国外取得政治学本硕博学位，其研究领域为国际政治思潮、全球政治理论、中国对外战略等。

变化，很重要的是要有一个基本的参照系统。其中政治光谱（political spectrum）是一个很有用的工具，而大多数政治光谱都包括两大派，即左翼和右翼，恰如地图的南北极一样。第二，我们这里的目的是宏观扫描全球过去一年的政治思潮变化，所需的框架不宜太细，否则很容易陷入“只见树木不见森林”的境地。第三，对于国人来说，过去一年国际上的思潮听得最多的或许是日本右翼的崛起，欧盟议会选举中极右势力的大胜，以及新冷战思维的苗头，等等。为便利起见，本文选取左右翼的视角框架去审视过去一年国际政治思潮的变化。

何为左右翼？这是一个看似简单实质很难回答清楚的一个问题。按百科全书，左翼和右翼是描述一个政治集团内部持不同政治主张的派别，其中“左翼”一般主张把旧的意识形态和制度革除，从而建立新的意识形态和制度，所以激进者通常自认为是左翼；而“右翼”通常比较保守，强调维护旧有传统，所以历史上的保皇党一般自认为右翼。左翼与右翼都是相对而言的，在不同时期不同国别可能有不同的内涵，不能以静态的“主义”或者“阶级”来划分。现在大家看到“左翼”“右翼”概念时可能会想到如下一些观点。

强调公平的结果属左，公平的程序属右；反对自由市场造成的不均等属左，而接受之则属右；偏好“大政府”属左，偏好“小政府”属右；平等属左，自由属右；一个现世政府属左，一个宗教政府属右；集体主义属左，个人主义属右；革新属左，保守属右；支持跨国家团体属左，仅支持独立国家和政府属右；国际主义世界观属左，国家利益至上属右；认为人性和社会可变的属左，认为它们固定的属右；社会主义属左，资本主义属右。

很明显，这些概述独立于具体的时间和空间，所以在具体讨论的时候可能没有太多的意义。也正是因为此，我们需要在回顾左右翼政治的历史脉络中去把握左右翼的政治框架。左右翼政治大致可以分为三个阶段。

第一为传统政治阶段，也是左右翼概念兴起的阶段。左翼和右翼的称呼最初起源于18世纪末的法国大革命。在大革命期间的各种立法议会里，尤其是1791年的法国制宪议会上，温和派的保王党人都坐在议场的右边，而激进的革命党人都坐在左边，从此便产生了“左翼”“右翼”两种称呼。在左右翼概念启用的初期，这个政治光谱的定义是以人们对“旧政权”（Ancien Régime）的态度为判断标准，其中“右翼”代表着支持贵族和教权的利益，而“左翼”则代表反对这些阶级的利益。在当时，支持自由放任资本主义的人也被视为左翼，当然这个在今天已经有了180度的变化。随后，法国国内有关左翼和右翼的政治光谱概念开始流传至欧洲各地，不过在英语世界的国家使用此概念来描述本国政治是到20世纪的事情。

第二为资本主义蓬勃发展的阶段。这一阶段随着工业革命如火如荼地展开，主导历史走向的重心逐渐从原来的贵族阶级向资产阶级转移，这导致了左右翼内涵的相应变化。在前一个时代被称属左翼的资产阶级如今成了右翼的核心，而反对资本主义的工人阶级则成了左翼。随着工人阶级追求的社会主义成分的逐渐增加，尤其是马克思的共产主义政策被广泛采用，“左翼”一词已经被广泛限定为称呼共产主义者或者社会主义者。而另一边主张自由放任资本主义的观点则被视为右翼，并且其中支持极端君主主义和神权政治成分则越来越罕见，在今日的西方国家几乎已经不存在。

第三为后冷战阶段。冷战结束后，国际上支持社会主义的势力受到严重挫折，“左翼”力量陷入低潮，相应地这个概念开始很少再用作形容那些支持老挝、朝鲜、中国的人。不过这一名词依然可以用作称呼许多社会主义的分支，这一名词也经常用以称呼某些形式的参与型经济甚或是绿色政治的支持者。而与此同时，西方则见证了右翼民粹主义的兴起。右翼民粹主义，又称右翼平民主义（Right-wing populism），是一套拒绝现有政治共识，结合自由放任自由主义与反精英主义的政治理念。之所以称为右翼是因为他们拒绝社会平等与相关的政府方案、反对社会融合以及隐含的排外主义思想。20世纪90年代起，右派民粹主义政党开始在加拿大、挪威、法国、以色列、俄罗斯、罗马尼亚与智利等各民主政体国家成立，并在瑞士、奥地利、荷兰、新西兰与意大利等国成功进入联合政府。虽然美国右翼运动被分开研究，但部分作家认为他们所称的“激进右翼”是差不多的概念。其他一些相近概念还有极右派、极端右派、新右派、反移民、新纳粹、新法西斯、反伊斯兰、民族主义、抗议种族多元、威权主义、反主流政党、极端民族主义或新自由主义、自由意志主义，等等。① 虽然名称各异，他们共同的特性是在左右光谱中都较其他政党更为右倾。

二　日本继续在右倾化的危险道路上疾驰

对于国际政治思潮，过去一年对于国人影响最大的莫过于日本右翼的快速发展。因为日本右翼的崛起与修订其和平宪法、否定其侵华历史等有关，所以其一举一动都在中国的高度跟踪与关注之下。这里首先从日本开始，扫描全球过去一年主要的政治思潮变化。

对于日本右翼的崛起，我们见得比较多的概念是日本政治的右倾化。这种现象从20世纪90年代中期中日关系出现战略紧张开始受到国内各界的关注，有关日本政治右倾化的说法频繁见诸报端舆论，尤其在中日出现摩擦或冲突的时候，对日本政治右倾化的报道更是急剧增加。那么何为日本政治的右倾化呢？借用北京大学梁云祥教授的界定，日本政治右倾化主要是指战后日本保守政治势力一直坚持的一种政治理念，以及冷战结束前后在日本国际地位提高及日本国内革新势力衰落与保守势力增长这一基本政治生态下，日本政府所采取的一系列维护其固有价值或传统，并宣扬、激发其民族主义的政策，以及日本民众对此加以迎合或接受的一种社会思潮，主要包括试图修宪以追求成为正常国家，重新认识历史以彻底摆脱战败国地位，新民族主义兴起，等等。②

所以日本政治的右倾化是从20世纪80年代开始的，当时的日本首相中曾根康弘受美国“里根主义”和英国“撒切尔主义”的新保守主义的

① Pippa Norris, *Radical Right: Voters and Parties in the Electoral Market*, Cambridge, UK: Cambridge University Press, 2005, p. 44.

② 梁云祥：《日本政治右倾化与中日关系》，《国际政治研究》2014年第2期，第36页。

影响，提出“政治总决算”和“政治大国化”的内政外交政策。这些政策的核心是在日本成为经济强国后，希图通过坚持和强调西方的固有价值观念和消除战败国地位的阴影来恢复日本民族的自信，增强日本民众的国家主义和民族主义意识，在国际政治中提升日本的地位。20 世纪 90 年代以后，这一思潮中又增加了新民族主义的成分，使得日本政治越加右倾化。

从上可见日本政治的右倾化有其长期的政治理念追求，并在合适的社会思潮环境下通过相应的政策表现出来。自从 2012 年安倍带领的自民党再次执掌政权，日本政治的右倾化开始出现快速发展，并体现在如下一些方面。

（一）解释性修订和平宪法

日本现行宪法是第二次世界大战后由美国主导制定的一部宪法，其主要目的是削弱和改造日本，并体现当时国际社会和日本国民的和平愿望。其中第九条规定日本“永远放弃以国权发动的战争、武力威胁或行使武力作为解决国际争端的手段”“不保持陆海空军及其他战争力量，不承认国家的交战权”，这使其以“和平宪法”著称。不过自从日本独立起，日本社会的右翼势力就一直主张修改宪法，只是由于各种势力的牵制，一直未能如愿，但是这种呼声在日本社会中一直也在默默地发展壮大。到 20 世纪 90 年代末期，日本国会内部成立“宪法调查会”，就修宪问题进行探讨。进入 21 世纪后，有日本媒体调查显示赞成修宪的人已经超过一半。①2012 年 4 月，自民党提出《宪法修正草案》，其中就宪法前言和包括第九条在内的众多内容进行了重大修改。2012 年 9 月，安倍在竞选自民党总裁时曾表态：“要建设一个强大日本，就是要不惜一切维护领土、必须打破战后体制，完成修宪。”2012 年 12 月安倍新政府上台后，即将修宪作为一

① 如 2001 年 3 月日本《读卖新闻》的调查显示有 54.1% 的人赞成修宪。参见〔日〕读卖新闻社舆论调查部编《日本的舆论》，东京：弘文堂，2002，第 477 页。

项重要的政治议程进行推进。因为修宪存在诸多法律程序的障碍，安倍政府则在“集体自卫权”问题上着手，并于7月1日以内阁决议的形式解禁了“集体自卫权”，并拟在此基础上修改《日美防卫合作指针》，并于12月公布。

（二）否认或美化侵略战争历史

战后的日本社会一直存在否认或美化侵略历史的政治势力，不过在20世纪80年代以前并没有成为主要的现象。从80年代开始，随着日本经济的崛起及对政治大国的追求，否认或美化侵略战争的声音和行动也日渐增多，比如多名日本政治家公开否认日本参加第二次世界大战是侵略行为，甚至认为这场战争是自卫战争和解放亚洲的战争，并否认“南京大屠杀”等历史事件。这也是为什么至今仍然常常出现“参拜靖国神社问题”“历史教科书问题”“慰安妇问题”等。安倍执政后，其表现出要否定“河野谈话”和“村山谈话”的意向，并准备重新发表一个“前瞻谈话”。[①] 他任命下村博文为文部科学相，任命稻田朋美为行政改革担当大臣就是一些例子。前者否定强征慰安妇的存在，后者曾经出书否认南京大屠杀，反对东京审判结果，并鼓吹侵华日军两个军官在南京的“杀人比赛”是虚构等。2013年4月23日，安倍甚至对国会说不能将日本战时占领亚洲其他国家视为“侵略”，只是后来遭到中韩的批评才收回了他的评论。安倍于2013年12月26日执政一周年之际，参拜了供奉日本战争亡灵包括东京审判中被判甲级战争罪战犯的靖国神社。2014年4月，在为追悼作为甲乙丙级战犯被处决的原日军军人的法事中，安倍又以自民党总裁的名义发送书面哀悼信。凡此种种，都显示了日本安倍当局否认和美化侵略战争历史的行径。

---

① “河野谈话”是指1993年8月4日，时任日本政府内阁官房长官的河野洋平代表日本政府发表了有关“慰安妇”问题的调查结果，承认当年日本军队存在强征慰安妇，并表示诚挚道歉和反省，表示要通过历史教育，让人们永远记住，绝不再犯这样的错误；“村山谈话”则是指1995年8月15日，日本首相村山富市就历史问题发表正式谈话，承认日本对外殖民统治和侵略的历史，对日本给各国人民带来的巨大伤害和痛苦表示深刻的反省和由衷的歉意，并表示为避免以后发生错误，应谦虚地接受历史事实。

（三）强调外来威胁并积极加强军备

安倍执政后开始渲染外来威胁并大幅度提升军力水平，并开展了“地球仪外交”和打造“自由之弧”战略。在安倍第二任期的第一年，即2013年，安倍建议日本从“消极和平主义”转变为“积极和平主义”，鼓励日本为世界和平与国际合作做更多贡献。随后他建立了日本国家安全委员会（NSC），并于2013年12月17日通过了首个《国家安全保障战略》，以及基于这一战略编制的新版《防卫计划大纲》和《中期防卫力整备计划》。日本2013年的国防预算增加3%（2014年在此基础上继续增长），这是日本11年来首次公开提高国防预算。日本内阁也于4月1日决定通过“防卫装备转移三原则”，大幅放宽对外输出日本武器装备和军事技术的条件。与此同时，安倍展开了他的“地球仪外交”，在上任不到两年的时间里就打破了之前首相出访国家最多的纪录，达到49个，并且还计划访问中亚和北非，访问国数将进一步增加。在其“地球仪外交”理念支配下，安倍已先后访问了中东、非洲、欧洲、大洋洲等多个国家地区，而且不遗余力地宣扬“中国威胁论”并打造围堵中国的“自由繁荣之弧”战略。

（四）新民族主义的兴起

日本的民族主义曾在19世纪明治维新后得到空前发展，成为对外侵略扩张的重要社会基础，但在二战后受到极大限制并逐渐式微。在日本经济实现腾飞并成为世界经济大国，尤其是在20世纪80年代成为名副其实的世界第二经济大国之后，日本的民族自信心得到一定程度的恢复，民族主义思潮也重新抬头。其代表性事件就是1989年由石原慎太郎等人所著《日本可以说“不”》一书的出版，以及连续出版的《日本还要说“不”》《日本坚决说“不”》等。通过这些极端强硬的主张或诉求，可以看出日本新民族主义的兴起同当时日本泡沫经济处于顶峰时期的社会心态有关。

但好景不长，20 世纪 90 年代，日本泡沫经济崩溃，其经济再度与美国拉大距离，紧接着日本政坛又进入一个全面动荡的时期。面对日本国内政局动荡和经济相对停滞缓慢的状况，以及中国经济的快速发展及其国内民族主义的兴起，日本的新民族主义不但没有停止脚步，反而得到进一步的强化。不过这一时期日本的新民族主义已经不再是建立在自信的基础之上，而是由于再次被美国抛在后面并被中国追赶甚至超越而遭受冲击和挫折后所产生的强烈反弹。这时的民族自信于是转向强调日本民族及其传统文化的优越性，并旨在凝聚日本民族的集体意识。而且，这一股政治思潮往往同极端右翼思潮联系在一起，不但同样也否认或美化日本过去的侵略战争历史和反对战争道歉，主张修改和平宪法，甚至还有一些极端民族主义者大肆鼓吹所谓皇国史观，试图重新建立以天皇为中心的国家体制。

此外，新民族主义者还具有排外意识，将目前日本经济衰落和社会治安恶化归咎于外国人，并且拒绝外国对日本的一些批评，例如，将国外对日本政治家参拜靖国神社的指责视为干涉内政等。近年来日本新民族主义的政治势力正在逐渐进入日本政治的决策过程中，例如，在 2012 年 12 月举行的日本众议院选举中，成立不久的具有强烈新民族主义色彩的“日本维新会”一举夺得 480 个议席中的 54 个议席，成为仅次于自民党和民主党的日本第三大党。事实上，在国外，日本维新会联合代表石原慎太郎被视为极右政治家，维新会也被称为“极右政党”。它与欧洲极右政党的共同点是民族主义和排外主义。

三　欧洲极右翼的崛起

因为日本与中国一衣带水的缘故以及历史遗留下来的领土争端问题，日本右翼的发展在我国引起的关注恐怕是所有国际右翼兴起现象中最多的。不过日本右翼的兴起在全球层面则未引起太多关注，在国外的政界、学界和媒介中很少看到相关的文章与讨论，这或许和其争取“正常化”的说辞有关。相反，在全球层面影响最大的莫过于欧洲右翼的突飞猛进的发展。事实上，欧洲意识形态领域吸引眼球的不仅仅是右翼的兴起，而是极右翼的异军突起。这在2014年5月欧盟议会的选举结果中就可见一斑。这一节将对欧盟的极右翼势力发展做一回顾和梳理。

（一）欧洲极右势力的今生前世

欧洲的极端右翼组织就像一个庞大复杂的政治世界，流派众多，分布在几乎所有欧洲国家。其中有新纳粹主义、新法西斯主义、革命民族主义、农业保守主义、激进新自由主义、反犹太主义、仇视伊斯兰主义、否定主义、保守基督教主义、传统主义，等等。有些流派直接参政，有些则在较为模糊的文化领域（语言、考古、文学创作等）中开展活动。在西欧国家中发展起来的流派和在东欧国家中发展的流派不同，甚至欧盟内的国家和请求加入欧盟的国家中极右组织也有差异。匈牙利、俄罗斯、罗马尼亚、塞尔维亚的极右派有一些自己的特点，比如民族主义色彩严重，并且与19世纪或者与第一次世界大战协议有关系。欧洲经济体地区的极右派通常可分为三种：明确反民主的老式传统极右派；源于反政府和排外运动，谴责精英阶层与平民之间的隔阂与联系中断的新极右派；将在民主体制中的执政诉求与明确反体制的立场和意识形态结合起来的混合派。

欧洲极右翼政党和组织的发展通常可以分为四个时期或者阶段。第一阶段，二战或者纳粹和法西斯制度刚刚结束时期。这一时期的特点是延续了德国国家社会主义和意大利法西斯主义的思想，其中较为著名的组织有德国社会主义帝国党和奥地利的独立者联盟。第二阶段是20世纪50年代至70年代中期。这一阶段诞生的政党意识形态较为模糊，例如德国带有新纳粹主义特点的国家民主党及荷兰的农民党。第三阶段始于70年代中期，思想形态同样模糊不一，大致包括三个方面：一是反对斯堪的纳维亚国家的“完全政府主义”和税赋制；二是在欧洲出现新的外来移民的情况下仇外心理加剧；三是与1973年石油危机引起的世界经济危机有关的思潮。法国国民阵线、奥地利自由党、比利时佛兰芒集团都是这一时代的产物。它们都发展了反移民的思想和政策，与此同时在经济上表现出极端自由主义。第四阶段可以从 2001 年开始算起。从某种角度来说，这是激进右翼政党时代，它们是传统保守自由主义政党的右翼分支。它们支持经济极端自由主义，与此同时建议通过国民优先政策保护本地居民，反对世界化和建设联邦形式的欧盟，支持欧洲国家高度保留主权。

（二）欧洲极右势力的意识形态

在意识形态方面，抽象来说，法国著名的极右政党研究专家、国际关系与战略研究所研究员让－艾夫斯·加缪认为极右翼政党主要持三大观点：人性是不变的、历史会轮回、荣誉至上。其他人补充的观点有：应该遵循前人和传统的价值观；机制是必要的约束；追求社会秩序；反对进步思想；当自由和平等相冲突时，自由更重要；重视具体而非抽象、个体而非整体、权力而非知识的倾向；崇尚战士价值观，认为人生就是一场战斗；等等。另一位法国著名极右政党领导克里斯蒂安·布歇则认为，“极右政党的根本共同点在于坚持不同、拒绝统一，它们都是反制度化的”。

具体来说，极右翼政党主要的意识形态内容包括：①民族主义，更广泛地说是民族优越感，它将世界分为积极的“我们”和负面、不重要的“他们”这两个等级，后者不拥有同等的公民权利，因为他们由于自身特点不能完全融入“国家”中；②民族差异主义，认为每种文化都有自己的价值观，有言论表达和传播自由，前提是要在适合的领域内，不与其他文化相混合；③反对精英阶层，也即典型的民粹主义，它将民族分为平民和精英两个部分，并反对现代民主社会以下一些特点，如复杂的代议机制，谈判然后寻求妥协一致的原则，以及将经济和社会问题简单化的趋势；④反对世界化，认为这是破坏民族国家的一种方式，建设欧盟、取消欧盟内部的边境控制、设立欧元、允许移民进入以利于金融阶层降低工资和打造更为服从的工人阶级都有这方面的后果；⑤反对所有伊斯兰教派，认为伊斯兰势力试图武力占领欧洲，而信奉伊斯兰教的移民是这个计划的先遣队，但对伊斯兰主义的恐

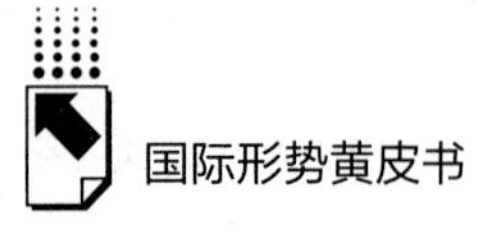

惧并未让其他恐惧消失，例如对犹太人的恐惧，在一些较为老派的极右翼组织中仍然存在，而在一些较为现代的流派中并未出现。

欧洲之所以有这些多元化的极右翼政党和组织，是有其深厚的社会历史文化渊源的。虽然这些极右组织因为它与纳粹主义、法西斯主义及与这些政权的合作关系，在二战结束时已经被击垮并受到广泛排斥，但是卷土重来的冲动一直存在。在意大利、德国和奥地利，这些组织很早就有了重组意愿，比如意大利社会运动党在1946年就成立了。另外，很多欧洲国家在20世纪三四十年代都有法西斯主义和纳粹主义在民众当中的真实存在。比如很多欧洲人参加过党卫军，成为欧洲右翼力量名副其实的国际旅。1944年党卫军有90万士兵38个分部，包括瓦隆、法国、匈牙利、乌克兰、波罗的海、斯堪的纳维亚等不同地区，其中超过一半的党卫军成员并非德国人。20世纪60年代中期，开始出现新一代军人重建这一流派，他们被称为新右翼。

此外，极右政党和其他任何政治流派一样，试图对不同政治问题和社会问题做出解答。他们在政治和社会领域表现活跃，在欧洲很多国家中将一系列议题成功带入公共政治领域，让自己在公众舆论中站稳脚跟。它不像是一种结构严谨的意识形态。除了部分流派和规模较小的团体，它们并不宣扬让法西斯主义和纳粹主义回归国家政治体系，而是通常根据民主社会新形势提出旧有的观点和建议，其中一些观点甚至取得了很好的媒体效应，在剥离原有历史渊源的情况下得到应用。可以说当前右翼政党在一次次撇清自己与法西斯主义的关系后得到了重生。它们并没有避免谈及过去，也没有停止严厉批判和质疑，而是努力让大家看到整体，看到它们之间的共同与不同，看到它们面对当前欧洲民主社会中各种问题的方式，这种方式不同于20世纪二三十年代，而是从中获得了灵感。

（三）欧洲极右势力的蓬勃发展

就这样，欧洲的极右翼政治势力逐渐从幕后走到了台前。事实上，在13年前，当奥地利自由党获得选举佳绩进入联合政府时，就在欧盟引起巨大震动。彼时欧盟对一个从未宣布放弃对纳粹主义尊重之情的泛日耳曼主义政党进入奥地利政府也表示了担忧和批评。2002 年，玛丽娜·勒庞，排犹的国民阵线创始人让－马里·勒庞的女儿，在法国的总统选举中获得第二多的选票也引发轩然大波。后来其他右翼政党相继进入各国政府或者议会，渐成常态，并成为欧洲政治地图的一部分。在 2004～2007 年欧盟扩大之前，右翼组织已经在罗马尼亚、斯洛伐克和波兰政府中参政。

在 2014 年 5 月举行的欧洲议会选举中，极右势力的崛起则被不少观察家评论为“政治地震”。尽管此次选举亲欧的中左翼和中右翼政党依然赢得 403 个席位，占据欧洲议会 751 个议席的大半，但极右翼政党异军突起，在欧洲议会赢得的席位剧增了 3 倍，占据欧洲议会的 1/5 席位，创下 1979 年欧洲议会实行直选制度以来的最高纪录。通过这次选举，有十来个国家的敌视移民和欧盟与全球化政策的极端主义政党被选入欧洲议会，有些甚至击溃在位政党。其中法国“国民阵线”和英国独立党还超越两国的执政党和老牌政党，分别成为两国此次选举的最大赢家。这一胜利传递出选民的愤怒，不仅向欧盟各国政府也向全世界传递出警告的信号。

反移民的国民阵线希望法国退出欧盟，在此次选举中赢得了 25% 的选票，彻底击败弗朗索瓦·奥朗德所属的执政党社会党及尼古拉·萨科齐领导的保守派政党人民运动联盟（UMP）。同样令人叹为观止的是英国独立党（UKIP）的胜利，该党的竞选纲领是带领英国出走欧盟，最终击败工党和保守党两党，获得最高比例的选票。法英两国两个主流政党构成欧盟的核心，它们的落败引起了人们对欧盟前景的担忧。而且法国极右政党国民阵线的玛丽娜·勒庞和希腊激进左翼联盟极左人士、39 岁的亚历克西斯·齐普拉斯可能成为各自国家的政府首脑，不少观察家也担心这将扭转欧洲的一体化进程。

此外，一些新纳粹政党也进入了欧洲议会，比如希腊的金色黎明党和德国的国家民主党（NPD），致使一种混乱感更加强烈。金色黎明党与多桩棕色肤色移民谋杀案存在干系，NPD 则把欧洲说成“白人的大陆”。对移民恨之入骨的政党，比如丹麦人民党、荷兰自由党及匈牙利右翼民族主义政党“为了更好的匈牙利运动”，壮大了欧洲议会中的极右势力。

四 乌克兰危机背后的极右势力推手

2014 年国际上发生的一件大事莫过于乌克兰的变局。这起源于乌克兰内部向西向东的分歧最后酿致克里米亚的脱乌入俄，以及随后西方和俄罗斯的对立紧张关系。西方普遍将此次危机归咎于俄罗斯总统普京的偏执和与现实脱节，但是正如米尔斯海默在《外交》杂志上发文指出的那样，乌克兰危机的罪魁祸首其实是西方，其问题的根源在于欧盟与北约的东扩，以及西方在乌克兰进行的民主塑造工程。[①] 也正因为这种偏见，俄罗斯总统普京对于乌克兰“新法西斯主义极端分子”违宪发动暴力政变的谴责并未引起西方的关注。事实上，或许正如一些近距离观察乌克兰政治剧变的资深媒体人士指出的，在为期近三个月的抗议活动期间，最终决定乌克兰命运的并不是议会反对党（季莫申科领导的祖国党，克利奇科领导的打击党，佳格尼博克领导的自由党），而是于 2013 年 11 月底才成立的一个名为右区的极右翼民间运动。这股右翼新势力异军突起，在抗议活动的关键节点改变了乌克兰政治走向。这一节就将回顾乌克兰极右势力在乌克兰危机中扮演的特殊角色。

（一）乌克兰极右势力的潜伏与突起

在乌克兰独立后的 20 年里其极右势力并未发挥多大影响，也没有引起各界包括国内外学者的注意。[②] 在 20 世纪 90 年代，右翼激进分子还只是以

---

① John J. Mearsheimer, “Why the Ukraine Crisis Is the West's Fault – The Liberal Delusions That Provoked Putin,” *Foreign Affairs*, September/October 2014.

② Anton Shekhovtsov, “The Creeping Resurgence of the Ukrainian Radical Right? The Case of the Freedom Party,” *Europe-Asia Studies*, Volume 63, Issue 2, 2011, pp. 203 – 228; Viacheslav Likhachev, “Right-Wing Extremism on the Rise in Ukraine,” *Russian Politics and Law*, Vol. 51, No. 5, September – October 2013, pp. 59 – 74; Anton Shekhovtsov, Andreas Umland, “Ukraine's Radical Right,” *Journal of Democracy*, Volume 25, Number 3, July 2014, pp. 58 – 63; Andreas Umland, “Starting Post-Soviet Ukrainian Right-Wing Extremism Studies from Scratch,” *Russian Politics and Law*, Vol. 51, No. 5, September – October 2013, pp. 3 – 10.

参与骚乱，如1995年7月18日发生的基辅索菲亚广场与警察的冲突，或前苏联地区的武装冲突而进入人们的视野。进入21世纪后的第一个十年里乌克兰的右翼也没有一次成功地进入议会，尽管与其他一些欧洲国家的议会选举相比，进入乌克兰议会的门槛已经很低，一度甚至只需3%的选票。这在上面回顾的欧洲普遍出现右翼政党势力兴起的背景中显得颇有些让人费解。但是近几年随着乌克兰国内政治社会生态的变化，乌克兰的极端民族主义出现了快速的发展，尤其以奥列格·佳格尼博克领导的自由党为代表，更是几乎垄断了乌克兰极右的政治光谱。

乌克兰自由党前身为乌克兰国家社会党，旧党徽形似纳粹党徽。其实现政治上的突破首先发生在捷尔诺波尔州2009年春提前举行的州议会选举，该党在这一选举中的得票率为34.69%，并获得120个中的50个席位。随后在2010年秋季举行的乌克兰地方选举中自由党也取得了不错的成绩，特别是在西部各州。其提名候选人赢得了利沃夫州议会116个席位中的41个，伊万诺法兰克福斯基州议会中114个席位的17个。自由党代表也同样进入了沃伦、罗夫诺、切尔诺夫策、基辅和科姆列茨基等州的议会。这些地方性选举的胜利为自由党在乌克兰2012年的国家议会选举中实现突破铺平了道路，并赢得近8%的选票，从而首次以政党的形式进入乌克兰议会。

乌克兰自由党宣传保护乌克兰语言和文化，并以排外和反犹而闻名。欧洲议会在2012年也谴责了自由党的种族主义、反犹太主义和排外违反欧盟基本价值观和原则。但就是这支极右政治力量在2013年乌克兰动乱中发挥了主力军的作用，并在新成立的政权中获利颇丰。比如在新政府中自由党占据了五个关键职位，包括副总理、国防部长和总检察长在内，而且其党员在新政府的农业部、环境保护部及乌克兰国家安全和国防委员会也占据要职。

（二）乌克兰危机的重要推手

如果说乌克兰自由党作为极右势力在乌克兰变局中发挥了主力军作用，并在危局中得利，那么打前锋的则无疑是2013年11月才成立的“右区”极端组织了。其之所以被称为“右区”，是因为这些组织和个人在抗议政府的过程中多驻扎在独立广场的右侧。它是乌克兰民族主义右翼激进团体的联合组织，包括“三叉戟”“乌克兰爱国者”“白锤”和其他极右团体，不过大多数成员是与这些组织毫无关联的普通市民。其中“三叉戟”于1994年成立，现在乌克兰各个行政区都设有分支机构。“三叉戟”信奉极端民族主义思想，常举行战术演习，其主要目标是要进行民族革命。“三叉戟”的很多成员曾支持车臣恐怖分子，参加了针对俄军的作战行动。“乌克兰爱国者”于1999年出现在利沃夫地区，其公开模仿西方新纳粹，并借用其象征物，2006年登记为独立组织。“乌克兰爱国者”是“右区”中人数最多、组织得最好的。它打出保护白种人的口号，组织街头行军，积极招募激进青年参加。该组织对其成员的训练还包括军事、肉搏和打群架等。这些训练在独立广场的示威活动中派上了用场。“白锤”则是民族主义分子的联合体，其社交网站上宣称要在纳粹主义基础上建立乌克兰人自己的国家。“白锤”的战斗队员绝大多数是前重刑犯，是新纳粹分子，极富攻击性。

“右区”是基辅自由广场抗议的中坚力量。基辅市政府大楼和地方上一些政府大楼都是在他们的率领下占领的。在基辅发生的两次骚乱中，该组织成员冲在最前面。在一些当地学者眼中，如果不是“右区”以坚决抵制的立场两次破坏了当局与反对派达成的协议，坚持进行暴力对抗，乌克兰也不会发生如今的剧变，所以可以说正是“右区”成了乌克兰危机发展与其组织者初衷背道而驰的决定性因素。“右区”的领导人亚罗什此前在乌克兰政坛只是一个默默无闻的小人物，但也因在这次乌克兰动乱中屡屡发表极端言论而声名大噪，其在基辅独立广场上获得的掌声比前总理季莫申科还多。在乌克兰政权倒台以后，该团体曾试图将亚罗什推上副总理的位置，并分管警察和秘密部队，可惜未能如愿，最后亚罗什被安排出任乌克兰国家安全和国防委员会副秘书一职。

（三）右翼主导下的乌克兰前景

确实，正如一些学者指出的，乌克兰极右势力不仅是乌克兰变局的积极推手，而且他们上台后对该国未来造成的威胁并不比普京在克里米亚采取的行动少。比如美国《洛杉矶时报》网站3月13日发表南加州大学国际关系学院院长、苏联问题专家罗伯特·英格利希的一篇文章，就分析批评了来自乌克兰内部极右势力的威胁。① 这些人奉行一些极端的意识形态。比如自由党呼吁取消为克里米亚的俄罗斯传统提供保障的地区自治权，并推动议会通过投票表决降低俄语的地位。这些行为是公然挑衅乌克兰的数百万俄罗斯族人，这在一个面临分裂的国家中作为新政府采取的最早行动之一在很多人看来是不理智的。

乌克兰危机始于乌克兰时任总统维克托·亚努科维奇取消了促使乌克兰向欧盟靠拢的一个协议，这些人不应该不知道如果乌克兰加入欧盟，少数族群权利应该得到扩大而不是进一步受到限制。他们之所以心安理得，主要原因就是他们的极端意识形态在作祟。这些组织仍然高调炫耀类似于纳粹党“万十字章”那样的符号，其领导人公开称赞纳粹主义的许多方面，对二战时期乌克兰民族主义运动领袖斯捷潘·班杰拉表达崇敬之情——后者的部队偶尔会跟希特勒的部队合作，屠杀了成千上万的波兰人和犹太人。而且与这些政党粉饰过去的行为相比，更可怕的是他们对未来的计划。他们公开鼓吹，乌克兰学校不应该教俄语，只有通过乌克兰语言和文化考试的人才能获得公民身份，只有乌克兰族裔才能收养乌克兰孤儿，新护照必须申明其持有人的种族——无论是乌克兰人、波兰人、俄罗斯人、犹太人还是其他种族。但是美国的一些高官，譬如参议员约翰·麦凯恩、助理国务卿维多利亚·纽兰等，则对那些受到无数人权组织和反诽谤组织谴责，被控为反犹太主义、排外主义甚至是新纳粹主义者的极端分子予以支持。

五　美国新保守主义借机还魂与新冷战苗头

上面一节梳理了乌克兰极右势力在导致乌克兰危机中扮演的推手角色，

① Robert English, “Ukraine's threat from within - Neofascists are as much a menace to Ukraine as Putin's actions in Crimea,” *Los Angeles Times*, March 13, 2014, Retrieved on Oct. 20, 2014 at http://articles.latimes.com/2014/mar/13/opinion/la-oe-english-ukraine-neofascists-20140313.

事实上，乌克兰的变局还直接导致了新冷战苗头的出现。众所周知，冷战是苏联和美国各自代表的全球左翼和右翼的大较量。虽然新冷战的出现和“老”冷战有很多的差异，但这种苗头还是令人担忧，而且和全球右翼的崛起不无关系。

（一）新冷战的上演

自从2014年3月俄罗斯收复克里米亚之后，国际上关于新冷战的讨论就甚嚣尘上。当然这种联想也不是空穴来风，毕竟确实也有不少相似的地方。在不少西方观察家看来，第一次冷战是西方与一个谋求维持巨大欧洲帝国的苏联长期对峙。当时苏联这样做，既是为了扩大自身影响力，也是为了形成与西方的缓冲区。这一次规模较小的冷战则是西方与一个想要尽可能恢复昔日苏联的俄罗斯对峙。俄罗斯这样做，一方面是出于传统大俄罗斯民族主义的原因，另一方面也是为了与它视为充满敌意的西方形成缓冲区。当然，当俄罗斯的部队进入克里米亚时，确实勾起不少西方人关于苏联入侵邻国的记忆。

俄罗斯也有分析家从西方对俄制裁方面分析了新冷战的不可避免。在俄分析家看来，西方对俄罗斯的经济制裁不会让俄罗斯软化立场，而这可能要维持很长一段时间。一方面，俄罗斯不可能放弃对乌克兰东部武装的支持，因为这将导致乌克兰现政权事实上的合法化。况且俄领导人完全有理由认为，即使乌克兰问题退居次席，西方也不会停止经济上的施压。另一方面，在乌克兰冲突问题上，美国希望基辅彻底战胜分裂分子，建立一个独立于俄罗斯的新乌克兰。即便是在这一目标实现之后，美国仍将继续致力于孤立俄罗斯，因为只有这样才能部分弥补克里米亚事件给美国在世界上的威望和影响力造成的损失。事实上，在乌克兰事件之前，美俄关系就已开始不断恶化，尤其是自普京2012年重新出任总统之后。

不过也有不少观察家认为这不会是另一次冷战，并给出了诸多理由。首先，它不再像第一次冷战那样关涉全球意识形态中资本主义和共产主义之间的冲突，这一次普京把自己定位为反美情结的领导者，他的理念也是源于俄罗斯的民族主义而不是马克思主义的哲学原理。其次，华约已经不存在并且北约已经推进到俄罗斯的家门口，而俄罗斯也放弃了改变世界的全球使命。再者，俄罗斯和美国都承受不起再一次冷战的后果。俄罗斯也日渐融入当今的世界经济体系，比如加入世贸组织、对欧洲贸易的依赖等。

日本前外务省主任分析官佐藤优也认为不应把西方与俄罗斯的矛盾称为"新冷战"。在他看来，冷战得有两个前提：第一是共产主义和资本主义这一意识形态对立；第二是两大阵营对峙。就第一条，目前俄罗斯、美国、欧盟和日本都是资本主义国家，他们之间不存在意识形态对立，而且政治体制也相仿。在此意义上，苏联和现在的俄罗斯存在本质性差异。就第二条，国际社会尚未形成一个阵营支持俄罗斯收复克里米亚。而且对于对俄制裁，七国集团（G7）虽然暂时性达成基本共识，但内部也非铁板一块，对俄政策存在无法忽视的差异。佐藤优指出，归根结底，冷战2.0版不可避免，是因为美国绝不会认可俄在欧亚大陆部分地区的势力范围，永远不会接纳俄成为平等伙伴，同时它也不会原谅俄罗斯——还有中国——公然藐视左支右绌的美国强加于人的"例外论"秩序。

（二）美国新保守主义的借机还魂

由乌克兰极端右翼兴起导致的危机如今引出了"新冷战"的苗头，而这又为全球右翼提供了极佳的投机机会，并可能使美国的新保守主义死灰复燃。正如美国一评论家指出的，美国右翼对于克里米亚危机的反应非常类似于1945年时右翼对于同样在克里米亚举行的和平会议即雅尔塔会议的歇息底里式的反应。当时美国右翼臆想美国拥有能确保东欧国家自决的能力，所以认为雅尔塔会议的安排是对东欧国家的出卖。这在一定程度上促成了美国20世纪50年代的麦卡锡主义狂热。如今美国右翼对于克里米亚的危机有着类似的反应。"创建一个围绕普京领导下的俄罗斯的民主绞索""重设导弹防御系统""取消索契冬奥会""将俄罗斯踢出八国集团"等声音不绝于耳。在一些观察家看来，美国右翼人士并非不知道国际政治的现实，但却抵挡不

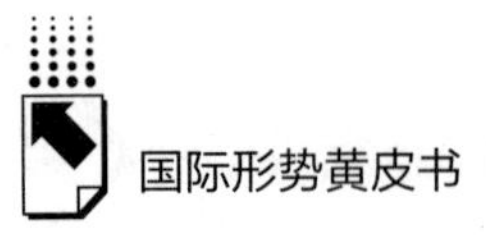

住借助每次危机为自己赚取政治资本的诱惑。①

事实上，当前国际政治的混乱也确实为美国新保守主义势力的死灰复燃提供了沃土。正如《金融时报》的一篇评论文章形象地描述的那样：就像一具受到电击后笔直坐起的死尸一样，美国新保守主义者持续地恢复生机。电击的发生有着定期的间隔——叙利亚动用化学武器、俄罗斯吞并克里米亚、中国日益加剧的海上强势姿态，以及眼下逊尼派极端势力在伊拉克的回归。而新保守主义者的复苏受到了电视网的推波助澜：每当出现全球性挫折，同样的一些老面孔便会急忙赶到摄像机前，声称现在又是1939年的那种形势。这就是他们的营生。今天的世界充斥着各种貌似混乱的情形，它为新保守主义者提供了自“9·11”以来最好的话题。②

正如作者指出的那样，有三件事正在促成新保守主义在美国的复兴。第一就是人们对于奥巴马的表现日渐失望，不管是内政还是外交。第二是大众的健忘。在当今伊拉克旋涡般的混乱形势下，人们很容易忘记其背后的根本原因。比如虽然迪克·切尼——一位伊拉克战争最义无反顾的倡导者——将伊拉克乱局的责任怪罪到奥巴马头上的时候被人们用嘘声赶下了台，但是他的支持者们正在重新获得声誉。华盛顿的电视演播室现在定期接待保罗·沃尔福威茨、威廉·克里斯托尔、罗伯特·卡根及“新美国世纪计划”的其他成员。该计划是20世纪90年代成立的一个新保守主义组织。第三则是地缘政治的回归。在右翼看来，国际形势的发展正符合他们的世界观。不管是俄罗斯对克里米亚的收复，还是中东正在越来越深地自行陷入的教派争斗，抑或中国快速崛起的影响力以及被他们认为是极端现实主义的武断行为等，都被认为是印证了新保守主义的世界观。③

① Eric Alterman, "Cold War Dies Hard: The right-wing reaction to the crisis in Ukraine mirrors the hysteria in 1945," *The Nation*, March 24, 2014.

② Edward Luce, "America's Neocons Have Been Jolted Back to Life," *Financial Times*, Jun 22, 2014.

③ Edward Luce, "America's Neocons Have Been Jolted Back to Life," *Financial Times*, June 22, 2014.

结 语

早在2014年初世界经济论坛年会召开的前一天，英国《金融时报》网站发表专栏作家吉迪恩·拉赫曼的一篇文章《民粹主义让全球精英处于戒备状态》，警告全球民粹主义的威胁。他认为最近几年常见的大规模社会抗议不管是西方富有经济体还是新兴强国都是一种趋势。不管是“占领华尔街”运动、马德里的“愤怒者运动”、德里的反腐败抗议还是巴西各城市2013年夏季的大规模示威活动、土耳其加济公园的抗议活动，还是埃及政变之后的各种集会——所有这些似乎都表明，在社交媒体时代，反当权者的情绪是多么容易被迅速煽动起来。基于此，他当时预言5月的欧洲议会选举可能会见证极右势力兴起，并让反欧盟以及移民成为欧洲重要的主旋律。①

这些都不幸被他言中，只是同样的一种力量，在不同的环境中可能有不同的表现形式。比如在日本，其民粹主义就主要表现为对正常国家的追寻，具体为对修宪的冲动，对侵略历史的否定和美化，以及强调中国“威胁”并积极加强军备等。当然其新民主主义特征可能还是代表着日本民粹主义的发展方向。至于欧洲，鉴于其经济的不景气，其民粹主义更多地表现为对欧盟的否定及对穆斯林移民等的歧视。乌克兰的民粹主义则将矛头对准了俄罗斯，从而在两害相权取其轻中选择了向欧盟靠拢。事实上，乌克兰的某些极端民粹主义者也是非常排外的。而美国的民粹主义则表现为新保守主义的借尸还魂，以及以“冷战”思维为模板的“他者”与“我者”的对立。

总之，虽然本报告中扫描和梳理的右翼现象暂时还是孤立的，并没有连成一片的迹象，但从中我们还是得到一些启示。第一，全球右翼崛起的现象

① Gideon Rachman, “Populism puts global elite on alert,” *Financial Times*, January 21, 2014, retrieved on Sep. 30, 2014 at http://www.ft.com/cms/s/2/25f9df3e-7784-11e3-afc5-00144feabdc0.html#axzz3EnPK6yMq.

值得我们高度警惕，尤其是美国新保守主义借尸还魂的可能及其世界观的自我实现功能。第二，做好应对广场人群通过社交媒体等手段发起街头抗议的预案和准备。第三，必要时揭露美国在全球右翼的破坏性运动中的幕后角色，比如其在各种广场运动前后发挥的直接或间接作用。

参考文献

温苏伦萨加和奥古斯丁：《欧洲的极端右派》，西班牙《起义报》2013 年 11 月 4 日，王露译，收于《参考资料》2013 年 11 月 19 日第 220 期。

梁云祥：《日本政治右倾化与中日关系》，《国际政治研究》2014 年第 2 期。

周永生：《日本政治、社会右倾化问题探讨》，《东北亚研究》2013 年第 3 期。

纳扬·钱达：《欧盟会破裂吗?》，美国《耶鲁全球在线》2014 年 6 月 16 日，于晓华译，收于《参考资料》2014 年 7 月 15 日第 133 期。

Andreas Umland, "A Typical Variety of European Right – Wing Radicalism?" *Russian Politics and Law*, Vol. 51, No. 5, September – October 2013, pp. 86 – 95.

Doyle McManus, "The dawn of Cold War II: Patience will be America's ally in a new faceoff with Russia," *Los Angeles Times*, March 05, 2014, retrieved on Sep. 29, 2014 at http: //articles. latimes. com/2014/mar/05/opinion/la – oe – mcmanus – column – ukrain.

Douglas E. Schoen, Melik Kaylan, "Russia-China Axis and its Threat to West," *Fox News*, Sep. 10, 2014, retrieved on Sep. 30 at http: //www. foxnews. com/opinion/2014/09/10/russ.

Executive Intelligence Review Research Team, "Western Powers Back Neo-Nazi Coup in Ukraine," Retrieved on Sep. 29, 2014 at http: //www. larouchepub. com/eiw.

Eric Alterman, "Cold War Dies Hard: The right-wing reaction to the crisis in Ukraine mirrors the hysteria in 1945," *The Nation*, March 24, 2014.

Edward Luce, "America's Neocons Have Been Jolted Back to Life," *Financial Times*, June 22, 2014.

Gideon Rachman, "Populism puts global elite on alert," *Financial Times*, January 21, 2014, retrieved on Sep. 30, 2014 at http: //www. ft. com/cms/s/2/25f9df3e – 7784 – 11e3 – afc5.

Pippa Norris, *Radical Right: Voters and Parties in the Electoral Market*, Cambridge, UK: Cambridge University Press, 2005.

Peter Backer, "If Not a Cold War, a Return to a Chilly Rivalry," *New York Times*,

March 18, 2014, retrieved on Sep. 29, 2014 at http: //www. nytimes. com/2014/03/19/world/europe/if – not. l.

Pepe Escobar, "Western plutocracy goes bear hunting," *Asia Times Online*, August 5, 2014, retrieved on Sep. 30, 2014 at http: //www. atimes. com/atimes/Central_ Asia/CEN – 02 – 010814. html.

Simon Shuster, "Right-Wing Thugs Are Hijacking Ukraine's Liberal Uprising," *Time*, Jan. 28, 2014, retrieved on Sep. 29, 2014 at http: //world. time. com/2014/01/28/ukraine – kiev – prote.

Walter Russell Mead, "The Return of Geopolitics," *Foreign Affairs*, 5/6 2014, retrieved on Sep. 30, 2014 athttp: //www. foreignaffairs. com/articles/141211/walter – russell – mead/the.

特　　稿

Special Report

Y.20

国际金融危机孕育着社会主义的复兴

李慎明

摘　要： 2008年爆发国际金融危机以来，西方政要、思想理论界对当今国际金融危机的反思值得关注和借鉴。这次国际金融危机，是典型的全球性的产品生产相对过剩、消费需求相对不足的经济危机。目前这场国际金融危机绝不是在短时期内所能摆脱的，国际金融危机孕育着世界左翼和社会主义的复兴，社会主义是人类发展最终的必然归宿。

关键词： 国际金融危机　社会主义　资本主义　马克思主义

马克思、恩格斯在《共产党宣言》中说："资产阶级首先生产的是它自身的掘墓人。"那么，在这一历史进程中，国际金融危机的深化则直接孕育着它的对立面即社会主义的复兴。

一　西方政要、思想理论界对当今国际金融危机的反思值得关注和借鉴

2008 年爆发国际金融危机以来，西方世界中对西方经济、制度和价值观的反思，绝不是“万绿丛中一点红”，而是“日出江花红胜火”。当然，这里所指的“红”，并不是特有的政治色彩，主要是指其数量。这里，仅举有代表性的三例：一是 2008 年奥巴马在一次竞选演说中引用了最为经典的“马克思式说法”——特别是“政治经济学的形而上学”一词，以此来批评美国长期热衷于运营虚拟经济而放弃实体经济发展的“错误发展观”，他说：“问题不在具体的某一项政策，问题在于一种根深蒂固的‘经济哲学’”。① 这一经济哲学是什么呢？他在另一次演说中愤慨地说：“经济危机是贪婪和不负责任的直接后果，这种风气多年来一直主宰着华盛顿和华尔街。”② 二是曾经得出“历史的终结”结论的美国著名学者弗朗西斯·福山，在 2009 年接受日本一家杂志的采访时说：“西方民主可能并非人类历史进化的终点”③。2014 年，他又在《美国利益》双月刊 1～2 月号上发文说：美国的“利益集团和游说团体的影响力在增加，这不仅扭曲了民主进程，也侵蚀了政府有效动作的能力”。④ 三是 42 岁的法国经济学家托马斯·皮凯蒂在其《21 世纪资本论》中指出：“从 2007～2008 年开始的全球金融危机被普遍视为是自 1929 年以来最严重的资本主义危机”，⑤“如今已经是 21 世纪的第二个十年，那些曾经认为将会消失的贫富差距竟然卷土重来，当前贫富分化程度已经逼近甚至超越了历史高点”。⑥ 当然，笔者也清醒地知道，奥巴马、福山等人的反思，是为了改良并维护资本主义制度，并使其万古长

① http：//epaper. jfdaily. com/jfdaily/html/2009－05/05/content_ 217150. htm.

② http：//epaper. oeeee. com/C/html/2008－11/02/content_ 615783. htm.

③ http：//epaper. 21cbh. com/html/2010－12/27/content_ 138003. htm.

④ 弗朗西斯·福山：《美国制度的衰败》，《美国利益》双月刊 1～2 月号。

⑤ 托马斯·皮凯蒂：《21 世纪资本论》，中信出版社审读本第 458 页。

⑥ 托马斯·皮凯蒂：《21 世纪资本论》，中信出版社审读本第 457 页。

青。笔者对国际金融危机的关注，则是为了更好地坚持和发展中国特色社会主义。

二　这次国际金融危机，是典型的全球性的产品生产相对过剩、消费需求相对不足的经济危机

这次国际金融危机，是典型的全球性的产品生产相对过剩、消费需求相对不足的经济危机，是资本主义经济、制度和价值观的危机。当前仍未见底的国际金融危机根源究竟是什么？各种观点都在解读，如在于金融家的贪婪，如在于银行监管制度的缺失，如在于比黄金还重要的公众消费信心不足，如诺贝尔经济学奖得主、美国普林斯顿大学教授保罗·克鲁格曼认为是美国消费方式和中国汇率与外贸政策的联姻等。其实，只有马克思所揭示的最为本质和最为深刻。他早在140多年前的《资本论》中就指出："一切真正的危机的最根本的原因，总不外乎群众的贫困和他们的有限消费，资本主义生产却不顾这种情况而力图发展生产力，好像只有社会的绝对消费力才是生产力发展的界限。"[①] 国际金融危机的爆发，充分证明马克思这一论断的强大生命力，充分证明马克思主义在当今世界不仅依然没有过时，而且远远高明于其他各种学说。这也是在当今世界，在全球范围内人们重新呼唤马克思的因根所在。现在，马克思上述经典表述，被当代经济学家换成另外的表述方式而风靡世界。如一时间风靡全球的法国经济学家托马斯·皮凯蒂在《21世纪资本论》一书中，引用了让·布维耶等人的"只要科学调查仍然不能触及当代社会不同阶层的收入，就没有希望产生有益的经济和社会历史"，[②] 以及书中所揭示的资本主义基本结构的矛盾："资本主义的核心矛盾：r > g"，"即私人资本的收益率r，可以在长期显著高于收入和产出增长率g"。[③] 平均资本收益率往往有4%～5%，而"对于世界增长前沿的国家

---

① 《资本论》第3卷，人民出版社，2004，第548页。

② 托马斯·皮凯蒂：《21世纪资本论》中信出版社审读本，第559页。

③ 托马斯·皮凯蒂：《21世纪资本论》中信出版社审读本，第555页。

而言——没有足够的理由相信增长率在长期会超过 1% ~1.5%，不管采取何种经济政策都是如此”,[①] 从而揭示了 300 多年来资本主义贫富差距不断扩大的总趋势等，这不过都是 140 多年前马克思所揭示的危机根源的另外一种说法而已，但远不如马克思所揭示的彻底和明快，更为重要的是所开列的解决问题的方子也有着根本性质的不同。马克思的方子是逐步与传统的所有制和传统的观念实行最彻底的决裂，而托马斯·皮凯蒂开出的方子却是“向资本收入征足够重的税，把私人资本收益减少到低于增长率”。[②] 托马斯·皮凯蒂让人尊敬，但他无疑仍是资本主义的改良主义者；他所开列的方子，仅仅是在资本主义生产关系框架内实行改良但绝不可能被实施与实现的乌托邦而已。把托马斯误读为马克思，并被一些资本主义原教旨主义者猛烈攻击，实在是冤枉了托马斯·皮凯蒂。但是，对马克思 140 多年前的关于经济危机原因的结论人们却很少提及，而对托马斯·皮凯蒂的结论却倍加关注，这是世界社会主义仍然处于低潮的标志与反映。这也说明，不少人仍在“只有资本主义才能救世界”的思维框架内徘徊。

三　目前这场尚未见底的国际金融危机决不是在短时期内所能摆脱的

为什么？我们先把这次危机与 1929 ~1933 年资本主义世界爆发的空前经济危机相比较。其引发的基本矛盾无疑是相同的，即生产社会化和生产资料私有制之间的矛盾激化到一定程度。但也有所不同：一是爆发的范围不同。1929 ~1933 年那场危机主要爆发在发达的资本主义世界，而当前这场危机则是爆发在经济全球化这一大背景下。以美国为首的西方世界仍有将这场危机进一步向广大发展中国家转移的实力、手段与途径，这些转移仍在进行甚至在加速进行。随着国际垄断资本在全球范围内对资源和劳动的侵吞，

① 托马斯·皮凯蒂：《21 世纪资本论》中信出版社审读本，第 556 页。
② 托马斯·皮凯蒂：《21 世纪资本论》中信出版社审读本，第 556 页。

这场危机将有可能通过经济全球化这一渠道，进一步波及世界上几乎所有国家和地区。二是引发的具体原因有所不同。1929～1933 年那场危机主要发生于实体经济领域，表现为商品的供给规模严重超过了市场的有效需求，实体经济危机导致信用危机，并引起整个资本主义世界的经济大萧条；而当前国际金融危机主要发生于虚拟经济领域，它以美国次贷危机为诱因，引起金融市场的动荡。1991 年苏联解体，美元又“化”进了原来的社会主义阵营。随着两大军事阵营军事对抗的结束，原来仅用于军事的互联网技术进入民用，全球开始进入信息时代，同时开始进入真正的国际金融资本的垄断阶段。美国金融业利润在国内总利润中所占比重越来越大，从 80 年代初的不足 20% 上升到 90 年代末的 30% 左右，并在 2002 年一度达到 45%，在此次金融危机爆发前的 2006 年也高达 30.56%，① 进而影响到实体经济。现在，全球国内生产总值为 70 多万亿美元，而债券市场则为 95000 万亿美元，是全球 GDP 的 1000 倍以上，各种金融衍生品的价值则达到 466000 万亿美元，是全球 GDP 的 6657 倍还多。虚拟经济远远脱离了当今的实体经济，虚拟经济的泡沫还未破灭，并正在被进一步吹大。各国的一轮又一轮的量化宽松就是明证。三是政府应对危机的举措不同。1933 年，美国总统罗斯福上台后，即采取整顿银行与金融系统、防止国内盲目竞争引起的生产过剩、通过兴建公共工程等增加就业刺激消费和生产、为民众直接发放救济金等。而 2008 年的国际金融危机爆发后，美国等西方国家所采取的主要举措是维持着极低的利率，通过一轮又一轮的量化宽松、货币贬值和各种金融衍生品的泛滥，把危机转嫁到其他国家，并很少直接投资其国内的社会民生项目尤其是增加穷人就业而很难收回成本的项目；世界上不少其他发展中国家则采用出卖国有资产以维持政府的正常运转等，这些举措非但没有丝毫触动原有的财富占有和分配关系，反而进一步加剧贫富之间两极分化，这就为在全球爆发更大的经济和社会危机埋下隐患。在资本主义世界第一次大危机中的 1933 年，整个资本主义世界工业生产下降 40%，各国工业产量倒退到 19 世纪末的水

① http：//www. qstheory. cn/jj/zzjjxpl/zzzx/201302/201305/t20130513_ 229956. htm.

平，资本主义世界贸易总额减少2/3，美、德、法、英共有29万家企业破产。而目前这场国际金融危机则是资本主义世界推迟多年之后不得不爆发的危机，这些被推迟的巨大的破坏性能量，远未被释放出来。由于全球范围的贫富分化仍在加速，有效需求仍在急剧缩小，所以笔者认为，更大的金融和经济危机还在后头。西方发达国家除非能调动其所有能量，运用种种手段，在可以预见的未来搞垮当今世界上现存的其他一两个大国，或是在其国内，采用壮士断腕的办法，在一定程度上均贫富，以较为明显地改善国内广大民众的生活，就可能在一段时间内暂时推迟或缓和社会资本产能相对过剩和广大民众有效需求相对不足之间的这一根本矛盾，否则，它们将会在世界范围内其中包括它们的国内迎来人民革命的浪潮甚至是高潮。

四 科技革命拯救不了资本主义，而恰恰相反，却在加剧着资本主义的基本矛盾

笔者认为，当代社会正处于生产工具大变革的前夜。以“互联网+机器人+3D技术+新能源+新材料+生物工程+探索外星”为标志的新科技革命正在兴起。有人说，这便为资本主义开拓新的广阔的发展空间。而事实的发展将恰恰相反。这里仅谈谈机器人。在未来一些年内，资本为了追逐更高的利润，一批又一批的无人工厂将如雨后春笋在全球各地出现。劳动生产率无疑会得到极大的提高，社会产品也会极大地丰富，但如果资本主导的工厂都不雇用工人了，工人们失去了维持生计的工资，那么即使是物美价廉的产品又有谁来买呢？因此，“科学技术是第一生产力”是在社会主义生产关系框架内才能成立的真理，而在资本主义生产关系框架内，在一定时日内，也还可能成立，而一旦放入历史的长河之中，资本主义生产关系框架之内的科学技术的大发展，必然会出现“贫困比人口和财富增长得还要快”的现象，高度发达的现代生产力则必然反抗着给广大民众带来失业和贫穷的现代生产关系、反抗着作为资产阶级及其统治的存在条件的所有制关系。而资本主义的生产关系和所有制及分配关系，则必然制约科学技术所体现的生产力

的发展。从整体上说，生产力决定生产关系，但在一定条件下，生产关系则对生产力起着决定性的反作用。我们还应十分关注的是《共产党宣言》中所说的“中间等级”即现在常说的“中产阶级”亦即“白领”。笔者不赞成“中产阶级”的提法，所谓的“中产阶级”的“产”，仅是指生活资料，而不是生产资料。而马克思主义字典中“无产阶级”和“资产阶级”中的“产”，则都是指生产资料的“产”。随着贫富两极分化的逐渐加深，随着各国广大普通民众购买力逐渐下降到一定程度，大量企业逐渐破产到一定程度，当所谓“中产阶级”即广大的中等收入阶层大量被抛入绝对贫困行列之时，马克思、恩格斯在《共产党宣言》中所说的“正像过去贵族中有一部分人转到资产阶级方面一样，现在资产阶级中也有一部分人，特别是已经提高到从理论上认识整个历史运动这一水平的一部分资产阶级思想家，转到无产阶级方面来了”的现象就不会罕见。国际金融危机在深化，全球各国以中小企业和中等收入阶层为主的所谓“中产阶级”队伍已经开始缩小，而广大发展中国家一个有新型特点的庞大的工人阶级队伍正在诞生。被抛入蓝领工人队伍的原有的中等收入者绝大部分年纪轻，学历高，掌握着各种高科技手段并熟练运用网络，他们与本来就处于贫困行列的“蓝领工人”阶层相结合，其斗争的反抗形式和效果便与以往经济危机中有很大的不同。可以预见，在世界各国工人阶级和广大人民群众波澜壮阔的斗争中，必然产生一批又一批在本国和全球乃至在全人类历史上有着重大影响的政治家、思想家和理论家。这不仅是时代的呼唤，也为时代所造就。因为人类的创造、创新力无限。富有阶层中的一部分资产阶级思想家也必然会从新自由主义给全球造成的极大灾难中逐步觉醒，转而加入工人阶级和广大第三世界人民争取阶级和民族解放的运动之中。世界左翼和社会主义的复兴就会加快自己的脚步。

五　应高度警惕西方世界采用金融、意识形态和以“街头政治”为主要内容的“颜色革命”等软办法

希腊历史学家修昔底德有这样一句名言：“雅典和斯巴达的战争之所以

最终变得不可避免，是因为雅典实力的增长，以及这种增长在斯巴达所引起的恐惧。”现在，各方都在谈论中美关系中的“修昔底德陷阱”问题。美国大战略家基辛格说：“为了两国人民，为了全球福祉”，美国和中国都应“考虑到万一稍有不慎，庞大的机器失去控制迎头相撞会把世界变成什么样子”。[①] 美国新崛起的著名中国问题学者兰普顿在他的著作《同床异梦：处理1989~2000年美中关系》中说：“我们各自的国家制度、利益、领导层和公众观点，以及我们两国人民的不同特征，令我们两国的梦想必然有很大的不同。”兰普顿认为，正是这种持续的斗争，为冷战结束之后的美中关系提供了“根本的动力”，而且在未来将持续如此。[②] 毫无疑问，我们可以完全放弃“冷战思维”，可以不以意识形态画线，但是如何有力、有效地说服并制约美国一些政要、战略家放弃“冷战思维”和以意识形态画线？笔者个人认为，这恐怕需要等到我国真正跨入发达国家行列并位居世界前列方可。在我国尚未达到此水平之前，牢记习近平同志关于要有底线思维的论述是十分重要的。另外，经济是基础，而政治是经济的集中表现。当经济领域本身的问题无法解决之时，国际垄断就会在政治领域寻找出路，而战争则是政治的最极端手段。2014年5月28日，美国总统奥巴马在西点军校的讲话中明确表示：“我的底线是：美国必须一如既往在世界舞台上发挥领导作用”；“为了保护我国人民、我们的国土、我们的生活方式，美国永远不需要征求别人的许可”；“我对美国例外论深信不疑”，但“美国的军事行动不能成为我们在每个场合发挥领导作用的唯一因素——甚至不是最基本的因素”。[③] 2014年5月31日，美国国防部长哈格尔的香格里拉说：“‘再平衡’不是一个目标，也不是一个承诺或者一个愿景——而是一个现实。当国际秩序的基本原则受到挑战，美国将不会寻求其他方法来解决问题。美国还将继续致力于通过每年多达130次演习加强盟友和地区合作伙伴的能力建设。作

① 基辛格：《论中国》，胡利平等译，中信出版社，2012，第515页。

② 汤姆·沃特金斯：《这个世界是否大到足以容纳美国和中国?》，香港中美聚焦网，2014年10月13日。

③ http：//bbs. tianya. cn/post - worldlook - 1135616 - 1. shtml.

为‘再平衡’的一部分，美国正计划到2016年对整个亚太地区的外国军事资助增加35%，军事教育和训练增长40%；而到2020年，我们会实现我们的目标，我们的海军和空军的60%部署在太平洋。”① 目前已有各种征兆显示，在我们这个地球上的某个角落里，某些人正在筹划着继续搞乱甚至肢解世界上一两个特定大国的计划。这一计划，以软实力，即“颜色革命”为开路先锋和主力军，以军事硬实力为后盾，必要之时，不惜发动一两场较大规模的非正义战争。根据历史经验可以判定，战争的筹谋者自己不会首先卷入战争，它会千方百计挑动他国相互厮杀，而自己袖手静观甚至贩卖军火，待到他国国力消耗殆尽之时，它才会果敢出击，以收获战果。这一软硬兼施的谋划将会有计划地先后实施，以将几个特定的大国各个击破，最后达到称霸全球的目的。列宁的判定没有过时：帝国主义就是战争。我们要警惕西方世界的“硬实力”，但更应高度警惕西方世界的“软实力”。使苏联这个大国顷刻消亡的“成功”案例，使得国际垄断资本更为相信的是其“软实力”。美国战略家布热津斯基发明了“奶头乐”理论（tittytainment，英语titts“奶头”与entertainment“娱乐”的拼合词）。他说：“要使全球80%被‘边缘化’的人（发展中国家和东欧前社会主义国家的人）安分守己，20%搭上全球化快车的人（指发达国家的人）可以高枕无忧，就需要采取色情、麻醉、低成本、半满足的办法解除被‘边缘化’的人的精力与不满情绪。”他还说：“公众将会在不久的将来，失去自主思考和判断的能力。最终他们会期望媒体为他们进行思考，并作出判断。”② 布热津斯基这一设想，在发展中国家（其中包括中国）有多大程度上实现了呢？发展中国家的金融风暴有的已经爆发，而有的却仍在继续酝酿集聚。以“街头政治”为主要内容的“颜色革命”接连在发展中国家上演，最近的香港“占中”也正是西方国家想在中华人民共和国的国土上大规模搞“颜色革命”的预演。从本质上讲，西方发达国家都是两条脚走路的“经济人”，它们的经济意识异常

① http：//club. china. com/data/thread/12171906/2771/07/95/2_ 1. html.

② http：//baike. baidu. com/view/128358. htm？ fr = aladdin.

强烈，往往要把资本主义政治经济学里的定理、定律运用到政治与国际关系领域。他们深深知道“软实力”投入少、产出多的道理，因此，西方世界今后则会更多地采用其“软实力”，以维护并加强对广大发展中国家（其中包括社会主义国家）的遏制或盘剥。

六 毛泽东20世纪六七十年代关于“三个世界划分”的理论没有过时，并具有强烈的现实意义

习近平同志在庆祝中华人民共和国成立65周年招待会上的讲话中明确指出：“65年来，中国奉行独立自主的和平外交政策，坚持和平共处五项原则，秉持公道，伸张正义，始终站在广大发展中国家一边，身体力行维护世界和平、促进共同发展。这不仅极大提高了中国的国际地位，而且为推动世界多极化、经济全球化、国际关系民主化，为促进世界力量平衡做出了重大贡献”。请注意，习近平同志在这里强调的是65年来，中国始终站在广大发展中国家一边。什么是广大发展中国家？就是毛泽东同志强调的第三世界。党的十八大后，习近平同志曾数次明确使用这一提法。笔者认为，这具有重要意义。笔者还认为，在当今世界，一是中国、俄罗斯、印度、巴西、南非、印度尼西亚、伊朗、土耳其、越南、古巴、朝鲜及其他广大发展中国家属于第三世界。笔者作如此划分，可能有些俄罗斯朋友会不大赞成，认为俄罗斯属于第二世界。这没关系，可以求同存异。二是美国一国属于第一世界，因为美国一家独大，有着别国无法企及的金融、军事、外交、科技、文化、教育等霸权。三是法国、德国、英国、意大利、日本、加拿大、澳大利亚等国则属于第二世界。可能还会有学者不大同意这一观点，但是，美国来一个“广场协议”逼迫日元升值，就导致日本经济20多年萧条不前；连德国总理默克尔的手机也被监听等，这些不正说明其他国家是第二世界，而美国则是一家独大的第一世界吗？如何有效、有力维护世界上和平发展之局面？唯一出路就是紧紧依靠广大第三世界国家和各国人民，尽最大可能团结第二世界国家，坚决反对第一世界国家的霸权主义和强权政治。要达到此目

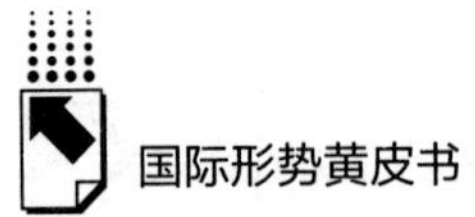

的，一是要坚决地不断增进和第三世界国家的团结与合作，只有第三世界国家的团结与合作越紧密，才能有力团结第二世界国家，才能有力、有效地反对霸权主义和强权政治。在当今世界格局中，第三世界中的俄罗斯和中国应该排除相互间的一切不必要的猜忌，切实增强互信和战略合作，以便更加紧密地团结起来，在广大第三世界的团结中发挥更大的作用。当今的乌克兰事件就提供了一个很好的战略契机。中国党和政府，已经采取有力、有效的举措并初见成效。习近平同志新任国家主席之后，首访俄罗斯，这是一个战略家的英明之举。因此，“金砖五国”还可以适当增加其他发展中大国，逐步发展为“金砖六国”“金砖七国”“金砖八国”乃至更多。上海合作组织扩容也是加强发展中国家团结与合作的好主意。截至 2008 年 6 月，77 国集团已有正式成员 134 个。中俄等国还可进一步加强与 77 国集团的交流与合作。二是我们反对霸权主义与强权政治，绝不是与第一世界一切领域、一切行为相抗衡，而是从全人类长远根本利益出发，尽最大力量与第一世界和平共处、合作共赢，在和平共处与合作共事之时，也必须有效、有力制约其破坏联合国宪章与和平共处五项原则的霸权行径，从而维护世界的和平与发展。三是我们与第二世界国家当局要求同存异，尽量寻求合作，限制消极因素。四是对第一、二世界国家整体而言，我们当然争取与当局保持良好的关系，同时坚定地维护中国的底线。但从根本上说，我们应该着眼于这些国家的人民。人民，只有人民，才是世界历史发展的动力。随着国际金融危机的加剧，发达国家人民的进一步觉醒是可以预见的。

七　国际金融危机孕育着世界左翼和社会主义的复兴

盛极而衰，否极泰来。这是历史的辩证法。早在在 1962 年，毛泽东同志就曾豪迈地预言：“从现在起，五十年内外到一百年内外，是世界社会制度彻底变化的伟大时代，是一个翻天覆地的时代，是过去任何一个历史时代都不能比拟的。”毛泽东同志所预言的时间，恰恰与习近平同志所提的到中国共产党成立 100 年时（2021 年）全面建成小康社会、到新中国成立100年时（2049年）实现中华民族伟大复兴这“两个100年”大体吻合。毛泽东同志又说：“处在这样一个时代，我们必须准备进行同过去时代的斗争形式有着许多不同特点的伟大的斗争。”① 哪里有压迫、有剥削，哪里就有反抗、有斗争。这是事物发展的铁则。当金融帝国主义者把全世界所有主要资源都货币化、数据化然后再装入自己的口袋里的时候，全世界各国人民最基本的生存权利被完全剥夺殆尽之时，世界上社会制度彻底变化的翻天覆地的伟大时代也就必然到来。正因如此，习近平同志坚决主张，把“发展中国特色社会主义是一项长期的艰巨的历史任务，必须准备进行具有许多新的历史特点的伟大斗争”写入了党的十八大报告之中。我们应十分注意研究和把握这个新的伟大斗争的特点及其规律。只有这样，我们这个大党大国，才能在这一斗争中，由“自在党”和“自在国”，转入“自为党”和“自为国”。中国特色社会主义也必然有着无比光明的灿烂前程。

世界左翼和马克思主义思潮复兴植根于全世界财富占有与收入分配急剧两极分化的丰厚的经济沃土。国际金融危机的爆发带来：一是马克思主义的学说在全球重新受到青睐，二是国际金融危机后，发达国家和发展中国家广大民众对资本主义普遍不满，罢工运动频起；三是各国共产党把马克思主义与本国的具体实践相结合，积极开展对国际金融危机的研究和应对。辉煌与苦难相伴。全面的复兴，当然尚需时日，但是，当今仍未见底的国际金融危机愈是深化，人们便愈是觉醒，社会主义便愈是复兴和发展，社会主义是人类发展最终的必然归宿，后社会主义时代最终也必然接踵而至。

① 《毛泽东文集》第八卷，人民出版社，1999，第302页。

Abstract*

The *Annual Report on International Politics and Security* (2014) is part of the series of annual reports on the international situation. The purpose of this volume is to describe and analyze the overall international political and security situation and to attempt to make corresponding predictions.

With regard to relations among the great powers and international security, this book analyzes the relations of confrontation and cooperation among the major powers, as well as the key factors that influence the triangular relations among China, Russia, and the United States. We also focus on the Chinese border security environment, global armed conflicts, and the global military situation, as well as making assessments of national capabilities and the influence of the major powers. In the section on global issues and global governance, the authors present in-depth analyses of the major global issues, for instance global cyber-governance, counter-terrorism, global energy, and international migration. In the section on international conferences and international organizations, this annual report reviews the conferences held in 2014, including the Nuclear Security Summit in The Hague, the Shanghai CICA, the Beijing APEC meeting, and the 70th anniversary celebrations of the United Nations. As focal points in 2014, the crisis in Ukraine, the Crimean issue, the referendum in Scotland, the situation in West Asia and North Africa, and the Ebola epidemic are key areas of attention in this book. The volume also includes a review of this year's development of studies on international relations, as well as the rise of the global right wing.

---

* English proofreading by Nancy Hearst, the Fairbank Collection of the H. C. Fung Library, Harvard University.

Based on academic research and data, the authors of this volume offer generalizations regarding the basic characteristics of the contemporary international situation and present possible future prospects. The volume is a valuable reference source for researchers on international studies, foreign policy decision-makers, and readers who are concerned about developments in the international situation.

Contents

Ⓨ I Introduction

Abstract: In 2014, the Ukraine crisis, ISIS, and the East and South China Seas attracted the attention of the international community. With the involvement of the major powers, the conflicts had significant and far-reaching influences on international political and economic patterns. Compared with Sino-Russian relations, which involved frequent summits and interactions, due to the situation in Ukraine relations between the United States and Russia were at their worst ever since the end of the Cold War, and EU-Russian relations also were becoming increasingly estranged. The "new type" of Sino-U. S. relations is still facing many challenges, such as the issues in East and South China Seas and cyber-espionage. China's border security situation remains tense but controllable. In the face of this complex regional and international environment, China's diplomacy has become more flexible and pragmatic, putting forward innovative thinking and new ideas on summit diplomacy, border diplomacy, and regional cooperation.

Keywords: International Security; Hot Issues; Crisis in Ukraine; Relations among the Major Powers; Chinese Foreign Affairs

Y Ⅱ Great Power Relations and International Security

Abstract: In 2014, due to the crisis in Ukraine, U. S. -Russian relations became worse than ever since the Cold War. The contradictions between the United States and Russia are mainly related to the conflicts in the relationship between Russia and the EU. Sino-U. S. relations encountered many problems during the past year, but the main causes were associated with the territorial disputes between China and its eastern and southeastern neighbors, not direct conflicts between China and the United States. China's participation in the 2014 Pacific Rim Navy Exercise was a significant positive event in Sino-U. S. bilateral relations. Sino-Russian relations reached a new level against the background of the crisis in Ukraine, but distrust still remains. Sino-U. S. and Russian-U. S. conflicts were prominent in 2014, but these conflicts mainly focused on Chinese and Russian border issues. The three countries are all willing to ease the conflicts through cooperation on global issues and regional crisis management and to maintain normal relationships.

Keywords: Russian-U. S. Relations; Ukraine Crisis; Sino-U. S. Relations; Joint Naval Exercise; Sino-Russian; Triangular Relations

Abstract: The existing international configuration established since the end of the Cold War is facing new adjustments due to the rise of the emerging economies represented by the BRIC countries. China, as one of the newly emerging powers, is now at a critical period in terms of its rise. Therefore, it is of great significance that we accurately assess the relative capabilities and influence of the major powers. This report explores the capabilities and influence of the United States, Britain, France, Germany, Japan, China, Russia, India, and Brazil during the 2013 -2014. period. The results show that the situation of "one superpower and multi great powers" has yet to be fundamentally changed and the United States is still the undisputed "sole superpower" in the world. Whether the international structure will be changed from "unipolarity" to "bipolarity" in the future will depend on China.

Keywords: International Influence; Forces for International Political Mobilization; Comprehensive National Power; China's Rise

Abstract: The world's major armed conflicts in 2013 and 2014 were almost identical to those in the previous year. The Middle East, South Asia, and Northeast Africa were the scenes of the majority of the armed conflicts. The war in Afghanistan, the civil wars in Syria and Ukraine, and the civil armed conflicts in Iraq, Libya, Pakistan, and Nigeria have attracted global attention. Global military expenditures in 2013 were a little less than those in 2012, whereas military expenditures Asia and Oceania grew steadily. During last year, the United States, China, Russia, Saudi Arabia, and France were the world's top five in terms of military expenditures.

Keywords: Armed Conflicts; Syrian War; Ukraine Civil War; Military Expenditures; Armaments

Abstract: Over the past year, China faced four challenges in terms of maintaining its border security. First, the United States strengthened its rebalancing strategy, which led to problems in Sino-U. S. relations. Second, the Abe government in Japan pursued a policy to contain and isolate China, which led to a serious deterioration in Sino-Japanese relations. Third, because of intervention by extraterritorial powers, marine territorial issues became increasingly complex and intractable. In addition, some serious frequently occurring issues weakened stability in China's surrounding situation. Overall, although China's periphery environment remained relatively stable and the maintenance of normal relations and cooperation were still a mainstream trend between China and its neighbors, the difficulties faced by China to maintain its border security and stability increased.

Keywords: China's Border Security; Rebalancing Strategy; Strategic Containment

Y Ⅲ Global Issues and Global Governance

Abstract: The year of 2014 was an important benchmark for global cyber-governance. As Edward Snowden leaked more documents showing the scale of international surveillance by NSA, the United States was widely criticized by the international community, and outraged EU leaders began to make efforts to shield their countries from surveillance. The United States once again accused China of cyber-espionage on American companies and announced indictments against five Chinese military personnel who were claimed to be engaged in hacking operations. This resulted in Sino-U. S. relations reaching a new low. However, there are no global cyber norms to provide rules for countries to follow in cyberspace; therefore the development of cyber norms is an urgent issue for international society. There are likely to be three notable trends. First, competition will continue between the developed countries and the developing powers in terms of their governance approach and theories, with the former arguing for a "global commons" and the latter supporting "cyber sovereignty." Second, although a cyber-war is unlikely to occur in the near future, cyber-war offensives and defensive capabilities will be increasingly important to build national military power, Third, low-profile cyber

conflicts have had a negative impact on major power relations and require that countermeasures be taken by the involved governments.

Keywords: Cyber Security; Cyber Governance; Edward Snowden; Cyber Norms

Abstract: In the past year, global hotspots in energy politics have emerged. The most conspicuous event took place in Europe. The scramble for Ukraine among Russia, the EU, and the United States immediately influenced the structure of global energy supply and demand. Sino-Russian energy cooperation leapt forward early in the year. Many hotspots emerged in Asia, and the emerging ISIS impacted oil production in Iraq and Syria. The "HP -981 case" cast a shadow not only on Sino-Vietnamese relations but also on relations between China and ASEAN and China and the United States. One of the most noticeable hotspots in Africa was the civil war in South Sudan, replacing last year's conflict between Sudan and South Sudan. In North America, energy reform in Mexico was the most significant event in energy politics. Global nuclear development is undergoing further recovery. The Iranian nuclear issue is still a difficult problem, but the main progress on this issue consisted of several rounds of bilateral negotiations between the United States and Iran.

Keywords: Global Energy; Global Energy Politics; Energy Politics Cooperation; Ukraine Crisis; ISIS

Abstract: Since 2013, the forces of global terrorism have been developing rapidly. Both from statistical data and developmental trends, the international counter-terrorism situation appears to be becoming more serious. The development of global terrorism and the fight against terrorism have following features: The focus of counterterrorism in the international community has changed from Al Qaeda to ISIS; The terrorist organizations have revealed an ambition to build a religious state; The United States faces the dilemma of once again sending troops to Iraq; The Western countries face a real possibility of terrorist attacks within their respective borders. China is also facing increasingly serious threats of terrorism.

Keywords: Global Terrorism; Anti-terrorism; Islamic State

Abstract: Migration is becoming one of the most world's serious issues because of the ongoing numerous refugee crises in the recent two years. By the end of 2013, 5. 12 million persons worldwide had been displaced due to humanitarian crises, and among them 16. 7 million were refugees. The developing countries hosted 86 percent the worldwide refugees. Conflict in the Syrian Arab Republic forced nearly 2. 2 million persons to flee in 2013, representing the largest annual exodus by a single refugee group since the Rwandan genocide in 1994. The EU members are facing an issue of trust due to their unequal burden from the immigrants, and the "Jihadi migrants" are also causing them to be nervous. In addition, what happened in Ukraine forced a large number of people to flee to Russia and Eastern Europe. Some European countries, such as Germany and the United Kingdom, quickly implemented policies to reduce the number of refugees. Immigration reform in the United States did not proceed well this year, and the results of the midterm elections will influence subsequent trends.

Keywords: Crisis Migration; Crisis Migrants; Refugees; Asylum Seekers

Abstract: As a hot issue that has affected the international community for a long time, nuclear security has always played a dominant role. Since the Cold War, the complex situation in global nuclear security has highlighted the importance and urgency of constructing a global nuclear security system. This article begins with the 2014 Nuclear Security Summit, reviews the positive results of previous summits, analyzes current challenges and the serious situation in global nuclear security, and looks into the current situation of the IAEA and other global nuclear security governance arrangements. The article focuses on the innovation and importance of China's "nuclear security concept" and discusses the problems in implementing the work plan of the Nuclear Security Summit and in strengthening international bilateral and multilateral cooperation. It also explores ways to establish an effective universal global nuclear security system.

Keywords: Nuclear Security Summit; Nuclear Security Concept; Nuclear Security Governance; Nuclear Terrorism

Abstract: In May 2014, the fourth annual summit on Interactions and Confidence-Building Measures in Asia took place in Shanghai. China attaches great importance to this conference, which reflects the desire of the Asian countries to expand security cooperation. It also reflects China's efforts to promote mutual trust and cooperation among the Asian countries. During the conference, the participating countries elaborated on their views on the international situation and on security cooperation in Asia, and China put forward a new security concept for Asia. The Conference on Interactions and Confidence-Building Measures in Asia aims to strengthen cooperation among the Asian countries, to strengthen regional coordination, and to cooperate in the governance of a series of security problems. Entering the new century, security management in the Asian region is still a serious task. To seize this historic opportunity and actively promote the Asian "new security concept" is consistent with the fundamental interests of all countries in Asia.

Keywords: Conference on Interactions and Confidence-Building Measures in Asia; CICA Summit; New Security Concept; Non-traditional Security; Border Security; Regional Cooperation Mechanism

Abstract: China is the host country of the 2014 APEC meeting, the theme of which is "Shaping the Future through an Asian-Pacific Partnership." This year China held a series of APEC activities, including a Senior Officials Meeting, a Ministerial Meeting, and the 22nd APEC Economic Leaders Meeting (AELM). Since its inception in 1989, APEC has developed into the highest level and most comprehensive multilateral economic cooperation organization in the region. The Chinese government attaches great importance to APEC, regarding this organization as a critical multilateral stage for China's regional and global diplomacy. Although APEC has made remarkable achievements, there is still a long way to go, with many difficulties and uncertainties ahead, before economic integration will be achieved in the Asian and Pacific region.

Keywords: APEC China 2014; Asia-Pacific Economic Cooperation; Asia-Pacific Cooperation

Abstract: Preparatory activities for the 2015 UN 70th anniversary began in 2014. The UN member-states want to take this opportunity to express and advocate their ideas and proposals, as well as to promote the unfinished UN reform. The issues of the Millennium Development Goals, climate change, peace and security, and anti-terrorism are the main topics and agendas for the UN in the coming year of its 70th anniversary. In 2014, as always, the United Nations faced many intractable issues in the area of international peace and security, including issues regarding Ukraine, Syria, Iraq, the Middle East, terrorism, ISIS, and so on. The outbreak of the Ebola virus in West Africa attracted much attention from the UN Security Council. On the occasion of the upcoming of 70th anniversary of the UN, China should make more constructive contributions to global peace and development within the framework of the UN.

Keywords: UN 70th Anniversary; UN Security Council Reform; Ukraine; Crimea; Peacekeeping Operations

Y V Global Hotspots

Abstract: The Ukraine crisis was one of the most important international events in 2014, and the event had a great impact on the global economy and politics. From the perspective of the world economy, the Ukraine crisis had a great influence, covering such areas as the de-dollarization process, world energy, commodity markets of mass goods, as well as the price of global gold and stocks. From the perspective of international politics, the event effected adjustments in the U. S. global strategy, changed the geopolitical balance of power, and pushed the world political structure in the direction of multi-polarization. At present, all parties related to the Ukraine crisis still face rivalries, and the situation has yet to be improved. The ceasefire allowed for the dawn of a political settlement to the crisis, but there is still a long way to go before the situation can be resolved. In the long term, the development of leveraging in the international economic situation to produce political change cannot be excluded.

Keywords: Ukraine Crisis; Color Revolution; U. S. -Russian Relations; Global Patterns; International Politics

Abstract: In 2014, the situation in West Asia and North Africa still remained volatile: the instability in Iraq, the continuous conflicts between the Palestinians and the Israelis, Libya on the brink of a "second civil war," and the aftershocks of the Arab Spring. The Syrian civil war has already entered its fourth year, but we still do not see any hope of peace. The Kurdish issue and the rise of the extremist ISIS forces have had an impact on the territory and the borders of the Middle Eastern countries. Reviewing the 2014 Middle Eastern situation, we find continuing turbulence as well as some new situations and new features, many of which reveal that the political landscape in the Middle East is about to enter a major historical turning point.

Keywords: West Asia and North Africa; Islamic State; Iraq; Israeli-Palestinian Relations; Middle East

Abstract: The outbreak and spread of Ebola in West Africa has had a serious impact in many areas, including the national economies, social stability, as well as international relations and security. The resolution of the UN Security Council identified the Ebola epidemic as a threat to international peace and security. The outbreak of the virus attracted global attention, once again reminding the international community of the importance of strengthening the public health security system. The World Health Organization, the United Nations, and other international and regional organizations have played an important role in responding to the Ebola epidemic and in promoting global public health security cooperation. International cooperation in fighting Ebola has provided experience and enlightenment for China to deal with public health crises and to participate in global governance of public health security.

Keywords: Ebola Virus; Public Health Security; International Security; World Health Organization; United Nations

Y. 17 Referenda on Global Independence: Hotspots and Prospects *Li Xiao, Xue Li* / 337

Abstract: A referendum is an important way to achieve the legitimacy of national independence. Endorsement by the United States and the EU countries, as well as other major powers, is always a necessary precondition for new countries to receive global recognition. During the past year, referenda have become a new focal point in international politics. The most significant two cases took place in Crimea and in Scotland. The former resulted in many serious consequences: Crimea broke away from Ukraine, joined Russia, and the major powers embarked on fierce competition over Ukraine. In this situation, some other nations or areas were encouraged to seek independence by conducting a referendum. The latter case did not lead to the independence of Scotland, but it revealed some experience for other countries to cope with independence/separatism issues by peaceful, rational, and transparent methods. Independence/separatism movements exist in many countries, especially in the areas of the former Soviet Union and some EU countries. Therefore, in the coming years the frequency of independence referenda will increase, and countries suffering threats from separatist forces will face more pressures to maintain unity.

Keywords: Independence Referendum; National Independence; Crimean Referendum; Referendum in Scotland

Y Ⅵ International Relations Theories and Contemporary Trends

Abstract: This report reviews some representative articles in mainstream foreign journals on international relations over the past year, comments on their grasp of the hot issues, and presents the trends in current research. The author believes that there are now several new trends in the study of international relations in international academic circles, including further research on global governance, more prominent importance attached to research on cyber-security, a rise in the amount of research on issues related to China's rise, more diversified viewpoints on theoretical research, a closer combination of history and reality, and so on. These new issues and trends are worthy of attention in domestic academic circles.

Keywords: Global Governance; Cyber Security; China; International Relations Theory; World War I

Abstract: Political thought in the field of international politics in 2014 was doomed to be full of treacherous waves, with the most notable feature being the rapid rise of right-wing forces. In neighboring Japan, the political right wing is still galloping on a dangerous road. This can be seen from the Abe administration's constitutional revision attempt, denial and beautification of its history of invasion, emphasis on external threats and its active arms build-up, as well as the rise of a new nationalism. In Europe, the results of the EU parliamentary elections revealed a meteoric rise in the extreme right on the political map of Europe. The biggest event of the year in terms of international politics, namely the crisis in Ukraine, was also prompted by the extreme right wing that has been underground in Ukraine for a decade. The crisis also ushered in active debates on whether a new Cold War is emerging. In short, the rise of worldwide right-wing forces is a prominent phenomenon that requires our high vigilance.

Keywords: Left-Right Wings; Japan's Right-Wing Orientation; EU Parliamentary Elections; New Cold War

Y Ⅶ Special Report

Abstract: Since the outbreak of the international financial crisis in 2008, the deep reflections by Western politicians and theorists is worthy of our attention. The international financial crisis was a typical crisis of the relative surplus of global production and the lack of consumer demand, and it is unlikely to be overcome within a short term. The global financial crisis is indicative of the revival of the left and of socialism in the world. Socialism is the inevitable final destination of human development.

Keywords: International Financial Crisis; Socialism; Capitalism; Marxism

皮书起源

“皮书”起源于十七、十八世纪的英国，主要指官方或社会组织正式发表的重要文件或报告，多以“白皮书”命名。在中国，“皮书”这一概念被社会广泛接受，并被成功运作、发展成为一种全新的出版型态，则源于中国社会科学院社会科学文献出版社。

皮书定义

皮书是对中国与世界发展状况和热点问题进行年度监测，以专业的角度、专家的视野和实证研究方法，针对某一领域或区域现状与发展态势展开分析和预测，具备权威性、前沿性、原创性、实证性、时效性等特点的连续性公开出版物，由一系列权威研究报告组成。皮书系列是社会科学文献出版社编辑出版的蓝皮书、绿皮书、黄皮书等的统称。

皮书作者

皮书系列的作者以中国社会科学院、著名高校、地方社会科学院的研究人员为主，多为国内一流研究机构的权威专家学者，他们的看法和观点代表了学界对中国与世界的现实和未来最高水平的解读与分析。

皮书荣誉

皮书系列已成为社会科学文献出版社的著名图书品牌和中国社会科学院的知名学术品牌。2011 年，皮书系列正式列入“十二五”国家重点图书出版规划项目；2012~2014 年，重点皮书列入中国社会科学院承担的国家哲学社会科学创新工程项目；2015 年，41 种院外皮书使用“中国社会科学院创新工程学术出版项目”标识。

中国皮书网

www.pishu.cn

发布皮书研创资讯，传播皮书精彩内容
引领皮书出版潮流，打造皮书服务平台

栏目设置：

- □ 资讯：皮书动态、皮书观点、皮书数据、皮书报道、皮书发布、电子期刊
- □ 标准：皮书评价、皮书研究、皮书规范
- □ 服务：最新皮书、皮书书目、重点推荐、在线购书
- □ 链接：皮书数据库、皮书博客、皮书微博、在线书城
- □ 搜索：资讯、图书、研究动态、皮书专家、研创团队

中国皮书网依托皮书系列“权威、前沿、原创”的优质内容资源，通过文字、图片、音频、视频等多种元素，在皮书研创者、使用者之间搭建了一个成果展示、资源共享的互动平台。

自 2005 年 12 月正式上线以来，中国皮书网的 IP 访问量、PV 浏览量与日俱增，受到海内外研究者、公务人员、商务人士以及专业读者的广泛关注。

2008 年、2011 年中国皮书网均在全国新闻出版业网站荣誉评选中获得“最具商业价值网站”称号；2012 年，获得“出版业网站百强”称号。

2014 年，中国皮书网与皮书数据库实现资源共享，端口合一，将提供更丰富的内容，更全面的服务。

法律声明

“皮书系列”（含蓝皮书、绿皮书、黄皮书）之品牌由社会科学文献出版社最早使用并持续至今，现已被中国图书市场所熟知。“皮书系列”的 LOGO（）与“经济蓝皮书”“社会蓝皮书”均已在中华人民共和国国家工商行政管理总局商标局登记注册。“皮书系列”图书的注册商标专用权及封面设计、版式设计的著作权均为社会科学文献出版社所有。未经社会科学文献出版社书面授权许可，任何使用与“皮书系列”图书注册商标、封面设计、版式设计相同或者近似的文字、图形或其组合的行为均系侵权行为。

经作者授权，本书的专有出版权及信息网络传播权为社会科学文献出版社享有。未经社会科学文献出版社书面授权许可，任何就本书内容的复制、发行或以数字形式进行网络传播的行为均系侵权行为。

社会科学文献出版社将通过法律途径追究上述侵权行为的法律责任，维护自身合法权益。

欢迎社会各界人士对侵犯社会科学文献出版社上述权利的侵权行为进行举报。电话：010－59367121，电子邮箱：fawubu@ssap.cn。

社会科学文献出版社

权威·前沿·原创

社会科学文献出版社

皮书系列

2015年

盘点年度资讯 预测时代前程

社会科学文献出版社 学术传播中心 编制

社会科学文献出版社
SOCIAL SCIENCES ACADEMIC PRESS (CHINA)

社会科学文献出版社成立于1985年，是直属于中国社会科学院的人文社会科学专业学术出版机构。

成立以来，特别是1998年实施第二次创业以来，依托于中国社会科学院丰厚的学术出版和专家学者两大资源，坚持“创社科经典，出传世文献”的出版理念和“权威、前沿、原创”的产品定位，社科文献立足内涵式发展道路，从战略层面推动学术出版的五大能力建设，逐步走上了学术产品的系列化、规模化、数字化、国际化、市场化经营道路。

先后策划出版了著名的图书品牌和学术品牌“皮书”系列、“列国志”、“社科文献精品译库”、“全球化译丛”、“气候变化与人类发展译丛”、“近世中国”等一大批既有学术影响又有市场价值的系列图书。形成了较强的学术出版能力和资源整合能力，年发稿5亿字，年出版图书1400余种，承印发行中国社科院院属期刊70余种。

依托于雄厚的出版资源整合能力，社会科学文献出版社长期以来一直致力于从内容资源和数字平台两个方面实现传统出版的再造，并先后推出了皮书数据库、列国志数据库、中国田野调查数据库等一系列数字产品。

在国内原创著作、国外名家经典著作大量出版，数字出版突飞猛进的同时，社会科学文献出版社在学术出版国际化方面也取得了不俗的成绩。先后与荷兰博睿等十余家国际出版机构合作面向海外推出了《经济蓝皮书》《社会蓝皮书》等十余种皮书的英文版、俄文版、日文版等。截至目前，社会科学文献出版社共推出各类学术著作的英文版、日文版、俄文版、韩文版、阿拉伯文版等共百余种。

此外，社会科学文献出版社积极与中央和地方各类媒体合作，联合大型书店、学术书店、机场书店、网络书店、图书馆，逐步构建起了强大的学术图书的内容传播力和社会影响力，学术图书的媒体曝光率居全国之首，图书馆藏率居于全国出版机构前十位。

上述诸多成绩的取得，有赖于一支以年轻的博士、硕士为主体，一批从中国社科院刚退出科研一线的各学科专家为支撑的300多位高素质的编辑、出版和营销队伍，为我们实现学术立社，以学术的品位、学术价值来实现经济效益和社会效益这样一个目标的共同努力。

作为已经开启第三次创业梦想的人文社会科学学术出版机构，社会科学文献出版社结合社会需求、自身的条件以及行业发展，提出了新的创业目标：精心打造人文社会科学成果推广平台，发展成为一家集图书、期刊、声像电子和数字出版物为一体，面向海内外高端读者和客户，具备独特竞争力的人文社会科学内容资源供应商和海内外知名的专业学术出版机构。

社长致辞

我们是图书出版者，更是人文社会科学内容资源供应商；

我们背靠中国社会科学院，面向中国与世界人文社会科学界，坚持为人文社会科学的繁荣与发展服务；

我们精心打造权威信息资源整合平台，坚持为中国经济与社会的繁荣与发展提供决策咨询服务；

我们以读者定位自身，立志让爱书人读到好书，让求知者获得知识；

我们精心编辑、设计每一本好书以形成品牌张力，以优秀的品牌形象服务读者，开拓市场；

我们始终坚持“创社科经典，出传世文献”的经营理念，坚持“权威、前沿、原创”的产品特色；

我们“以人为本”，提倡阳光下创业，员工与企业共享发展之成果；

我们立足于现实，认真对待我们的优势、劣势，我们更着眼于未来，以不断的学习与创新适应不断变化的世界，以不断的努力提升自己的实力；

我们愿与社会各界友好合作，共享人文社会科学发展之成果，共同推动中国学术出版乃至内容产业的繁荣与发展。

社会科学文献出版社社长

中国社会学会秘书长

[illegible]

2015 年 1 月

❖ 皮书起源 ❖

“皮书”起源于十七、十八世纪的英国，主要指官方或社会组织正式发表的重要文件或报告，多以“白皮书”命名。在中国，“皮书”这一概念被社会广泛接受，并被成功运作、发展成为一种全新的出版形态，则源于中国社会科学院社会科学文献出版社。

❖ 皮书定义 ❖

皮书是对中国与世界发展状况和热点问题进行年度监测，以专业的角度、专家的视野和实证研究方法，针对某一领域或区域现状与发展态势展开分析和预测，具备权威性、前沿性、原创性、实证性、时效性等特点的连续性公开出版物，由一系列权威研究报告组成。皮书系列是社会科学文献出版社编辑出版的蓝皮书、绿皮书、黄皮书等的统称。

❖ 皮书作者 ❖

皮书系列的作者以中国社会科学院、著名高校、地方社会科学院的研究人员为主，多为国内一流研究机构的权威专家学者，他们的看法和观点代表了学界对中国与世界的现实和未来最高水平的解读与分析。

❖ 皮书荣誉 ❖

皮书系列已成为社会科学文献出版社的著名图书品牌和中国社会科学院的知名学术品牌。2011 年，皮书系列正式列入“十二五”国家重点出版规划项目；2012~2014 年，重点皮书列入中国社会科学院承担的国家哲学社会科学创新工程项目；2015 年，41 种院外皮书使用“中国社会科学院创新工程学术出版项目”标识。

经 济 类

经济类皮书涵盖宏观经济、城市经济、大区域经济，
提供权威、前沿的分析与预测

经济蓝皮书

2015年中国经济形势分析与预测

李　扬/主编　　2014年12月出版　　定价:69.00元

◆　本书课题为“总理基金项目”，由著名经济学家李扬领衔，联合数十家科研机构、国家部委和高等院校的专家共同撰写，对2014年中国宏观及微观经济形势，特别是全球金融危机及其对中国经济的影响进行了深入分析，并且提出了2015年经济走势的预测。

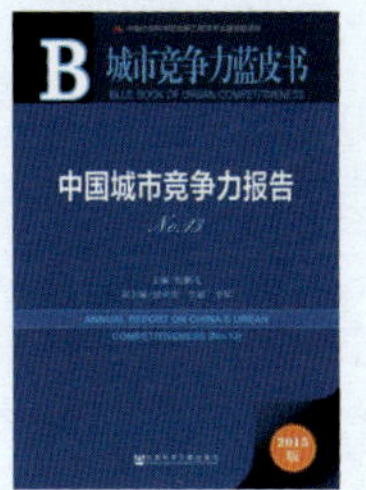

城市竞争力蓝皮书

中国城市竞争力报告 No.13

倪鹏飞/主编　　2015年5月出版　　估价:89.00元

◆　本书由中国社会科学院城市与竞争力研究中心主任倪鹏飞主持编写，汇集了众多研究城市经济问题的专家学者关于城市竞争力研究的最新成果。本报告构建了一套科学的城市竞争力评价指标体系，采用第一手数据材料，对国内重点城市年度竞争力格局变化进行客观分析和综合比较、排名，对研究城市经济及城市竞争力极具参考价值。

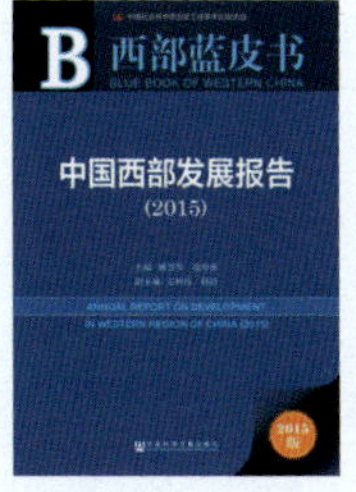

西部蓝皮书

中国西部发展报告（2015）

姚慧琴　徐璋勇/主编　　2015年7月出版　　估价:89.00元

◆　本书由西北大学中国西部经济发展研究中心主编，汇集了源自西部本土以及国内研究西部问题的权威专家的第一手资料，对国家实施西部大开发战略进行年度动态跟踪，并对2015年西部经济、社会发展态势进行预测和展望。

中部蓝皮书

中国中部地区发展报告（2015）

喻新安 / 主编　　2015 年 5 月出版　　估价 :69.00 元

◆　本书敏锐地抓住当前中部地区经济发展中的热点、难点问题，紧密地结合国家和中部经济社会发展的重大战略转变，对中部地区经济发展的各个领域进行了深入、全面的分析研究，并提出了具有理论研究价值和可操作性强的政策建议。

世界经济黄皮书

2015 年世界经济形势分析与预测

王洛林　张宇燕 / 主编　　2014 年 12 月出版　　估价 :69.00 元

◆　本书为“十二五”国家重点图书出版规划项目，中国社会科学院创新工程学术出版资助项目，作者来自中国社会科学院世界经济与政治研究所。该书总结了 2014 年世界经济发展的热点问题，对 2015 年世界经济形势进行了分析与预测。

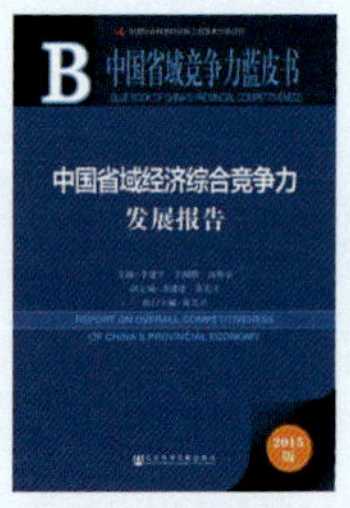

中国省域竞争力蓝皮书

中国省域经济综合竞争力发展报告（2015）

李建平　李闽榕　高燕京 / 主编　　2015 年 3 月出版　估价 :198.00 元

◆　本书充分运用数理分析、空间分析、规范分析与实证分析相结合、定性分析与定量分析相结合的方法，建立起比较科学完善、符合中国国情的省域经济综合竞争力指标评价体系及数学模型，对 2013~2014 年中国内地 31 个省、市、区的经济综合竞争力进行全面、深入、科学的总体评价与比较分析。

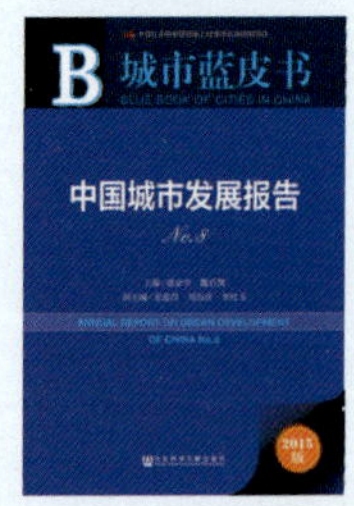

城市蓝皮书

中国城市发展报告 No.8

潘家华　魏后凯 / 主编　2015 年 9 月出版　　估价 :69.00 元

◆　本书由中国社会科学院城市发展与环境研究中心编著，从中国城市的科学发展、城市环境可持续发展、城市经济集约发展、城市社会协调发展、城市基础设施与用地管理、城市管理体制改革以及中国城市科学发展实践等多角度、全方位地立体展示了中国城市的发展状况，并对中国城市的未来发展提出了建议。

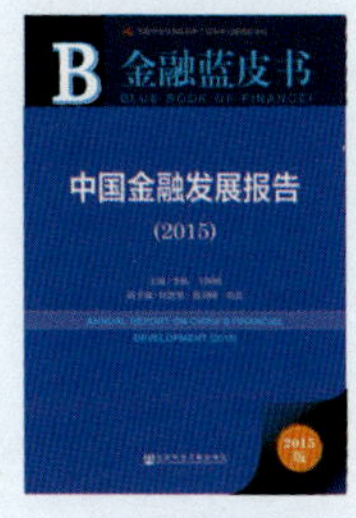

金融蓝皮书

中国金融发展报告（2015）

李　扬　王国刚 / 主编　2014 年 12 月出版　估价 :69.00 元

◆　由中国社会科学院金融研究所组织编写的《中国金融发展报告（2015）》，概括和分析了 2014 年中国金融发展和运行中的各方面情况,研讨和评论了 2014 年发生的主要金融事件。本书由业内专家和青年精英联合编著，有利于读者了解掌握 2014 年中国的金融状况，把握 2015 年中国金融的走势。

低碳发展蓝皮书

中国低碳发展报告（2015）

齐　晔 / 主编　2015 年 3 月出版　估价 :89.00 元

◆　本书对中国低碳发展的政策、行动和绩效进行科学、系统、全面的分析。重点是通过归纳中国低碳发展的绩效，评估与低碳发展相关的政策和措施，分析政策效应的制度背景和作用机制，为进一步的政策制定、优化和实施提供支持。

经济信息绿皮书

中国与世界经济发展报告（2015）

杜　平 / 主编　2014 年 12 月出版　估价 :79.00 元

◆　本书由国家信息中心继续组织有关专家编撰。由国家信息中心组织专家队伍编撰，对 2014 年国内外经济发展环境、宏观经济发展趋势、经济运行中的主要矛盾、产业经济和区域经济热点、宏观调控政策的取向进行了系统的分析预测。

低碳经济蓝皮书

中国低碳经济发展报告（2015）

薛进军　赵忠秀 / 主编　2015 年 5 月出版　估价 :69.00 元

◆　本书是以低碳经济为主题的系列研究报告，汇集了一批罗马俱乐部核心成员、IPCC 工作组成员、碳排放理论的先驱者、政府气候变化问题顾问、低碳社会和低碳城市计划设计人等世界顶尖学者、对气候变化政策制定、特别是中国的低碳经济经济发展有特别参考意义。

社会政法类

社会政法类皮书聚焦社会发展领域的热点、难点问题，提供权威、原创的资讯与视点

社会蓝皮书

2015年中国社会形势分析与预测

李培林　陈光金　张　翼 / 主编　2014年12月出版　定价 :69.00 元

◆　本报告是中国社会科学院“社会形势分析与预测”课题组2014年度分析报告，由中国社会科学院社会学研究所组织研究机构专家、高校学者和政府研究人员撰写。对2014年中国社会发展的各个方面内容进行了权威解读，同时对2015年社会形势发展趋势进行了预测。

法治蓝皮书

中国法治发展报告 No.13（2015）

李　林　田　禾 / 主编　2015年2月出版　估价 :98.00 元

◆　本年度法治蓝皮书一如既往秉承关注中国法治发展进程中的焦点问题的特点，回顾总结了2014年度中国法治发展取得的成就和存在的不足，并对2015年中国法治发展形势进行了预测和展望。

环境绿皮书

中国环境发展报告（2015）

刘鉴强 / 主编　2015年5月出版　估价 :79.00 元

◆　本书由民间环保组织“自然之友”组织编写，由特别关注、生态保护、宜居城市、可持续消费以及政策与治理等版块构成，以公共利益的视角记录、审视和思考中国环境状况，呈现2014年中国环境与可持续发展领域的全局态势，用深刻的思考、科学的数据分析2014年的环境热点事件。

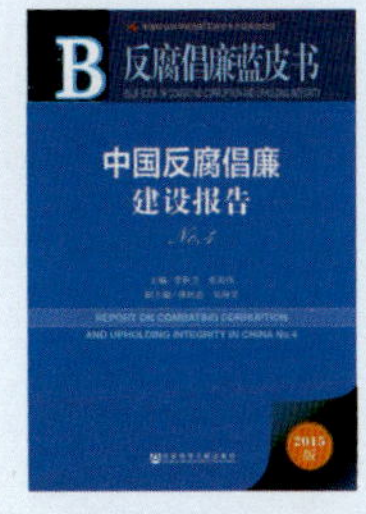

反腐倡廉蓝皮书

中国反腐倡廉建设报告 No.4

李秋芳　张英伟 / 主编　2014 年 12 月出版　　定价 :79.00 元

◆　本书抓住了若干社会热点和焦点问题，全面反映了新时期新阶段中国反腐倡廉面对的严峻局面，以及中国共产党反腐倡廉建设的新实践新成果。根据实地调研、问卷调查和舆情分析，梳理了当下社会普遍关注的与反腐败密切相关的热点问题。

女性生活蓝皮书

中国女性生活状况报告 No.9（2015）

韩湘景 / 主编　2015 年 4 月出版　估价 :79.00 元

◆　本书由中国妇女杂志社、华坤女性生活调查中心和华坤女性消费指导中心组织编写，通过调查获得的大量调查数据，真实展现当年中国城市女性的生活状况、消费状况及对今后的预期。

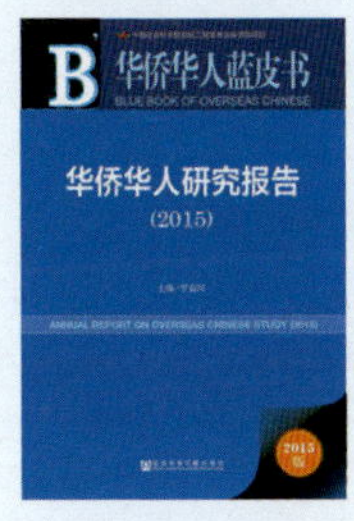

华侨华人蓝皮书

华侨华人研究报告 (2015)

贾益民 / 主编　2015 年 12 月出版　估价 :118.00 元

◆　本书为中国社会科学院创新工程学术出版资助项目，是华侨大学向世界提供最新涉侨动态、理论研究和政策建议的平台。主要介绍了相关国家华侨华人的规模、分布、结构、发展趋势，以及全球涉侨生存安全环境和华文教育情况等。

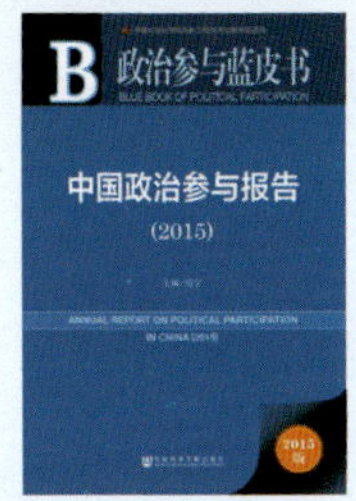

政治参与蓝皮书

中国政治参与报告（2015）

房　宁 / 主编　2015 年 7 月出版　估价 :105.00 元

◆　本书作者均来自中国社会科学院政治学研究所，聚焦中国基层群众自治的参与情况介绍了城镇居民的社区建设与居民自治参与和农村居民的村民自治与农村社区建设参与情况。其优势是其指标评估体系的建构和问卷调查的设计专业，数据量丰富，统计结论科学严谨。

行业报告类

行业报告类皮书立足重点行业、新兴行业领域，
提供及时、前瞻的数据与信息

房地产蓝皮书

中国房地产发展报告 No.12（2015）

魏后凯　李景国 / 主编　　2015 年 5 月出版　　估价 :79.00 元

◆　本书汇集了众多研究城市房地产经济问题的专家、学者关于城市房地产方面的最新研究成果。对 2014 年我国房地产经济发展状况进行了回顾，并做出了分析，全面翔实而又客观公正，同时，也对未来我国房地产业的发展形势做出了科学的预测。

保险蓝皮书

中国保险业竞争力报告（2015）

姚庆海　王　力 / 主编　2015 年 12 出版　　估价 :98.00 元

◆　本皮书主要为监管机构、保险行业和保险学界提供保险市场一年来发展的总体评价，外在因素对保险业竞争力发展的影响研究；国家监管政策、市场主体经营创新及职能发挥、理论界最新研究成果等综述和评论。

企业社会责任蓝皮书

中国企业社会责任研究报告（2015）

黄群慧　彭华岗　钟宏武　张　蒽 / 编著
2015 年 11 月出版　估价 :69.00 元

◆　本书系中国社会科学院经济学部企业社会责任研究中心组织编写的《企业社会责任蓝皮书》2015 年分册。该书在对企业社会责任进行宏观总体研究的基础上，根据 2014 年企业社会责任及相关背景进行了创新研究，在全国企业中观层面对企业健全社会责任管理体系提供了弥足珍贵的丰富信息。

投资蓝皮书

中国投资发展报告（2015）

杨庆蔚 / 主编　2015 年 4 月出版　估价 :128.00 元

◆ 本书是中国建银投资有限责任公司在投资实践中对中国投资发展的各方面问题进行深入研究和思考后的成果。投资包括固定资产投资、实业投资、金融产品投资、房地产投资等诸多领域，尝试将投资作为一个整体进行研究，能够较为清晰地展现社会资金流动的特点，为投资者、研究者、甚至政策制定者提供参考。

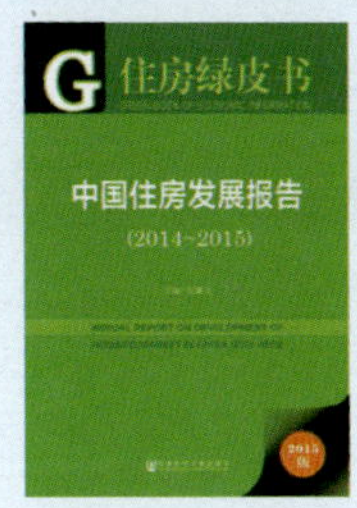

住房绿皮书

中国住房发展报告（2014~2015）

倪鹏飞 / 主编　2014 年 12 月出版　估价 :79.00 元

◆ 本报告从宏观背景、市场主体、市场体系、公共政策和年度主题五个方面，对中国住宅市场体系做了全面系统的分析、预测与评价，并给出了相关政策建议，并在评述 2013~2014 年住房及相关市场走势的基础上，预测了 2014~2015 年住房及相关市场的发展变化。

人力资源蓝皮书

中国人力资源发展报告（2015）

余兴安 / 主编　2015 年 9 月出版　估价 :79.00 元

◆ 本书是在人力资源和社会保障部部领导的支持下，由中国人事科学研究院汇集我国人力资源开发权威研究机构的诸多专家学者的研究成果编写而成。作为关于人力资源的蓝皮书，本书通过充分利用有关研究成果，更广泛、更深入地展示近年来我国人力资源开发重点领域的研究成果。

汽车蓝皮书

中国汽车产业发展报告（2015）

国务院发展研究中心产业经济研究部　中国汽车工程学会
大众汽车集团（中国）/ 主编　2015 年 7 月出版　估价 :128.00 元

◆ 本书由国务院发展研究中心产业经济研究部、中国汽车工程学会、大众汽车集团（中国）联合主编，是关于中国汽车产业发展的研究性年度报告，介绍并分析了本年度中国汽车产业发展的形势。

国别与地区类

国别与地区类皮书关注全球重点国家与地区，
提供全面、独特的解读与研究

亚太蓝皮书

亚太地区发展报告（2015）

李向阳 / 主编　2015 年 1 月出版　估价 :59.00 元

◆　本书是由中国社会科学院亚太与全球战略研究院精心打造的品牌皮书，关注时下亚太地区局势发展动向里隐藏的中长趋势，剖析亚太地区政治与安全格局下的区域形势最新动向以及地区关系发展的热点问题，并对 2015 年亚太地区重大动态做出前瞻性的分析与预测。

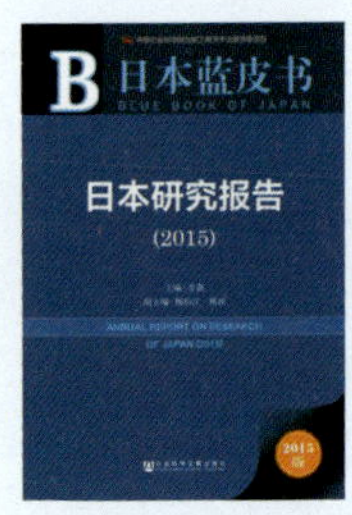

日本蓝皮书

日本研究报告（2015）

李　薇 / 主编　2015 年 3 月出版　估价 :69.00 元

◆　本书由中华日本学会、中国社会科学院日本研究所合作推出，是以中国社会科学院日本研究所的研究人员为主完成的研究成果。对 2014 年日本的政治、外交、经济、社会文化作了回顾、分析与展望，并收录了该年度日本大事记。

德国蓝皮书

德国发展报告（2015）

郑春荣　伍慧萍 / 主编　2015 年 6 月出版　估价 :69.00 元

◆　本报告由同济大学德国研究所组织编撰，由该领域的专家学者对德国的政治、经济、社会文化、外交等方面的形势发展情况，进行全面的阐述与分析。德国作为欧洲大陆第一强国，与中国各方面日渐紧密的合作关系，值得国内各界深切关注。

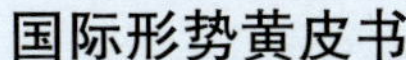

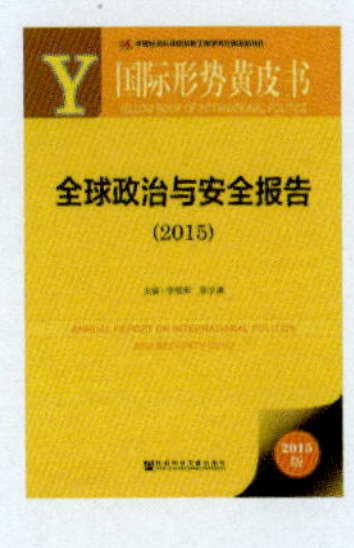

国际形势黄皮书

全球政治与安全报告（2015）

李慎明　张宇燕 / 主编　2014 年 12 月出版　估价 :69.00 元

◆　本书为“十二五”国家重点图书出版规划项目、中国社会科学院创新工程学术出版资助项目，为“国际形势黄皮书”系列年度报告之一。报告旨在对本年度国际政治及安全形势的总体情况和变化进行回顾与分析，并提出一定的预测。

拉美黄皮书

拉丁美洲和加勒比发展报告（2014~2015）

吴白乙 / 主编　2015 年 4 月出版　估价 :89.00 元

◆　本书是中国社会科学院拉丁美洲研究所的第 14 份关于拉丁美洲和加勒比地区发展形势状况的年度报告。 本书对 2014 年拉丁美洲和加勒比地区诸国的政治、经济、社会、外交等方面的发展情况做了系统介绍，对该地区相关国家的热点及焦点问题进行了总结和分析，并在此基础上对该地区各国 2015 年的发展前景做出预测。

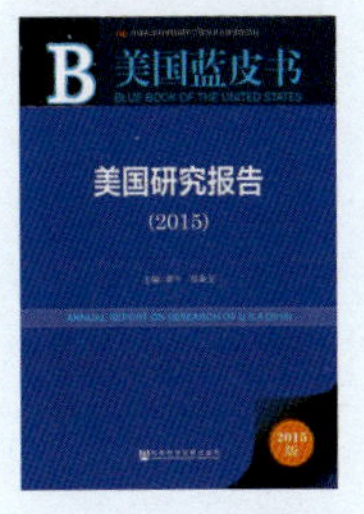

美国蓝皮书

美国研究报告（2015）

黄　平　郑秉文 / 主编　2015 年 7 月出版　估价 :89.00 元

◆　本书是由中国社会科学院美国所主持完成的研究成果，它回顾了美国 2014 年的经济、政治形势与外交战略，对 2014 年以来美国内政外交发生的重大事件以及重要政策进行了较为全面的回顾和梳理。

大湄公河次区域蓝皮书

大湄公河次区域合作发展报告（2015）

刘　稚 / 主编　2015 年 9 月出版　估价 :79.00 元

◆　云南大学大湄公河次区域研究中心深入追踪分析该区域发展动向，以把握全面，突出重点为宗旨，系统介绍和研究大湄公河次区域合作的年度热点和重点问题，展望次区域合作的发展趋势，并对新形势下我国推进次区域合作深入发展提出相关对策建议。

地方发展类

地方发展类皮书关注大陆各省份、经济区域，
提供科学、多元的预判与咨政信息

北京蓝皮书

北京公共服务发展报告（2014~2015）

施昌奎 / 著　　2015 年 2 月出版　估价：69.00 元

◆　本书是由北京市政府职能部门的领导、首都著名高校的教授、知名研究机构的专家共同完成的关于北京市公共服务发展与创新的研究成果。内容涉及了北京市公共服务发展的方方面面，既有综述性的总报告，也有细分的情况介绍，既有对北京各个城区的综合性描述，也有对局部、细部、具体问题的分析，对年度热点问题也都有涉及。

上海蓝皮书

上海经济发展报告（2015）

沈开艳 / 主编　　2015 年 1 月出版　估价 :69.00 元

◆　本书系上海社会科学院系列之一，报告对 2015 年上海经济增长与发展趋势的进行了预测，把握了上海经济发展的脉搏和学术研究的前沿。

广州蓝皮书

广州经济发展报告（2015）

李江涛　朱名宏 / 主编　　2015 年 5 月出版　估价 :69.00 元

◆　本书是由广州市社会科学院主持编写的“广州蓝皮书”系列之一，本报告对广州 2014 年宏观经济运行情况作了深入分析，对 2015 年宏观经济走势进行了合理预测，并在此基础上提出了相应的政策建议。

文化传媒类

文化传媒类皮书透视文化领域、文化产业，
探索文化大繁荣、大发展的路径

新媒体蓝皮书

中国新媒体发展报告 No.5（2015）

唐绪军 / 主编　　2015 年 6 月出版　　估价 :79.00 元

◆　本书由中国社会科学院新闻与传播研究所和上海大学合作编写，在构建新媒体发展研究基本框架的基础上，全面梳理 2014 年中国新媒体发展现状，发表最前沿的网络媒体深度调查数据和研究成果，并对新媒体发展的未来趋势做出预测。

舆情蓝皮书

中国社会舆情与危机管理报告（2015）

谢耘耕 / 主编　　2015 年 8 月出版　　估价 :98.00 元

◆　本书由上海交通大学舆情研究实验室和危机管理研究中心主编，已被列入教育部人文社会科学研究报告培育项目。本书以新媒体环境下的中国社会为立足点，对 2014 年中国社会舆情、分类舆情等进行了深入系统的研究，并预测了 2015 年社会舆情走势。

文化蓝皮书

中国文化产业发展报告（2015）

张晓明　王家新　章建刚 / 主编　　2015 年 4 月出版　　估价 :79.00 元

◆　本书由中国社会科学院文化研究中心编写。从 2012 年开始，中国社会科学院文化研究中心设立了国内首个文化产业的研究类专项资金——“文化产业重大课题研究计划”，开始在全国范围内组织多学科专家学者对我国文化产业发展重大战略问题进行联合攻关研究。本书集中反映了该计划的研究成果。

经济类

G20国家创新竞争力黄皮书
二十国集团（G20）国家创新竞争力发展报告（2015）
著(编)者:黄茂兴 李闽榕 李建平 赵新力
2015年9月出版 / 估价:128.00元

产业蓝皮书
中国产业竞争力报告（2015）
著(编)者:张其仔 2015年5月出版 / 估价:79.00元

长三角蓝皮书
2015年全面深化改革中的长三角
著(编)者:张伟斌 2015年1月出版 / 估价:69.00元

城乡一体化蓝皮书
中国城乡一体化发展报告（2015）
著(编)者:付崇兰 汝信 2015年12月出版 / 估价:79.00元

城市创新蓝皮书
中国城市创新报告（2015）
著(编)者:周天勇 旷建伟 2015年8月出版 / 估价:69.00元

城市竞争力蓝皮书
中国城市竞争力报告（2015）
著(编)者:倪鹏飞 2015年5月出版 / 估价:89.00元

城市蓝皮书
中国城市发展报告NO.8
著(编)者:潘家华 魏后凯 2015年9月出版 / 估价:69.00元

城市群蓝皮书
中国城市群发展指数报告（2015）
著(编)者:刘新静 刘士林 2015年1月出版 / 估价:59.00元

城乡统筹蓝皮书
中国城乡统筹发展报告（2015）
著(编)者:潘晨光 程志强 2015年3月出版 / 估价:59.00元

城镇化蓝皮书
中国新型城镇化健康发展报告（2015）
著(编)者:张占斌 2015年5月出版 / 估价:79.00元

低碳发展蓝皮书
中国低碳发展报告（2015）
著(编)者:齐晔 2015年3月出版 / 估价:89.00元

低碳经济蓝皮书
中国低碳经济发展报告（2015）
著(编)者:薛进军 赵忠秀 2015年5月出版 / 估价:69.00元

东北蓝皮书
中国东北地区发展报告（2015）
著(编)者:马克 黄文艺 2015年8月出版 / 估价:79.00元

发展和改革蓝皮书
中国经济发展和体制改革报告（2015）
著(编)者:邹东涛 2015年11月出版 / 估价:98.00元

工业化蓝皮书
中国工业化进程报告（2015）
著(编)者:黄群慧 吕铁 李晓华 2015年11月出版 / 估价:89.00元

国际城市蓝皮书
国际城市发展报告（2015）
著(编)者:屠启宇 2015年1月出版 / 估价:69.00元

国家创新蓝皮书
中国创新发展报告（2015）
著(编)者:陈劲 2015年6月出版 / 估价:59.00元

环境竞争力绿皮书
中国省域环境竞争力发展报告（2015）
著(编)者:李闽榕 李建平 王金南
2015年12月出版 / 估价:148.00元

金融蓝皮书
中国金融发展报告（2015）
著(编)者:李扬 王国刚 2014年12月出版 / 估价:69.00元

金融信息服务蓝皮书
金融信息服务发展报告（2015）
著(编)者:鲁广锦 殷剑峰 林义相 2015年6月出版 / 估价:89.00元

经济蓝皮书
2015年中国经济形势分析与预测
著(编)者:李扬2014年12月出版 / 定价:69.00元

经济蓝皮书·春季号
2015年中国经济前景分析
著(编)者:李扬 2015年5月出版 / 估价:79.00元

经济蓝皮书·夏季号
中国经济增长报告（2015）
著(编)者:李扬 2015年7月出版 / 估价:69.00元

经济信息绿皮书
中国与世界经济发展报告（2015）
著(编)者:杜平 2014年12月出版 / 估价:79.00元

就业蓝皮书
2015年中国大学生就业报告
著(编)者:麦可思研究院 2015年6月出版 / 估价:98.00元

临空经济蓝皮书
中国临空经济发展报告（2015）
著(编)者:连玉明 2015年9月出版 / 估价:79.00元

民营经济蓝皮书
中国民营经济发展报告（2015）
著(编)者:王钦敏 2015年12月出版 / 估价:79.00元

农村绿皮书
中国农村经济形势分析与预测（2014~2015）
著(编)者:中国社会科学院农村发展研究所
国家统计局农村社会经济调查司
2015年4月出版 / 估价:69.00元

农业应对气候变化蓝皮书
气候变化对中国农业影响评估报告（2015）
著(编)者:矫梅燕 2015年8月出版 / 估价:98.00元

企业公民蓝皮书
中国企业公民报告（2015）
著(编)者:邹东涛　2015年12月出版 / 估价:79.00元

气候变化绿皮书
应对气候变化报告（2015）
著(编)者:王伟光 郑国光　2015年10月出版 / 估价:79.00元

区域蓝皮书
中国区域经济发展报告（2015）
著(编)者:梁昊光　2015年4月出版 / 估价:79.00元

全球环境竞争力绿皮书
全球环境竞争力报告（2015）
著(编)者:李建建 李闽榕 李建平 王金南
2015年12月出版 / 估价:198.00元

人口与劳动绿皮书
中国人口与劳动问题报告（2015）
著(编)者:蔡昉　2015年11月出版 / 估价:59.00元

世界经济黄皮书
2015年世界经济形势分析与预测
著(编)者:王洛林 张宇燕　2014年12月出版 / 估价:69.00元

世界旅游城市绿皮书
世界旅游城市发展报告（2015）
著(编)者:鲁勇 周正宇 宋宇　2015年6月出版 / 估价:88.00元

西北蓝皮书
中国西北发展报告（2015）
著(编)者:张进海 陈冬红 段庆林　2014年12月出版 / 估价:69.00元

西部蓝皮书
中国西部发展报告（2015）
著(编)者:姚慧琴 徐璋勇　2015年7月出版 / 估价:89.00元

新型城镇化蓝皮书
新型城镇化发展报告（2015）
著(编)者:李伟　2015年10月出版 / 估价:89.00元

新兴经济体蓝皮书
金砖国家发展报告（2015）
著(编)者:林跃勤 周文　2015年7月出版 / 估价:79.00元

中部竞争力蓝皮书
中国中部经济社会竞争力报告（2015）
著(编)者:教育部人文社会科学重点研究基地
南昌大学中国中部经济社会发展研究中心
2015年9月出版 / 估价:79.00元

中部蓝皮书
中国中部地区发展报告（2015）
著(编)者:喻新安　2015年5月出版 / 估价:69.00元

中国省域竞争力蓝皮书
中国省域经济综合竞争力发展报告（2015）
著(编)者:李建平 李闽榕 高燕京
2015年3月出版 / 估价:198.00元

中三角蓝皮书
长江中游城市群发展报告（2015）
著(编)者:秦尊文　2015年1月出版 / 估价:69.00元

中小城市绿皮书
中国中小城市发展报告（2015）
著(编)者:中国城市经济学会中小城市经济发展委员会
《中国中小城市发展报告》编纂委员会
中小城市发展战略研究院
2015年1月出版 / 估价:98.00元

中央商务区蓝皮书
中国中央商务区发展报告（2015）
著(编)者:中国商务区联盟
中国社会科学院城市发展与环境研究所
2015年10月出版 / 估价:69.00元

中原蓝皮书
中原经济区发展报告（2015）
著(编)者:李英杰　2015年6月出版 / 估价:88.00元

社会政法类

北京蓝皮书
中国社区发展报告（2015）
著(编)者:于燕燕　2015年6月出版 / 估价:69.00元

殡葬绿皮书
中国殡葬事业发展报告（2015）
著(编)者:李伯森　2015年3月出版 / 估价:59.00元

城市管理蓝皮书
中国城市管理报告（2015）
著(编)者:谭维克 刘林　2015年10月出版 / 估价:158.00元

城市生活质量蓝皮书
中国城市生活质量报告（2015）
著(编)者:中国经济实验研究院　2015年6月出版 / 估价:59.00元

城市政府能力蓝皮书
中国城市政府公共服务能力评估报告（2015）
著(编)者:何艳玲　2015年7月出版 / 估价:59.00元

创新蓝皮书
创新型国家建设报告（2015）
著(编)者:詹正茂　2015年3月出版 / 估价:69.00元

慈善蓝皮书
中国慈善发展报告（2015）
著(编)者:杨团　2015年5月出版 / 估价:79.00元

大学生蓝皮书
中国大学生生活形态研究报告（2015）
著(编)者:张新洲　2015年12月出版 / 估价:69.00元

法治蓝皮书
中国法治发展报告No.13（2015）
著(编)者:李林 田禾　2015年2月出版 / 估价:98.00元

反腐倡廉蓝皮书
中国反腐倡廉建设报告No.4
著(编)者:李秋芳　张英伟　2014年12月出版 / 定价:79.00元

非传统安全蓝皮书
中国非传统安全研究报告（2015）
著(编)者:余潇枫 魏志江　2015年6月出版 / 估价:79.00元

妇女发展蓝皮书
中国妇女发展报告（2015）
著(编)者:王金玲　2015年9月出版 / 估价:148.00元

妇女教育蓝皮书
中国妇女教育发展报告（2015）
著(编)者:张李玺　2015年1月出版 / 估价:78.00元

妇女绿皮书
中国性别平等与妇女发展报告（2015）
著(编)者:谭琳　2015年12月出版 / 估价:99.00元

公共服务蓝皮书
中国城市基本公共服务力评价（2015）
著(编)者:钟君 吴正杲　2015年12月出版 / 估价:79.00元

公共服务满意度蓝皮书
中国城市公共服务评价报告（2015）
著(编)者:胡伟　2015年12月出版 / 估价:69.00元

公民科学素质蓝皮书
中国公民科学素质报告（2015）
著(编)者:李群 许佳军　2015年6月出版 / 估价:79.00元

公益蓝皮书
中国公益发展报告（2015）
著(编)者:朱健刚　2015年5月出版 / 估价:78.00元

管理蓝皮书
中国管理发展报告（2015）
著(编)者:张晓东　2015年9月出版 / 估价:98.00元

国际人才蓝皮书
中国国际移民报告（2015）
著(编)者:王辉耀　2015年1月出版 / 估价:79.00元

国际人才蓝皮书
中国海归发展报告（2015）
著(编)者:王辉耀 苗绿　2015年1月出版 / 估价:69.00元

国际人才蓝皮书
中国留学发展报告（2015）
著(编)者:王辉耀 苗绿　2015年9月出版 / 估价:69.00元

国家安全蓝皮书
中国国家安全研究报告（2015）
著(编)者:刘慧　2015年5月出版 / 估价:98.00元

行政改革蓝皮书
中国行政体制改革报告（2014~2015）
著(编)者:魏礼群　2015年3月出版 / 估价:89.00元

华侨华人蓝皮书
华侨华人研究报告（2015）
著(编)者:贾益民　2015年12月出版 / 估价:118.00元

环境绿皮书
中国环境发展报告（2015）
著(编)者:刘鉴强　2015年5月出版 / 估价:79.00元

基金会蓝皮书
中国基金会发展报告（2015）
著(编)者:刘忠祥　2015年6月出版 / 估价:69.00元

基金会绿皮书
中国基金会发展独立研究报告（2015）
著(编)者:基金会中心网　2015年8月出版 / 估价:88.00元

基金会透明度蓝皮书
中国基金会透明度发展研究报告（2015）
著(编)者:基金会中心网 清华大学廉政与治理研究中心
2015年9月出版 / 估价:78.00元

教师蓝皮书
中国中小学教师发展报告（2015）
著(编)者:曾晓东　2015年7月出版 / 估价:59.00元

教育蓝皮书
中国教育发展报告（2015）
著(编)者:杨东平　2015年5月出版 / 估价:79.00元

科普蓝皮书
中国科普基础设施发展报告（2015）
著(编)者:任福君　2015年6月出版 / 估价:59.00元

劳动保障蓝皮书
中国劳动保障发展报告（2015）
著(编)者:刘燕斌　2015年6月出版 / 估价:89.00元

老龄蓝皮书
中国老年宜居环境发展报告(2015)
著(编)者:吴玉韶　2015年9月出版 / 估价:79.00元

连片特困区蓝皮书
中国连片特困区发展报告（2015）
著(编)者:冷志明 游俊　2015年3月出版 / 估价:79.00元

民间组织蓝皮书
中国民间组织报告(2015)
著(编)者:潘晨光 黄晓勇　2015年8月出版 / 估价:69.00元

民调蓝皮书
中国民生调查报告（2015）
著(编)者:谢耘耕　2015年5月出版 / 估价:128.00元

民族发展蓝皮书
中国民族区域自治发展报告（2015）
著(编)者:王希恩 郝时远 2015年6月出版 / 估价:98.00元

女性生活蓝皮书
中国女性生活状况报告No.9（2015）
著(编)者:《中国妇女》杂志社 华坤女性生活调查中心
华坤女性消费指导中心
2015年4月出版 / 估价:79.00元

企业国际化蓝皮书
中国企业国际化报告(2015)
著(编)者:王辉耀 2015年10月出版 / 估价:79.00元

汽车社会蓝皮书
中国汽车社会发展报告（2015）
著(编)者:王俊秀 2015年1月出版 / 估价:59.00元

青年蓝皮书
中国青年发展报告No.3
著(编)者:廉思 2015年4月出版 / 估价:59.00元

区域人才蓝皮书
中国区域人才竞争力报告（2015）
著(编)者:桂昭明 王辉耀 2015年6月出版 / 估价:69.00元

群众体育蓝皮书
中国群众体育发展报告（2015）
著(编)者:刘国永 杨桦 2015年8月出版 / 估价:69.00元

人才蓝皮书
中国人才发展报告（2015）
著(编)者:潘晨光 2015年8月出版 / 估价:85.00元

人权蓝皮书
中国人权事业发展报告（2015）
著(编)者:中国人权研究会 2015年8月出版 / 估价:99.00元

森林碳汇绿皮书
中国森林碳汇评估发展报告（2015）
著(编)者:闫文德 胡文臻 2015年9月出版 / 估价:79.00元

社会保障绿皮书
中国社会保障发展报告（2015）
著(编)者:王延中 2015年6月出版 / 估价:79.00元

社会工作蓝皮书
中国社会工作发展报告（2015）
著(编)者:民政部社会工作研究中心
2015年8月出版 / 估价:79.00元

社会管理蓝皮书
中国社会管理创新报告（2015）
著(编)者:连玉明 2015年9月出版 / 估价:89.00元

社会蓝皮书
2015年中国社会形势分析与预测
著(编)者:李培林 陈光金 张 翼
2014年12月出版 / 定价:69.00元

社会体制蓝皮书
中国社会体制改革报告（2015）
著(编)者:龚维斌 2015年5月出版 / 估价:79.00元

社会心态蓝皮书
中国社会心态研究报告（2015）
著(编)者:王俊秀 杨宜音 2015年10月出版 / 估价:69.00元

社会组织蓝皮书
中国社会组织评估发展报告（2015）
著(编)者:徐家良 廖鸿 2015年12月出版 / 估价:69.00元

生态城市绿皮书
中国生态城市建设发展报告（2015）
著(编)者:刘举科 孙伟平 胡文臻
2015年6月出版 / 估价:98.00元

生态文明绿皮书
中国省域生态文明建设评价报告（ECI 2015）
著(编)者:严耕 2015年9月出版 / 估价:85.00元

世界社会主义黄皮书
世界社会主义跟踪研究报告（2015）
著(编)者:李慎明 2015年3月出版 / 估价:198.00元

水与发展蓝皮书
中国水风险评估报告（2015）
著(编)者:王浩 2015年9月出版 / 估价:69.00元

土地整治蓝皮书
中国土地整治发展研究报告No.2
著(编)者:国土资源部土地整治中心 2015年5月出版 / 估价:89.00元

危机管理蓝皮书
中国危机管理报告（2015）
著(编)者:文学国 2015年8月出版 / 估价:89.00元

形象危机应对蓝皮书
形象危机应对研究报告（2015）
著(编)者:唐钧 2015年6月出版 / 估价:149.00元

医改蓝皮书
中国医药卫生体制改革报告（2015～2016）
著(编)者:文学国 房志武 2015年12月出版 / 估价:79.00元

医疗卫生绿皮书
中国医疗卫生发展报告（2015）
著(编)者:申宝忠 韩玉珍 2015年4月出版 / 估价:75.00元

应急管理蓝皮书
中国应急管理报告（2015）
著(编)者:宋英华 2015年10月出版 / 估价:69.00元

政治参与蓝皮书
中国政治参与报告（2015）
著(编)者:房宁 2015年7月出版 / 估价:105.00元

政治发展蓝皮书
中国政治发展报告（2015）
著(编)者:房宁 杨海蛟 2015年5月出版 / 估价:88.00元

中国农村妇女发展蓝皮书
流动女性城市融入发展报告（2015）
著(编)者:谢丽华 2015年11月出版 / 估价:69.00元

宗教蓝皮书
中国宗教报告（2015）
著(编)者:金泽 邱永辉 2015年9月出版 / 估价:59.00元

行业报告类

保险蓝皮书
中国保险业竞争力报告（2015）
著(编)者:王力　2015年12月出版 / 估价:98.00元

彩票蓝皮书
中国彩票发展报告（2015）
著(编)者:益彩基金　2015年10月出版 / 估价:69.00元

餐饮产业蓝皮书
中国餐饮产业发展报告（2015）
著(编)者:邢颖　2015年6月出版 / 估价:69.00元

测绘地理信息蓝皮书
智慧中国地理空间智能体系研究报告（2015）
著(编)者:徐德明　2015年1月出版 / 估价:98.00元

茶业蓝皮书
中国茶产业发展报告（2015）
著(编)者:杨江帆 李闽榕　2015年1月出版 / 估价:78.00元

产权市场蓝皮书
中国产权市场发展报告（2015）
著(编)者:曹和平　2015年12月出版 / 估价:79.00元

电子政务蓝皮书
中国电子政务发展报告（2014~2015）
著(编)者:洪毅 杜平　2015年2月出版 / 估价:79.00元

杜仲产业绿皮书
中国杜仲橡胶资源与产业发展报告（2015）
著(编)者:胡文臻 杜红岩 俞锐
2015年9月出版 / 估价:98.00元

房地产蓝皮书
中国房地产发展报告No.12（2015）
著(编)者:魏后凯 李景国　2015年5月出版 / 估价:79.00元

服务外包蓝皮书
中国服务外包产业发展报告（2015）
著(编)者:王晓红 刘德军　2015年6月出版 / 估价:89.00元

工业设计蓝皮书
中国工业设计发展报告（2015）
著(编)者:王晓红 于炜 张立群　2015年9月出版 / 估价:138.00元

互联网金融蓝皮书
中国互联网金融发展报告（2015）
著(编)者:芮晓武 刘烈宏　2015年8月出版 / 估价:79.00元

会展蓝皮书
中外会展业动态评估年度报告（2015）
著(编)者:张敏　2015年1月出版 / 估价:78.00元

金融监管蓝皮书
中国金融监管报告（2015）
著(编)者:胡滨　2015年5月出版 / 估价:69.00元

金融蓝皮书
中国商业银行竞争力报告（2015）
著(编)者:王松奇　2015年12月出版 / 估价:69.00元

客车蓝皮书
中国客车产业发展报告（2015）
著(编)者:姚蔚　2015年12月出版 / 估价:85.00元

老龄蓝皮书
中国老年宜居环境发展报告（2015）
著(编)者:吴玉韶 党俊武　2015年9月出版 / 估价:79.00元

流通蓝皮书
中国商业发展报告（2015）
著(编)者:荆林波　2015年5月出版 / 估价:89.00元

旅游安全蓝皮书
中国旅游安全报告（2015）
著(编)者:郑向敏 谢朝武　2015年5月出版 / 估价:98.00元

旅游景区蓝皮书
中国旅游景区发展报告（2015）
著(编)者:黄安民　2015年7月出版 / 估价:79.00元

旅游绿皮书
2015年中国旅游发展分析与预测
著(编)者:宋瑞　2015年1月出版 / 估价:79.00元

煤炭蓝皮书
中国煤炭工业发展报告（2015）
著(编)者:岳福斌　2015年12月出版 / 估价:79.00元

民营医院蓝皮书
中国民营医院发展报告（2015）
著(编)者:庄一强　2015年10月出版 / 估价:75.00元

闽商蓝皮书
闽商发展报告（2015）
著(编)者:王日根 李闽榕　2015年12月出版 / 估价:69.00元

能源蓝皮书
中国能源发展报告（2015）
著(编)者:崔民选 王军生　2015年8月出版 / 估价:79.00元

农产品流通蓝皮书
中国农产品流通产业发展报告（2015）
著(编)者:贾敬敦 张东科 张玉玺 孔令羽 张鹏毅
2015年9月出版 / 估价:89.00元

企业蓝皮书
中国企业竞争力报告（2015）
著(编)者:金碚　2015年11月出版 / 估价:89.00元

企业社会责任蓝皮书
中国企业社会责任研究报告（2015）
著(编)者:黄群慧 彭华岗 钟宏武 张蒽
2015年11月出版 / 估价:69.00元

汽车安全蓝皮书
中国汽车安全发展报告（2015）
著(编)者:中国汽车技术研究中心　　2015年4月出版 / 估价:79.00元

汽车蓝皮书
中国汽车产业发展报告（2015）
著(编)者:国务院发展研究中心产业经济研究部
中国汽车工程学会 大众汽车集团（中国）
2015年7月出版 / 估价:128.00元

清洁能源蓝皮书
国际清洁能源发展报告（2015）
著(编)者:国际清洁能源论坛（澳门）
2015年9月出版 / 估价:89.00元

人力资源蓝皮书
中国人力资源发展报告（2015）
著(编)者:余兴安　2015年9月出版 / 估价:79.00元

软件和信息服务业蓝皮书
中国软件和信息服务业发展报告（2015）
著(编)者:陈新河　洪京一　2015年12月出版 / 估价:198.00元

上市公司蓝皮书
上市公司质量评价报告（2015）
著(编)者:张跃文 王力　2015年10月出版 / 估价:118.00元

食品药品蓝皮书
食品药品安全与监管政策研究报告（2015）
著(编)者:唐民皓　2015年7月出版 / 估价:69.00元

世界能源蓝皮书
世界能源发展报告（2015）
著(编)者:黄晓勇　2015年6月出版 / 估价:99.00元

碳市场蓝皮书
中国碳市场报告（2015）
著(编)者:低碳发展国际合作联盟
2015年11月出版 / 估价:69.00元

体育蓝皮书
中国体育产业发展报告（2015）
著(编)者:阮伟 钟秉枢　2015年4月出版 / 估价:69.00元

投资蓝皮书
中国投资发展报告（2015）
著(编)者:杨庆蔚　2015年4月出版 / 估价:128.00元

物联网蓝皮书
中国物联网发展报告（2015）
著(编)者:黄桂田　2015年1月出版 / 估价:59.00元

西部工业蓝皮书
中国西部工业发展报告（2015）
著(编)者:方行明 甘犁 刘方健 姜凌 等
2015年9月出版 / 估价:79.00元

西部金融蓝皮书
中国西部金融发展报告（2015）
著(编)者:李忠民　2015年8月出版 / 估价:75.00元

新能源汽车蓝皮书
中国新能源汽车产业发展报告（2015）
著(编)者:中国汽车技术研究中心
日产（中国）投资有限公司 东风汽车有限公司
2015年8月出版 / 估价:69.00元

信托市场蓝皮书
中国信托业市场报告（2015）
著(编)者:李旸　2015年1月出版 / 估价:198.00元

信息产业蓝皮书
世界软件和信息技术产业发展报告（2015）
著(编)者:洪京一　2015年8月出版 / 估价:79.00元

信息化蓝皮书
中国信息化形势分析与预测（2015）
著(编)者:周宏仁　2015年8月出版 / 估价:98.00元

信用蓝皮书
中国信用发展报告（2015）
著(编)者:田侃　2015年4月出版 / 估价:69.00元

休闲绿皮书
2015年中国休闲发展报告
著(编)者:刘德谦　2015年6月出版 / 估价:59.00元

医药蓝皮书
中国中医药产业园战略发展报告（2015）
著(编)者:裴长洪 房书亭 吴篠心　2015年3月出版 / 估价:89.00元

邮轮绿皮书
中国邮轮产业发展报告（2015）
著(编)者:汪泓　2015年9月出版 / 估价:79.00元

支付清算蓝皮书
中国支付清算发展报告（2015）
著(编)者:杨涛　2015年5月出版 / 估价:45.00元

中国上市公司蓝皮书
中国上市公司发展报告（2015）
著(编)者:许雄斌 张平 2015年9月出版 / 估价:98.00元

中国总部经济蓝皮书
中国总部经济发展报告（2015）
著(编)者:赵弘　2015年5月出版 / 估价:79.00元

住房绿皮书
中国住房发展报告（2014~2015）
著(编)者:倪鹏飞　2014年12月出版 / 估价:79.00元

资本市场蓝皮书
中国场外交易市场发展报告（2015）
著(编)者:高峦　2015年8月出版 / 估价:79.00元

资产管理蓝皮书
中国资产管理行业发展报告（2015）
著(编)者:智信资产管理研究院　2015年7月出版 / 估价:79.00元

文化传媒类

传媒竞争力蓝皮书
中国传媒国际竞争力研究报告（2015）
著(编)者:李本乾　2015年9月出版 / 估价:88.00元

传媒蓝皮书
中国传媒产业发展报告（2015）
著(编)者:崔保国　2015年4月出版 / 估价:98.00元

传媒投资蓝皮书
中国传媒投资发展报告（2015）
著(编)者:张向东　2015年7月出版 / 估价:89.00元

动漫蓝皮书
中国动漫产业发展报告（2015）
著(编)者:卢斌 郑玉明 牛兴侦　2015年7月出版 / 估价:79.00元

非物质文化遗产蓝皮书
中国非物质文化遗产发展报告（2015）
著(编)者:陈平　2015年3月出版 / 估价:79.00元

非物质文化遗产蓝皮书
中国少数民族非物质文化遗产发展报告（2015）
著(编)者:肖远平　柴立　2015年4月出版 / 估价:79.00元

广电蓝皮书
中国广播电影电视发展报告（2015）
著(编)者:杨明品　2015年7月出版 / 估价:98.00元

广告主蓝皮书
中国广告主营销传播趋势报告（2015）
著(编)者:黄升民　2015年5月出版 / 估价:148.00元

国际传播蓝皮书
中国国际传播发展报告（2015）
著(编)者:胡正荣 李继东 姬德强
2015年7月出版 / 估价:89.00元

国家形象蓝皮书
2015年国家形象研究报告
著(编)者:张昆　2015年3月出版 / 估价:79.00元

纪录片蓝皮书
中国纪录片发展报告（2015）
著(编)者:何苏六　2015年9月出版 / 估价:79.00元

科学传播蓝皮书
中国科学传播报告（2015）
著(编)者:詹正茂　2015年4月出版 / 估价:69.00元

两岸文化蓝皮书
两岸文化产业合作发展报告（2015）
著(编)者:胡惠林 李保宗　2015年7月出版 / 估价:79.00元

媒介与女性蓝皮书
中国媒介与女性发展报告（2015）
著(编)者:刘利群　2015年8月出版 / 估价:69.00元

全球传媒蓝皮书
全球传媒发展报告（2015）
著(编)者:胡正荣　2015年12月出版 / 估价:79.00元

世界文化发展蓝皮书
世界文化发展报告（2015）
著(编)者:张庆宗　高乐田　郭熙煌
2015年5月出版 / 估价:89.00元

视听新媒体蓝皮书
中国视听新媒体发展报告（2015）
著(编)者:庞井君　2015年6月出版 / 估价:148.00元

文化创新蓝皮书
中国文化创新报告（2015）
著(编)者:于平 傅才武　2015年4月出版 / 估价:79.00元

文化建设蓝皮书
中国文化发展报告（2015）
著(编)者:江畅 孙伟平 戴茂堂
2015年4月出版 / 估价:138.00元

文化科技蓝皮书
文化科技创新发展报告（2015）
著(编)者:于平 李凤亮　2015年1月出版 / 估价:89.00元

文化蓝皮书
中国文化产业供需协调增长测评报告（2015）
著(编)者:王亚南 郝朴宁 张晓明 祁述裕
2015年2月出版 / 估价:79.00元

文化蓝皮书
中国文化消费需求景气评价报告（2015）
著(编)者:王亚南 张晓明 祁述裕 郝朴宁
2015年2月出版 / 估价:79.00元

文化蓝皮书
中国文化产业发展报告（2015）
著(编)者:张晓明 王家新 章建刚
2015年4月出版 / 估价:79.00元

文化蓝皮书
中国公共文化投入增长测评报告(2015)
著(编)者:王亚南　2015年5月出版 / 估价:79.00元

文化蓝皮书
中国文化政策发展报告（2015）
著(编)者:傅才武 宋文玉 燕东升　2015年9月出版 / 估价:98.00元

文化品牌蓝皮书
中国文化品牌发展报告（2015）
著(编)者:欧阳友权　2015年4月出版 / 估价:79.00元

文化遗产蓝皮书
中国文化遗产事业发展报告（2015）
著(编)者:苏杨 刘世锦　2015年12月出版 / 估价:89.00元

文学蓝皮书
中国文情报告（2015）
著(编)者:白烨　2015年5月出版 / 估价:49.00元

新媒体蓝皮书
中国新媒体发展报告（2015）
著(编)者:唐绪军　2015年6月出版 / 估价:79.00元

新媒体社会责任蓝皮书
中国新媒体社会责任研究报告（2015）
著(编)者:钟瑛　2015年10月出版 / 估价:79.00元

移动互联网蓝皮书
中国移动互联网发展报告（2015）
著(编)者:官建文　2015年6月出版 / 估价:79.00元

舆情蓝皮书
中国社会舆情与危机管理报告（2015）
著(编)者:谢耘耕　2015年8月出版 / 估价:98.00元

地方发展类

安徽经济蓝皮书
芜湖创新型城市发展报告（2015）
著(编)者:杨少华 王开玉　2015年4月出版 / 估价:69.00元

安徽蓝皮书
安徽社会发展报告（2015）
著(编)者:程桦　2015年4月出版 / 估价:79.00元

安徽社会建设蓝皮书
安徽社会建设分析报告（2015）
著(编)者:黄家海 王开玉 蔡宪　2015年4月出版 / 估价:69.00元

澳门蓝皮书
澳门经济社会发展报告（2015）
著(编)者:吴志良 郝雨凡　2015年4月出版 / 估价:79.00元

北京蓝皮书
北京公共服务发展报告（2014~2015）
著(编)者:施昌奎　2015年2月出版 / 估价:69.00元

北京蓝皮书
北京经济发展报告（2015）
著(编)者:杨松　2015年4月出版 / 估价:79.00元

北京蓝皮书
北京社会治理发展报告（2015）
著(编)者:殷星辰　2015年4月出版 / 估价:79.00元

北京蓝皮书
北京文化发展报告（2015）
著(编)者:李建盛　2015年4月出版 / 估价:79.00元

北京蓝皮书
北京社会发展报告（2015）
著(编)者:缪青　2015年5月出版 / 估价:79.00元

北京旅游绿皮书
北京旅游发展报告（2015）
著(编)者:北京旅游学会　2015年7月出版 / 估价:88.00元

北京律师蓝皮书
北京律师发展报告（2015）
著(编)者:王隽　2015年12月出版 / 估价:75.00元

北京人才蓝皮书
北京人才发展报告（2015）
著(编)者:于淼　2015年1月出版 / 估价:89.00元

北京社会心态蓝皮书
北京社会心态分析报告（2015）
著(编)者:北京社会心理研究所　2015年1月出版 / 估价:69.00元

北京社会组织蓝皮书
北京社会组织发展研究报告(2015)
著(编)者:李东松 唐军　2015年2月出版 / 估价:79.00元

北京社会组织蓝皮书
北京社会组织发展报告（2015）
著(编)者:温庆云　2015年9月出版 / 估价:69.00元

滨海金融蓝皮书
滨海新区金融发展报告（2015）
著(编)者:王爱俭 张锐钢　2015年9月出版 / 估价:79.00元

城乡一体化蓝皮书
中国城乡一体化发展报告（北京卷）（2015）
著(编)者:张宝秀 黄序　2015年4月出版 / 估价:69.00元

创意城市蓝皮书
北京文化创意产业发展报告（2015）
著(编)者:张京成　2015年11月出版 / 估价:65.00元

创意城市蓝皮书
无锡文化创意产业发展报告（2015）
著(编)者:谭军 张鸣年　2015年10月出版 / 估价:75.00元

创意城市蓝皮书
武汉市文化创意产业发展报告（2015）
著(编)者:袁堃 黄永林　2015年11月出版 / 估价:85.00元

创意城市蓝皮书
重庆创意产业发展报告（2015）
著(编)者:程宇宁　2015年4月出版 / 估价:89.00元

创意城市蓝皮书
青岛文化创意产业发展报告（2015）
著(编)者:马达 张丹妮　2015年6月出版 / 估价:79.00元

福建妇女发展蓝皮书
福建省妇女发展报告（2015）
著(编)者:刘群英　2015年10月出版 / 估价:58.00元

甘肃蓝皮书
甘肃舆情分析与预测（2015）
著(编)者:郝树声 陈双梅　2015年1月出版 / 估价:69.00元

甘肃蓝皮书
甘肃文化发展分析与预测（2015）
著(编)者:周小华 王福生　2015年1月出版 / 估价:69.00元

甘肃蓝皮书
甘肃社会发展分析与预测（2015）
著(编)者:安文华　2015年1月出版 / 估价:69.00元

甘肃蓝皮书
甘肃经济发展分析与预测（2015）
著(编)者:朱智文 罗哲　2015年1月出版 / 估价:69.00元

甘肃蓝皮书
甘肃县域经济综合竞争力评价（2015）
著(编)者:刘进军　2015年1月出版 / 估价:69.00元

广东蓝皮书
广东省电子商务发展报告（2015）
著(编)者:程晓　2015年12月出版 / 估价:69.00元

广东蓝皮书
广东社会工作发展报告（2015）
著(编)者:罗观翠　2015年6月出版 / 估价:89.00元

广东社会建设蓝皮书
广东省社会建设发展报告（2015）
著(编)者:广东省社会工作委员会　2015年10月出版 / 估价:89.00元

广东外经贸蓝皮书
广东对外经济贸易发展研究报告（2015）
著(编)者:陈万灵　2015年5月出版 / 估价:79.00元

广西北部湾经济区蓝皮书
广西北部湾经济区开放开发报告（2015）
著(编)者:广西北部湾经济区规划建设管理委员会办公室
广西社会科学院广西北部湾发展研究院
2015年8月出版 / 估价:79.00元

广州蓝皮书
广州社会保障发展报告（2015）
著(编)者:蔡国萱　2015年1月出版 / 估价:65.00元

广州蓝皮书
2015年中国广州社会形势分析与预测
著(编)者:张强 陈怡霓 杨秦　2015年5月出版 / 估价:69.00元

广州蓝皮书
广州经济发展报告（2015）
著(编)者:李江涛 朱名宏　2015年5月出版 / 估价:69.00元

广州蓝皮书
广州商贸业发展报告（2015）
著(编)者:李江涛 王旭东 荀振英　2015年6月出版 / 估价:69.00元

广州蓝皮书
2015年中国广州经济形势分析与预测
著(编)者:庾建设 沈奎 郭志勇　2015年6月出版 / 估价:79.00元

广州蓝皮书
中国广州文化发展报告（2015）
著(编)者:徐俊忠 陆志强 顾涧清　2015年6月出版 / 估价:69.00元

广州蓝皮书
广州农村发展报告（2015）
著(编)者:李江涛 汤锦华　2015年8月出版 / 估价:69.00元

广州蓝皮书
中国广州城市建设与管理发展报告（2015）
著(编)者:董皞 冼伟雄　2015年7月出版 / 估价:69.00元

广州蓝皮书
中国广州科技和信息化发展报告（2015）
著(编)者:邹采荣 马正勇 冯元　2015年7月出版 / 估价:79.00元

广州蓝皮书
广州创新型城市发展报告（2015）
著(编)者:李江涛　2015年7月出版 / 估价:69.00元

广州蓝皮书
广州文化创意产业发展报告（2015）
著(编)者:甘新　2015年8月出版 / 估价:79.00元

广州蓝皮书
广州志愿服务发展报告（2015）
著(编)者:魏国华 张强　2015年9月出版 / 估价:69.00元

广州蓝皮书
广州城市国际化发展报告（2015）
著(编)者:朱名宏　2015年9月出版 / 估价:59.00元

广州蓝皮书
广州汽车产业发展报告（2015）
著(编)者:李江涛 杨再高　2015年9月出版 / 估价:69.00元

贵州房地产蓝皮书
贵州房地产发展报告（2015）
著(编)者:武廷方　2015年1月出版 / 估价:89.00元

贵州蓝皮书
贵州人才发展报告（2015）
著(编)者:于杰 吴大华　2015年3月出版 / 估价:69.00元

贵州蓝皮书
贵州社会发展报告（2015）
著(编)者:王兴骥　2015年3月出版 / 估价:69.00元

贵州蓝皮书
贵州法治发展报告（2015）
著(编)者:吴大华　2015年3月出版 / 估价:69.00元

贵州蓝皮书
贵州国有企业社会责任发展报告（2015）
著(编)者:郭丽　2015年10月出版 / 估价:79.00元

海淀蓝皮书
海淀区文化和科技融合发展报告（2015）
著(编)者:孟景伟 陈名杰　2015年5月出版 / 估价:75.00元

海峡西岸蓝皮书
海峡西岸经济区发展报告（2015）
著(编)者:黄端　2015年9月出版 / 估价:65.00元

杭州都市圈蓝皮书
杭州都市圈发展报告（2015）
著(编)者:董祖德 沈翔　2015年5月出版 / 估价:89.00元

杭州蓝皮书
杭州妇女发展报告（2015）
著(编)者:魏颖 2015年6月出版 / 估价:75.00元

河北经济蓝皮书
河北省经济发展报告（2015）
著(编)者:马树强 金浩 张贵 2015年4月出版 / 估价:79.00元

河北蓝皮书
河北经济社会发展报告（2015）
著(编)者:周文夫 2015年1月出版 / 估价:69.00元

河南经济蓝皮书
2015年河南经济形势分析与预测
著(编)者:胡五岳 2015年3月出版 / 估价:69.00元

河南蓝皮书
河南城市发展报告（2015）
著(编)者:王建国 谷建全 2015年1月出版 / 估价:59.00元

河南蓝皮书
2015年河南社会形势分析与预测
著(编)者:刘道兴 牛苏林 2015年1月出版 / 估价:69.00元

河南蓝皮书
河南工业发展报告（2015）
著(编)者:龚绍东 2015年1月出版 / 估价:69.00元

河南蓝皮书
河南文化发展报告（2015）
著(编)者:卫绍生 2015年1月出版 / 估价:69.00元

河南蓝皮书
河南经济发展报告（2015）
著(编)者:完世伟 喻新安 2015年12月出版 / 估价:69.00元

河南蓝皮书
河南法治发展报告（2015）
著(编)者:丁同民 闫德民 2015年3月出版 / 估价:69.00元

河南蓝皮书
河南金融发展报告（2015）
著(编)者:喻新安 谷建全 2015年4月出版 / 估价:69.00元

河南商务蓝皮书
河南商务发展报告（2015）
著(编)者:焦锦淼 穆荣国 2015年5月出版 / 估价:88.00元

黑龙江产业蓝皮书
黑龙江产业发展报告（2015）
著(编)者:于渤 2015年9月出版 / 估价:79.00元

黑龙江蓝皮书
黑龙江经济发展报告（2015）
著(编)者:张新颖 2015年1月出版 / 估价:69.00元

黑龙江蓝皮书
黑龙江社会发展报告（2015）
著(编)者:王爱丽 艾书琴 2015年1月出版 / 估价:69.00元

湖北文化蓝皮书
湖北文化发展报告（2015）
著(编)者:江畅 吴成国 2015年5月出版 / 估价:89.00元

湖南城市蓝皮书
区域城市群整合
著(编)者:罗海藩 2014年12月出版 / 估价:59.00元

湖南蓝皮书
2015年湖南电子政务发展报告
著(编)者:梁志峰 2015年4月出版 / 估价:128.00元

湖南蓝皮书
2015年湖南社会发展报告
著(编)者:梁志峰 2015年4月出版 / 估价:128.00元

湖南蓝皮书
2015年湖南产业发展报告
著(编)者:梁志峰 2015年4月出版 / 估价:128.00元

湖南蓝皮书
2015年湖南经济展望
著(编)者:梁志峰 2015年4月出版 / 估价:128.00元

湖南蓝皮书
2015年湖南县域经济社会发展报告
著(编)者:梁志峰 2015年4月出版 / 估价:128.00元

湖南蓝皮书
2015年湖南两型社会发展报告
著(编)者:梁志峰 2015年4月出版 / 估价:128.00元

湖南县域绿皮书
湖南县域发展报告No.2
著(编)者:朱有志 2015年4月出版 / 估价:69.00元

沪港蓝皮书
沪港发展报告（2015）
著(编)者:尤安山 2015年9月出版 / 估价:89.00元

吉林蓝皮书
2015年吉林经济社会形势分析与预测
著(编)者:马克 2015年1月出版 / 估价:79.00元

济源蓝皮书
济源经济社会发展报告（2015）
著(编)者:喻新安 2015年4月出版 / 估价:69.00元

健康城市蓝皮书
北京健康城市建设研究报告（2015）
著(编)者:王鸿春 2015年3月出版 / 估价:79.00元

江苏法治蓝皮书
江苏法治发展报告（2015）
著(编)者:李力 龚廷泰 2015年9月出版 / 估价:98.00元

京津冀蓝皮书
京津冀发展报告（2015）
著(编)者:文魁 祝尔娟 2015年3月出版 / 估价:79.00元

经济特区蓝皮书
中国经济特区发展报告（2015）
著(编)者:陶一桃 2015年4月出版 / 估价:89.00元

辽宁蓝皮书
2015年辽宁经济社会形势分析与预测
著(编)者:曹晓峰 2015年1月出版 / 估价:79.00元

南京蓝皮书
南京文化发展报告（2015）
著(编)者:南京文化产业研究中心
2015年10月出版 / 估价:79.00元

内蒙古蓝皮书
内蒙古反腐倡廉建设报告（2015）
著(编)者:张志华 无极 2015年12月出版 / 估价:69.00元

浦东新区蓝皮书
上海浦东经济发展报告（2015）
著(编)者:沈开艳 陆沪根 2015年1月出版 / 估价:59.00元

青海蓝皮书
2015年青海经济社会形势分析与预测
著(编)者:赵宗福 2015年1月出版 / 估价:69.00元

人口与健康蓝皮书
深圳人口与健康发展报告（2015）
著(编)者:曾序春 2015年12月出版 / 估价:89.00元

山东蓝皮书
山东社会形势分析与预测（2015）
著(编)者:张华 唐洲雁 2015年6月出版 / 估价:89.00元

山东蓝皮书
山东经济形势分析与预测（2015）
著(编)者:张华 唐洲雁 2015年6月出版 / 估价:89.00元

山东蓝皮书
山东文化发展报告（2015）
著(编)者:张华 唐洲雁 2015年6月出版 / 估价:98.00元

山西蓝皮书
山西资源型经济转型发展报告（2015）
著(编)者:李志强 2015年5月出版 / 估价:98.00元

陕西蓝皮书
陕西经济发展报告（2015）
著(编)者:任宗哲 石英 裴成荣 2015年2月出版 / 估价:69.00元

陕西蓝皮书
陕西社会发展报告（2015）
著(编)者:任宗哲 石英 牛昉 2015年2月出版 / 估价:65.00元

陕西蓝皮书
陕西文化发展报告（2015）
著(编)者:任宗哲 石英 王长寿 2015年3月出版 / 估价:59.00元

陕西蓝皮书
丝绸之路经济带发展报告（2015）
著(编)者:任宗哲 石英 白宽犁
2015年8月出版 / 估价:79.00元

上海蓝皮书
上海文学发展报告（2015）
著(编)者:陈圣来 2015年1月出版 / 估价:69.00元

上海蓝皮书
上海文化发展报告（2015）
著(编)者:蒯大申 郑崇选 2015年1月出版 / 估价:69.00元

上海蓝皮书
上海资源环境发展报告（2015）
著(编)者:周冯琦 汤庆合 任文伟
2015年1月出版 / 估价:69.00元

上海蓝皮书
上海社会发展报告（2015）
著(编)者:周海旺 卢汉龙 2015年1月出版 / 估价:69.00元

上海蓝皮书
上海经济发展报告（2015）
著(编)者:沈开艳 2015年1月出版 / 估价:69.00元

上海蓝皮书
上海传媒发展报告（2015）
著(编)者:强荧 焦雨虹 2015年1月出版 / 估价:79.00元

上海蓝皮书
上海法治发展报告（2015）
著(编)者:叶青 2015年4月出版 / 估价:69.00元

上饶蓝皮书
上饶发展报告（2015）
著(编)者:朱寅健 2015年3月出版 / 估价:128.00元

社会建设蓝皮书
2015年北京社会建设分析报告
著(编)者:宋贵伦 冯虹 2015年7月出版 / 估价:79.00元

深圳蓝皮书
深圳劳动关系发展报告（2015）
著(编)者:汤庭芬 2015年6月出版 / 估价:75.00元

深圳蓝皮书
深圳经济发展报告（2015）
著(编)者:张骁儒 2015年7月出版 / 估价:79.00元

深圳蓝皮书
深圳社会发展报告（2015）
著(编)者:叶民辉 张骁儒 2015年7月出版 / 估价:89.00元

深圳蓝皮书
深圳法治发展报告（2015）
著(编)者:张骁儒 2015年4月出版 / 估价:79.00元

四川蓝皮书
四川文化产业发展报告（2015）
著(编)者:侯水平 2015年2月出版 / 估价:69.00元

四川蓝皮书
四川企业社会责任研究报告（2015）
著(编)者:侯水平 盛毅 2015年4月出版 / 估价:79.00元

四川蓝皮书
四川法治发展报告（2015）
著(编)者:郑泰安 2015年2月出版 / 估价:69.00元

四川蓝皮书
2015年四川生态建设报告
著(编)者:四川省社会科学院
2015年2月出版 / 估价:69.00元

四川蓝皮书
四川省城镇化发展报告（2015）
著(编)者:四川省城镇发展研究中心
2015年2月出版 / 估价:69.00元

四川蓝皮书
2015年四川社会发展形势分析与预测
著(编)者:郭晓鸣　李羚　2015年2月出版 / 估价:69.00元

四川蓝皮书
2015年四川经济发展报告
著(编)者:杨钢　2015年2月出版 / 估价:69.00元

天津金融蓝皮书
天津金融发展报告（2015）
著(编)者:王爱俭 杜强　2015年9月出版 / 估价:89.00元

图们江区域合作蓝皮书
中国图们江区域合作开发发展报告（2015）
著(编)者:李铁　朱显平　吴成章　2015年4月出版 / 估价:79.00元

温州蓝皮书
2015年温州经济社会形势分析与预测
著(编)者:潘忠强 王春光 金浩　2015年4月出版 / 估价:69.00元

扬州蓝皮书
扬州经济社会发展报告（2015）
著(编)者:丁纯　2015年12月出版 / 估价:89.00元

云南蓝皮书
中国面向西南开放重要桥头堡建设发展报告（2015）
著(编)者:刘绍怀　2015年12月出版 / 估价:69.00元

长株潭城市群蓝皮书
长株潭城市群发展报告（2015）
著(编)者:张萍　2015年1月出版 / 估价:69.00元

郑州蓝皮书
2015年郑州文化发展报告
著(编)者:王哲　2015年9月出版 / 估价:65.00元

中医文化蓝皮书
北京中医文化发展报告（2015）
著(编)者:毛嘉陵　2015年4月出版 / 估价:69.00元

珠三角流通蓝皮书
珠三角商圈发展研究报告（2015）
著(编)者:林至颖 王先庆　2015年7月出版 / 估价:98.00元

国别与地区类

阿拉伯黄皮书
阿拉伯发展报告（2015）
著(编)者:马晓霖　2015年4月出版 / 估价:79.00元

北部湾蓝皮书
泛北部湾合作发展报告（2015）
著(编)者:吕余生　2015年8月出版 / 估价:69.00元

大湄公河次区域蓝皮书
大湄公河次区域合作发展报告（2015）
著(编)者:刘稚　2015年9月出版 / 估价:79.00元

大洋洲蓝皮书
大洋洲发展报告（2015）
著(编)者:喻常森　2015年8月出版 / 估价:89.00元

德国蓝皮书
德国发展报告（2015）
著(编)者:郑春荣 伍慧萍　2015年6月出版 / 估价:69.00元

东北亚黄皮书
东北亚地区政治与安全（2015）
著(编)者:黄凤志 刘清才 张慧智
2015年3月出版 / 估价:69.00元

东盟黄皮书
东盟发展报告（2015）
著(编)者:崔晓麟　2015年5月出版 / 估价:75.00元

东南亚蓝皮书
东南亚地区发展报告（2015）
著(编)者:王勤　2015年4月出版 / 估价:79.00元

俄罗斯黄皮书
俄罗斯发展报告（2015）
著(编)者:李永全　2015年7月出版 / 估价:79.00元

非洲黄皮书
非洲发展报告（2015）
著(编)者:张宏明　2015年7月出版 / 估价:79.00元

国际形势黄皮书
全球政治与安全报告（2015）
著(编)者:李慎明　张宇燕　2014年12月出版 / 估价:69.00元

韩国蓝皮书
韩国发展报告（2015）
著(编)者:刘宝全 牛林杰　2015年8月出版 / 估价:79.00元

加拿大蓝皮书
加拿大发展报告（2015）
著(编)者:仲伟合　2015年4月出版 / 估价:89.00元

拉美黄皮书
拉丁美洲和加勒比发展报告（2014~2015）
著(编)者:吴白乙　2015年4月出版 / 估价:89.00元

美国蓝皮书
美国研究报告（2015）
著(编)者:黄平 郑秉文　2015年7月出版 / 估价:89.00元

缅甸蓝皮书
缅甸国情报告（2015）
著(编)者:李晨阳　2015年8月出版 / 估价:79.00元

欧洲蓝皮书
欧洲发展报告（2015）
著(编)者:周弘　2015年6月出版 / 估价:89.00元

葡语国家蓝皮书
葡语国家发展报告（2015）
著(编)者:对外经济贸易大学区域国别研究所　葡语国家研究中心
2015年3月出版 / 估价:89.00元

葡语国家蓝皮书
中国与葡语国家关系发展报告·巴西（2014）
著(编)者:澳门科技大学　2015年1月出版 / 估价:89.00元

日本经济蓝皮书
日本经济与中日经贸关系研究报告（2015）
著(编)者:王洛林 张季风　2015年5月出版 / 估价:79.00元

日本蓝皮书
日本研究报告（2015）
著(编)者:李薇　2015年3月出版 / 估价:69.00元

上海合作组织黄皮书
上海合作组织发展报告（2015）
著(编)者:李进峰 吴宏伟 李伟
2015年9月出版 / 估价:89.00元

世界创新竞争力黄皮书
世界创新竞争力发展报告（2015）
著(编)者:李闽榕 李建平　赵新力
2015年1月出版 / 估价:148.00元

土耳其蓝皮书
土耳其发展报告（2015）
著(编)者:郭长刚 刘义　2015年7月出版 / 估价:89.00元

亚太蓝皮书
亚太地区发展报告（2015）
著(编)者:李向阳　2015年1月出版 / 估价:59.00元

印度蓝皮书
印度国情报告（2015）
著(编)者:吕昭义　2015年5月出版 / 估价:89.00元

印度洋地区蓝皮书
印度洋地区发展报告（2015）
著(编)者:汪戎　2015年3月出版 / 估价:79.00元

中东黄皮书
中东发展报告（2015）
著(编)者:杨光　2015年11月出版 / 估价:89.00元

中欧关系蓝皮书
中欧关系研究报告（2015）
著(编)者:周弘　2015年12月出版 / 估价:98.00元

中亚黄皮书
中亚国家发展报告（2015）
著(编)者:孙力 吴宏伟　2015年9月出版 / 估价:89.00元

中国皮书网

www.pishu.cn

发布皮书研创资讯，传播皮书精彩内容

引领皮书出版潮流，打造皮书服务平台

栏目设置：

- □ 资讯：皮书动态、皮书观点、皮书数据、皮书报道、皮书发布、电子期刊
- □ 标准：皮书评价、皮书研究、皮书规范
- □ 服务：最新皮书、皮书书目、重点推荐、在线购书
- □ 链接：皮书数据库、皮书博客、皮书微博、在线书城
- □ 搜索：资讯、图书、研究动态、皮书专家、研创团队

中国皮书网依托皮书系列“权威、前沿、原创”的优质内容资源，通过文字、图片、音频、视频等多种元素，在皮书研创者、使用者之间搭建了一个成果展示、资源共享的互动平台。

自 2005 年 12 月正式上线以来，中国皮书网的 IP 访问量、PV 浏览量与日俱增，受到海内外研究者、公务人员、商务人士以及专业读者的广泛关注。

2008 年、2011 年，中国皮书网均在全国新闻出版业网站荣誉评选中获得“最具商业价值网站”称号；2012 年，获得“出版业网站百强”称号。

2014 年，中国皮书网与皮书数据库实现资源共享，端口合一，将提供更丰富的内容，更全面的服务。

SSDB 皮书数据库
中国社会科学院 社会科学文献出版社
报告 图书
首页 数据库检索 学术资源群 我的文献库 皮书全动态 有奖调查 皮书报道 皮书研究 联系我们 读者荐购
搜索报告

权威报告　热点资讯　海量资源

当代中国与世界发展的高端智库平台

皮书数据库 www.pishu.com.cn

皮书数据库是专业的人文社会科学综合学术资源总库，以大型连续性图书——皮书系列为基础，整合国内外相关资讯构建而成。包含七大子库，涵盖两百多个主题，囊括了近十几年间中国与世界经济社会发展报告，覆盖经济、社会、政治、文化、教育、国际问题等多个领域。

皮书数据库以篇章为基本单位，方便用户对皮书内容的阅读需求。用户可进行全文检索，也可对文献题目、内容提要、作者名称、作者单位、关键字等基本信息进行检索，还可对检索到的篇章再做二次筛选，进行在线阅读或下载阅读。智能多维度导航，可使用户根据自己熟知的分类标准进行分类导航筛选，使查找和检索更高效、便捷。

权威的研究报告，独特的调研数据，前沿的热点资讯，皮书数据库已发展成为国内最具影响力的关于中国与世界现实问题研究的成果库和资讯库。

皮书俱乐部会员服务指南

1. 谁能成为皮书俱乐部成员？

- 皮书作者自动成为俱乐部会员
- 购买了皮书产品（纸质书/电子书）的个人用户

2. 会员可以享受的增值服务

- 免费获赠皮书数据库100元充值卡
- 加入皮书俱乐部，免费获赠该纸质图书的电子书
- 免费定期获赠皮书电子期刊
- 优先参与各类皮书学术活动
- 优先享受皮书产品的最新优惠

3. 如何享受增值服务？

（1）免费获赠100元皮书数据库体验卡

第1步 刮开皮书附赠充值的涂层（右下）；

第2步 登录皮书数据库网站（www.pishu.com.cn），注册账号；

第3步 登录并进入“会员中心”—“在线充值”—“充值卡充值”，充值成功后即可使用。

（2）加入皮书俱乐部，凭数据库体验卡获赠该书的电子书

第1步 登录社会科学文献出版社官网（www.ssap.com.cn），注册账号；

第2步 登录并进入“会员中心”—“皮书俱乐部”，提交加入皮书俱乐部申请；

第3步 审核通过后，再次进入皮书俱乐部，填写页面所需图书、体验卡信息即可自动兑换相应电子书。

4. 声明

解释权归社会科学文献出版社所有

皮书俱乐部会员可享受社会科学文献出版社其他相关免费增值服务，有任何疑问，均可与我们联系。
图书销售热线：010-59367070/7028 图书服务QQ：800045692 图书服务邮箱：duzhe@ssap.cn
数据库服务热线：400-008-6695 数据库服务QQ：2475522410 数据库服务邮箱：database@ssap.cn
欢迎登录社会科学文献出版社官网（www.ssap.com.cn）和中国皮书网（www.pishu.cn）了解更多信息

皮书大事记

☆　2014年8月，第十五次全国皮书年会（2014）在贵阳召开，第五届优秀皮书奖颁发，本届开始皮书及报告将同时评选。

☆　2013年6月，依据《中国社会科学院皮书资助规定（试行）》公布2013年拟资助的40种皮书名单。

☆　2012年12月，《中国社会科学院皮书资助规定（试行）》由中国社会科学院科研局正式颁布实施。

☆　2011年，部分重点皮书纳入院创新工程。

☆　2011年8月，2011年皮书年会在安徽合肥举行，这是皮书年会首次由中国社会科学院主办。

☆　2011年2月，“2011年全国皮书研讨会”在北京京西宾馆举行。王伟光院长（时任常务副院长）出席并讲话。本次会议标志着皮书及皮书研创出版从一个具体出版单位的出版产品和出版活动上升为由中国社会科学院牵头的国家哲学社会科学智库产品和创新活动。

☆　2010年9月，“2010年中国经济社会形势报告会暨第十一次全国皮书工作研讨会”在福建福州举行，高全立副院长参加会议并做学术报告。

☆　2010年9月，皮书学术委员会成立，由我院李扬副院长领衔，并由在各个学科领域有一定的学术影响力、了解皮书编创出版并持续关注皮书品牌的专家学者组成。皮书学术委员会的成立为进一步提高皮书这一品牌的学术质量、为学术界构建一个更大的学术出版与学术推广平台提供了专家支持。

☆　2009年8月，“2009年中国经济社会形势分析与预测暨第十次皮书工作研讨会”在辽宁丹东举行。李扬副院长参加本次会议，本次会议颁发了首届优秀皮书奖，我院多部皮书获奖。

皮书数据库
www.pishu.com.cn

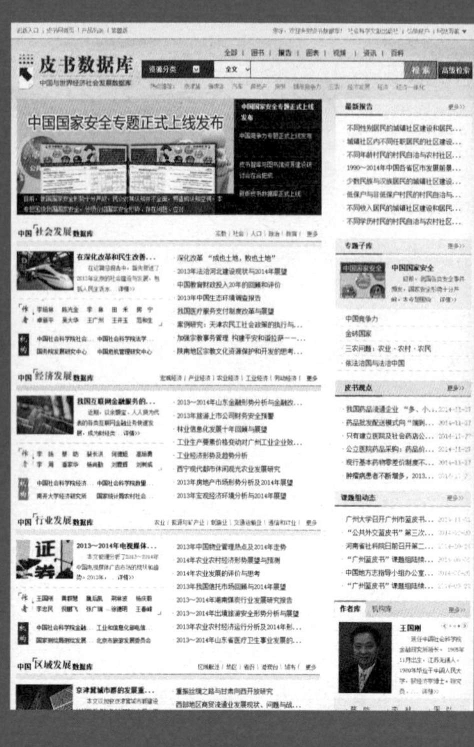

皮书数据库三期

- 皮书数据库（SSDB）是社会科学文献出版社整合现有皮书资源开发的在线数字产品，全面收录“皮书系列”的内容资源，并以此为基础整合大量相关资讯构建而成。

- 皮书数据库现有中国经济发展数据库、中国社会发展数据库、世界经济与国际政治数据库等子库，覆盖经济、社会、文化等多个行业、领域，现有报告30000多篇，总字数超过5亿字，并以每年4000多篇的速度不断更新累积。

- 新版皮书数据库主要围绕存量+增量资源整合、资源编辑标引体系建设、产品架构设置优化、技术平台功能研发等方面开展工作，并将中国皮书网与皮书数据库合二为一联体建设，旨在以“皮书研创出版、信息发布与知识服务平台”为基本功能定位，打造一个全新的皮书品牌综合门户平台，为您提供更优质更到位的服务。

更多信息请登录

中国皮书网
http://www.pishu.cn

中国皮书网的BLOG [编辑]
http://blog.sina.com.cn/pishu

中国皮书网
http://www.pishu.cn

皮书微博
http://weibo.com/pishu

皮书博客
http://blog.sina.com.cn/pishu

皮书微信
皮书说

请到各地书店皮书专架 / 专柜购买，也可办理邮购

咨询 / 邮购电话： 010-59367028　59367070　　**邮　箱：** duzhe@ssap.cn
邮购地址： 北京市西城区北三环中路甲29号院3号楼华龙大厦13层读者服务中心
邮　编： 100029
银行户名： 社会科学文献出版社
开户银行： 中国工商银行北京北太平庄支行
账　号： 0200010019200365434
网上书店： 010-59367070　qq：1265056568
网　址： www.ssap.com.cn　　www.pishu.cn